Zur Psychologie der Kunst

Rudolf Arnheim
Zur Psychologie der Kunst

Kiepenheuer & Witsch

Titel der Originalausgabe
Toward a Psychology of Art, Collected Essays
© 1966 by The Regents of the University of California
Aus dem Amerikanischen von Hans Hermann
Der Aufsatz *Funktion und Ausdruck* wurde vom Autor übersetzt
© 1977 Verlag Kiepenheuer & Witsch Köln
Gesamtherstellung Bercker Graphischer Betrieb Kevelaer
Schutzumschlag und Einband Hannes Jähn
ISBN 3 462 01221 5

Für Mary *weil sie durchschaut was mir Rätsel aufgibt*

Inhalt

Einführung 9

Die Form und der Konsument 13

Wahrnehmungsabstraktion und Kunst 25

Die Gestalttheorie des Ausdrucks 54

Wahrnehmungsmäßige und ästhetische Eigenschaften der
Bewegungsantwort 82

Eine kritische Betrachtung zum Begriff der Proportion 102

Der Zufall und die Notwendigkeit der Kunst 124

Die ungeformte Melancholie 146

Funktion und Ausdruck 160

Symbole in der Kunst – Freudsche und andere 185

Wahrnehmungsanalyse eines Symbols der Wechselwirkung . . 193

Emotion und Gefühl in der Psychologie und in der Kunst . . 220

Das Rotkehlchen und der Heilige 243

Ist moderne Kunst notwendig? 261

Die Form, nach der wir suchen 272

Register 285

Einführung

Eine Pyramide der Wissenschaft ist im Bau. Die Erbauer haben den Ehrgeiz, mit einigen wenigen Grundsätzen alle Dinge – geistige und körperliche, von Menschen geschaffene und naturgegebene, beseelte und unbeseelte – »unter ein Dach zu bringen«. Die Pyramide wird zwar an ihrem oberen Ende spitz genug aussehen, doch der Sockel wird sich unweigerlich in einem Nebel anregender Unwissenheit verlieren, wie einer jener Berge, die sich auf chinesischen Tuschebildern in der Leere der unberührten Seide auflösen. Denn in dem Maße, in dem sich der Sockel verbreitert, um die nie zu Ende gehende Weiterentwicklung der Arten zu erfassen, verflechten sich jene wenigen feststehenden Grundsätze in endloser Verwicklung und in Formstrukturen, die so kompliziert sind, daß sie der Vernunft nicht faßbar erscheinen.

Diese Aussicht bedeutet Herausforderung und Einschüchterung zugleich. Wir könnten uns insbesondere versucht sehen, die Individualität menschlichen Wesens, menschlicher Tätigkeit und menschlichen Schaffens aus einer defätistisch-ehrfürchtigen Haltung heraus zu sehen. Es macht sich gut, jegliche Verallgemeinerung auf diesem Gebiet zurückzuweisen. Wer möchte nicht von sich sagen, er respektiere das Geheimnisvolle, das letzten Endes alle Dinge umgebe? Mit dem Lächeln der Weisen kann man, ohne sich anzustrengen, den frevlerischen und schwerfälligen Manipulationen der Professoren zusehen. Es ist eine Geisteshaltung, die in Gesprächen und in der unverbindlichen Kritik Triumphe feiert. Leider bringt sie uns aber nicht weiter.

Die Psychologie als eine humanistische Wissenschaft beginnt, sich aus einer zaghaften Annäherung von philosophischen und poetischen Deutungen des Geistes einerseits und experimentellen Untersuchungen von Muskeln, Nerven und Drüsen andererseits herauszuschälen. Und kaum haben wir uns mit der Vorstellung vertraut gemacht, wie eine solche Wissenschaft aussehen könnte, werden wir auch schon mit Versuchen konfrontiert, die zarteste, unbestimmteste, menschlichste aller menschlichen Äußerungen wissenschaftlich zu erfassen. Wir versuchen uns an einer Psychologie der Kunst.

Es ist ein neues Beispiel für die vielen beim Errichten der großen Pyramide entstehenden Querverbindungen zwischen Wissenszweigen, die vorher nicht in Beziehung zueinander standen. »Psychologie der Kunst« – wer zum erstenmal mit dieser Vorstellung konfrontiert wird, zögert zunächst und versucht in aller Eile, Betrachtungsweise und -gegenstand in Einklang zu bringen: Psychologie und Kunst, die nicht gut zusammenzupassen scheinen. Oder doch, bei genauerem Hinsehen gibt es flüchtige Zusammenhänge: Leonardos Geier, Beethovens Neffe, Van Goghs Ohr. Der Gedanke macht den Freund der schönen Künste nicht gerade glücklich, und den Psychologen beunruhigt er vielleicht.

Die in diesem Buch gesammelten Aufsätze stützen sich auf die Annahme, daß die Kunst, so wie jede andere Geistestätigkeit, der Psychologie offensteht, dem Verständnis zugänglich ist und für jeden umfassenden Überblick über die Funktionsweise des Geistes gebraucht wird. Der Autor glaubt überdies, daß sich die Wissenschaft der Psychologie nicht auf Messungen unter geregelten Laborbedingungen zu beschränken hat, sondern daß sie jeden Versuch machen muß, zu Verallgemeinerungen zu gelangen, und zwar aufgrund von Tatsachen, die so gründlich belegt, und Begriffen, die so gut definiert werden, wie das die untersuchte Situation eben zuläßt. Deshalb reichen die psychologischen Befunde, die in diesen Aufsätzen dargeboten oder angesprochen werden, von Experimenten in der Formenwahrnehmung oder Beobachtungen auf dem Gebiet der Kinderkunst bis hin zu ausgedehnten Überlegungen über das Wesen von Bildern. Ich bin auch davon ausgegangen, daß jedes Gebiet der allgemeinen Psychologie danach verlangt, auf die Kunst angewandt zu werden. Die wissenschaftliche Untersuchung der Wahrnehmung läßt sich auf die Auswirkungen von Form, Farbe, Bewegung und Ausdruck in den bildenden Künsten anwenden. Der Begriff der Motivation wirft die Frage auf, welche Bedürfnisse durch das Hervorbringen und Aufnehmen von Kunst befriedigt werden. Die Psychologie der normalen und der gestörten Persönlichkeit sucht im Kunstwerk nach Symptomen eines individuellen Verhaltens. Und die Sozialpsychologie bringt den Künstler und seine Arbeit in Verbindung mit seinen Mitmenschen.

Ein systematisches Buch über die Psychologie der Kunst müßte sich mit relevanten Arbeiten auf all diesen Gebieten gründlich auseinandersetzen.

Einleitung

Meine Aufsätze erheben keinen solchen Anspruch. Sie gehen auf die Auffassung und die Interessen eines einzelnen Mannes zurück und berichten von Überlegungen, die er irgendwann einmal angestellt hat. Sie werden zusammen vorgelegt, weil sie letztlich mit einer begrenzten Anzahl gemeinsamer Themen zu tun haben. Oft – wenn auch nicht absichtlich – taucht eine Andeutung aus einem Aufsatz zu einer ausführlichen Darstellung erweitert in einem anderen Aufsatz wieder auf, und in verschiedenen Aufsätzen finden sich unterschiedliche Anwendungen desselben Grundgedankens. Ich kann nur hoffen, daß die vielen Überschneidungen zur Verdichtung und Verstärkung beitragen und nicht so sehr als Wiederholungen wirken.

Seit einem halben Jahrhundert ist es mir nun schon vergönnt, in den Vereinigten Staaten zu leben, meinen wissenschaftlichen Studien nachzugehen und zu unterrichten; in diesen Aufsätzen schlägt sich ein großer Teil der Arbeit aus diesem Zeitraum nieder; ich sehe darin nicht so sehr die Schritte einer Entwicklung als vielmehr das allmähliche Bestimmen der eigenen Position. Aus diesem Grunde habe ich die Aufsätze systematisch und nicht chronologisch angeordnet. Aus demselben Grund habe ich auch, ohne zu zögern, überall dort den alten Wortlaut geändert, wo ich glaubte, etwas verständlicher machen zu können. Ohne meine ursprüngliche Vertrautheit mit dem Inhalt machte ich mich wie ein unvorbereiteter Leser an den Text heran, und dort, wo ich stolperte, versuchte ich die Unebenheit zu beseitigen. In einigen Fällen arbeitete ich ganze Abschnitte um, nicht um sie auf den neuesten Stand zu bringen, sondern in der Hoffnung, das, was ich damals sagen wollte, besser auszudrücken.

Einige der früheren führten zu meinem Buch *Art and Visual Perception* (in deutscher Übersetzung: *Kunst und Sehen*), das 1951 geschrieben und 1954 zum erstenmal veröffentlicht wurde. Teile aus den Artikeln über Wahrnehmungsabstraktion und über die Gestalttheorie des Ausdrucks sind in jenem Buch enthalten. Andere knüpften dort an, wo das Buch endete, zum Beispiel die Versuche, den durch die Sehform vermittelten Symbolismus deutlicher zu beschreiben. Schließlich war ich beim Durchlesen des Stoffes überrascht, wie viele Abschnitte in die Richtung weisen, in der sich meine nächste Aufgabe abzuzeichnen beginnt, nämlich eine Darstellung des anschaulichen Denkens als des alltäglichen und notwendigen Verfahrens zum produktiven Problemlösen bei jeder menschlichen Tätigkeit.

Fünf der Arbeiten in diesem Buch wurden zuerst im *Journal of*

Aesthetics and Art Criticism veröffentlicht. Ich erwähne das hier, um bei dieser Gelegenheit der einzigen wissenschaftlichen Zeitschrift in den Vereinigten Staaten, die sich der Kunsttheorie verschrieben hat, meinen Dank zu sagen. Vor allem Thomas Munro, ihr erster Herausgeber, schenkte den Beiträgen der Psychologie sehr viel Vertrauen. Er sorgte dafür, daß ich mich unter den Philosophen, Kunsthistorikern und Literaturkritikern wohl fühlte, die die von ihm gegründete und aufrechterhaltene Herberge mit lebendigen Ideen füllen. Ihm, wie auch meinen Freunden bei der University of California Press, die jetzt mein viertes Buch herausbringen, möchte ich sagen, daß viel von dem, worüber ich in all den Jahren nachgedacht habe, vielleicht nie in druckreife Form gebracht worden wäre, hätten sie mich nicht mit ihrem Wohlwollen unterstützt, das dem Neuling Mut machte und das dem etwas selbstbewußteren Autor nach wie vor kritisch beisteht.

Dieses Buch enthält einige wissenschaftliche, ursprünglich für psychologische Fachzeitschriften geschriebene Arbeiten; ich hoffe jedoch, sie sind frei von jener terminologischen Kruste, die den Zugang zu ihnen erschweren würde. Es sind auch Aufsätze für den gebildeten Kunstfreund dabei. Außerdem enthält das Buch Vorträge, die in der Absicht gehalten wurden, praktische Konsequenzen für die Kunsterziehung, für die Belange des Künstlers und für die Funktion der Kunst in unserer Zeit anzuregen. Diese öffentlichen Vorträge sind alles andere als ein Produkt missionarischen Eifers. Ja, ich fragte mich verwundert, warum die Leute bei einem Theoretiker Rat, Erleuchtung und Bestätigung in praktischen Angelegenheiten suchten. Wenn ich dann jedoch solchen Bitten nachgab, stellte ich verblüfft und erfreut fest, daß einige meiner Schlüsse auf ganz reale Anwendungsmöglichkeiten verwiesen, die für nützlich gehalten werden.

Die Form und der Konsument*

Die Kunst ist unverständlich geworden. Vielleicht unterscheidet nichts so sehr wie diese Tatsache die Kunst unserer Tage von dem, was sie zu jeder anderen Zeit an jedem anderen Ort gewesen ist. Die Kunst ist immer als ein Mittel verstanden und benutzt worden, mit dem sich das Wesen der Welt und des Lebens für menschliche Augen und Ohren deuten läßt. Heute aber gehören die Objekte der Kunst offenbar zu den rätselhaftesten Hilfsmitteln, die der Mensch je geschaffen hat. Nun sind sie es, die gedeutet werden müssen.

Nicht nur sind die Gemälde, Skulpturen und Musikwerke unserer Tage vielen unverständlich, sondern auch das, was wir nach Meinung unserer Experten in der Kunst der Vergangenheit finden sollen, erscheint dem Durchschnittsmenschen nicht mehr sinnvoll. Man höre sich einmal an, was geschieht, wenn einer der bekanntesten modernen Kritiker, Roger Fry, ein Gemälde aus dem 17. Jahrhundert betrachtet:

»Halten wir unsere Eindrücke so gut wie möglich in der Reihenfolge fest, in der sie entstehen. Da ist zuerst der merkwürdige Eindruck des zurückweichenden rechtwinkligen Hohlraums, den der in der Perspektive gesehene Flur bildet, und im Kontrast dazu die seitliche Ausdehnung der Kammer, in der sich die Szene abspielt. Diese erscheint uns fast durchgehend von den Volumina der Figuren besetzt, die um den kreisförmigen Tisch angeordnet sind, und diese Volumina sind durchweg großflächig und deutlich voneinander unterschieden; sie werden jedoch durch kontrastierte Bewegungen des ganzen Körpers und auch durch den von den Armen ausgehenden fließenden Rhythmus zusammengehalten, einen Rhythmus, der gleichsam über die wichtigsten Volumina hinweg und durch sie hindurch läuft. Nun drängen sich meinem Blick die vier dunklen

---

* Erstabdruck in *College Art Journal*, 19 (Herbst 1959), SS. 2–9.

rechtwinkligen Öffnungen am Ende des Flurs auf und werden augenblicklich und trefflich zu den zwei dunklen Flächen der Kammerwand links und rechts in Beziehung gesetzt, wie auch zu verschiedenen dunkleren Flächen in den Gewändern. Wir bemerken auch fast im selben Augenblick, daß die übertriebene Symmetrie dieser vier Öffnungen durch eine der Mädchenfiguren unterbrochen wird, und daß das auch irgendwie zu der leichten Asymmetrie der dunklen Flächen der Kammerwände paßt.« (3, Seite 23.)

Nun erzählt dieses Gemälde, das Nicolas Poussin zugeschrieben wird, die Geschichte von Achilles, der von seiner Mutter Thetis als Mädchen gekleidet und unter den Töchtern des Königs Lykomedes versteckt wurde, weil sie nicht wollte, daß er nach Troja ging und im Krieg getötet wurde. Auf dem Bild erkennen wir deutlich Odysseus, der als Hausierer verkleidet die Mädchen mit seinem Warenangebot unterhält und den verkleideten Achilles überlistet, indem er ihn mit einem Helm und einem Schild ködert.

Es ist ganz unmöglich, daß ein Betrachter die sechs Personen im Vordergrund des Bildes übersieht. Auch Roger Fry übersah sie nicht, aber er schenkte ihnen kaum einen Blick. Er war der Meinung, die Geschichte sei langweilig erzählt und spiele keine Rolle. Er hielt es auch nicht für relevant, daß der Maler Poussin selber über die Analyse dessen, worauf es nach Meinung des Kritikers bei dem Bild ankam, »sprachlos vor Empörung gewesen wäre«.

Lassen Sie mich zusammenfassen, was wir bisher gehört haben. Ein großer Künstler hat eine Geschichte erzählt. Die Geschichte spielt keine Rolle. Die Tatsache, daß er die Geschichte erzählen wollte, spielt keine Rolle. Die Tatsache, daß er die Geschichte schlecht erzählt haben soll, spielt keine Rolle. Sein Bild ist großartig. Es hat mit rechtwinkligen Hohlräumen und Volumina und kontrastierten Bewegungen und dunklen Öffnungen zu tun. Spätestens an dem Punkt – wenn Ihre und meine Sinne noch intakt sind – überläuft es uns kalt, so als habe uns der Flügel des Wahnsinns gestreift.

Doch Roger Fry war keineswegs verrückt. Sowenig verrückt wie die meisten der Männer und Frauen, die so reden und schreiben und dozieren wie er. Fry focht jedoch einen Kampf. Die Kunst war in Gefahr geraten, Form zu verlieren, vor allem wegen des Versuches, eine mechanisch korrekte Nachbildung der Natur zu erreichen. Daß die Kunst genaue Nach-

Die Form und der Konsument

bildungen zu produzieren habe, war in der Theorie lange Zeit behauptet worden. Wenn sich Leonardo da Vinci und seine Kollegen über ihr Handwerk unterhielten, kreiste das Gespräch um Farben und Handwerkszeug und Zubehör und Hunderte von Tricks, mit denen sich beseelte und unbeseelte Dinge streng naturgetreu darstellen ließen. Sie hatten viel weniger über das zu sagen, was wir heute den Formsinn nennen, also die Fähigkeit, sichtbare Objekte mit solchen Eigenschaften wie Klarheit, Einheitlichkeit, Harmonie, Ausgewogenheit, Angemessenheit oder Relevanz zu versehen; denn diese Tugenden kommen ganz natürlich zum Vorschein, wenn irgendein menschliches Wesen ein Boot baut oder ein Kleidungsstück herstellt oder eine Figur aus Lehm formt oder einen Rhythmus trommelt oder eine Melodie singt. Es war jedoch genau zur Zeit Leonardos, daß dieser natürliche Formsinn zum erstenmal einer ungewöhnlichen Störung preisgegeben war, hervorgerufen von einer Zivilisation, die sich anschickte, Wahrnehmen durch Messen zu ersetzen, Erfinden durch Kopieren, Bilder durch intellektuelle Begriffe und Erscheinungen durch abstrakte Kräfte. Ein guter Künstler zu sein war im neunzehnten Jahrhundert sehr viel schwieriger geworden als in den vorhergehenden zweitausend Jahren. Und während es normalerweise eine der schwierigsten Aufgaben für einen Menschen ist, etwas Häßliches zu erzeugen, infizierte nun eine Epidemie der Häßlichkeit alles, was in Reichweite der neuen Zivilisation lag.

Eine Therapie erfordert oft radikale Maßnahmen, und es war der Selbsterhaltungstrieb, der feinfühlige Kritiker gegen die Perversität solcher Sätze wie »Kunst ist die Betrachtung von Formbeziehungen« unempfindlich machte. Genau das wurde aber über die Malerei und die Bildhauerei gesagt. Auf einem benachbarten Gebiet kämpfte der bemerkenswerte Eduard Hanslick gegen die Vorstellung, die Musik existiere zu dem Zweck, die Gefühle des menschlichen Geistes zu reproduzieren; er hielt dagegen, es gehe in der Musik um »tönend bewegte Formen«. (5, Kapitel 2.)

Die Konsequenzen einer solchen Betrachtungsweise zeigen sich deutlich in Frys Analyse des sogenannten Poussin. Sie verrät zweifellos eine erschreckende Entfremdung der Sinneserfahrung von ihrer Bedeutung. Gleichzeitig müssen wir jedoch das Ausmaß der Bedrohung anerkennen, auf die ein solcher Formalismus reagierte und immer noch reagiert. Die Gefahr zeigt sich nicht so sehr in den Werken der wenigen großen Künstler, denen es gelingt, die Höhen zu erklimmen, als vielmehr – um nur von der Malerei und der Bildhauerei zu sprechen – im Mittelmaß der abgeschmackt realistischen Porträts und Landschaften, in den in Bronze gegossenen Schnappschüssen, die auf unseren öffentlichen Plätzen die Erinnerung an berühmte Männer hochhalten, in dem bedrückenden Materialismus offizieller kommunistischer Kunst, in den symbolischen Marmorathleten an den Fassaden unserer Regierungsgebäude, in der Formlosigkeit altmodischer Ornamente und neumodischer »abstrakter« Konglomerate aus Geometrie und Strukturen. Der natürliche Formsinn des Menschen ist in der Tat bedroht, und eine großangelegte Aktion der Rückgewinnung ist angebracht.

Aber es besteht ein großer Unterschied, ob man den Schaden nur im Auge behält oder ob man die Bedeutung der Kunst auf die Elemente der Sinneserscheinungen beschränkt. Der Behauptung »Kunst ist die Betrachtung von Formbeziehungen« muß man hier das fundamentale und unzweifelhafte Prinzip »Gute Form zeigt sich nicht« gegenüberstellen.

Denken wir daran, daß sich ein Mensch mit guten Manieren dadurch auszeichnet, daß seine Manieren nicht auffallen; daß ein gutes Parfüm als ein Teilbereich der Stimmung und des Charakters einer Dame wahrgenommen wird und nicht als ein Geruch; daß ein guter Schneider oder Friseur die ganze Person gestaltet; daß die Kunst des Innenarchitekten oder Beleuchtungsspezialisten versagt hat, wenn sie die Aufmerksamkeit auf sich lenkt, anstatt den Raum behaglich, elegant, würdevoll, kalt, warm oder was auch immer zu machen; daß die Zutaten einer guten Salatsoße kaum ausfindig zu machen sind und daß die beste Begleitmusik eines Theaterstücks oder Films die Intensität der dramatischen Handlung steigert, ohne für sich allein gehört zu werden. Die Musik bei einer Beerdigung, in einer Kirche oder in einem Tanzlokal kann ihren Zweck nicht erfüllen, wenn sie als eine Folge von Formbeziehungen betrachtet wird. Und gerade in der Trauerfeier, im Gottesdienst und im Karnevalstanz müssen wir die Prototypen künstlerischer Erfahrung suchen, nicht im Museum, wo entfremdete Objekte ausgestellt werden, und in der sogenannten »ästhetischen Distanz«, die bei einer solchen Ausstellung erzeugt wird.

Sind es nicht gerade die großen Kunstwerke, die sich immer wieder dagegen sträuben, ihr Geheimnis einer Analyse preiszugeben? Viel Nützliches und Kluges wird über sie gesagt, aber wie entsteht nun eigentlich ganz präzis die Erhabenheit im Gesicht eines alten Mannes auf einem Rembrandt-Porträt, die verzweifelte Leidenschaft eines Beethoven-

Quartetts, die Vollkommenheit eines griechischen Tempels oder die kraftvolle Frische in einem Absatz in Dantes *Göttlicher Komödie*? Wenn wir in den Genuß solcher Gesellschaft kommen, überlassen wir uns dem Zauber und denken kaum noch an die Frage: »Wie entsteht so etwas?« Die eingesetzten Formmittel tauchen in der Aussage, in der Wirkung, unter. Genau dieses Untertauchen ist eine der Voraussetzungen für die Größe eines Kunstwerkes.

Gute Form zeigt sich nicht. Eine Statue, die eine Frau darstellt, ist eine Frau und nicht die Form einer Frau – das trifft auf eine römische Venus zu oder auf eine gotische Madonna, auf afrikanische Holzschnitzereien ebenso wie auf Henry Moores liegende Figuren. Ja, sogar die Frau ist Teil der Form, die dann verschwindet, um nur die reine sichtbare Verkörperung des Sinnes oder Charakters übrigzulassen. Wenn man anstelle des Sinnes und Charakters einen leibhaftigen menschlichen Körper sieht, oder wenn man anstelle des menschlichen Körpers Formbeziehungen sieht, dann ist mit der Figur irgend etwas nicht in Ordnung. (1)

Aber wie steht es dann mit der abstrakten Kunst oder mit der Musik, die ja schließlich nichts anderes sind als Formen, Farben, Ton, Rhythmus? Für sie gilt dasselbe Prinzip. Bei einem gelungenen abstrakten Kunstwerk oder Musikstück übermittelt ein Kräftemuster seine ganz spezifische Mischung aus Gelöstheit und Spannung, Leichtigkeit und Schwere – eine vollkommene Umwandlung, Form wird zu sinnvollem Ausdruck. Sobald jedoch die roten Kreise oder die blauen Balken, die Metallkrusten oder die sorgfältig verschmierten Leerflächen die Aufmerksamkeit auf sich ziehen, sobald – in der Musik – die harmonischen Sequenzen der Partitur oder die Tremoli der Instrumente, die diatonische Routine oder die atonalen Unverantwortlichkeiten, die Kratzgeräusche und Zwölftonreihen als solche zu hören sind, dann ist irgend etwas mit dem Gemälde, der Skulptur, der Musik nicht in Ordnung. Oder aber mit dem Konsumenten.

Denn was hier gesagt wurde, gilt nur mit Vorbehalten. Im Auge des Betrachters löst sich die Form nur dann im Inhalt auf, wenn die Aussage, die gemacht wird, mit seiner Art und Weise, die Dinge wahrzunehmen, im Einklang steht. Exotische Manieren fallen uns zum Beispiel durch die Fremdartigkeit ihrer Formmittel auf. Fremdartige Musik beeindruckt uns vielleicht als Aneinanderreihung merkwürdiger Klangeffekte. Wenn wir eine Skulptur untersuchen, die in einem uns nicht vertrauten Stil ausgeführt ist, bleiben wir vielleicht an der Form hängen, die uns vor ein Rätsel stellt oder die wir wegen ihrer Originalität oder ihrer meisterhaften Proportionen bewundern. Zugegeben: Gebildete Leute im Westen haben in bemerkenswertem Maße die Fähigkeit erworben, dieses Hindernis bei fast jedem Stil, den die Kunstgeschichte irgendwo hervorgebracht hat, zu überwinden. Anpassung hat jedoch ihre Grenzen. Außerdem bezahlen wir dafür mit einem äußerst unsicheren Formsinn. Nachdem wir unsere Wahrnehmung so geschult haben, daß sie mit jedem Stil umgehen kann, gibt es keine Formgruppe, sei sie auch noch so willkürlich und eigenwillig, die wir nicht aufnehmen können, doch auf der anderen Seite gibt es keinen Stil mehr, in den wir uns vollkommen hineinfinden können. Indem wir so niemandem und allen entfremdet sind, entdecken wir unser Interesse für Formen.

Man kann wohl ruhig sagen, daß es für einen Menschen eine ungewöhnliche Erfahrung ist, sich eines Stils – vor allem seines eigenen Stils – bewußt zu werden. Die unveränderlichen Attribute der eigenen Seins- und Lebensweise bemerkt man kaum. Man kann das eigene Gesicht nicht richtig im Spiegel betrachten, da das, was immer da ist, dazu neigt, sich dem Bewußtsein zu entziehen. Aus ähnlichen Gründen können wir in den Objekten, die wir herstellen, nicht das Spiegelbild unserer persönlichen Eigenart sehen. Robuste Kulturen halten ihre eigene Methode, Dinge herzustellen, für die einzig richtige und unterscheiden sie von den minderwertigen Anstrengungen der Barbaren. Einem echten Künstler in unserer Mitte ist bei dem Gedanken an das, was wir seinen Stil nennen, höchstwahrscheinlich nicht wohl, da für ihn dieser Aspekt seiner Arbeit fast unsichtbar bleibt. Wenn Cézanne eine seiner Landschaften betrachtete, sah er wahrscheinlich einfach den Berg, den er möglichst genau hatte abmalen wollen. Hätte ihm jemand zu verstehen gegeben, er habe doch sicher die Natur verändert, um sie seinem eigenen Stil anzupassen, hätte er wahrscheinlich einen seiner legendären Wutanfälle bekommen.

Doch Cézannes Stil wird von seinen Konsumenten nur zum Teil erfaßt. Für sie ist sein Mont Ste Victoire ein Berg unter vielen anderen, die von Hiroshige oder von Goya, von Brueghel oder von Leonardo gemalt worden sind. Im günstigen Fall gewinnen die Konsumenten aus dieser Vielfalt von Ansichten eine reiche, aber einheitliche Vorstellung davon, was ein Berg sein kann. Andernfalls wird sich der Berg verlieren, und eine Parade von Stilen wird zurückbleiben. Cézannes Landschaft wird zu einer Anordnung nachimpressionistischer Pinselstriche. Oder, um ein Beispiel aus der Oper zu verwenden, Mozarts junge Liebende singen nicht mehr ihren Schmerz und ihre Freude heraus, sondern geben die Melodien und Rhythmen des Spätbarock von sich.

Die Form und der Konsument

Der Eklektizismus oder, wenn man so will, die Vielfältigkeit unserer Kultur ist nicht allein dafür verantwortlich, daß wir so sehr der Form huldigen. Es gibt andere, gewichtige Gründe dafür, von denen ich nur einen erwähnen kann, nämlich unsere »belanglose Lebensführung«, wie ich es einmal nennen möchte. Wir mißachten das Privileg des Menschen, in individuellen Ereignissen und Gegenständen Spiegelbilder der Bedeutung des Lebens zu sehen. Wenn wir essen oder uns die Hände waschen, geht es uns nur um Ernährung und Hygiene. Unser Wachleben ist nicht mehr symbolisch. Dieser philosophische und religiöse Niedergang führt zu einer Undurchsichtigkeit der Erfahrungswelt, die sich für die Kunst verhängnisvoll auswirkt, da die Kunst von der Erfahrungswelt als dem Ideenträger abhängt. Wenn die Welt nicht mehr durchsichtig ist, wenn Dinge nichts anderes sind als Dinge, dann sind Formen, Farben und Töne nichts anderes als Formen, Farben und Töne, und aus der Kunst wird eine Technik zur Unterhaltung der Sinne. Unbewußter Symbolismus, dem wir seither nachgelaufen sind, weil wir in ihm den Retter sahen, ist viel zu primitiv, als daß er die Aufgabe allein bewältigen könnte.

Die Kunst erinnert uns höchst eindringlich daran, daß der Mensch nicht vom Brot allein leben kann; doch wir ignorieren die Botschaft und behandeln die Kunst wie ein Sortiment angenehmer Belebungsmittel. Eine meiner Studentinnen erzählte mir neulich von einem Erlebnis, das sie sehr erregt hatte. Sie nahm an einem fröhlichen Bierabend im Wohnzimmer von Freunden teil, die eben eine sehr große Reproduktion von Picassos *Guernica* erworben hatten. Zweifellos sahen ihre Freunde als Kunstkenner in Picassos Aufschrei gegen das Massaker an Unschuldigen ein dekoratives Muster von Formbeziehungen. Und wenn ich daran denke, daß ich einmal durch ein sehr modernes Haus in den Hügeln von Los Angeles geführt wurde, wo mir eine Hi-Fi-Aufnahme von Bachs *Matthäuspassion* demonstrieren sollte, daß Tonleitungen in alle Räume des Hauses verlegt worden waren, sogar in das Bügelzimmer und in die Toilette, und wenn ich ferner daran denke, wie oft ich darunter zu leiden hatte, daß wohlerzogene und liebenswürdige Leute Schallplattenaufnahmen großer Musik als Geräuschkulisse für ihre Unterhaltungen benützten, dann kann ich mich einfach der Erkenntnis nicht verschließen, daß Musik vielleicht tatsächlich jede tiefere Bedeutung verlieren und zu Tonformen reduziert werden wird.

Die formalistische Betrachtungsweise ist ein Mittel, mit dem die beunruhigenden Forderungen, die das Wesen der Kunst ausmachen, abgewehrt werden.[1] Man braucht sich nur einmal nach einem jener Konzerte, für die ausschließlich mit dem Namen des Virtuosen geworben wird, oder in einer Kunstgalerie oder während der Pause im Theater die Gespräche des Publikums anzuhören. Wenn sie sich über das unterhalten, was sie eben gesehen oder gehört haben, und das kommt gelegentlich vor, dann verkünden sie lauthals, was gut ist und was schlecht, wer wen nachahmt, wie die Aufführung im Vergleich mit dem Budapest-Quartett oder mit Jean-Louis Barrault abschneidet, daß die zweite Arie zu schnell gesungen war oder daß der letzte Aufzug die latente Homosexualität des Autors verrät. Alle diese kritischen Beobachtungen werden kühl und distanziert vorgebracht, und daraus geht klar hervor, daß der Sprecher nicht kurze Zeit vorher mit Beethoven oder Shakespeare, Verdi oder Matisse in Verbindung gestanden haben kann. Es ist nicht mehr die Pose des tief bewegten Liebhabers alles Schönen, nach der unsere jungen Intellektuellen streben, sondern vielmehr das Pokergesicht des Kritikers, der die Nase rümpft und sein Urteil spricht. Dankbar muß ich an jenen Geschäftsmann aus Texas denken, dessen Frau mir die wertvollen Renoirs und Derains und Dufys in ihrem Haus zeigte und mir dabei mit einem resignierenden Seufzer gestand: »Es ist mir allerdings nie gelungen, einen Picasso zu finden, der meinen Mann nicht aus der Fassung bringen würde, wenn er beim Essen sitzt!« Wenn sich ein Mann das Gefühl dafür bewahrt hat, daß Picasso einen aus der Fassung bringt, dann wird vielleicht doch eines Tages das Licht wieder in der Finsternis leuchten.

Alles scheint zu zählen, nur nicht das, was das Kunstwerk aussagen will. Ein Freund von mir aus dem theaterwissenschaftlichen Seminar unterhielt sich mit einem Kollegen von auswärts, der eben einen Kurs für angehende Bühnenautoren eingeführt hatte. Doch, sagte er, die Studenten machten ihre Sache wirklich gut. Sehr gute Dialoge seien bereits geschrieben worden, und es gebe deutliche Verbesserungen in der Prägnanz und im logischen Ablauf. »Einen Inhalt«, fügte er hinzu, »gibt es natürlich nicht.« Nach solchen Episoden frage ich mich, ob es nicht höchste Zeit ist, daß wir uns daran erinnern, daß es ohne Inhalt auch keine Form geben kann.

Die Idee einer Komposition um ihrer selbst willen, die ich anhand von Frys Analyse eines Gemäldes erläuterte, findet ihr Gegenstück in der Ate-

[1] Es gibt daneben noch andere Methoden, das eigentlich Wesentliche zu umgehen. Die traditionelle Gewohnheit, über den Stoff zu diskutieren und nicht über das, was er ausdrückt, lebt in der Suche nach klinischen Symbolen weiter.

Die Form und der Konsument

lierpraxis einiger unserer Universitäten, Kunstakademien und freischaffenden Künstler. Es gibt höchst raffinierte Techniken, aber kaum einen Hinweis darauf, daß es eine Unterscheidung zwischen richtig und falsch, eine Priorität einer Technik vor einer anderen nur geben kann, wenn der Künstler etwas zu sagen hat. Inzwischen fangen wir bereits im Kindergarten an, die Kinder mit einer Vielfalt an Materialien und Tricks zuzudecken und abzulenken – abzulenken von der einzigen Aufgabe, die zählt, und das ist das langsame und geduldige und disziplinierte Suchen nach der einen und einzigen Form, die zu der zugrunde liegenden Erfahrung paßt.

Sicher, die Künstler haben gute Gründe, wenn sie sich davor hüten, über die in Kunstwerken ausgedrückten Ideen zu diskutieren. Jede verkürzende Umschreibung droht ein Werk in seiner eigenen konkreten Kompliziertheit zu ersetzen und droht so, den Künstler zu lähmen und den Betrachter blind zu machen. Aus dem Grund setzen sich die Künstler lieber mit der Technik auseinander. Es besteht jedoch ein entscheidender Unterschied zwischen der Bescheidenheit eines Künstlers, der über Farben und Meißel spricht, während er mit jedem Gedanken und jeder Bewegung seine innerste Vision verfolgt, und der stillschweigenden Überzeugung, daß Kunst nichts anderes ist als Struktur und Raum und Formbeziehungen.

Studenten übernehmen von ihrem Lehrer sehr schnell die Einstellung zur Kunst – ja, ich glaube, daß es hauptsächlich die dem Unterricht zugrunde liegende Einstellung ist, was Studenten von ihrem Lehrer lernen. Daher rührt auch die weitverbreitete Unsicherheit unter jungen Malern und Bildhauern, die gelernt haben, all die verblüffenden Effekte zu erzielen, die aber kein Kriterium in der Hand haben, nach dem sie ihre Wahl treffen könnten. Und daher auch, unter den Verantwortungsvolleren und Nachdenklicheren, dieser tiefgehende Zynismus – eine unvermeidliche Folge davon, daß ein Spiel mit Formen getrieben wurde, das keine innere Verbindung mit unserer Lebensaufgabe hat. In einem Aufsatz über Poussin, der zum Paradigma meiner Argumente geworden zu sein scheint, fordert uns André Gide – der überzeugender argumentiert als der Kritiker auf der anderen Seite des Kanals – zu der Erkenntnis auf, daß das Denken *(la pensée)* alle Bilder Poussins motiviert und belebt. Und in dem Zusammenhang klagt er über einige Künstler aus unseren Tagen:

»Verstehen Sie mich richtig. Mir mißfällt es, die diktatorische Erklärung anhören zu müssen: ›Dies ist ein wahres Gemälde, eben weil es kein

Thema hat.‹ Ich mag es nicht, wenn dem Malen jeder geistige Wert abgesprochen wird, wenn sich die kritische Würdigung auf technische Aspekte beschränkt; wenn ich feststellen muß, daß sich unsere größten Maler alle Mühe geben, ausschließlich unsere Sinne anzusprechen, so daß sie ganz Auge, ganz Pinsel sind. Dieser Verlust, dieser freiwillige Bankrott wird einmal, wie ich glaube, für unsere Epoche, die keine Hierarchie kennt, charakteristisch sein und sie in Zukunft vielleicht scharfer Beurteilung aussetzen – und zwar um so schärfer, je bewundernswerter diese Maler mit ihren Techniken umzugehen wissen. Die in unserer Zeit gemalten Bilder wird man an ihrer *Belanglosigkeit* erkennen.« (4)

Ich bin überzeugt, daß sich André Gide hier nicht gegen abstrakte Kunst ausspricht, sondern gegen das, was ich oben »belanglose Lebensführung« genannt habe.

Vergessen wir nicht: Selbst die großen Befürworter reiner Form wollten nicht darauf bestehen, daß Kunst mit nichts anderem zu tun habe als mit sich selbst. Roger Fry räumte ein, daß Kunst Ideen ausdrücken kann, auch wenn er es ziemlich widerstrebend tat und sich außerstande sah, zu erklären, was er meinte. Hanslick traf zum Thema der musikalischen Ideen folgende Feststellung: »Wie aber jede konkrete Erscheinung auf ihren höheren Gattungsbegriff, auf die sie zunächst erfüllende Idee hinaufweist, und so fort immer höher und höher bis zur absoluten Idee, so geschieht es auch mit den musikalischen Ideen.« Clive Bell schrieb 1913 im Rahmen seiner zögernd vorgetragenen und von ihm so genannten »metaphysischen Hypothese« die folgenden bemerkenswerten Sätze:

». . . wir können nur vermuten, daß uns in irgendeiner Sache, die wir für reinen Selbstzweck halten, das bewußt wird, was von größerer Bedeutung ist als irgendwelche Qualitäten, die sie vielleicht durch ihren Umgang mit menschlichen Wesen erworben hat. Anstatt die zufällige und bedingte Wichtigkeit dieser Sache zu erkennen, wird uns ihre absolute Realität bewußt, der Gott in allem, das Allgemeine im Besonderen, der alles durchdringende Rhythmus. Gleich wie wir es nun nennen, die Sache, von der ich rede, ist das, was hinter der äußeren Erscheinung aller Dinge liegt – das, was allen Dingen ihre individuelle Bedeutung gibt, das Ding an sich, die letzte Realität. Und wenn ein mehr oder weniger unbewußtes Erfassen dieser latenten Realität materieller Dinge tatsächlich der Grund für jene merkwürdige Emotion sein sollte, für jene Leidenschaft, die sich ausdrük-

Die Form und der Konsument

ken läßt und die die Inspiration vieler Künstler ist, dann scheint es nur vernünftig, anzunehmen, daß diejenigen, die ohne Unterstützung materieller Dinge dieselbe Emotion erfahren, auf einer anderen Straße zum selben Ziel gelangt sind.« (2, Seite 69.)

Wenn wir also zeigen wollten, daß das Poussin zugeschriebene Gemälde ein Kunstwerk ist,[2] könnten wir uns nicht mit einer Beschreibung von Flächen begnügen, die »trefflich zueinander in Beziehung gesetzt« sind. Würde uns nichts anderes von einer solchen Enthirnung abhalten, müßten wir uns immer noch Poussins eigene Warnung vor Augen halten: »Die erste Bedingung, die allen anderen zugrunde liegt, ist, daß der Stoff und die Darstellung erhaben sind, also etwa Schlachten, Heldentaten und religiöse Themen ... so muß der Maler nicht nur die Fähigkeit besitzen, seinen Stoff auszuwählen, sondern auch die zu dessen Verständnis erforderliche Urteilskraft, und er muß ein Thema wählen, das sich von Natur aus zur Verschönerung und Vervollkommnung eignet.« Vom Künstler bestärkt, würden wir die Geschichte von Achilles unter den Mädchen aufmerksam betrachten, so wie sie auf dem Bild dargestellt wird. Wir würden uns fragen, was die Anordnung der einzelnen Figuren und das von ihren Gesten gebildete Muster zur Interpretation der Geschichte beisteuern, und wir würden versuchen, in der Raum- und Lichtverteilung eine tiefere Bedeutung zu finden. Vielleicht würden wir feststellen, daß alle Aspekte des Bildes, die großen und die kleinen, zusammenwirken und ein Muster von Anschauungskräften darbieten, das aus der sagenhaften Episode das tiefer liegende Thema herausholt: offenbarte Männlichkeit, Kraft in der Maske der Anmut. Und, einer vollkommenen Übereinstimmung von beredter Form und tiefer Bedeutung gegenübergestellt, fühlen wir uns vielleicht geneigt, zu sagen, wir hätten es mit Kunst zu tun.

Würde uns aber eine solche Analyse nicht in eine Beschäftigung verstricken, die, wie ich oben bereits erwähnte, nicht die des Konsumenten ist? Die Tätigkeit des Konsumenten besteht darin, zu konsumieren, das heißt, durch Sehen und Hören sein Leben zu erhellen und zu bereichern, und nicht, die Formmittel zu analysieren, mit denen diese Erhellung und Bereicherung erlangt wird. Wenn es stimmt, daß das, was als ästhetische oder kritische Einstellung ausgegeben wird, oft nichts ist als ein Kunst-

---

2. Ist es ein Poussin? Dr. Carla Gottlieb teilt mir mit, daß das Gemälde, 1920 von Paul Jamot dem Louvre übergeben, nicht einhellig für authentisch angesehen wird.

griff, um der überwältigenden Anziehungskraft der Kunst zu entkommen, dann ist das Fernsehpublikum, das sich vollkommen arglos der Erregung, dem Nervenkitzel und der Spannung ausliefert, die einzige soziale Gruppe, die als ein echter Kunstkonsument fungiert.

Das geht tatsächlich nicht weit an der Wahrheit vorbei. Könnte sich ein Komponist, Schauspieler, Bildhauer oder Dichter ein besseres Publikum wünschen als eines, das sich so vollkommen seinen Visionen hingibt wie Fernsehzuschauer den Schrecken und Wonnen ihrer eigenen Kost? Doch wir besinnen uns sofort darauf, daß die Fernsehdarbietungen und ihr Publikum durch Gemeinsamkeiten in Stil, Interesse und Geschmack aufeinander abgestimmt sind, die es in der Kunst nicht gibt. Früher hat es sie einmal gegeben. Wenn ein Sizilianer um das Jahr 1200 den Dom von Monreale betrat, dann erschreckte ihn vom höchsten Punkt der Apsis herunter das furchterregende Bildnis des schwarzbärtigen Pantokrators – er spürte die unmittelbare Wirkung eines Kunstwerks. Doch heutzutage lassen sich die Klüfte, die den Künstler vom Künstler und den Künstler vom Publikum trennen, nur durch Interpretation überbrücken. Ich hoffe, ich habe einleuchtend dargestellt, daß wir eine Interpretation brauchen, die imstande ist, Augen und Ohren für die Botschaften zu öffnen, die durch Form vermittelt werden, anstatt sie mit leerem Formenspiel abzulenken.

Die Kunst beherrscht den Weg, der von der Unmittelbarkeit unserer Sinne zu dem führt, was Clive Bell »die letzte Realität« genannt hat. Es ist der Weg des Menschen, und wir können es uns nicht leisten, ihn zu blockieren.

BIBLIOGRAPHIE

1. Arnheim, Rudolf, »Das Rotkehlchen und der Heilige«, in diesem Band, S. 243.
2. Bell, Clive, *Art*. London (Chatto & Windus) 1931.
3. Fry, Roger, *Transformations*. Garden City (Doubleday) 1956.
4. Gide, André, *Poussin*. Paris (Au Divan) 1945.
5. Hanslick, Eduard, *Vom Musikalisch-Schönen*. Leipzig 1854.

Wahrnehmungsabstraktion und Kunst[*]

Einführung

Kunst und Abstraktion scheinen unverträglich, wenn man die beiden Begriffe in dem allgemein üblichen Sinne versteht. Man sagt, der Künstler biete Darstellungen konkreter, individueller Fälle an. Abstraktion wird oft als ein Verfahren definiert, bei dem die einer Reihe von Einzelfällen gemeinsamen Elemente oder Bestandteile herausgezogen und als eine neue Summe oder Komposition dargeboten werden. Dieser Auszug, so wird uns gesagt, kann nicht durch ein konkretes, individuelles Einzelbeispiel dargestellt werden. Jedes einzelne Ding, zum Beispiel ein Tisch, läßt eine anschauliche Darstellung zu, doch ein solch konkreter Zustand scheint dem abstrakten Begriff »Tisch« verwehrt zu sein. Um es noch einmal zu wiederholen: Abstraktion wird oft als ein intellektuelles Verfahren beschrieben, das mechanisch aufgezeichnete Wahrnehmungsbilder ausarbeitet, wohingegen der künstlerische Prozeß vorgeblich nichts mit Denken zu tun hat; er gründet sich auf Wahrnehmung, Intuition, Gefühl usw.

Andererseits hat sich der Begriff der »abstrakten Kunst« längst eingebürgert. Und auch wenn man einmal von diesem Extremfall absieht, so scheint es für viele Kunstwerke – und besonders für die besten darunter – charakteristisch, daß sie Sehrealität in einer vereinfachten Art und Weise darstellen. Sie zeigen Gegenstandstypen und ihre allgemeine Bedeutung und nicht nur Bilder individueller Fälle – eine Leistung, die sehr nach Abstraktion klingt. Der folgende Versuch, einige Aspekte der Beziehungen zwischen Kunst und Abstraktion zu untersuchen, setzt eine Berichtigung gewisser psychologischer Begriffe voraus. Diese Umdeutung wird letzten Endes eine sehr viel gründlichere Rechtfertigung erforderlich machen, als

[*] Erstabdruck in *Psychological Review*, 54 (1947). SS. 66–82.

sie hier gegeben wird. Ich bitte auch für die apodiktische Art und Weise um Nachsicht, mit der – wieder der Kürze zuliebe – diese psychologischen Thesen vorgebracht werden.

Wahrnehmungsabstraktion

Ein Kind zeichnet einen menschlichen Kopf als Kreis. Dies ist nicht etwa ein Versuch, den genauen Umriß des Kopfes einer bestimmten Person wiederzugeben; vielmehr geht es um eine allgemeine Formeigenschaft eines Kopfes oder ganz allgemein von Köpfen – Rundheit nämlich. Rundheit gilt im allgemeinen als ein abstrakter Begriff. Als solcher kann sie vielen oder allen Köpfen zugeschrieben werden, doch nach der herkömmlichen Definition von Abstraktion sollte sie kein einzelner Kopf konkret dem Auge darbieten können. Der Kreis des Kindes ist jedoch mehr als nur ein Zeichen, das für einen intellektuellen Begriff steht, so wie ∞ für Unendlichkeit steht. Es ist ein Bild, ein allgemein akzeptiertes Bild jener Rundheit, die allen Köpfen gemeinsam ist. Das Unmögliche scheint geschafft – eine wahrnehmungsmäßig konkrete Darstellung des Abstrakten.

Der Kreis des Kindes ist nicht weniger konkret und individuell als die Photographie irgendeines der bestimmten Köpfe, die er vertritt. Es ist jedoch eine Darstellung, die viele der Wahrnehmungseigenschaften von Köpfen wegläßt und sich auf eine Form beschränkt, die die Struktur der Rundheit ganz rein und prägnant wiedergibt. So läßt sich die nach individuellen Köpfen gezeichnete Eigenschaft der Rundheit nicht nur durch einen intellektuellen Begriff definieren; vielmehr läßt sich auch die Einzelstruktur, die sie bezeichnet und die in den ursprünglichen Formen nicht so klar erkannt wird, dem Auge in einer konkreten, individuellen Form darbieten, da diese Struktur nun von vielen erschwerenden Zufälligkeiten befreit ist. Eine solche gereinigte und trotzdem konkrete Darbietung von Struktureigenschaften scheint die Erfordernisse echter Abstraktion zu erfüllen.

Der widersprüchliche Gebrauch der Begriffe »konkret« und »abstrakt« im Vorangehenden soll die Mehrdeutigkeit dieser Begriffe veranschaulichen. Wenn wir alles, was wahrnehmbar ist, »konkret« nennen, dann ist der Kreis genauso konkret wie die Photographie eines Kopfes. Doch innerhalb des Bereichs »konkret« wahrnehmbarer Dinge kann der Kreis als eine Abstraktion des Kopfes beschrieben werden. Im Folgenden wird mit dem Begriff »Abstraktion« jede vereinfachte Wiedergabe einer (konkreten) Reizkonfiguration beschrieben.

Abstraktion in primitiven Darstellungen. Künstlerische Abstraktion bringt ein rätselhaftes Paradox mit sich, solange man in der Abstraktion eine intellektuelle Ausarbeitung von Wahrnehmungsmaterial und damit eine Tätigkeit sieht, die sich nur auf einer verhältnismäßig hohen Stufe geistiger Entwicklung ausführen läßt. Auf dem Gebiet der Kunst – und vermutlich gilt das auch für die Denkpsychologie – erscheinen hochgradig abstrakte Formen auf den primitivsten Entwicklungsstufen, während in späten Kulturperioden, etwa in der hellenistischen oder in der Renaissance-Kunst, hochgradig realistische Darstellungen zu finden sind. Die von einem Kind oder einem Indianer gezeichneten Bilder oder eine frühe ägyptische Skulptur zeigen ein hohes Maß an Abstraktheit, während pompejanische Gemälde oder Michelangelos *David* einer »photographischen« Ähnlichkeit so viel näherkommen, daß offenbar weniger Abstraktion notwendig war, um sie entstehen zu lassen. (5)

Die Abstraktheit von Kinderzeichnungen und anderen primitiven bildlichen Darstellungen wird normalerweise durch eine Theorie erklärt, die man die intellektualistische Theorie nennen könnte. »Ein Kind zeichnet, was es weiß, und nicht, was es sieht«, – diese Formel ist fast zu einem Glaubensartikel geworden. Eine typische Erklärung dieser Theorie stammt von Florence L. Goodenough (14), die in aller Deutlichkeit darauf hinweist, daß sie mit »Zeichnen nach dem Wissen« ein Zeichnen nach intellektuellen Begriffen meint, zum Unterschied von Gedächtnisbildern. Kinderzeichnungen werden oft »ideoplastisch« genannt; nach Max Verworn (23), dem Schöpfer dieses Begriffs, handelt es sich um Darstellungen, die sich nicht etwa aus einem Gedächtnisbild herleiten, sondern aus dem, was der Zeichner über das Thema denkt und weiß.

Die intellektualistische Theorie scheint vom Bilderzeugnis – den Kinderzeichnungen – angeregt worden zu sein und nicht von dem, was über die Kinderseele bekannt ist. Ja, eine Theorie, nach der Kinder mit Hilfe von intellektuellen Begriffen Bilder von sichtbaren Dingen schaffen, steht in krassem Gegensatz zu der allgemeinen Beobachtung, daß sich das Seelenleben in den frühen Entwicklungsstufen ganz unmittelbar auf Wahrnehmungserfahrungen verläßt. Ist es denn wahrscheinlich, daß das Kind den komplizierten Umweg über intellektuelle Begriffe wählt, um aus Sehdingen Sehbilder zu schaffen? Es gibt insbesondere keinen Hinweis darauf, daß kleine Kinder die in hohem Maße theoretischen Begriffe von Form, Richtung, Proportion usw. besitzen, Begriffe, die sie zur Lösung der Aufgabe auf einer nicht wahrnehmungsmäßigen Ebene brauchen würden. Wahrscheinlich verdankt die intellektualistische Theorie ihre Herkunft und ihre Langlebigkeit der Tatsache, daß, solange die Wahrnehmung als ein rein passives »photographisches« Aufzeichnen des Netzhautabbildes gilt, auffallende Abweichungen von diesem Abbild nur durch das Eingreifen höherer geistiger Prozesse – etwa den der intellektuellen Begriffsbildung – erklärt werden können.

Es ist auch versucht worden, den Stil von Kinderzeichnungen mit der Behauptung zu erklären, sie entsprängen dem Gedächtnis und nicht der direkten Beobachtung. Es ist tatsächlich anzunehmen, daß die allmähliche Umformung von Gedächtnisbildern in dem Prozeß eine Rolle spielt. Experimente mit dem Formengedächtnis lassen darauf schließen, daß sich Bildformen häufig verändern und zur Vereinfachung, Symmetrie usw. drängen (17, SS. 493–506; 26, SS. 77–91). Eine Auseinandersetzung mit dieser Frage scheint hier jedoch unwesentlich, da bekannt ist, daß es zwischen Kinderzeichnungen, die direkt vom Sehgegenstand angefertigt werden, und Zeichnungen aus dem Gedächtnis keine bedeutenden Unterschiede gibt, und zwar nicht nur, wenn das Kind dem Modell wenig Beachtung schenkt, sondern auch, wenn es sich ganz darauf konzentriert, das, was es beobachtet, so wahrheitsgetreu wie möglich zu Papier zu bringen. Das ganze Problem ist also schon in der bildlichen Darstellung des Kindes, mit dem es das unmittelbar Wahrgenommene wiedergibt, enthalten.[1]

Vom Vorrang umfassender Wahrnehmungseigenschaften. Eine natürlichere Erklärung scheint sich aufzudrängen, wenn man die herkömmliche Überzeugung fallenläßt, strukturelle Ganzheitseigenschaften – die Rundheit zum Beispiel – seien von individuellen Wahrnehmungserlebnissen abzuleiten, und zwar als sekundäre, intellektuelle Verfeinerung des Sin-

---

[1]. Ein weiterer Versuch, den Zwiespalt zwischen primitiver Darstellung und »photographischer« Genauigkeit unanschaulichen Prozessen zuzuschreiben, ist von Löwenfeld (20, 21) unternommen worden, der behauptet, das Zeichnen von Grundrissen oder Seitenansichten entspringe der im wesentlichen taktilen Erfahrung »haptischer« Menschen, während Menschen, die sich stärker an den Gesichtssinn hielten, »objektive«, d. h. perspektivische Ansichten zeichneten. Die Theorie geht an der Tatsache vorbei, daß der Mensch aufgrund der sogenannten Konstanz der Wahrnehmungsform nicht perspektivisch sieht und daher auch nicht perspektivisch zeichnet, es sei denn, seine kulturelle Umwelt bringt es ihm bei.

nesmaterials. Forschungsergebnisse der Gestaltpsychologie lassen darauf schließen, daß solche Gesamteigenschaften nicht nur unmittelbar wahrzunehmen sind, sondern daß man in ihnen die primären Wahrnehmungserscheinungen sehen muß. Sie scheinen ins Auge zu fallen, bevor noch die spezifischen Einzelheiten eines Sehgegenstandes erfaßt werden. Louis W. Gellermann (11) hat zum Beispiel nachgewiesen, daß kleine Kinder und Schimpansen das Erfassen eines ganz spezifischen Dreiecks auf Dreiecke unterschiedlicher Form, Größe, Lage usw. übertragen können – eine Leistung, von der man geglaubt hatte, sie sei jedem unmöglich, der nicht den intellektuellen Begriff der »Dreieckigkeit« entwickelt hat. Bei Koffkas Experimenten mit Gedächtnisbildern (26, SS. 43–44; 16) wurde von Versuchspersonen oft berichtet, sie sähen allgemeine Form-, Farb- oder Bewegungsmerkmale, etwa die Form einer Münze oder das Flattern einer Fahne, aber nicht die weiteren Einzelheiten, die notwendig gewesen wären, um die im Bild erscheinende spezifische Münze oder Fahne zu identifizieren.

Wenn es stimmt, daß umfassende, allgemeine Eigenschaften unmittelbar wahrgenommen werden können und daß sie den Grundgehalt des Wahrnehmungsgegenstandes bilden und nicht erst intellektuell aus einer Anzahl von naturgetreuen »Netzhaut«-Abbildern gewonnen werden müssen, dann läßt sich die These nicht mehr aufrechterhalten, daß »das Kind mit dem Erkennen von Einzeldingen anfängt und sich mit unmerklichen Schritten weiterentwickelt, bis es ganze Dingkategorien erkennt« (14, S. 67). Da das Kind umfassende, die Kategorie bestimmende Eigenschaften zuerst erfaßt und erst in zweiter Linie Einzelfälle unterscheidet, braucht man keine höheren Seelenprozesse zu bemühen, um die abstrakte Qualität der Zeichnungen zu erklären. Vielmehr läßt sich diese Abstraktheit durch Prozesse erklären, die sich weithin im Wahrnehmungsbereich abspielen, auf eine Art und Weise also, die mehr mit den grundlegenden Befunden der Kinderpsychologie übereinstimmt.[2] Dies ist auch der erste Schritt auf dem Weg zu einer Lösung des oben erwähnten entwicklungsgeschichtlichen Paradoxons, das auf eine weitere Mehrdeutigkeit des Be-

---

2. Die gelegentlich vorkommenden Fälle, in denen die Darstellung wirklich vom intellektuellen Wissen bestimmt wird, zeigen in überzeugender Weise, wie untypisch es ist. Das Kind kommt zum Beispiel dahin, daß es eine Hand mit der genauen Zahl von fünf Fingern zeichnet – in der Regel, nachdem es Sternmuster verwendet hat, die die anschauliche Struktur der Hand durch eine unbestimmte Zahl von strahlenförmig angeordneten Strichen wiedergeben.

griffes »Abstraktion« zurückzuführen ist. Mit Abstraktion ist vielleicht nichts anderes gemeint als »eine kleinere Quantität, die den Wert oder die Kraft einer größeren enthält« (Samuel Johnson), unabhängig davon, wie diese »kleinere Quantität« erreicht worden ist. Mit Abstraktion kann aber auch der in der Etymologie des Wortes angedeutete Prozeß gemeint sein, bei dem eine Gestalt zu einer weniger komplizierten reduziert wird, beispielsweise, wenn es einem Wissenschaftler gelingt, die Anzahl von Begriffen, die in der Vergangenheit zur Beschreibung bestimmter Erscheinungen erforderlich war, zu verringern, oder wenn ein Künstler zu einem Punkt kommt, wo er Formstrukturen bevorzugt, die einfacher sind als die bisher verwendeten. Die in Johnsons Definition beschriebene Bedingung kann sich ohne den in der Etymologie angedeuteten Prozeß einstellen. Die höchst abstrakten Formen, die frühe Darstellungsstufen charakterisieren, sind nicht etwa einer Vereinfachung von bis dahin komplizierteren Mustern zuzuschreiben. Vielmehr entspringen sie – sowohl in der Wahrnehmung als auch in der bildlichen Darstellung – einer Vorrangstellung einfacher, umfassender Formen. Diese können sich allmählich zu komplizierteren entwickeln, wie sie etwa für eine »realistischere« Darstellung gebraucht werden. Daraus folgt, daß in hohem Maße realistische Bilder nicht als eine unmittelbare Erfassung von photographisch genauen Wahrnehmungsbildern zu deuten sind, sondern als das Ergebnis der allmählicheren Verfeinerung von ursprünglich abstrakteren Formstrukturen.

Wahrnehmungsbegriffe. Eine psychologische Schwierigkeit entsteht, wenn man sich konkret vorzustellen versucht, was es bedeutet, wenn man eine allgemeine Eigenschaft wie Rundheit in einem spezifischen Umriß sieht, zum Beispiel in der Kontur eines menschlichen Kopfes. Bis jetzt scheint die Gestaltpsychologie nur auszusagen, daß unter den möglichen Anordnungen des gegebenen Reizmaterials diejenige ausgewählt wird, die die »beste« Struktur hergibt, und daß Eigenschaften, die die grundlegende Ganzheitsstruktur einer Gestalt ausmachen, dazu neigen, aufzufallen und zuerst wahrgenommen zu werden. Damit wird also gesagt, es komme zu einer Auswahl oder Unterscheidung tatsächlicher Teile der Gestalt auf der Basis ihrer strukturellen Funktion. Man muß jedoch annehmen, daß keine einfache Anordnung oder Auswahl von dem, was von dem Umriß eines Kopfes auf der Netzhaut gegeben ist, zur Wahrnehmung von »Rundheit« führen kann. Außerdem haben Experimente, bei denen der Einfluß der Reizkonfiguration durch kurzes Aufdecken, trübe Beleuchtung, räumlichen oder zeitlichen Abstand usw. geschwächt wurde, ergeben, daß Figu-

Wahrnehmungsabstraktion und Kunst

ren wahrgenommen werden, die sich nicht nur durch einen Mangel an Vollständigkeit von den tatsächlich gezeigten unterscheiden, sondern daß vielmehr Muster entstehen, die die Struktur des Modells in vereinfachter Weise darstellen, und zwar durch regelmäßige, oft symmetrische Formen, die häufig gar nicht in dem Modell enthalten sind (17, SS. 141–144). Es ist, als erhöhe der von der verringerten Reizkontrolle geschaffene Spielraum eine Tendenz im empfangenden Sinnesorgan, spontan einfache, regelmäßige Formen zu erzeugen. Diese Tendenz könnte ganz allgemein eine Grundlage von Wahrnehmungsprozessen sein. Vielleicht besteht Wahrnehmung aus der Anwendung von »Wahrnehmungskategorien« auf das Reizmaterial, Kategorien wie Rundheit, Röte, Kleinheit, Symmetrie, Vertikalität usw., die von der Struktur der gegebenen Gestalt hervorgerufen werden. Kommt es beim Anblick eines menschlichen Gesichtes, und sei es auch nur als eine erste Stufe, zu einem passiven Aufzeichnen aller oder einiger der spezifischen Konturen, Größen, Farbschattierungen, entweder in der Summierung oder in der Ganz-Gestalt? Bedeutet das Sehen eines Gesichtes nicht das Erzeugen eines Musters aus so allgemeinen Eigenschaften wie der Schlankheit des Ganzen, der Geradheit der Augenbrauen, der geschwungenen Linie der Nase, der blauen Farbe der Augen? Es erfolgt eine Anpassung der Wahrnehmungseigenschaften an die vom Reizmaterial angeregte Struktur, und nicht eine Aufnahme des Materials selbst. Sind nicht diese Ganzheitsstrukturen von Kategorien der Form, Größe, Proportion, Farbe usw. zusammen mit dem ihnen zugehörigen Ausdruck alles, was wir erhalten und verwenden, wenn wir sehen, erkennen, uns erinnern? Sind nicht diese Kategorien die unerläßlichen Voraussetzungen, die uns ein wahrnehmungsmäßiges Verstehen erst möglich machen?[3] Und trifft das nicht zu, ganz gleich, ob wir uns mit dem großen Gesamteindruck eines Dinges zufriedengeben, oder ob wir es bis in seine kleinsten Einzelheiten untersuchen? Die Anzahl, Art und Feinheit dieser Kategorien ändert sich von Fall zu Fall, doch je prägnanter und konstanter die Struktur der Reizkonfiguration, desto bestimmter legt sie das Kategorienmuster fest, das das Wahrnehmungsbild ausmacht.

---

3. Man fühlt sich an Dante erinnert: »Vostra apprensiva da esser verace tragge intenzione, e dentro a voi la spiega, si che l'animo ad essa volger face.« *(Purgatorio,* Canto XVIII, 22.) Infolge der Doppelbedeutung des Verbs *spiegare* ist das Auffassungsvermögen in diesem Abschnitt als etwas beschrieben, das die Bilder der äußeren Wirklichkeit gleichzeitig »enthüllen« und der Seele »erklären« kann.

Die Wahrnehmungskategorien können als allgemein und abstrakt beschrieben werden, weil sie nicht auf irgendein bestimmtes Objekt beschränkt sind, sondern in jedem Objekt entdeckt und auf jedes Objekt angewandt werden, das auf sie paßt. Sie sind keine intellektuellen Destillate, durch Erfahrung aus einer großen Zahl von Fällen gewonnen, sondern vielmehr spontane »reine Anschauungsformen« (um Kants Ausdruck zu borgen), möglicherweise erklärbar durch eine Tendenz zur strukturellen Einfachheit in den Prozessen, die sich als Reaktion auf Wahrnehmungsreize in den Sehzentren der Hirnrinde abspielen. Ich behaupte, daß die individuelle Reizkonfiguration nur insofern in den Wahrnehmungsprozeß eintritt, als sie ein spezifisches Muster allgemeiner Sinneskategorien hervorruft, das den Reiz in ganz ähnlicher Weise *vertritt*, wie eine wissenschaftliche Beschreibung eines Netzwerkes von allgemeinen Begriffen als Entsprechung einer Erscheinung der Wirklichkeit dargeboten wird. Genauso wie die Eigenart wissenschaftlicher Begriffe verhindert, daß diese jemals die Erscheinung »selbst« in den Griff bekommen, können Wahrnehmungsgegenstände das Reizmaterial »selbst« nicht enthalten, weder ganz noch teilweise. Eine wissenschaftliche Beschreibung kann einem Apfel nur insoweit nahekommen, als sie genaue Angaben zu seinem Gewicht, seiner Größe, seinem Aussehen, seiner Lage, seinem Geschmack usw. macht. Ein Wahrnehmungsgegenstand kann dem Reiz »Apfel« nur insoweit nahekommen, als er ihn durch ein spezifisches Muster von so allgemeinen Sinnesqualitäten wie Rundheit, Schwere, Obstgeschmack, Grünheit usw. vertritt.

Ist diese Theorie annehmbar, dann sind die elementaren Wahrnehmungsprozesse – weit davon entfernt, nur aus einem rein passiven Aufzeichnen zu bestehen – schöpferische Handlungen, bei denen Struktur erfaßt wird und die sogar noch über das reine Anordnen und Auswählen von Teilen hinausgehen. Was bei der Wahrnehmung geschieht, ist so ähnlich wie das, was auf einer höheren psychologischen Ebene als Verständnis oder Einsicht beschrieben wird. Wahrnehmen ist Abstrahieren, denn es stellt Einzelfälle durch Konfigurationen allgemeiner Kategorien dar. Die Abstraktion beginnt also auf der elementarsten Stufe des Erkennens, nämlich schon bei der Aufnahme des Sinnesmaterials.

Diese Ansicht macht erforderlich, daß wir von »Wahrnehmungsbegriffen« reden. Wir müssen zum Beispiel zwischen dem Wahrnehmungsbegriff »Gewicht« – der sich auf die kinästhetische Erfahrung von Schwere bezieht – und dem intellektuellen Begriff »Gewicht« – definiert als die

Kraft, mit der die Erde einen Gegenstand anzieht – unterscheiden. Beide erfüllen gleichermaßen die Anforderungen von Begriffen, denn sie sind allgemeine Qualitäten, die sich auf spezifische Fälle anwenden lassen.

Die Unterscheidung zwischen Wahrnehmungsgegenstand (englisch: *percept*) und Begriff (englisch: *concept*) scheint ebenfalls verlorenzugehen. Wenn die Wahrnehmung eines einzelnen Gesichts ein abstrahierender Prozeß von der Art ist, die ich beschrieben habe, gibt es im Prinzip keinen Unterschied zwischen dem Anschauungsbegriff, den der Beobachter von diesem Gesicht erhält, und dem Anschauungsbegriff des »chinesischen Gesichtes«, den wir vielleicht aus einer ganzen Anzahl von chinesischen Gesichtern erhalten haben. Beides sind Versuche, Wahrnehmungsstrukturen zu schaffen, die ihren Bezugsobjekten angemessen sind, und es spielt keine Rolle, ob das Bezugsobjekt nur aus einem einzelnen Fall oder aus mehreren besteht, deren Struktur etwas Gemeinsames hat.[4]

Darstellungsbegriffe. Die Psychologie der künstlerischen Abstraktion hat nicht nur mit Problemen der Wahrnehmung, sondern auch mit solchen der Darstellung zu tun. Wenn man ein Ding wahrnimmt, hat man es noch nicht dargestellt. Trotzdem geht ein beträchtlicher Anteil der Schriften zur Kunsttheorie von der stillschweigenden Annahme aus, daß eine bildliche Darstellung nichts anderes sei als eine Abbildung eines Wahrnehmungsgegenstandes. Manchmal behaupten diese Theoretiker, das Wahrnehmungsbild des Bezugs- oder Modellobjekts sei gleichsam das Rohmaterial der Darstellung, aus dem durch eine Art plastische Chirurgie die endgültige Form des Kunstwerkes gewonnen werde, dadurch nämlich, daß einzelne Elemente einfach weggelassen oder hinzugefügt würden, daß sie verändert oder verzerrt, losgelöst und neu zusammengestellt

---

4. Der Begriff »allgemein« ist bezeichnenderweise mehrdeutig. Etymologisch bezieht er sich auf etwas, das mehreren Fällen gemeinsam ist, *all-gemein*. Wenn wir jedoch von den »allgemeinen Konturen« eines bestimmten Gesichtes reden, beziehen wir uns damit nicht auf das, was es mit anderen Gesichtern gemeinsam hat, sondern vielmehr auf seine wesentlichen, beherrschenden Gesamtzüge, die auch nach Änderung vieler Einzelheiten unberührt bleiben können. Die zwei Bedeutungen des Begriffes sind jedoch eng miteinander verwandt. Aus Einzelfällen, die sich nicht nur im Hinblick auf irgendein Element sondern auf wesentliche Struktureigenschaften ähnlich sind, werden wahrnehmbare Verallgemeinerungen gewonnen. Das heißt also, die »allgemeinen«, »generellen« Eigenschaften eines bestimmten Vergleichsobjektes sind in der Regel diejenigen, die es mit anderen Objekten derselben Gattung, desselben »Genus«, teilt.

würden usw.[5] Ich habe behauptet, daß das, was ich den Wahrnehmungsbegriff nannte, nicht durch einfaches Auswählen, Anordnen und Umgruppieren aus der Reizkonfiguration gewonnen wird, sondern daß er vielmehr deren strukturelle Entsprechung ist: ein Muster von Wahrnehmungskategorien. Genauso ist eine bildliche Darstellung weder eine Kopie noch eine Manipulation eines Wahrnehmungsbegriffs. Zweifellos sieht das kleine Kind, das den Kreis zeichnet, beim Anblick eines menschlichen Kopfes mehr als nur reine Rundheit. Bevor es irgend etwas zeichnen kann, ist es fähig, verschiedene Menschen voneinander zu unterscheiden. Das Wahrnehmungsmuster ist weit über das hinaus verfeinert, was in den Zeichnungen des Kindes angedeutet wird. Auch läßt sich der Unterschied zwischen dem, was wahrgenommen wird, und dem, was zu Papier gebracht wird, nicht einfach mit einem Mangel an technischem Können erklären. Im großen und ganzen besitzt das kleine Kind – und sicherlich auch der Künstler der Frühzeit – genügend motorische Fertigkeit und visuelle Beherrschung, um das beabsichtige Bild herzustellen. Ein Kind kann vielleicht keinen vollkommenen Kreis zeichnen, doch in der Regel kommt es seinem Ziel so nahe, daß der Betrachter die Absicht ohne weiteres erkennen kann. Der Kreis ist nicht etwa eine unbeholfene Wiedergabe einer komplizierteren oder realistischer beabsichtigten Form; er ist eine ziemlich genaue Darstellung dessen, was der Zeichner wiedergeben wollte.

Die Wahrnehmungs- oder Gedächtnisspur eines Gegenstandes der Wirklichkeit besteht im allgemeinen nicht aus Linien oder Pinselstrichen und ist größtenteils nicht zweidimensional. Es ist das Bild eines dreidimensionalen Körpers, von seiner Umgebung abgegrenzt durch den Farbton, Helligkeitsunterschiede usw. Einige seiner Eigenschaften lassen sich in der Zeichnung und im Gemälde wiedergeben, andere nicht. Das bedeutet, daß überall dort, wo sie nicht unmittelbar wiedergegeben werden können, mit Hilfe der von dem Darstellungsmittel gebotenen Möglichkeiten eine Entsprechung entwickelt werden muß. Dies ist auch aus einem

---

5. Zwei Beispiele, die Robert Goldwater (13) zitiert, mögen diese Theorie erläutern. John Constable: »Doch was sind schon in Wirklichkeit die erhabensten Schöpfungen des Bleistifts, wenn nicht eine Auswahl aus einigen Formen der Natur und Kopien von ein paar ihrer schwindenden Wirkungen?« J. A. McN. Whistler: »Die Natur enthält in Farbe und Form die Elemente aller Bilder, so wie die Tastatur des Klaviers die Noten aller Musikstücke enthält. Doch der Künstler ist dazu geboren, diese Elemente aufzunehmen, auszuwählen und kunstfertig anzuordnen.«

noch wichtigeren Grund notwendig. Wenn bei der Wahrnehmung Muster von Wahrnehmungskategorien geschaffen werden, die der Reizkonfiguration angemessen sind, und wenn zu der Aufgabe des Künstlers die Darstellung solcher Muster gehört, dann muß er tatsächlich eine Bildform erfinden, die in der Mehrzahl der Fälle nicht einfach vom Wahrnehmungsgegenstand »abgelesen« werden kann. Es stimmt zwar, daß ein Laternenpfahl die geraden Linien, mit denen er dargestellt werden kann, problemlos nahelegt; doch die Rundheit eines Kopfes ist nicht als verfolgbarer Umriß gegenwärtig; sie ist eine Ganzheitseigenschaft, deren bildliche Entsprechung erfunden werden muß. Eine rein mechanische Abbildung eines Gegenstandes mit Hilfe der Photographie oder eines Gipsabdrucks ermöglicht zwar im allgemeinen eine Identifizierung des Gegenstandes und gibt einige seiner Eigenschaften wider, doch die Form einer solchen Abbildung ist – zumindest teilweise – chaotisch, das heißt unverständlich im Vergleich mit einer echten Darstellung des Modells als eines Musters gut umrissener Form. Darstellung besteht darin, daß man in die Reizkonfiguration ein Muster »hineinsieht«, das auf ihre Struktur paßt – oft ein mühsames oder sogar unlösbares Problem –, und daß man dann für dieses Muster ein bildliches Gegenstück erfindet.[6] Es gibt dafür zahllose verschiedene, durchweg vertretbare Möglichkeiten, wie ein Besuch in jedem beliebigen Kunstmuseum deutlich macht. Die Wellenlinien, die Van Gogh zur Darstellung von Zypressen verwendete, waren in der Reizkonfiguration nicht gegeben, und das Wahrnehmungsmuster, das der Künstler als Reaktion auf diese Reize herstellte, bestand nicht aus wellenförmigen Pinselstrichen. Diese Pinselstriche waren vielmehr die bildliche Entsprechung seines Wahrnehmungsbegriffs, dessen Veranschaulichung als greifbare Form; sie waren keine Nachbildung, sondern eine Übersetzung in das bildliche Ausdrucksmittel.

Darstellung besteht also darin, daß man mit den Möglichkeiten eines bestimmten Ausdrucksmittels eine Entsprechung eines Wahrnehmungsbegriffes schafft. Der Kreis wird zum Beispiel unmittelbar aus einem gra-

---

6. Dieser Prozeß sollte nicht mit »Projektion« verwechselt werden, das heißt mit der Übertragung einer im wesentlichen subjektiven Bedeutung auf ein Muster, dessen Strukturen absichtlich unscharf sind, zum Beispiel auf einen Rorschach-Tintenklecks. Zur Darstellung gehört immer ein Wechselspiel zwischen der Struktur der Reizkonfiguration, dem Gestaltungsprozeß in den Sehfeldern des Gehirns und der Einstellung des Künstlers und seiner Zeit zur Realität.

phischen Ausdrucksmittel hergeleitet, dessen hauptsächliche Möglichkeiten eindimensionale Linien sind. Der Wahrnehmungsgegenstand, der den Kreis hervorrief, würde mit einem Pinsel, mit kubischen Blöcken, in Ton oder in einem Gewebe zu einer anderen Darstellung führen. Doch um welches Ausdrucksmittel es sich auch handelt, es wird immer eine strukturelle Ähnlichkeit zwischen der Darstellung und dem Wahrnehmungsbegriff geben. Eine solche strukturelle Ähnlichkeit der Konfigurationen in den verschiedenen Ausdrucksmitteln ist in der Gestalttheorie Isomorphismus genannt worden.

Die Analyse zeigt, daß bildliche Darstellung mehr als nur die Gestaltung eines Wahrnehmungsbegriffes voraussetzt. Eine Möglichkeit muß gefunden werden, den Wahrnehmungsgegenstand in eine greifbare Form zu übersetzen. Diese Aufgabe wird offensichtlich nicht vom Bleistift auf dem Papier ausgeführt, sondern von dem Geist, der den Bleistift führt und das Ergebnis beurteilt. Das macht »Darstellungsbegriffe«, wie ich sie einmal nennen möchte, erforderlich. Um zu unserem Beispiel zurückzukehren: Rundheit ist der *Wahrnehmungs*begriff, der eine strukturelle Besonderheit der Reizkonfiguration »Kopf« wiedergibt; die Vorstellung von einer kreisförmigen Linie, mit der Rundheit als greifbare Form veranschaulicht werden kann, ist der *Darstellungs*begriff, der gebraucht wird, damit der Kreis auf dem Papier erzeugt werden kann.[7] Die Übersetzung von Wahrnehmungsbegriffen in Muster, die aus dem Vorrat an verfügbaren Formen in dem bestimmten Ausdrucksmittel zu bekommen sind, geht dem eigentlichen Zeichnen voraus, geht während des Zeichnens weiter und wird dann wieder von dem, was auf dem Papier auftaucht, beeinflußt. Darstellungsbegriffe hängen von dem Ausdrucksmittel ab, für das sie die Realität erforschen. Ein Bildhauer, der eine menschliche Figur ansieht, bildet einen völlig anderen Darstellungsbegriff als ein Künstler, der dieselbe Figur mit »Holzschneider-Augen« ansieht.

Neuere Forschungen, vor allem die bahnbrechende Untersuchung des Kunsterziehers Gustaf Britsch (6) und die Arbeit seines Schülers Henry Schaefer-Simmern (22), haben einige der Regeln herausgearbeitet, nach denen sich künstlerische Form organisch aus den einfachsten Formen und Richtungen (Kreis, Gerade, Rahmen aus Horizontale und Vertikale) zu

---

7. Nach den bisherigen Ausführungen wird der Ausdruck »Begriff« wohl nicht mehr fälschlich für eine intellektualistische Deutung von Wahrnehmung und Darstellung gehalten werden.

Wahrnehmungsabstraktion und Kunst

immer komplizierteren entwickelt. Psychologisch bedeutet das, daß zum Beispiel Kinderkunst und die Kunst der Primitiven nicht verstanden werden können, solange man sie negativ beschreibt, nur weil sie an das nicht herankommen, was man als »richtige« Darstellung anzusehen beliebt. Statt dessen brauchen wir eine psychologische Neubewertung, ähnlich der erfolgreich bewirkten ästhetischen Neubewertung. Primitive Kunst muß positiv gesehen werden, als die Äußerung elementarer Darstellungsbegriffe, die selbst auf den frühesten Stufen zu einer einheitlichen, folgerichtigen und angemessenen Darstellung in einem Ausmaß fähig sind, das »zivilisierteren«, »fortschrittlicheren« Künstlern oft fehlt. Diese neue Richtung der Theorie stützt die Behauptung von Kunsterziehern, daß die dem Menschen angeborene Fähigkeit zur Darstellung im Keim erstickt werden kann, wenn er in einem frühen Stadium seiner Ausbildung aufgefordert wird, einen komplizierten Gegenstand, zum Beispiel ein menschliches Modell, mit all seinen kniffligen Einzelheiten »naturgetreu« nachzubilden, oder wenn er dazu gebracht wird, die fortgeschrittene Technik des Lehrers nachzuahmen. Ein solches Verfahren hält den Wachstumsprozeß auf, der den Lernenden durch eine allmähliche Bereicherung seiner Darstellungsbegriffe bis zu einer Ebene führen muß, auf der er höchst komplizierte Darstellungen unverfälscht begreifen und verstehen kann. Wegen der zahllosen Störungen, die heutzutage einer natürlichen Entfaltung solcher Möglichkeiten in den verschiedenen ästhetischen Bereichen im Wege stehen, werden viele Menschen unnötigerweise der Fähigkeit beraubt, das, was sie sehen, in organisierter Form darzustellen oder das, was in Museen, Konzertsälen usw. angeboten wird, unvoreingenommen zu genießen.

Diese neue Betrachtungsweise wird wahrscheinlich auch zeigen, daß es eine enge Beziehung gibt – zwischen der Entwicklung von Wahrnehmungs- und Darstellungsbegriffen einerseits und geistigem Wachstum im allgemeinen, besonders im Denken, andererseits. Die Wechselwirkung der Fähigkeiten, sowohl Wahrnehmungs- als auch Denkmaterial von zunehmender Kompliziertheit zu organisieren; der Ursprung des Denkens, der Einsicht und des Verstehens im Bereich der Wahrnehmung und ihre Entwicklung zu immer mehr theoretischen, intellektuellen Prozessen – all das verdient eine gründliche psychologische Erforschung. Sie wird der »Erziehung des Anschauungsvermögens«, die sich gegenwärtig auf im wesentlichen empirische und praktische Prinzipien verläßt, zu einer solideren Grundlage verhelfen. Solche Untersuchungen dürften insbesondere zeigen, daß sich der Wert von Anschauungsmitteln im Unterricht nicht darin erschöpft, dem jungen Intellekt konkretes, einfaches, lebensnahes Material anzubieten, sondern daß allein schon die Wahrnehmung und anschauliche Darstellung dieser Mittel, von intellektuellem Bemühen weit entfernt, Prozesse des Erfassens und Organisierens enthalten, und zwar solche Prozesse, die bei höherer Denktätigkeit gebraucht werden.

Darstellung verlangt nach abstrakter Form. Die künstlerische Abstraktion besteht also nicht aus einem auswählenden Nachbilden oder Umgruppieren der Modellwahrnehmung, sondern aus der Darstellung einiger seiner strukturellen Eigenschaften in organisierter Form. Bedeutung und Ausdruck eines Bildgegenstandes offenbaren sich nur in dem Ausmaß, in dem die Darstellung aus Formen besteht, die hinsichtlich ihrer Konturen, Proportion, Richtung, Farbe usw. klar umrissen sind. Dies ist insbesondere von Bedeutung, wenn man an die herkömmliche Theorie denkt, nach der Ausdruck durch das bestimmt wird, was der Betrachter aus vergangener Erfahrung über den psychologischen oder physischen Zustand der dargestellten Objekte weiß. Nach dieser herkömmlichen Theorie vermittelt das Bild eines Raubtiers angeblich den Ausdruck von Kraft und Wildheit, weil der Betrachter vom Wesen solcher Tiere bestimmte Kenntnisse hat oder weil er sich, durch Einfühlungsvermögen, in den von dem Bild angeregten psychologischen und physischen Zustand versetzt. Im Grunde genommen kann ein Bild nur dann künstlerischen Ausdruck vermitteln, wenn das Formmuster, das den Gegenstand darstellt, strukturelle Merkmale enthält, die den erwünschten Ausdruck an sich haben. Die Zeichnung eines Panthers in einem persischen Manuskript mit kolorierten Illustrationen (27) gibt in großartiger Weise die kraftvollen und doch geschmeidigen Bewegungen des Tieres wieder, die einen an eine Stahlfeder erinnern. Dies wird nicht durch die sorgfältige Nachbildung der Umrisse erreicht, die man vielleicht auf einer Photographie eines Panthers finden könnte, sondern durch die Verwendung glatter, konsequent gerundeter Formen, die sowohl für den Tierkörper als Ganzes als auch für jede Einzelheit seines Umrisses stehen. Das Bild deutet die Ausdrucksqualitäten des vom Zeichner gebildeten Wahrnehmungsbegriffes »Panther« durch ein angemessenes Formmuster aus dem gewählten Darstellungsmedium; auf diese Weise zeigt es *den* Panther durch *einen* Panther und schafft tatsächlich ein Bild geschmeidiger Kraft, dessen Wirkung sogar noch über die Darstellung einer Tierart hinausgeht. Durch ein spezifisches Einzelbild wird ein abstrakter, allgemeiner Inhalt vermittelt.

Das organisierte Form- und Farbmuster, das in jedem Kunstwerk Hauptträger des dem Betrachter vermittelten Bedeutungs- und Ausdrucksgehaltes ist, unterscheidet sich lediglich in der Kompliziertheit von den Kreisen, Geraden und einfachen Klecksen in den Zeichnungen eines kleinen Kindes. Der Formfaktor, der in dem höchst abstrakten Stil primitiver Darstellungen so herausragt, ist auch in den realistischsten Kunstwerken, sofern sie nur als echte Darstellungen bezeichnet zu werden verdienen, gleichermaßen gegenwärtig, auch wenn er nicht so sehr auffällt. Dadurch sind primitive Bilder in besonderem Maße lehrreich, denn sie offenbaren die Rolle, die die abstrakte Form in jeder Art der Darstellung spielt. Diese Einsicht wird durch die intellektualistische Theorie (oben im Zusammenhang mit Kinderzeichnungen besprochen) verschleiert, die in einem allgemeineren Sinne dazu benützt worden ist, psychologische Erklärungen für zwei extreme Arten künstlerischer Darstellung zu liefern: die eine formalisiert, stilisiert, oft geometrisch, die andere naturalistisch, sich photographischer Treue annähernd. Max Verworn erklärte die erstere als »ideoplastische« Kunst, die sich angeblich auf Wissen oder Denkergebnisse stützt, die letztere als »physioplastische« Kunst, eine mechanische Nachbildung der »Netzhaut«-Projektion (23). Diese Theorie existiert in den Köpfen von Kunsttheoretikern heute noch.[8] Ganz abgesehen davon, daß sie auf einer veralteten Wahrnehmungspsychologie beruht, schafft eine solche Theorie eine künstliche Zweiteilung zwischen dem, was sie für zwei Kunstarten hält, eine abstrakte und eine konkrete, die sich sowohl in ihren Darstellungsprinzipien als auch in den psychologischen Prozessen, denen sie entspringen, unterscheiden. Dies verhindert, wie ich schon sagte, die wesentliche Einsicht, daß das in der hochgradig abstrakten Kunst so hervorstechende Formenelement auch in jeder naturalistischen Darstellung, die die Bezeichnung Kunst verdient, unerläßlich und von genau derselben Art ist. Auf der anderen Seite übersieht die Theorie die Tatsache, daß wahrnehmungsmäßige Beobachtung selbst bei stark stilisierten Arbeiten mitwirkt. Wenn ein Inselbewohner aus der Südsee die sturmbewegte See als ein mit schrägen Parallellinien gefülltes Rechteck malt, sind damit wesentliche Merkmale der Sehstruktur des Modells in einer vereinfachten, aber vollkommen un-»symbolischen« Art und Weise wiedergegeben. Albrecht Dürers höchst naturalistische Stu-

---

8. Ein Beispiel aus neuerer Zeit ist Miriam Bunims Unterscheidung von »begrifflicher« und »optischer« Darstellung (7).

dien einer Hand, eines Gesichtes, eines Vogelflügels sind nur deshalb Kunstwerke, weil die unzähligen Striche und Formen wohlgeordnete, wenn auch komplizierte, Muster bilden und damit eine Abstraktion präsentieren, die den Gegenstand deutet. Die beiden Arten der Darstellung sind nur die zwei Extreme einer Skala, nach der sich alle Kunststile in einer Reihenfolge anordnen lassen, angefangen bei der rein geometrischen Form über alle Grade der Abstraktheit bis hin zum extremen Realismus.

Demzufolge scheint es unzureichend, den Darstellungsprozeß nur im Hinblick auf eine Basis oder einen Ausgangspunkt, nämlich die Reizkonfiguration der porträtierten Gegenstände, zu definieren. Darstellung ist mehr als nur eine mehr oder weniger naturgetreue Abbildung oder Vereinfachung oder Variation des Wahrnehmungsmaterials. Zwei gegensätzliche Ausgangspunkte sind erforderlich: auf der einen Seite das Reizmaterial des Gegenstandes und auf der anderen Seite die Form, die unerläßliche Vorbedingung visuellen Verstehens. Ein Ding wahrnehmen und es darstellen heißt, in seiner Struktur Form finden. Die Muster »ungegenständlicher« Kunst sind, wenn man sie von der Welt natürlicher Dinge aus betrachtet, äußerst abstrakt. Sie reduzieren die Darstellung der Realität auf eine visuelle Entsprechung der allgemeinen physischen und psychologischen Kräfte, die der Natur und dem Leben und ihrer Wechselwirkung zugrunde liegen. Auf diese Weise drücken sie Harmonie und Dissonanz aus, Vorherrschaft und Gleichstellung, Gegensatz und Ähnlichkeit, Bewegung und Ruhe, Gleichgewicht und Mangel an Ausgewogenheit und so fort. Von einem gegensätzlichen Standpunkt aus betrachtet, vom Standpunkt der Form also, sind die grundlegenden, ungegenständlichen Muster keineswegs abstrakt. Sie sind nichts anderes als die Elemente des visuellen Verständnisses, die Bausteine der Komposition, die der Künstler schafft, um die Struktur der Welt so darzustellen, wie sein individuelles Temperament sie ihn sehen läßt.[9]

9. Kurt Goldstein (12, Seite 40) berichtet vom Fall eines gehirnverletzten Patienten, der nicht fähig ist, mit zwei Stäben eine V-Form nachzubilden, der aber keine Schwierigkeiten hat, wenn das Modell auf den Kopf gestellt wird, denn nun bedeutet es für ihn ein Dach, während das V »nichts« war. Goldstein erklärt, daß der Patient im Falle des »Daches« ganz einfach mit einem bekannten konkreten Gegenstand zu tun hat, während er im ersten Fall auf der Basis abstrakter Vorstellungen hätte handeln müssen. Diese Erklärung ist ein Beispiel für das, was ich meinte, als ich davor warnte, die Darstellung von nur einer Basis aus, nämlich von der Welt natürlicher Dinge, zu betrachten. Einfache Figuren sind nicht primär abstrakte

Die Form gilt manchmal nur als Gewürz, das der Künstler der Darstellung eines Gegenstandes beigibt, um sie gefälliger zu machen. Komposition wird oft bewertet, ohne daß auf das von ihr ausgedrückte Thema Bezug genommen wird. Im Gegensatz zu dieser Einstellung muß festgestellt werden, daß sowohl in der Kunst wie auch ganz allgemein in Darstellungen die Form eine unerläßliche Voraussetzung für die wahrnehmungsmäßige Charakterisierung des Inhaltes ist. So hat zum Beispiel die Erfindung der Photographie keineswegs die Zeichnung als Hilfsmittel für Wissenschaftler, Architekten, Techniker usw. ausgemerzt. Sicher, eine Photographie ergibt in mancher Hinsicht eine naturgetreuere Abbildung eines medizinischen Präparates, eines Gebäudes oder einer Maschine. Doch was das Bild zeigen soll, ist nicht der Gegenstand »selbst«, sondern vielmehr einige seiner physikalischen Merkmale, etwa die Form, die relative Größe von Einzelteilen usw. Diese Auskunft läßt sich nur mit Hilfe von Linien-, Farb- und Helligkeitswerten, Schattierungen usw. geben, und je deutlicher die wesentlichen sichtbaren Faktoren herausgestellt werden, desto besser. Der Zeichner kann die Darstellung dieser wesentlichen Faktoren reduzieren. Wenn es darauf ankommt, daß zwei Teile einer Maschine als übereinanderliegend erkannt werden, kann der Zeichner mit Umrißlinien arbeiten, die den Eindruck des Übereinanderliegens vermitteln. Geht es dem Arzt oder Biologen um eine Vertiefung, einen roten Fleck oder eine Krümmung, wendet der Zeichner die Regeln der Wahrnehmungsorganisation an, die diese bildlichen Eindrücke bestimmen. Das heißt, der Zeichner deutet den Gegenstand, indem er wesentliche Formmerkmale herausarbeitet. Dadurch, daß er ihm eine prägnante Form gibt, stellt er eine Abstraktion der bildlichen Erscheinung des Gegenstandes her. In ähnlicher Weise hat bei einem Kunstwerk die Komposition die Aufgabe, auf die strukturell prägnanteste Art und Weise die Formmerkmale zu vermitteln, die den erwünschten Ausdruck enthalten. Dies und nur dies ist meiner Meinung nach Darstellung.

Herleitungen aus konkreten Gegenständen der Umwelt, sondern vielmehr die ganz unmittelbar erfaßbaren eigenständigen Reizkonfigurationen. Sie brauchen nicht auf Gegenstände bezogen zu werden, um visuell verstanden zu werden. Im Gegenteil: sie sind die nächsten strukturellen Entsprechungen jener Wahrnehmungskategorien, die ein Identifizieren von Gegenständen ermöglichen. Man braucht kein Dach, um ein ∧ zu begreifen; man braucht das ∧, um ein Dach sehen zu können! Wo auch immer die Schwierigkeiten des Patienten herrühren mögen, sie scheinen nicht auf seine Unfähigkeit zurückzugehen, Abstraktionen zu erzeugen oder anzuwenden, die ein gesunder Mensch angeblich braucht, um sich mit elementaren Sehmustern auseinanderzusetzen.

Die psychologische Bedeutung der künstlerischen Abstraktion

Bisher hat sich diese Untersuchung der künstlerischen Abstraktion mit der Wahrnehmung und Darstellung von Gegenständen auseinandergesetzt, ohne den größeren psychologischen Zusammenhang einzubeziehen, in dem sich solche Prozesse abspielen. Einige ihrer wesentlichen Aspekte lassen sich jedoch nur erklären, wenn man daran denkt, daß Kunst nicht die spielerische Freizeitbeschäftigung ist, der es darum geht, Nachbildungen herzustellen, und die von anderen Zielen und Bedürfnissen ganz unabhängig sind, sondern daß Kunst vielmehr der Ausdruck einer Lebenshaltung ist und ein unerläßliches Werkzeug in der Auseinandersetzung mit den Aufgaben des Lebens. Wenn also ganze Zivilisationen in Hunderten und Tausenden von Jahren nicht über eine Stufe der Abstraktheit hinausgingen, die die Kinder heute im Westen innerhalb weniger Jahre überwinden, wäre es oberflächlich, diese offensichtliche Beschränkung damit zu erklären, daß man sagt, die Künstler jener Zivilisationen seien zu primitiv gewesen, ihre Darstellungsbegriffe über eine bestimmte Stufe der Kompliziertheit hinaus zu entwickeln. Eine solche Erklärung mag wertvoll sein, wenn wir zum Beispiel die künstlerischen Erzeugnisse schwachsinniger Anstaltsbewohner bei uns hier im Westen analysieren. Wenn es jedoch um die Kunst der Ägypter oder Afrikaner geht, der vorkolumbischen amerikanischen Indianer oder des europäischen Mittelalters, oder wenn wir etwa gewisse moderne Kunstwerke aus unseren eigenen Tagen verstehen wollen, dann müssen wir berücksichtigen, welche Funktion die künstlerische Darstellung im Leben hat, und mit Hilfe unseres Befundes versuchen, zu erklären, warum unter gewissen Bedingungen Darstellungsbegriffe auf einer hohen Stufe der Abstraktheit bleiben oder dorthin zurückkehren. Dies ist ein schwieriges Thema, mit dem sich Historiker, Anthropologen und Soziologen immer wieder beschäftigt haben. Die folgenden Bemerkungen sollen Richtungen aufzeigen, in die Untersuchungen führen könnten, wenn dabei unser spezifisches Problem berücksichtigt wird.

Die Form deutet die Umwelt. In hohem Grade abstrakte Kunst kann nur so lange als primitive unfertige Leistung abgetan werden, wie man »photographischen« Realismus als Endziel der Kunst ansieht. In Wirklichkeit zeigt ein unvoreingenommener Blick auf die Kunstgeschichte, daß die Kunst nur höchst selten und nur unter ganz bestimmten kulturel-

Wahrnehmungsabstraktion und Kunst

len Voraussetzungen dieses Ziel verfolgt hat. In der Regel setzten sich ziemlich abstrakte Stile der Darstellung durch – nicht als vorbereitende Schritte auf dem Wege zu etwas Vollkommenerem, sondern als der ganz und gar anschaulich gemachte, angemessene Ausdruck gewisser Vorstellungen vom Leben und von Funktionen der Kunst im Leben. Es ist deshalb notwendig, für die positiven psychologischen Werte der künstlerischen Abstraktion eine Erklärung zu finden.

Ich habe bereits darauf hingewiesen, daß sich die abstrakte Darstellung dadurch von der entsprechenden Reizkonfiguration des Modells unterscheidet, daß sie in einer strukturell gereinigten Art und Weise einige wesentliche Merkmale abbildet. Sie bietet damit eine Deutung des Modells an. Diese Eigenschaft ist ganz wesentlich für die Erklärung des für die primitive Kunst typischen stark abstrakten Stiles. Die in hohem Grade geometrischen oder »ornamentalen« Formen, die sich in verschiedenen Perioden auf der ganzen Welt finden, sind oft als etwas erklärt worden, das durch die Beobachtung einfacher Formen in der Natur (die Rundheit der Sonne, die gerade Linie des Horizonts) angeregt oder aus gewissen handwerklichen Tätigkeiten – besonders dem Weben – übernommen worden ist, wo aus rein technischen Gründen einfache Muster, zum Beispiel Dreiecke, verwendet werden. Diese Theorien erklären nicht, warum die einfache Form, die in der Natur so selten vorkommt, für das Kunsthandwerk ausgewählt und weltweit bevorzugt worden ist, und sie verraten auch nicht, warum geometrische Muster, durch keinerlei technische Bedingungen nahegelegt, erfunden und beibehalten worden sind. Wenn jedoch die abstrakte Darstellung eine Deutung mit sich bringt, dann muß man den Stil primitiver Kunst vielleicht im Zusammenhang mit der Tatsache sehen, daß sich die für das menschliche Überleben so wichtige Orientierung in der Umwelt zuerst auf einer im wesentlichen wahrnehmungsmäßigen Ebene abspielt. Sowohl beim Kind wie beim Primitiven werden Theorien über die Kräfte, die Natur und Leben beherrschen, aus Sinneserfahrungen abgeleitet. Nun ist aber, nach der hier vorgetragenen Meinung, ein auf Wahrnehmung beruhendes Verständnis nur in dem Maße möglich, in dem sich das Reizmaterial durch Muster von Wahrnehmungskategorien erklären läßt. Je einfacher diese Muster, desto leichter fällt das Verstehen. Dies führt zu der Annahme, daß Darstellungen in einfacher Form nichts anderes sind als Versuche des noch jungen Geistes, die Sinnesumgebung dadurch verständlich zu machen, daß man sie als wohlorganisierte Form darstellt. Wenn das so ist, wird daraus klar ersichtlich, daß die Kunst keineswegs ein Luxus ist, sondern vielmehr ein biologisch ganz wesentliches Werkzeug.

Die Funktionen des Realismus. Warum sind zahlreiche Kulturperioden nie über ein Stadium relativ hoher Abstraktion hinausgekommen? Die Frage läßt sich wohl kaum ausreichend beantworten, wenn man sich nicht klarmacht, daß es genauso notwendig ist, sich darüber Gedanken zu machen, warum sich in einigen Fällen Künstler um eine immer noch treuere Nachbildung dessen bemühen, was der Netzhautprojektion entspricht. Ordnung und Verständlichkeit, durch organisierte Form in die Sinnesumgebung eingeführt, nehmen nicht unbedingt zu, sie werden im Gegenteil sogar leicht gefährdet, wenn die Formmuster durch eine wachsende Annäherung an das »photographische« Aussehen der Dinge komplizierter werden. Perspektivische Verzerrungen von Form und Größe, Überschneidungen, zufällige Ansichten und Stellungen, flüchtige Farbspiegelungen und Licht- und Schattenprojektionen würden für den Primitiven zu einer Komplizierung der sichtbaren Wirklichkeit führen, die der elementare Darstellungsstil zu vermeiden weiß. Die komplizierten Verzerrungen eines Aktes von Tintoretto oder Rubens vermitteln nicht unmittelbar die Grunderfahrung von der Struktur des menschlichen Körpers, die das Kind in der Schaffung seines »schematischen« Männchens mühsam aufzeichnet. Was sind aber nun die psychologischen Voraussetzungen, die in manchen Epochen dazu führen, daß sich die Kunst zu einer immer naturgetreueren Darstellung der Reizkonfiguration entwickelt?

Sowohl der Primitive als auch der Nach-Renaissance-Mensch im Westen achtet genau auf die sinnlich wahrnehmbare Wirklichkeit. Dabei gibt es jedoch wichtige Unterschiede. Der moderne Wissenschaftler weiß, daß die Kräfte, die die natürlichen Ereignisse bestimmen und die sich aus der Erscheinung und dem Verhalten materieller Dinge ablesen oder ableiten lassen, Funktionen der materiellen Dinge selbst sind. Der Primitive stellt sich vor, daß diese Kräfte in unsichtbaren Wesen ruhen, die sich in Körpern lediglich aufhalten. Deshalb ist viel von der genauen Beobachtung und Darstellung der physischen Erscheinungen und Verhaltensweisen, die für die moderne Wissenschaft unerläßlich geworden ist, für den Primitiven von viel geringerer Bedeutung. Die Illustrationen in den Handbüchern unserer Naturwissenschaftler sind so naturgetreu und genau, daß sie einen Grad an Konkretheit erreichen, die den Kollegen im Mittelalter, im alten Ägypten oder bei einem Volksstamm in Afrika überflüssig oder gar verwirrend erschienen wäre. Eine entsprechende Einstellung zur materiellen Wirklichkeit unterscheidet seit der Renaissance die Künstler und ihr Publikum von denen vieler anderer Zivilisationen. Die beste europäische Kunst aus den letzten Jahrhunderten, auch dort, wo sie herkömmliche religiöse Themen behandelte, drückte eine Philosophie des Hier und Jetzt aus. Die körperliche Konkretheit der Figuren Michelangelos, der Porträts Rembrandts oder der Bäume Altdorfers deutet und bewertet das Leben in Begriffen materieller Existenz, anstatt diese Existenz als bloßes Objekt für immaterielle Mächte darzustellen.

Auch die soziale Funktion der Kunst ändert sich in der Epoche, die auf die Renaissance folgte. Die Kunst fing an, für eine ständig wachsende gesellschaftliche Schicht individuelle und flüchtige Geschehnisse des Lebens zu schildern. Dies erforderte einen realistischeren Stil.[10] Umgekehrt gilt sowohl für primitive als auch für viele der höheren und höchsten Zivilisationen, daß die Aufgabe der Kunst darin besteht, für das Auge die Bedeutung und den Wert der Religion, Regierung usw. darzustellen. Die über alles Individuelle hinausgehende Würde des göttlichen Herrschers, von den Zufälligkeiten der Zeit unberührt, erfordert die Allgemeinheit stark abstrakter Darstellung. Dies gilt insbesondere für Kulturepochen, in denen die Welt der Wahrnehmung nur als ein Mittel akzeptiert wird, mit dessen Hilfe Ideen für die Sinne veranschaulicht werden sollen. Die frühchristliche Kunst entfernt sich von dem stark entwickelten Realismus der vorhergehenden Epoche und wendet sich einem hochgradig abstrakten Stil zu, der zufällige und individuelle äußere Erscheinung und unwesentliche Einzelheiten zurückweist, Beständiges und Dauerhaftes hervorhebt und von symbolischer Darstellung Gebrauch macht.[11]

---

10. Eine kulturelle Entwicklung mit der Tendenz, Religion, Philosophie, Kunst und Wissenschaft von der Beschäftigung mit praktischen, alltäglichen Aufgaben zu trennen, hat diesen Realismus bis zu einem Punkt getrieben, wo er die deutende abstrakte Form aufgab und zu einem bloßen Anzeiger für die körperliche Gegenwart erwünschter und im übrigen emotional »erregender« Dinge entartete. Das extreme Beispiel findet sich in unserer kommerziellen »Kunst« und Unterhaltung. Die Kunst wird zu einem Ersatz für die materielle Welt und zu einer Flucht in eine angenehme Scheinwirklichkeit. Nach Herbert Kühn (19) gibt es eine Beziehung zwischen künstlerischem Realismus und Zivilisationen, die auf Ausbeutung und Konsum aufgebaut sind.

11. Der Begriff »Symbol« wird häufig mißbraucht, und er hatte auch unter der Abwertung zu leiden, der viele wesentliche Begriffe in unseren Tagen ausgesetzt worden sind. Der byzantinische Künstler verwendet ein Symbol, wenn er gläubige Christen, die ihre Kraft aus der Quelle der Erlösung schöpfen, dadurch darstellt, daß er ein Bild von zwei Rehen malt,

Die Bevorzugung der ausgewogenen Form. Form darf, wie schon erläutert, nicht nur im Verhältnis zur Wirklichkeit der Umweltobjekte, deren Bilder sie schafft, betrachtet werden; sie hat ihre eigene Wirklichkeit, eine Welt, die von ihren eigenen Regeln gelenkt wird, nämlich den Regeln der Wahrnehmungsorganisation. In der bildlichen Darstellung wird die Organisation der Form von der Aufgabe beherrscht, eine strukturelle Entsprechung des Modellgegenstandes zu schaffen. Doch die wohlorganisierte Form hat, abgesehen von ihrer deutenden Funktion, einen Eigenwert für den Organismus. Sie stellt eine charakteristische Spiegelung analoger Tendenzen innerhalb des Organismus dar. Dies ist eine weitere psychologische Eigenschaft der künstlerischen Schöpfung; das »Ornament« bietet dafür ein extremes Beispiel. Friedrich Kainz kommt das Verdienst zu, 1927 darauf hingewiesen zu haben, daß sich eine Erklärung der ornamentalen Form, die überzeugender ist als die oben (S. 43) erwähnte, aus der an Gestaltgesetzen orientierten Wahrnehmungspsychologie herleiten läßt (15). Ich habe oben vom Vorrang umfassender Wahrnehmungseigenschaften gesprochen, den diese experimentellen Studien nahelegen. Doch nicht weniger wichtig ist die Feststellung, daß es in der Wahrnehmung eine Tendenz gibt, die regelmäßigste, symmetrischste, stabilste Form zu schaffen. Zu diesem Ergebnis kam Max Wertheimer, als er die Organisation von Sehreizen untersuchte (24, 25). Andere Untersuchungen (17, SS. 141–144) ergaben, daß, wenn der Einfluß des Reizes durch trübe Beleuchtung, kurzes Aufdecken, zeitlichen Abstand usw. geschwächt wird, der Empfangsapparat die Freiheit gewinnt, einen formenden Einfluß auf das Wahrnehmungserlebnis auszuüben. Unter solchen Bedingungen führen Umformungen zu einer symmetrischeren und regelmäßigeren Struktur. Das läßt darauf schließen, daß es in der Wahrnehmung eine Neigung zum bestmöglichen Gleichgewicht gibt, verwandt mit dem, was W. B. Cannon

---

die aus einer Quelle trinken. Wird aber der Begriff dazu verwendet, nur herkömmliche Muster oder Zeichen zu beschreiben, also etwa Wörter, die stellvertretend für ihre Bezugsobjekte stehen, oder die Darstellungen physischer Gegenstände in der primitiven Kunst (»symbolische« Stufe in Kinderzeichnungen!), muß das zu Verwirrung führen. In der Psychologie des Traums wird der Begriff wohl falsch angewandt, wo er sich auf ein Ersatzobjekt auf der Grundlage nur wahrnehmungsmäßiger oder funktioneller Ähnlichkeit bezieht (Freuds Sexual-»Symbole«). Andererseits gelingt es Träumen, psychologische Situationen mit einem Einfallsreichtum und einer Erfindungsgabe vorzuführen, die an echte Kunstsymbole erinnern. Vgl. »Künstlerische Symbole – Freudsche und andere«, in diesem Band, SS. 185–192.

als »physiologische Homöostase für den Organismus als Ganzes« beschrieben hat (8). Daraus ist zu folgern, daß wohlorganisierte Sehformen in den Sehzentren des Gehirns eine entsprechend ausgewogene Ordnung erzeugen. Damit ergibt sich eine physiologische Erklärung für die psychologische und ästhetische Tatsache, daß wohlorganisierte Form Vergnügen bereitet.[12]

Es ist ungewiß, ob Kinder spontan reine »Muster« erzeugen und in welchem Ausmaß diese in der primitiven Kunst existieren, doch wenn die Bevorzugung der wohlorganisierten, »guten« Form ein Grundmerkmal des Wahrnehmungsprozesses ist, erscheint es sehr naheliegend, daß es einen starken Beweggrund für die Schaffung solcher Formen gibt, ganz unabhängig von oder kombiniert mit der Darstellung von Gegenständen. Natürlich ist ein großer Teil der dekorativen Ornamente in unserer Zeit, historisch gesehen, auf den Verfall dessen zurückzuführen, was einmal figürliche Bedeutung war. Und viele Muster in der primitiven Kunst, die als rein dekorativ gedeutet werden, sind in Wirklichkeit figürlich (9). Wir dürfen jedoch die Tatsache nicht übersehen, daß es in der Wahrnehmung eine ursprüngliche Bevorzugung der wohlorganisierten Form als solcher gibt.

Dynamischer Formreichtum. Die von der klassizistischen Kunsttheorie so hervorgehobene angenehme Wirkung von Harmonie, Symmetrie usw. läßt sich von den oben angeführten Forschungsergebnissen der Gestaltpsychologie herleiten. Trotzdem ist es nicht etwa so, daß der Organismus einfach zum Gleichgewicht neigt. Er ist vielmehr bestrebt, sich möglichst viel potentielle Energie zu verschaffen (18, SS. 319 ff.) und sie mit dem bestmöglichen Gleichgewicht in Verbindung zu bringen. Ästhetisch gesehen entspricht das vielleicht der alten Formel von der Einheit in der Mannigfaltigkeit, dem Verlangen also, ein Höchstmaß an dynamischem Reichtum in eine ausgewogene Form zu bringen. Dynamischer Form-

---

12. Professor Erwin Panofsky hat den Autor darauf aufmerksam gemacht, daß es in der mittelalterlichen Philosophie Parallelen zu dieser Ansicht gibt. So schreibt etwa Thomas von Aquin: Pulchra enim dicuntur, quae visa placent; unde pulchrum in debita proportione consistit, quia sensus delectatur in rebus debite proportionatis, sicut in sibi similibus, nam et sensus ratio quidem est, et omnis virtus cognoscitiva. *(Summa Teologia,* pars I, qu. 5, art. 4.) Ananda Coomaraswamy (10, Seite 106) mag an diesen Abschnitt gedacht haben, als er schrieb, der mittelalterlichen Ästhetik zufolge gelte: »Wenn das Auge zufriedengestellt ist, dann kommt das daher, daß eine physische Ordnung im Wahrnehmungsorgan der vernünftigen Ordnung entspricht, die allen verständlichen Dingen innewohnt.«

reichtum läßt sich auf jeder Abstraktionsstufe erreichen. Eine bestimmte Art der modernen Kunst, zum Beispiel ein Teil der Werke Picassos, verwendet nur einige wenige stark vereinfachte Darstellungsmerkmale als Ausgangspunkt für den Aufbau komplizierter Formmuster. Dasselbe gilt zum Beispiel für die dekorativen Muster in der peruanischen Keramik, dem Kunsthandwerk der amerikanischen Indianer, oder für die irischen Buchillustrationen aus dem frühen Mittelalter.

Der Realismus, das heißt gesteigerte Konkretheit, schafft nicht nur neue Interpretationsmittel, sondern trägt auch dazu bei, daß ein angenehmer Formenreichtum erreicht wird. L. Adam (1) hat darauf hingewiesen, daß der Begriff »Realismus« eine doppelte Bedeutung hat. Man kann ihn einmal als die naturgetreue, auf alle Einzelheiten eingehende Darstellung von Gegenständen »in sich selbst« verstehen und zum anderen als eine Methode, Dinge so abzubilden, »wie es dem optischen Eindruck des Modells entspricht, das zu einem bestimmten Zeitpunkt aus einem bestimmten Blickwinkel beobachtet wird«. In beiden Bedeutungen steigert der Realismus den Formreichtum. Die Zeichnungen kleiner Kinder verwenden keine Perspektiven usw., sie sind also in der zweiten Bedeutung des Begriffes nicht realistisch. Doch im Rahmen dieses stark abstrakten Stiles demonstrieren die Zeichnungen durch ihre Verwendung von sehr vielen Einzelheiten oft Realismus in der ersten Bedeutung. Wenn das Kind eine menschliche Figur zeichnet, kann es zum Beispiel ausführlich auf die Kleidung eingehen, oder es beachtet so individuelle Merkmale wie Ohrringe, Zahnlücken, Mückenstiche usw. Abgesehen von seinem Darstellungswert führt ein solcher Realismus zu einem Reichtum an Formbeziehungen, von dem man erwarten kann, daß er nicht nur dem erwachsenen Betrachter Vergnügen bereitet, sondern auch dem jungen Zeichner selbst. Auf einer höheren Stufe läßt sich die auf komplizierten Einzelheiten beruhende Anmut der Form zum Beispiel in der deutschen und in der niederländischen Kunst untersuchen.

Wichtige Mittel zur Interpretation der Gegenstände sind in der zweiten Bedeutung des Realismus die Umwandlungen von Form und Größe durch Perspektive, der Wegfall durch Überlagerungen, die Hervorhebung einiger Teile und die Auslassung anderer durch Licht und Schatten und die Abwandlung der Lokalfarbe durch Reflexionen (4, SS. 51–97). Gleichzeitig erlaubt jedoch ein solcher Realismus ein raffiniertes Spielen mit Form, Farbe, Licht und Struktur – für sich allein schon ein sinnliches Vergnügen.

Abstraktion kann eine Abkehr des Bewußtseins ausdrücken. Meine Analyse hat gezeigt, daß sich Form nicht ausschließlich von den im Kunstwerk dargestellten Gegenständen ableiten läßt, da sie gleichzeitig ein schöpferischer Beitrag des Organismus ist. Es ist aufgezeigt worden, daß drei schöpferische Tendenzen dieser Art mit der Form eines Kunstwerkes unzertrennlich verbunden sind: Tendenzen zu (a) einer Vereinfachung, zu (b) ausgewogenen, regelmäßigen, symmetrischen Mustern, und zu (c) einer angereicherten Struktur. Alle drei lassen sich durch echte künstlerische Absichten der Darstellung und Dekoration rechtfertigen. Es gibt jedoch auch Umstände, bei denen jede dieser Tendenzen ein gestörtes Verhältnis zur objektiven Wirklichkeit auszudrücken scheint.

1. Es ist ein richtiger künstlerischer Grundsatz (in der Wissenschaft als »principle of parsimony« [Prinzip der Sparsamkeit] bekannt), daß die Form eines Werkes so einfach sein sollte, wie das Thema erlaubt. Es ist nachgewiesen worden, daß in der primitiven bildlichen Darstellung eine sehr stark abstrakte Form der angemessene Ausdruck des elementaren Bestrebens ist, umfassende Strukturmerkmale zu erfassen und wiederzugeben. Weit davon entfernt, eine Abkehr von der Wirklichkeit auszudrücken, ignorieren der Primitive und bis zu einem gewissen Grad auch das Kind »photographische« Treue zugunsten der biologisch wichtigen Wirklichkeit des »Wesentlichen«. »Monumentale« Darstellungsstile betonen die höhere Wirklichkeit von Ideen. Außerdem kann ein Rückzug von der äußeren Wirklichkeit die Möglichkeit eröffnen, die subjektive Wirklichkeit der Einzelpersönlichkeit auszudrücken. In der Musik oder in der ungegenständlichen Kunst äußert sich, obwohl dort eine solche Einstellung nicht erforderlich ist, diese subjektive Wirklichkeit am besten.

In manchen Fällen kann jedoch ein hoher Grad an Abstraktion eine Abkehr von der Wirklichkeit ausdrücken, eine Verarmung, die der Darstellung nichts übrigläßt als ein wahrnehmungsmäßig bestimmtes Spiel leerer Formen. Eine solche Abkehr ist vielleicht eine Folge der Aufspaltung der integrierten Kultur in einzelne Tätigkeitsbereiche, die dazu neigt, die philosophische, religiöse und soziale Bedeutung des individuellen Lebens zu verbergen, die Funktion des Künstlers innerhalb der Gemeinschaft zu zerstören und seine Aufgabe zu einer rein »ästhetischen« zu reduzieren.

2. Die Tendenz zur Vereinfachung läßt sich nicht von der zweiten Tendenz zur ausgewogenen, regelmäßigen, symmetrischen Form trennen. So wie Experimente (17, SS. 141–144) gezeigt haben, daß die Wahr-

nehmungsmechanismen Umformungen in dieser Richtung in dem Ausmaß erzeugen, in dem die Reizkontrolle reduziert wird, so führt der fehlende Kontakt mit der Wirklichkeit zu einer Überbetonung der Form. Natürlich ist das Übergewicht der Form berechtigt, solange es in erster Linie um Dekoration geht. Man spricht jedoch im negativen Sinne von einem »dekorativen« Stil, wenn einem Künstler die Bedeutung eines gewichtigen Themas nicht aufgegangen ist, so daß er sich weitgehend von formalen Werten lenken läßt; das ist etwa der Fall bei Audrey Beardsley, der die Geschichte von Salome und Johannes dem Täufer mit ornamentalen Spitzenmustern darstellt. In den Kritzeleien von Leuten, deren Aufmerksamkeit von anderen Aufgaben beansprucht wird, ergibt die vorherrschende Tendenz der Wahrnehmung zu ausgewogenen, regelmäßigen Formen oft dekorative Muster, die im übrigen aber leer sind. Die zentrale Steuerung ist reduziert, und deshalb nimmt die Wahrnehmungsorganisation periphere Steuerung an. Ein durch eine Abkehr vom Thema verursachter Formalismus ist für viele moderne Kunstwerke minderer Qualität charakteristisch.[13] Psychologisch läßt sich diese Art von Abstraktheit als ein Symptom der Befreiung von Wahrnehmungsfunktionen aus äußerer und innerer Reizkontrolle beschreiben.

3. Eine Anreicherung der Formstruktur wurde als etwas beschrieben, das neue Mittel des Darstellungsausdruckes und eine Steigerung an echten dekorativen Werten liefert. Manchmal jedoch – und das geschieht insbesondere bei stark abstrakten Stilen – scheint das Thema oder zumindest die Aufgabe, das Thema darzustellen, den Künstler so wenig zu beherrschen, daß sich aus ein paar kümmerlichen Resten der Darstellung eine formenreiche Struktur entwickelt, die nicht zum Zweck der Darstellung gesteuert wird und oft die wenigen in dem Werk existierenden Darstellungselemente zudeckt. Die Entscheidung, ob einige der oben erwähnten Beispiele (Picasso, irische Buchillustrationen) in diese Kategorie gehören oder nicht, ist eine Frage der ästhetischen Bewertung. In diesem Zusammenhang scheint der Hinweis angebracht, daß man manchmal auch in dem Realismus perspektivischer Verformungen, Verkürzungen, Über-

---

13. Im Rahmen wissenschaftlicher und philosophischer Theorien werden manchmal »dekorative« Systeme konstruiert, deren regelmäßige, symmetrische Formmuster keine angemessene Darstellung der Tatsachen sind, gleich welche Annäherungsstufe man voraussetzt. (». . . et comme dans notre esprit se forment symétriquement les hypothèses«, Paul Valery.)

schneidungen usw. vielleicht eine Vernachlässigung wesentlicher Inhalte zugunsten der Erforschung der vielfältigen, rein formalen Möglichkeiten sehen muß. Die photographische Abbildungstreue, die Verzerrungen und Abstriche der »wirklichen« Beschaffenheit der Dinge mit sich bringt, ist von der naiven Vorstellung von Wirklichkeit so weit entfernt, daß sich ein junger Künstler auch heute noch einer jahrelangen harten Schulung unterziehen und sich vielleicht auf mechanische Meß- und Projektionsinstrumente verlassen muß, wenn er eine »korrekte« Darstellung erreichen will. Dieser realistische Stil kommt vielleicht paradoxerweise von einem Künstlertyp, der sich von den Werten und Zielen der Wirklichkeit abgewandt hat, der nach einer naturgetreuen Abbildung der Erscheinung um ihrer selbst willen trachtet oder sich vom Reiz komplexer Form hinreißen läßt. Die ästhetische Behauptung, daß es keine Rolle spiele, ob ein Kunstwerk einen Krautkopf oder eine Madonna darstelle, entstammt einer Schule von Realisten. Deshalb ist der jähe Wechsel vom Hochimpressionismus zu höchst abstrakten Stilen, etwa dem Kubismus oder der ungegenständlichen Kunst, nicht unbedingt das, was es an der Oberfläche zu sein scheint, nämlich eine vollkommene Kehrtwendung vom sorgfältigsten Bemühen um Wirklichkeit zu ihrer kühnsten Mißachtung. Die extreme Konkretheit des Realismus und die extreme Abstraktheit eines Teils der modernen Kunst drücken vielleicht eine identische Zurückhaltung gegenüber der Wirklichkeit aus, wenn wir mit Wirklichkeit die tiefere Bedeutung des Lebens und der Natur meinen.[14]

Als letztes Beispiel seien die Bildschöpfungen von Psychosekranken, insbesondere von Schizophrenen, genannt. Eine Loslösung von der Wirklichkeit, charakteristisch für den psychologischen Zustand dieser Patienten, erzeugt auch hier wieder das Symptom von Formmustern, die dem Spiel der Wahrnehmungsorganisation überlassen werden. Die Zeichnungen und Gemälde dieser Psychosekranken werden als höchst abstrakt, sti-

---

14. Das Interesse an den perspektivisch verformten »Netzhaut«-Projektionen und auch an den elementaren Bausteinen des Wahrnehmungsverständnisses läßt sich vielleicht mit unserer modernen Betonung der Psychologie, also der subjektiven Reaktion auf die äußere Wirklichkeit, vergleichen. Eine der Quellen dieser Betonung ist ein schwächer gewordenes Interesse an der äußeren Wirklichkeit selbst. In diesem Zusammenhang sollte man sich vielleicht auch an die Tendenz in der Kunst der Nach-Renaissance-Zeit erinnern, den Schöpfungsprozeß zu betonen, die Pinselstriche, die Abdrücke des modellierenden Meißels oder Fingers, die Anerkennung skizzenhafter Zeichnungen als eigenständige Kunstwerke. Siehe auch: »Der Zufall und die Notwendigkeit der Kunst«, in diesem Band, SS. 124–145.

lisiert, geometrisch und ornamental beschrieben (2, 3). Man gewinnt den Eindruck, daß der Empfängermechanismus im leeren Raum operiert. Häufig beeinträchtigt die Krankheit jedoch die Fähigkeit zur formalen Integration, so daß es zu einer chaotischen Ansammlung von Darstellungsresten und anderen elementaren Formen kommt.

BIBLIOGRAPHIE

1. Adam, L., *Primitive Art.* New York (Penguin) 1940.
2. Anastasi, Anne, und Foley, John P., »A survey of the literature on artistic behavior in the abnormal: II. Approaches and interrelations«, in: *Annals of the New York Academy of Sciences,* 42 (1941), SS. 1–112.
3. –, »A survey of the literature on artistic behavior in the abnormal: III. Spontaneous productions«, in: *Psychological Monographs,* 52 (1940), Nr. 6, SS. 1–71.
4. Arnheim, Rudolf, *Film als Kunst.* Berlin (Rowohlt) 1932.
5. –, »Gestalt and art«, in: *Journal of Aesthetics & Art Criticism,* 2 (1943), SS. 71–75.
6. Britsch, Gustaf, *Theorie der bildenden Kunst.* München (Bruckmann) 1926. 4. Auflage, Ratingen (Aloys Henn Verlag) 1966.
7. Bunim, Miriam S., *Space in Medieval Painting and the Forerunners of Perspective.* New York (Columbia Univ. Press) 1940.
8. Cannon, W. B., *The Wisdom of the Body.* New York (Norton) 1932.
9. Coomaraswamy, Ananda K., »Ornament«, in: *Art Bulletin,* 21 (1939), SS. 375–382.
10. –, *Why Exhibit Works of Art?* London (Luzac) 1943.
11. Gellermann, Louis W., »Form discrimination in chimpanzees and two-year-old children«, in: *Journal of Genetic Psychology,* 42 (1933), SS. 3–27.
12. Goldstein, Kurt, *Human Nature.* Cambridge, Mass. (Harvard Univ. Press) 1940.
13. Goldwater, Robert, »Art and nature in the 19th century«, in: *Magazine of Art,* 38 (1945), SS. 104–111.
14. Goodenough, Florence L., *Measurement of Intelligence by Drawings.* Yonkers, N.Y. (World Book) 1926.
15. Kainz, Friedrich, »Gestaltgesetzlichkeit und Ornamententwicklung«, in: *Zeitschrift für angewandte Psychologie,* 28 (1927), SS. 267–327.
16. Koffka, Kurt, *Zur Analyse der Vorstellungen und ihrer Gesetze.* Leipzig (Quelle & Meyer) 1912.

17. –, *Principles of Gestalt Psychology*. New York (Harcourt, Brace) 1935.
18. Köhler, Wolfgang, *The Place of Value in a World of Facts*. New York (Liveright) 1938.
19. Kühn, Herbert, *Die Kunst der Primitiven*. München (Delphin) 1923.
20. Löwenfeld, Viktor, *The Nature of Creative Activity*. New York (Harcourt, Brace) 1939.
21. –, »Tests for visual and haptical attitudes«, in: *American Journal of Psychology*, 58 (1945), SS. 100–111.
22. Schaefer-Simmern, Henry, *The Unfolding of Artistic Activity*. Berkeley und Los Angeles (Univ. of Calif. Press) 1948.
23. Verworn, Max, *Zur Psychologie der primitiven Kunst*. Jena (Fischer) 1917.
24. Wertheimer, Max, »Untersuchungen zur Lehre von der Gestalt, II«, in: *Psychologische Forschung*, 4 (1923), SS. 301–350.
25. –, »Laws of organization in perceptual forms«, in: Willis D. Ellis (Hg.), *A Sourcebook of Gestalt Psychology*. New York (Harcourt, Brace) 1939, SS. 71–88.
26. Woodworth, Robert S., *Experimental Psychology*. New York (Holt) 1939.
27. *Manafi al-Hayawan (Description of animals)*. Persisches Manuskript aus dem 13. Jahrhundert. New York, Pierpont Morgan Library, Ms. 500.

Die Gestalttheorie des Ausdrucks*

Wie sieht die genaue Lage und Größe des Bereichs aus, den der Begriff »Ausdruck« deckt? Es gibt bis heute keine allgemein akzeptierte Definition. Um zu klären, was im vorliegenden Aufsatz mit Ausdruck gemeint ist, muß erst angegeben werden, (a) welcher Art der Wahrnehmungsreiz ist, der die zu erörternde Erscheinung nach sich zieht, und (b) welcher Art der geistige Prozeß ist, dem sie ihre Existenz verdankt. Diese Begrenzung unseres Themas wird aufzeigen, daß der Bereich der Wahrnehmungsgegenstände, die laut Gestalttheorie Ausdruck an sich haben, ungewöhnlich groß ist, und daß der Ausdruck als das Erzeugnis von Wahrnehmungseigenschaften definiert wird, die von verschiedenen anderen Schulen für nicht existent oder unwichtig gehalten werden.

(a) So wie er heute gebraucht wird, bezieht sich der Begriff »Ausdruck« hauptsächlich auf Äußerungen der menschlichen Persönlichkeit. Die Erscheinungs- und Wirkungsweisen des menschlichen Körpers können als ausdrucksvoll bezeichnet werden. Die Form und die Proportionen des Gesichts oder der Hände, die Spannungen und der Rhythmus von Muskeltätigkeit, Gangart, Gestik und anderen Bewegungen können Gegenstand der Beobachtung sein. Außerdem wird Ausdruck heute allgemein als etwas verstanden, das über den Körper der beobachteten Person hinausreicht. Die »projektiven Tests« machen sich charakteristische Auswirkungen und Reaktionen auf die Umwelt zunutze. Die Art und Weise, wie sich ein Mensch kleidet, sein Zimmer sauberhält, wie er spricht und schreibt, wie er mit dem Pinsel, den Farben, den Blumen umgeht, wie er sich am liebsten die Zeit vertreibt; die Bedeutung, die er Bildern, Melodien oder Tintenklecksen zuschreibt; die Geschichten, die er Puppen spielen läßt; seine Interpretation einer dramatischen Rolle – diese und zahllose andere Äußerungen drücken etwas aus, insofern als sie Schlüsse über die

---

* Erstabdruck in *Psychological Review*, 56 (1949), SS. 156–171.

Die Gestalttheorie des Ausdrucks

Persönlichkeit oder den augenblicklichen seelischen Zustand des Individuums zulassen. Die Gestaltpsychologen erweitern den Bereich der Ausdruckserscheinungen über diese Grenze hinaus. Aus Gründen, die noch zu erörtern sein werden, halten sie es für unerläßlich, auch vom Ausdruck zu sprechen, den unbeseelte Dinge, zum Beispiel Berge, Wolken, Sirenen, Maschinen, vermitteln.

(b) Ist der Ausdrucksträger bestimmt, muß angegeben werden, welcher Art der geistige Prozeß ist, der die Erscheinung erzeugt. Die Gestaltpsychologie ist der Meinung, daß die verschiedenen Erfahrungen, die im allgemeinen als »Ausdruckswahrnehmung« eingestuft werden, von einer Reihe psychologischer Prozesse verursacht werden, die zum Zweck einer theoretischen Analyse voneinander unterschieden werden sollten. Einige dieser Erfahrungen stützen sich teilweise oder ganz auf empirisch erworbenes Wissen. Die bloße Betrachtung vieler nur halb gerauchter Zigaretten in einem Aschenbecher würde einem Besucher von einem anderen, nur von Nichtrauchern bewohnten Planeten nichts von einem Zusammenhang mit nervöser Anspannung verraten. Die auf alle Mauern in einem italienischen Dorf gepinselten Worte EVVIVA GUERRA und EVVIVA DON PIO erzählen nur demjenigen etwas über die Mentalität der Einwohner, der weiß, daß dies Worte der Huldigung für einen berühmten Radfahrer und den Dorfpriester sind. In diesem Aufsatz bleibt der Einsatz vergangener Erfahrungen zur Deutung von Wahrnehmungsbeobachtungen aus dem Bereich des Ausdrucks ausgeschlossen und wird der Lernpsychologie zugewiesen. Ich werde mich nur mit Fällen befassen, in denen – nach der Gestaltpsychologie – das Sinnesmaterial einen wahrnehmungsmäßig selbstverständlichen Ausdruck an sich hat. Die Art und Weise, wie ein Mensch die Lippen aufeinanderpreßt oder seine Stimme erhebt oder einem Kind über den Kopf streicht oder zögernd einen Fuß vor den anderen setzt, soll Faktoren enthalten, deren Bedeutung allein durch das Betrachten unmittelbar verstanden werden kann. Fälle solch unmittelbaren Ausdrucks beschränken sich nicht auf die Erscheinungs- und Verhaltensweise des eigenen Körpers der betreffenden Person. Sie finden sich auch bei so »projektivem« Material wie etwa dem aufwühlenden Rot im Lieblingskleid einer Frau oder im »gefühlvollen« Charakter der Musik, die sie bevorzugt. Darüber hinaus sollen auch unbeseelte Dinge unmittelbaren Ausdruck vermitteln. Der aggressive Blitzschlag oder der besänftigende Rhythmus des Regens beeindrucken den Beobachter durch Wahrnehmungsqualitäten, die nach der Gestaltpsychologie von der Wirkung, die sein Wissen auf die Natur dieser Ereignisse ausübt, theoretisch unterschieden werden müssen. Es wird jedoch angenommen, daß praktisch jede konkrete Erfahrung Faktoren beiderlei Art zusammenbringt.

Wenn wir auf Ausdruck nicht nur in beseelten, sondern auch in unbeseelten Dingen verweisen, fordern wir terminologische Schwierigkeiten heraus. Das Wort »Ausdruck« deutet ein Handeln an, ein Ausdrücken oder Auspressen. Solange Ausdruck, wie traditionell üblich, auf Äußerungen von seelischen Zuständen beim Menschen oder beim Tier beschränkt bleibt, ist die Bedeutung klar. Aber was kann schon durch die Erscheinung eines seelenlosen Dinges ausgedrückt werden? Die Theorien von der »Einfühlung« oder der »Vermenschlichung der Natur«, auf die ich noch zu sprechen kommen werde, halfen vorübergehend. Nach diesen Theorien wurde der seelische Zustand des Betrachters auf das Objekt projiziert, so daß das Objekt so aussah, als drücke es seine eigene Seele aus. Wurde aber die Projektion auf den ihr zustehenden Bereich begrenzt, blieb das echte Phänomen des Ausdrucks in der Wahrnehmungserscheinung des Objektes selbst. Wer drückte nun in diesem Fall was aus? Um diese Frage von Anfang an zu klären, möchte ich das entscheidende Argument dieser Arbeit vorwegnehmen, nach dem alle Wahrnehmungsgegenstände dynamisch sind, das heißt, von gerichteten Spannungen erfüllt. Diese Spannungen sind feste Bestandteile des Wahrnehmungsreizes, wie die Tönung einer Farbe oder die Größe einer Form. Sie haben jedoch eine einzigartige Eigenschaft, die von den anderen Bestandteilen nicht geteilt wird: als Erscheinungskräfte veranschaulichen sie und erinnern sie an das Verhalten von Kräften anderswo und im allgemeinen. Dadurch, daß sie das Objekt oder Ereignis mit einer wahrnehmbaren Verhaltensform ausstatten, geben ihm diese Spannungen »Charakter« und erinnern an andere Objekte oder Ereignisse. Das ist gemeint, wenn gesagt wird, daß diese dynamischen Aspekte des Wahrnehmungsgegenstandes seinen »Charakter« ausdrücken.

Der wahrgenommene Charakter entspricht vielleicht einem ähnlichen physikalischen Zustand, etwa wenn die Zähflüssigkeit von Teer im Wahrnehmungscharakter seines Fließens ausgedrückt wird. Oder es gibt diese Entsprechung nicht, etwa in der passiven Schlaffheit des Telefonhörers. Sekundär kann Ausdruck auch – zu Recht oder Unrecht – auf einen übereinstimmenden seelischen Zustand verweisen. Worauf es jedoch in erster Linie ankommt, das ist der Charakter des Wahrnehmungsgegenstandes selbst, der durch die in ihm vorhandenen gerichteten Spannungen »ausgedrückt« wird. Die Form des Telefonhörers »drückt« die Schlaffheit »aus«, die diesen besonderen Wahrnehmungsgegenstand charakterisiert. Doch ich nehme meine Schlußfolgerungen vorweg.

Tests und Ergebnisse. Was ist Ausdruck, und was ermöglicht dem Beobachter, ihn zu erfahren? Durch welche Wahrnehmungsfaktoren und auf welche Weise lösen Reizkonfigurationen solche Erfahrungen im Betrachter aus? In den letzten fünfundzwanzig Jahren haben sich zahllose experimentelle Untersuchungen mit den Ausdruckserscheinungen befaßt, doch die wenigsten von ihnen haben versucht, unsere Fragen zu beantworten. Da sie auf die Verbindung zwischen der Verhaltensweise eines Menschen und den psychologischen Vorgängen in seinem Innern beschränkt waren, konzentrierten sie sich auf das sicherlich wichtige Problem: In welchem Ausmaß sind Beobachter – ungeübte oder geübte, begabte oder durchschnittliche – fähig, aufgrund einer oberflächlichen Untersuchung von Gesicht, Stimme, Gangart, Handschrift usw. zutreffende Schlüsse über den vorübergehenden seelischen Zustand eines Menschen oder über seine eher gleichbleibende psychische Verfassung zu ziehen?

Dies gilt für die verschiedenen Zuordnungsexperimente, bequem zusammengefaßt von R. S. Woodworth und H. Schlosberg (24, SS. 113 ff.) und von G. W. Allport und P. E. Vernon (1, SS. 3–20). Ganz ähnlich haben Psychologen auf dem Gebiet der projektiven Techniken nach Wechselbeziehungen zwischen Persönlichkeitsmerkmalen und Reaktionen auf Umweltreize gesucht. Fast immer enthalten diese Reize Faktoren von der Art, wie sie uns hier interessieren. Doch bisher ist die Frage kaum einmal ausführlich erörtert worden, warum und wie die gegebenen Wahrnehmungsgegenstände die beobachteten Reaktionen hervorrufen. Es gibt Beweise dafür, daß die ganze Struktur eines Gesichtes und nicht die Summe seiner Einzelteile den Ausdruck bestimmt (2). Doch welche Strukturmerkmale ergeben welchen Ausdruck, und warum? Im Rorschachtest beruhen die typischen Reaktionen auf Farbe wahrscheinlich auf dem Ausdruck. Warum sind aber »emotionale« Einstellungen eher mit Farbe als mit Form verwandt? Ernest G. Schachtel hat auf diesem Gebiet Pionierarbeit geleistet und beispielsweise darauf hingewiesen, daß Reaktionen sowohl auf Farben als auch auf »Affekterlebnisse« durch passive Empfänglichkeit gekennzeichnet sind (19). Insgesamt jedoch sind Fragen dieser Art durch summarische und unzureichend untermauerte theoretische Behauptungen beantwortet worden.

Ein paar Bemerkungen zu den Untersuchungen über die Leistungen der Beobachter sind angebracht. Ein Blick auf die Ergebnisse enthüllt einen merkwürdigen Kontrast. Eine Forschergruppe meldet im wesentlichen negative Befunde. Eine andere, die sich hauptsächlich aus Gestaltpsychologen zusammensetzt, behauptet, daß Beobachter bei der Beurteilung von Porträts, Handschriften und ähnlichem Material eine Erfolgsquote aufweisen, die über den Zufall eindeutig hinausgeht. Aus Untersuchungen der ersten Art sind pessimistische Verallgemeinerungen gezogen worden. Das Thema »Ausdruck« wird gelegentlich mit jener lässigen Abneigung behandelt, die die frühen behavioristischen Aussagen zur Introspektion kennzeichnete. Diese Einstellung war einer weiteren Erforschung nicht gerade dienlich.

Der Hauptgrund für die widersprüchlichen Ergebnisse liegt in der unterschiedlichen Art des Vorgehens. Bei Untersuchungen der ersten Art wurde gefragt: Wie zuverlässig läßt sich der körperliche Ausdruck des Durchschnittsmenschen oder eines zufällig ausgewählten Mitgliedes einer bestimmten Gruppe von Menschen deuten? Das Interesse konzentrierte sich dabei auf die wichtige praktische Frage nach dem Ausmaß, bis zu dem man sich im täglichen Leben auf den Ausdruck verlassen kann. Die Gestaltpsychologen bevorzugen dagegen das allgemein übliche wissenschaftliche Verfahren, die zu untersuchende Erscheinung so sorgfältig wie möglich zu klären. Sie suchten nach den günstigsten Bedingungen für die Beobachtung. Ein großer Teil ihrer Bemühungen galt der Auswahl und Vorbereitung von Objektgruppen, die versprachen, Ausdruck klar und deutlich zu demonstrieren (2, Seite 8).

Hier sind einige der Faktoren, die vielleicht erklären können, warum es bei Experimenten mit zufällig ausgewähltem Material oft enttäuschende Ergebnisse gab: (a) Die alltägliche Beobachtung deutet an, daß die Strukturmodelle von Charakter, Temperament, Stimmung nicht bei allen Menschen gleichermaßen prägnant sind. Während manche Individuen ausgesprochen depremiert oder sorglos, stark oder schwach, harmonisch oder disharmonisch, warm oder kalt sind, kommen uns andere unbestimmt, lauwarm, unbeständig vor. Wie immer diese Unbestimmtheit im einzelnen aussehen mag, so erwartet man wohl doch, daß die entsprechenden Gesichter, Gesten und Handschriften in der Form und deshalb auch im Ausdruck ähnlich undeutlich sind. Wenn man derartiges Material untersucht, bemerkt man in einigen Fällen, daß die maßgebenden Strukturmerkmale nicht klar definiert sind. In anderen Fällen ergeben Faktoren, die in sich selbst prägnant sind, etwas, das weder Harmonie noch Widersprüche, sondern einen Mangel an Einheit oder Verwandtschaft aufweist, der das ganze bedeutungs- und ausdruckslos macht. Viele eindrucksvolle Beispiele ergeben sich aus den Experimenten mit zusammengesetzten Gesichtern, die aus willkürlich zusammengestellten Stirnen, Nasen, Kinnen bestehen. Wenn Beobachter mit derartigem Material überhaupt etwas anzufangen wissen, dann ist das vermutlich darauf zurückzuführen, daß sie raten, was diese künstlichen Vorlagen bedeuten sollen, anstatt unmittelbar die Ausdruckskraft der Formen wahrzunehmen. (b) Die Gegenwart der Kamera des Porträtphotographen führt leicht dazu, den Ausdruck eines Menschen zu lähmen, so daß er befangen und gehemmt wird und eine unnatürliche Stellung einnimmt. (c) Schnappschüsse sind nur einen Augenblick dauernde Phasen, zeitlich und räumlich aus der Handlung und dem Hintergrund herausgenommen, in die sie hineingehören. Sie können manchmal die ganze Form, aus der sie herausgenommen werden, in hohem Maße ausdrücken und darstellen. Häufig gelingt ihnen das aber nicht. Außerdem gibt es Faktoren wie den Blickwinkel, aus dem ein Bild gemacht wird, die Auswirkungen der Beleuchtung auf die Form, die Wiedergabe von Helligkeits- und Farbwerten sowie kleine Veränderungen durch das Retuschieren, Faktoren, die es unmöglich machen, eine Zufallsphotographie als verläßliches Porträt zu akzeptieren. (d) Wenn im Rahmen von Zuordnungsexperimenten eine Reihe von Vorlagen willkürlich kombiniert wird, können zufällige Ähnlichkeiten im Ausdruck entstehen, die eine Unterscheidung schwierig machen, obwohl jede Vorlage in sich selbst durchaus prägnant ist. Weitere Gründe für den Mangel an widerspruchsfreien Ergebnissen werden von Werner Wolff erörtert (23, S. 7).[1]

Man muß daraus wohl folgern, daß das Erkennen von Ausdruck nur

---

[1]. Da es keinen Grund gibt, anzunehmen, jede Photographie gebe wesentliche Ausdrucksmerkmale wieder, wäre es interessant, zu erfahren, nach welchen Kriterien die Photographien für den Szondi-Test (18) ausgewählt worden sind. Wenn ein wesentlicher Bestandteil des Tests darin besteht, die Reaktionen von Menschen auf die Persönlichkeiten von Homosexuellen, sadistischen Mördern usw. festzustellen, ergeben sich zwei Fragen. (a) Gibt es eine ausreichende Wechselbeziehung zwischen diesen pathologischen Symptomen und gewissen prägnanten Persönlichkeitsstrukturen? (b) Kommen die letzteren in der Photographie angemessen zum Ausdruck? Diese Probleme treten nicht auf, wenn es bei dem Test nur darum geht, die Reaktionen von Menschen auf eine gegebene Anzahl von Porträts, gleich welcher Herkunft, zu untersuchen.

unter optimalen Bedingungen als verläßlich und gültig bewiesen worden ist. Für das durchschnittliche Gesicht, die durchschnittliche Stimme, Geste, Handschrift usw. sind die Ergebnisse in aller Regel nicht so positiv. Will man jedoch alle Zweifel an der Gültigkeit dieser Tatsache ausräumen, muß man die durch ungeeignete Versuchsbedingungen geschaffenen zusätzlichen Hindernisse reduzieren.

Assoziationismus. Was versetzt Beobachter in die Lage, Ausdruck zu beurteilen? Die herkömmliche Theorie, die an unsere Generation weitergereicht wurde, ohne daß sie groß in Frage gestellt worden wäre, stützt sich auf Assoziationismus. In seinem Essay über das Sehen erörtert Berkeley die Art und Weise, wie man im Aussehen eines Menschen Scham oder Wut sieht: »Diese Gefühlsausbrüche selbst sind unsichtbar. Trotzdem werden sie vom Auge eingelassen, zusammen mit Farben und Veränderungen des Gesichtsausdrucks, die das unmittelbare Objekt des Sehens sind und die auf diese Gefühlsausbrüche schließen lassen, und zwar einzig und allein auf Grund vorhergegangener Beobachtungen: ohne eine solche Erfahrung hätten wir das Erröten ebenso gut für ein Zeichen der Freude wie der Scham halten können.« (4, § 65)

In seinem Buch über den Ausdruck der Gefühle widmete Charles Darwin diesem Problem mehrere Seiten (7, SS. 356–359; in der deutschen Übersetzung SS. 236–238). Er hielt das Erkennen von Ausdruck für entweder instinktiv oder erlernt.

»Kinder würden ohne Zweifel die Ausdrucksbewegungen ihrer Umgebung bald ebenso erlernen, wie Tiere die des Menschen erlernen. Außerdem weiß ein Kind im allgemeinen, wenn es weint oder lacht, was es tut und was es fühlt; so daß eine sehr geringe Anstrengung des Verstandes ihm sagen dürfte, was Weinen oder Lachen bei anderen bedeutet. Aber es fragt sich nun: erlangen unsere Kinder ihre Kenntnis des Ausdrucks nur durch Erfahrung, vermöge der Macht der Assoziation und des Verstandes?

Da die meisten Ausdrucksformen allmählich angeeignet und dann später instinktiv geworden sein müssen, so scheint ein gewisser Grad von Wahrscheinlichkeit a priori dafür zu sprechen, daß ihr Erkennen ebenfalls instinktiv geworden sein wird.«

Nach Darwins Ansicht war die Beziehung zwischen ausdrucksvollen körperlichen Bewegungen und dem entsprechenden Seelenzustand rein kausal. Ausdrucksvolle Gesten waren entweder Reste von ursprünglich

Die Gestalttheorie des Ausdrucks

zweckdienlichen Gewohnheiten, oder sie gingen auf »direkte Tätigkeit des Nervensystems« zurück. Er sah keine innere Verwandtschaft zwischen einer bestimmten Art der Muskeltätigkeit und dem entsprechenden Seelenzustand.

Eine Abwandlung der Theorie der Assoziationisten vertritt die Meinung, daß Beurteilungen des Ausdrucks auf Stereotypen beruhen. Nach dieser Ansicht verläßt sich die Interpretation nicht auf die spontane Einsicht eines Menschen oder auf seine wiederholte Beobachtung des Zusammengehörigen, sondern auf Traditionen, die er von seiner sozialen Gruppe fertig übernommen hat. Es ist ihm zum Beispiel gesagt worden, daß Adlernasen von Mut zeugen und daß vorstehende Lippen Sinnlichkeit verraten. Die Verfechter dieser Theorie geben im allgemeinen zu verstehen, daß solche Urteile falsch sind, als könne man Informationen nie trauen, die nicht auf eigener Erfahrung beruhen. Tatsächlich liegt jedoch die Gefahr nicht in der sozialen Herkunft der Information. Was zählt, ist, daß die Leute dazu neigen, sich einfach strukturierte Begriffe auf der Basis ungenügender Beweise anzueignen, die aus eigener Anschauung oder aus zweiter Hand stammen können, und dann diese Begriffe angesichts gegensätzlicher Tatsachen unverändert beizubehalten. Während dies zu vielen einseitigen und vollkommen falschen Bewertungen von Individuen und Gruppen von Individuen führen kann, erklärt das Vorhandensein von Stereotypen noch nicht die Herkunft physiognomischer Urteile. Wenn diese Urteile der Tradition entstammen, was ist dann die Quelle der Tradition? Stimmen sie oder stimmen sie nicht? Auch wenn sie oft falsch angewandt werden, können traditionelle Deutungen der Körperbeschaffenheit und des Verhaltens durchaus auf richtigen Beobachtungen beruhen. Ja, vielleicht sind sie gerade deswegen so langlebig, weil sie so wahr sind.

Einfühlung. Die Theorie der Einfühlung nimmt eine Zwischenstellung ein; sie liegt zwischen der traditionellen und einer moderneren Betrachtungsweise. Diese Theorie wird oft als reine Erweiterung der Assoziationstheorie formuliert, die dazu bestimmt sei, sich um den Ausdruck unbeseelter Dinge zu kümmern. Wenn ich die Säulen eines Tempels ansehe, so kenne ich aus früherer Erfahrung die Art von mechanischem Druck und Gegendruck, die sich in der Säule abspielt. Ebenfalls aus früherer Erfahrung weiß ich, was ich empfinden würde, wenn ich die Stelle der Säule einnehmen würde und wenn diese physischen Kräfte auf meinen Körper und in ihm wirken würden. Ich projiziere meine Gefühle auf die Säule und verleihe ihr durch diese Beseelung Ausdruck. Theodor Lipps, der die Theorie entwickelte, stellte fest, daß Einfühlung auf Assoziation beruht (16, S. 434). Zwar, so sagt er weiter, handle es sich dabei um eine besondere Assoziation, ». . . eine von denjenigen, welche eine Zusammengehörigkeit oder ein notwendiges Zusammensein, ein unmittelbares und notwendiges Gegebensein von einem in und mit einem anderen bedingen«. Er scheint jedoch in dieser inneren Notwendigkeit eine rein kausale Verbindung gesehen zu haben, denn unmittelbar im Anschluß an die zitierte Feststellung bestreitet er ausdrücklich, daß die Beziehung zwischen dem körperlichen Ausdruck der Wut und der psychischen Erfahrung des wütenden Menschen als eine »Assoziation der Ähnlichkeit, Gleichartigkeit, Übereinstimmung« beschrieben werden kann (S. 435). Wie Darwin sah auch Lipps keine innere Verwandtschaft zwischen der Wahrnehmungserscheinung und den »dahinter«-stehenden physischen und psychologischen Kräften. Doch er sah in anderer Hinsicht eine strukturelle Ähnlichkeit zwischen physischen und psychologischen Kräften. Nach der Erörterung der mechanischen Kräfte, auf deren Vorhandensein in einem unbeseelten Objekt der Beobachter aus früherer Erfahrung schließt, schreibt Lipps den folgenden bemerkenswerten Abschnitt:

»Und dazu (d. h. zu diesen mechanischen Kräften) nun fügen wir, oder daran heftet sich weiterhin die Vorstellung möglicher innerer Verhaltensweisen meiner selbst – nicht von gleichem Ergebnis, sondern von gleichem Charakter, d. h., es heftet sich daran die Vorstellung möglicher Arten meines eigenen Tuns, bei denen in analoger Weise Kräfte, Antriebe oder Tendenzen, Tätigkeiten frei oder gehemmt sich verwirklichen, ein Nachgeben gegen Einwirkungen stattfindet, oder Widerstände überwunden werden, Spannungen zwischen Antrieben entstehen und sich lösen, usw. Jene Kräfte und Kraftwirkungen erscheinen im Lichte dieser meiner eigenen Verhaltensweisen, dieser Arten meines Tuns, dieser Antriebe und Tendenzen und dieser Weisen ihrer Verwirklichung.« (16, S. 439.)

Lipps nahm also für die Beziehung zwischen den physischen Kräften in dem beobachteten Gegenstand und der psychischen Dynamik im Beobachter das Gestaltprinzip des Isomorphismus vorweg; und in einem späteren Abschnitt desselben Aufsatzes verwendet er sogar die Assoziation der »Charakterähnlichkeit« für die Beziehung zwischen dem wahrgenommenen Rhythmus von Musiktönen und dem Rhythmus anderer psychischer

Prozesse, die sich im Zuhörer abspielen. Das bedeutet, daß Lipps zumindest für eine strukturelle Eigenschaft, den Rhythmus nämlich, eine mögliche innere Ähnlichkeit zwischen Wahrnehmungsmustern und der Ausdrucksbedeutung, die sie dem Beobachter vermitteln, erkannte.

Die Methode der Gestaltpsychologen. Die Gestalttheorie des Ausdrucks räumt zwar ein, daß sich auf der Basis einer rein statistischen Übereinstimmung Entsprechungen zwischen physischem und psychischem Verhalten entdecken lassen; sie besteht aber darauf, daß wiederholte Assoziation weder das einzige noch das allgemein übliche Mittel ist, das zum Verständnis von Ausdruck führt. Gestaltpsychologen vertreten die Auffassung, daß das Ausdrucksverhalten seine Bedeutung unmittelbar in der Wahrnehmung enthüllt. Diese Betrachtungsweise stützt sich auf das Prinzip des Isomorphismus, demzufolge Prozesse, die in verschiedenen Ausdrucksmitteln ablaufen, in ihrer strukturellen Organisation trotzdem ähnlich sein können. Auf Körper und Seele angewandt bedeutet das: Wenn die Kräfte, die das Körperverhalten bestimmen, denen, die die entsprechenden Seelenzustände charakterisieren, strukturell ähnlich sind, wird vielleicht verständlich, weshalb sich die psychische Bedeutung unmittelbar von der Erscheinung und vom Verhalten eines Menschen ablesen läßt.

Es ist hier nicht meine Absicht, die Gültigkeit der Gestalttheorie nachzuweisen.[2] Ich will mich darauf beschränken, auf einige ihrer Aspekte aufmerksam zu machen. Bisher stehen nur kurze Darstellungen der Theorie zur Verfügung. Wolfgang Köhlers (12, SS. 216–247) und Kurt Koffkas (10, SS. 654–661) Bemerkungen zu dem Thema sind jedoch ausführlich genug, um anzudeuten, daß Isomorphismus auf nur zwei Ebenen, nämlich die in der beobachteten Person ablaufenden psychischen Prozesse und das entsprechende Verhalten, nicht ausreichen würde, das unmittelbare

---

2. Beobachtungen von Kindern sind diesem Zweck dienlich. Selbst zu seiner Zeit war Darwin über die Tatsache erstaunt, daß ein kleines Kind ein Lächeln oder einen bekümmerten Gesichtsausdruck unmittelbar zu verstehen schien, »und zwar in einem viel zu frühen Alter, als daß es irgend etwas aus Erfahrung hätte lernen können« (7, S. 358; in der deutschen Übersetzung S. 237). Charlotte Bühler (6, S. 377) schreibt: ». . . Das drei oder vier Monate alte Kleinkind reagiert positiv sowohl auf die wütende als auch auf die gütige Stimme und Erscheinung; das fünf bis sieben Monate alte Kleinkind spiegelt den angenommenen Ausdruck wider und fängt angesichts der scheltenden Stimme und der drohenden Gebärde ebenfalls an zu weinen«, und zwar auf der Basis eines »unmittelbaren Sinneseinflusses«. Weitere Beweise müssen aus ausführlichen Darstellungen struktureller Ähnlichkeiten erwachsen.

Verständnis von Ausdruck durch Wahrnehmung zu erklären. Das folgende ist ein Versuch, eine Reihe von psychologischen und physischen Ebenen in der beobachteten Person und im Beobachter anzuführen, Ebenen, auf denen isomorphe Strukturen vorhanden sein müssen, um die Gestalt-Erklärung zu ermöglichen.

TABELLE 1: Isomorphe Ebenen

A. *Beobachtete Person*
    I. Seelenzustand — psychologisch
    II. Neurale Entsprechung von I — elektrochemisch
    III. Muskelkräfte — mechanisch
    IV. Kinästhetische Entsprechung von III — psychologisch
    V. Körperform und -bewegung — geometrisch

B. *Beobachter*
    VI. Netzhautprojektion von V — geometrisch
    VII. Kortikale Projektion von VI — elektrochemisch
    VIII. Wahrnehmungsmäßige Entsprechung von VII — psychologisch

Nehmen wir einmal an, eine Person A mache eine »zärtliche« Geste, die von einem Beobachter B als solche erfahren wird. Auf der Grundlage des psychophysischen Parallelismus in seiner Gestaltform würde man davon ausgehen, daß die Zärtlichkeit in A's Gefühlen (Tabelle 1, Ebene I) einem hypothetischen Prozeß in A's Nervensystem (Ebene II) entspricht und daß die zwei Prozesse, der psychische und der physiologische, isomorph, d. h. strukturgleich, sind.

Der neurale Prozeß steuert die Muskelkräfte, die die Geste von A's Arm und Hand erzeugen (Ebene III). Man muß auch hier wieder annehmen, daß das besondere Kräftemuster aus mechanischer Handlung und Hemmung in A's Muskeln strukturell der Konfiguration der physiologischen und psychischen Kräfte auf den Ebenen II und I entspricht. Die Muskeltätigkeit wird von einer kinästhetischen Erfahrung (Ebene IV) begleitet, die ihrerseits wieder mit den anderen Ebenen isomorph sein muß. Die kinästhetische Erfahrung braucht sich nicht immer einzustellen; sie ist nicht absolut unerläßlich. Die wahrgenommene Zärtlichkeit in der Geste des anderen wird jedoch von ihm als passende Äußerung seines Seelenzustandes erfahren.

Schließlich sorgen die Muskelkräfte der Ebene III dafür, daß A's Arm und Hand eine bestimmte Bewegung, etwa eine Parabel, ausführen (Ebene V); und wieder müßte die geometrische Figur dieser Kurve mit der

Die Gestalttheorie des Ausdrucks

Struktur der Prozesse auf den vorhergehenden Ebenen isomorph sein. Ein elementares geometrisches Beispiel kann vielleicht die Bedeutung dieser Aussage erläutern. Geometrisch gesehen ist ein Kreis das Ergebnis einer einzigen Strukturbedingung. Er ist der geometrische Ort aller Punkte, die von einem Mittelpunkt gleich weit entfernt sind. Eine Parabel erfüllt zwei solcher Bedingungen. Sie ist der geometrische Ort aller Punkte, die von einem Punkt und einer Geraden gleich weit entfernt sind. Man kann die Parabel einen Kompromiß zwischen zwei strukturellen Anforderungen nennen. Jede der beiden strukturellen Bedingungen gibt der anderen nach.[3] Gibt es eine mögliche Verbindung zwischen diesen geometrischen Eigenschaften der Parabel und der besonderen Konfiguration physischer Kräfte, denen wir Zärtlichkeit zuschreiben? Man könnte auf einen physikalischen Prozeß verweisen, der Parabelmuster erzeugt. So ist zum Beispiel in der Ballistik die Parabelbahn eines Geschosses das Ergebnis eines »Kompromisses« zwischen der Richtung des auslösenden Anstoßes und der Anziehungskraft des Schwerefeldes. Die zwei Kräfte »geben« einander »nach«.[4]

An diesem Punkt muß die Beschreibung von der beobachteten Person A auf den Beobachter B übergehen. B's Augen empfangen ein Bild (Ebene VI) der Geste, die A's Arm und Hand ausführen. Wie kann dieses Bild in B den Eindruck hervorrufen, er beobachte eine zärtliche Geste? Es mag

---

3. Man kann das auch mit Begriffen der projektiven Geometrie ausdrücken. Dann ist die Parabel ein Kegelschnitt, der zwischen dem horizontalen Schnitt, nämlich dem Kreis, und dem vertikalen Schnitt, nämlich dem gleichschenkligen Dreieck, liegt.
4. Eines der Prinzipien, auf denen die Handschriftenanalyse aufbaut, besagt, daß das Schriftbild dynamische Merkmale der Motorik des Schreibenden widerspiegelt, die ihrerseits durch eine charakteristische Konfiguration der Muskelkräfte erzeugt wird. Derselbe Isomorphismus von Muskelbewegung und daraus resultierender sichtbarer Spur hat in der Zeichentechnik Anwendungen gefunden. Herbert Langfeld (15, S. 129) zitiert H. P. Bowie (5, SS. 35 und 77–79) im Zusammenhang mit dem Prinzip der »lebenden Bewegung« *(Sei Do)* in der japanischen Malerei: »Ein herausragendes Merkmal japanischer Malerei ist die Kraft des Pinselstrichs, die technisch *fude no chikara* oder *fude no ikioi* genannt wird. Wenn etwas dargestellt wird, das die Vorstellung von Kraft erweckt, also etwa eine Felsklippe, der Schnabel oder die Klauen eines Vogels, die Krallen eines Tigers oder die Zweige und Äste eines Baumes, dann muß in dem Augenblick, in dem der Pinsel angesetzt wird, das Gefühl der Kraft im ganzen Organismus des Künstlers heraufbeschworen und empfunden und durch Arm und Hand an den Pinsel weitergegeben und damit auf den gemalten Gegenstand übertragen werden.«

stimmen, daß sowohl das geometrische Muster der Geste als auch die Konfiguration der Muskelkräfte, die dieses Muster herbeiführte, strukturell als etwas charakterisiert werden können, das Kompromiß, Anpassungsfähigkeit und Nachgiebigkeit enthält. Doch diese Tatsache allein genügt noch nicht, um die unmittelbare Erfahrung zu erklären, die B offenbar aus seiner Wahrnehmungsbeobachtung erhält. An diesem Punkt wird klar, daß sich die Gestalttheorie des Ausdrucks nicht nur dem Problem gegenübersieht, zu zeigen, wie sich psychische Prozesse aus dem Körperverhalten ableiten lassen, sondern daß ihre erste Aufgabe darin besteht, die Tatsache glaubhaft zu machen, daß die Wahrnehmung von Form, Farbe usw. dem Beobachter die unmittelbare Erfahrung eines Ausdrucks vermitteln kann, der mit der Organisation des beobachteten Reizmusters strukturgleich ist.

A's Geste wird auf die Netzhaut von B's Augen projiziert[5] und dann über die Netzhautabbilder auf die Sehzentren in B's Großhirn (Ebene VII). Dementsprechend nimmt B die Geste A's wahr (Ebene VIII). Besteht nun möglicherweise eine Ähnlichkeit zwischen der geometrischen Struktur der Reizkonfiguration und der Struktur des Ausdrucks, den sie dem Beobachter vermittelt? Wir können zu unserer mathematischen Analyse des Kreises und der Parabel zurückgehen. Einfache Experimente bestätigen, was Künstler aus Erfahrung wissen, daß nämlich ein Kreisbogen »härter«, weniger biegsam aussieht als ein Parabelbogen. Verglicen mit dem Kreis sieht die Parabel sanfter aus. Man könte diesen Befund dadurch zu erklären versuchen, daß man annimmt, der Beobachter kenne aus früherer Erfahrung die geometrischen Eigenschaften solcher Muster oder die Eigenart der häufig von ihnen erzeugten physikalischen Kräfte. Dies würde uns zur Theorie des Assoziationismus zurückbringen. Wenn man in Gestaltbegriffen denkt, bietet sich eine andere Erklärung an.

Man kann davon ausgehen, daß die Projektion des Wahrnehmungsrei-

---

5. In diesem Stadium kann eine Reihe von Faktoren die angemessene Projektion von ausschlaggebenden Eigenschaften des Körpers A auf B's Empfangsorgan beeinträchtigen. In unserem speziellen Fall wird es zum Beispiel vom Projektionswinkel abhängen, ob das perspektivische Netzhautabbild die wesentlichen Strukturmerkmale der Parabelbewegung beibehalten wird oder ob es sie in eine Reizspur von undeutlicher oder deutlich andersartiger Struktur umwandeln wird. (Auf Photographien und Filmen beeinflussen solche Faktoren den Ausdruck, der aus der Nachbildung physischer Objekte und Handlungen gewonnen wird.) Ähnliche Faktoren werden die Glaubwürdigkeit anderer Wahrnehmungsqualitäten, die Ausdruck an sich haben, beeinflussen.

Die Gestalttheorie des Ausdrucks

zes auf das Gehirn, und da vor allem auf die Sehzentren im Großhirn, eine Konfiguration aus elektrochemischen Kräften im Bereich des Großhirns erzeugt. Die Gestalt-Experimente mit der Wahrnehmung lassen darauf schließen, daß Wahrnehmungsreize auf der Netzhaus organisatorischen Prozessen im Gehirn ausgesetzt werden. Das Ergebnis dieser Prozedur ist, daß die Elemente der Sehmuster als nach Max Wertheimers Regeln gruppiert wahrgenommen werden. Dazu kommt, daß jedes Sehmuster als eine organisierte Ganzheit erscheint, in der einige beherrschende Strukturmerkmale die Gesamtform und die Richtungen der Hauptachsen bestimmen, während andere untergeordnete Funktionen haben. Aus denselben Gründen werden unter bestimmten Bedingungen Abwandlungen der objektiven Form und Größe wahrgenommen.

Es ist zu beobachten, daß sich all diese experimentellen Befunde auf die Auswirkungen der Beanspruchungen und Belastungen konzentrieren, die das Gehirnfeld organisieren. Gibt es denn irgendeinen Grund zu der Annahme, daß sich nur die *Auswirkungen* dieser dynamischen Prozesse – der Gruppierungen, der Hierarchien von Strukturfunktionen und der Abwandlungen von Form und Größe – in der Wahrnehmungserfahrung widerspiegeln? Warum sollten nicht auch die Beanspruchungen und Belastungen der Gehirnkräfte selbst ihr psychologisches Gegenstück haben? Es scheint einleuchtend, daß sie die physiologische Entsprechung dessen darstellen, was als Ausdruck erfahren wird.

Eine derartige Theorie würde also den Ausdruck zu einem wesentlichen Bestandteil der elementaren Wahrnehmungsprozesse machen. *Man könnte dann Ausdruck als das psychologische Gegenstück der dynamischen Prozesse definieren, die zur Organisation der Wahrnehmungsreize führen.* Wenn auch der konkrete Nachweis offensichtlich noch in weiter Ferne liegt, so ist doch die grundlegende Annahme um einiges konkreter geworden, seit Köhler und Hans Wallach Erscheinungen von Wahrnehmungsgröße, -form und -lage mit der Tätigkeit elektrochemischer Kräfte erklärt haben (14). Die Zukunft wird zeigen müssen, ob sich die Theorie auf die Ausdruckserscheinungen ausdehnen läßt.

Es ist nun möglich, zu der Frage zurückzukehren, wie die Wahrnehmung von Form, Bewegung usw. einem Beobachter die unmittelbare Erfahrung eines Ausdrucks vermitteln kann, der mit der Organisation des beobachteten Reizmusters strukturgleich ist. Ich habe oben auf Kräftekonstellationen hingewiesen, die ein Objekt dazu bringen, sich in einer parabolischen Kurve zu bewegen. Die Physiker können uns vielleicht sagen, ob sich das Beispiel aus der Ballistik umkehren läßt. Kann ein Parabelmuster, das aufs Gehirnfeld projiziert wird, unter bestimmten Bedingungen eine Konstellation von Kräften auslösen, die die Strukturfaktoren von »Kompromiß« oder »Nachgiebigkeit« enthalten? Wenn ja, dann ließe sich zwischen den Gehirnkräften und den als Ebenen I–IV beschriebenen Kräften Isomorphismus feststellen.

Damit ist die Beschreibung isomorpher Ebenen abgeschlossen. Wenn die Darstellung stimmt, dann besagt die These der Gestalttheorie, daß ein Beobachter den Seelenzustand eines anderen Menschen durch eine Betrachtung der körperlichen Erscheinung dieses Menschen zutreffend beurteilt, wenn die psychische Situation der beobachteten Person und die Wahrnehmungserfahrung des Beobachters mit Hilfe einer Reihe dazwischenliegender isomorpher Ebenen Strukturgleichheit herstellen.

Ausdruck als Wahrnehmungsqualität. Die oben gegebene Definition deutet an, daß Ausdruck ein wesentlicher Bestandteil des elementaren Wahrnehmungsprozesses ist. Das überrascht eigentlich nicht. Die Wahrnehmung ist nur dann ein reines Instrument zur Erfassung von Farbe, Form, Geräuschen usw., wenn sie für sich allein gesehen wird, unabhängig von dem Organismus, von dem sie ein Teil ist. Im richtigen biologischen Zusammenhang erscheint die Wahrnehmung als das Mittel, dessen sich der Organismus bedient, um über die freundlichen, feindlichen oder sonstwie relevanten Umweltkräfte, auf die er zu reagieren hat, Informationen einzuholen. Diese Kräfte offenbaren sich ganz unmittelbar durch das, was hier als Ausdruck beschrieben wird.

Es gibt psychologische Beweise für diese Behauptung. Ja, die von H. Werner (21, SS. 67–82) und Köhler (13) angeführten Beobachtungen von Primitiven und Kindern deuten an, daß »physiognomische Qualitäten«, wie Werner sie nennt, sogar noch unmittelbarer wahrgenommen werden als die »geometrisch-technischen« Qualitäten von Größe, Form oder Bewegung. Ausdruck scheint der hauptsächliche Inhalt der Wahrnehmung zu sein. In einem Feuer nur eine Reihe von Farbtönen und bewegten Formen zu sehen, anstatt die erregende Gewalt der Flammen zu erfahren, setzt eine ganz spezifische, seltene und künstliche Einstellung voraus. Wenn auch der Ausdruck in unserer Kultur an praktischer Bedeutung verloren hat und nicht mehr so wachsam im Auge behalten wird, so läßt sich die Behauptung trotzdem nicht aufrechterhalten, daß sich in dieser Hinsicht ein grundlegender Wechsel vollzogen habe. Darwin bemerkte, daß Menschen manchmal einen Gesichtsausdruck beobachten und beschrei-

Die Gestalttheorie des Ausdrucks

ben, ohne daß sie Form-, Größen-, Richtungs- und andere Merkmale angeben können, die den Gesichtsausdruck bilden (7, SS. 359–360; in der deutschen Übersetzung SS. 238–239). Wenn man Versuche durchführt, stellt man fest, daß es die Beteiligten selbst mit dem Objekt unmittelbar vor Augen als eine schwierige und unangenehme Aufgabe empfinden, sich der Formstruktur bewußt zu sein. Sie kommen immer wieder auf die Ausdruckseigenschaften zu sprechen, die sie freizügig und natürlich beschreiben. Die alltägliche Erfahrung zeigt, daß sich Beobachter deutlich an den Ausdruck von Personen oder Objekten erinnern können, ohne daß sie in der Lage sind, Farbe oder Form anzugeben. Solomon Asch bemerkt: »Lange bevor einem klar geworden ist, daß sich die Farbe der Szene verändert hat, hat man vielleicht das Gefühl, daß sich mit dem Charakter der Szene ein Wandel vollzogen hat.« (3, S. 85.) Schließlich ist die Tatsache zu erwähnen, daß der Zugang des Künstlers, Schriftstellers und Musikers zu seinem Thema hauptsächlich durch den Ausdruck bestimmt wird.[6]

Verallgemeinerte Theorie. Bisher ist das Phänomen des Ausdrucks im wesentlichen in seiner am besten bekannten Eigenschaft erörtert worden, nämlich als physische Äußerung psychischer Prozesse. Einige der vorangehenden Erwägungen deuteten jedoch an, daß Ausdruck ein viel allgemeineres Phänomen ist. Ausdruck existiert nicht nur, wenn eine Seele »dahinter« steht, wie ein Puppenspieler, der die Fäden in der Hand hält. Ausdruck ist nicht auf lebendige Organismen beschränkt, die ein Bewußtsein besitzen. Eine Flamme, fallendes Laub, das Heulen einer Sirene, ein Weidenbaum, ein steiler Fels, ein Rokoko-Stuhl, die Risse in einer Mauer, die Wärme einer glasierten Teekanne, der stachlige Rücken eines Igels, die Farben eines Sonnenuntergangs, eine sprudelnde Quelle, Donner und Blitz, die ruckartige Bewegung eines gebogenen Stückes Draht – sie alle vermitteln Ausdruck durch die verschiedenen Sinne. Die Bedeutung dieser Tatsache wurde durch die weitverbreitete Hypothese überspielt, daß in solchen Fällen nur menschlicher Ausdruck auf Objekte übertragen werde. Wenn jedoch Ausdruck eine Eigenschaft ist, die den Wahrnehmungsfaktoren innewohnt, wird die Wahrscheinlichkeit gering, daß nicht-menschlicher Ausdruck nichts anderes sein soll als ein Anthropomorphismus, eine »Vermenschlichung der Natur«. Statt dessen wird man den menschlichen Ausdruck als einen Sonderfall eines allgemeineren Phänomens betrachten müssen. Der Vergleich des Ausdrucks eines Objektes

---
6. Dies hat zu der irrigen Annahme geführt, daß jede Wahrnehmung von Ausdruck ästhetisch sei.

mit dem Seelenzustand eines Menschen ist ein sekundärer Prozeß. Eine Trauerweide sieht nicht etwa deshalb traurig aus, weil sie wie ein trauriger Mensch aussieht. Man kommt der Sache näher, wenn man sagt: Da Form, Richtung und Biegsamkeit der Weidenzweige den Ausdruck passiven Hängens vermitteln, drängt sich vielleicht ein Vergleich mit dem strukturgleichen psychophysischen Muster der menschlichen Traurigkeit sekundär auf.

Ausdruck wird manchmal als ein »Wahrnehmen mit der Phantasie« beschrieben. D. W. Gotshalk erklärt das so: ». . . Irgend etwas wird wahrgenommen, als sei es tatsächlich im Wahrnehmungsgegenstand vorhanden, obwohl es, genau betrachtet, nur nahegelegt wird und nicht tatsächlich da ist. Musik ist nicht eigentlich traurig oder fröhlich oder zärtlich; dazu sind nur empfindende Wesen oder Wesen mit Gefühl, etwa menschliche Wesen, fähig.« (9) Wenn es in unserer Sprache mehr Wörter gäbe, die auf verschiedene Arten von Ausdruck als solchem verweisen könnten, anstatt sie nach Gefühlszuständen zu bezeichnen, in denen sie eine wichtige Anwendung finden, dann würde deutlich, daß das zur Debatte stehende Phänomen »im Wahrnehmungsgegenstand tatsächlich vorhanden« ist und nicht nur durch die Phantasie mit ihm in Verbindung gebracht wird.

Selbst im Hinblick auf das menschliche Verhalten ist die Verbindung zwischen Ausdruck und einem entsprechenden Seelenzustand nicht so zwingend und unentbehrlich, wie das manchmal als erwiesen gilt. Köhler hat darauf hingewiesen, daß sich Beobachter normalerweise mit dem ausdrucksvollen physischen Verhalten selbst auseinandersetzen und darauf reagieren, anstatt sich der in einem solchen Verhalten reflektierten psychischen Erfahrungen bewußt zu sein (12, SS. 260–264). Wir nehmen die langsamen, lustlosen, matten Bewegungen einer Person wahr, im Gegensatz zu den lebhaften, geradlinigen, tatkräftigen Bewegungen einer anderen, doch wir gehen nicht zwangsläufig über die Bedeutung einer solchen Erscheinung hinaus und denken ausdrücklich an die psychische Müdigkeit oder Wachsamkeit, die dahinter steht. Müdigkeit und Wachsamkeit sind bereits in dem physischen Verhalten selbst enthalten. Sie unterscheiden sich nicht wesentlich von der Müdigkeit des langsam fließenden Teers oder dem energischen Läuten des Telefons.

Diese erweiterte Betrachtungsweise hat praktische Folgen. Sie legt uns zum Beispiel nahe, das Phänomen des Ausdrucks nicht vorrangig im Zusammenhang mit den Emotionen oder der Persönlichkeit zu untersuchen, wie das allgemein üblich ist. Sicher, die Erforschung des Ausdrucks wird

Die Gestalttheorie des Ausdrucks

für diese Gebiete der Psychologie wichtige Beiträge leisten können, und da ist bisher noch kaum etwas geschehen. Doch die Erfahrung aus den letzten Jahrzehnten zeigt, daß es nur wenig Fortschritt geben wird, wenn nicht zuerst die Eigenart des Ausdrucks selbst erhellt wird.[7]

Sekundäre Wirkungen. Streng genommen ist die Erscheinung des Ausdrucks auf die Ebenen V bis VII in Tabelle I begrenzt. Das heißt, der Begriff »Ausdruck«, so wie er hier gebraucht wird, bezieht sich auf eine Erfahrung, die sich einstellt, wenn ein Sinnesreiz auf die Projektionsfelder im Gehirn eines Beobachters einwirkt. Sowohl die Prozesse, die vielleicht den Reiz auslösen, als auch diejenigen, die der kortikale Reiz in anderen Gehirnzentren des Beobachters hervorruft, sind lediglich eine Ergänzung.

Ist der Wahrnehmungsreiz angekommen, können verschiedene Sekundärvorgänge folgen. (1) Der Beobachter B schließt vielleicht aus dem Ausdruck von A's Körperverhalten, daß sich in A's Seele bestimmte psychische Prozesse abspielen; das heißt, durch die Wahrnehmung der Ebene V gewinnt der Beobachter Erkenntnisse über die Ebene I. Die Beobachtung einer zärtlichen Geste führt zu der Folgerung: A ist in einer zärtlichen Stimmung. Diese Folgerung kann sich auf eine isomorphe Ähnlichkeit zwischen dem beobachteten Verhalten und einem seelischen Zustand stützen, die dem Beobachter bekannt ist oder die er sich vorstellen kann. In anderen Fällen kann sich die Folgerung auf frühere Erfahrung stützen. Ein Gähnen vermittelt zum Beispiel den unmittelbaren Ausdruck einer plötzlichen Expansion; doch der Zusammenhang zwischen Gähnen und Müdigkeit oder Langeweile muß durch Lernen entdeckt werden. Dasselbe scheint auf die anfallähnlichen Geräuschausbrüche zuzutreffen, die wir Gelächter nennen; sie sind in sich selbst so weit davon entfernt, die Vorstellung von Fröhlichkeit zu erwecken, daß sie dem Schimpansen stets unverständlich bleiben, obwohl er sonst »die kleinste Veränderung im menschlichen Ausdruck, sei sie nun drohend oder freundlich, sofort richtig deutet« (11, S. 307). Es ist wichtig, sich klarzumachen, daß man aus einem richtig wahrgenommenen und beschriebenen Ausdruck die falschen Schlüsse ziehen kann. Wenn in einem Experiment 80 Prozent der Beob-

---

7. Ist das einmal geschehen, wird es möglich und notwendig sein, sich mit dem zusätzlichen Problem der Einflüsse auseinanderzusetzen, die die Gesamtpersönlichkeit auf das Beobachten von Ausdruck ausübt. Für Vincent van Gogh vermittelten Zypressen einen Ausdruck, den sie für viele andere Menschen nicht haben. Vgl. Koffka (10, S. 600).

achter in einer »irrigen« Zuschreibung übereinstimmen, ist es nicht damit getan, über das Ergebnis als einen Fall von Versagen hinwegzugehen. Der hohe Grad an Übereinstimmung stellt eine eigenständige psychologische Tatsache dar. Die Zuverlässigkeit der Reaktionen auf einen Wahrnehmungsreiz ist ein ganz anderes Problem als die Gültigkeit solcher Reaktionen, das heißt, die Frage, ob die Diagnose der Beobachter »richtig« ist.

(2) Der beobachtete Ausdruck kann den entsprechenden Seelenzustand bei B zustande bringen. Wenn er A's zärtliches Verhalten wahrnimmt, erfährt der Beobachter vielleicht selbst ein Gefühl der Zärtlichkeit. (Lipps spricht von »sympathischer Einfühlung« im Unterschied zu »einfacher Einfühlung« [16, S. 417].) (3) Der beobachtete Ausdruck kann die entsprechende kinästhetische Erfahrung hervorrufen, zum Beispiel ein Gefühl entspannter Weichheit. Die unter (2) und (3) beschriebenen Wirkungen sind vielleicht Beispiele für eine Art »Resonanz«, die auf Isomorphismus beruht. So wie ein Ton Vibrationen von ähnlicher Frequenz in einer Saite auslöst, so scheinen verschiedene Ebenen psychologischer Erfahrung, etwa die visuelle, die kinästhetische und die emotionelle, ineinander Empfindungen von ähnlicher Struktur hervorzurufen. (4) Der wahrgenommene Ausdruck kann B an andere Beobachtungen erinnern, bei denen ein ähnlicher Ausdruck eine Rolle spielte. So wird hier die frühere Erfahrung nicht als Grundlage für die Apperzeption von Ausdruck angesehen; statt dessen wird die unmittelbare Beobachtung von Ausdruck zur Grundlage für den Vergleich mit ähnlichen Beobachtungen in der Vergangenheit.

Welche Rolle spielt die frühere Erfahrung? Während es für die Hypothese, nach der die zentrale Erscheinung des Ausdrucks auf einem Lernprozeß beruht, keine Beweise gibt, lohnt es sich, festzuhalten, daß die Deutung des wahrgenommenen Ausdrucks in den meisten Fällen von dem beeinflußt wird, was über die betreffende Person oder über den betreffenden Gegenstand oder über den Zusammenhang, in dem sie erscheinen, bekannt ist. Reine Anschauung führt bestenfalls zu Gesamteindrücken der wirksamen Kräfte, auch wenn eine derartige Erfahrung stark und prägnant sein kann. Zunehmendes Wissen führt zu immer präziseren Deutungen, die den jeweiligen Zusammenhang berücksichtigen. (Man denke beispielsweise an den Ausdruck, den das Verhalten eines uns unbekannten Tieres vermittelt, und an die Veränderungen, die sich bei besserem Kennenlernen ergeben.) Wissen wandelt lediglich die Deutung des Ausdrucks ab, steht dem Ausdruck selbst aber nicht im Wege, sieht man einmal von den Fällen ab, wo Wissen die Erscheinung des Ausdrucksträgers, das heißt, des Wahrnehmungsmusters selbst, verändert. So kann zum Beispiel eine Strichfigur ihre Wahrnehmungsstruktur und damit ihren Ausdruck verändern, wenn sie plötzlich als menschliche Gestalt gesehen wird. Eine hochgezogene Augenbraue wird als angespannt gesehen, denn sie wird als etwas wahrgenommen, das von einer bekannten normalen Lage abweicht. Der Ausdruck von Mongolenaugen oder Negerlippen wird, für den weißen Beobachter, durch die Tatsache beeinflußt, daß er sie als Abweichungen von dem normalen Gesicht seiner eigenen Rasse empfindet.

In Gestaltbegriffen gelten frühere Erfahrung, Wissen, Lernen und Erinnerung als Faktoren des Zeitzusammenhangs, in dem ein gegebenes Phänomen erscheint. Wie der Raumzusammenhang, auf den die Gestaltpsychologen in den frühen Entwicklungsphasen ihrer Theorie ihre Aufmerksamkeit konzentrierten, so beeinflußt auch der Zusammenhang die Art und Weise, wie eine Erscheinung wahrgenommen wird. Ein Gegenstand sieht groß oder klein aus, je nachdem, ob er, räumlich, in Gesellschaft größerer oder kleinerer Gegenstände gesehen wird. Dasselbe gilt für den Zeitzusammenhang. Die Gebäude einer mittelgroßen Stadt sehen für einen Farmer groß aus, für einen Mann aus New York klein, und ganz entsprechend unterscheidet sich auch ihr Ausdruck für die zwei Beobachter. Mozarts Musik mag einem modernen Zuhörer, der sie im Zeitzusammenhang mit der Musik des zwanzigsten Jahrhunderts wahrnimmt, heiter und fröhlich erscheinen, wohingegen sie seinen Zeitgenossen, bezogen auf die ihnen bekannte Musik, heftige Leidenschaft und verzweifeltes Leiden vermittelte. Solche Beispiele beweisen nicht etwa, daß es zwischen Wahrnehmungsmustern und dem Ausdruck, den sie vermitteln, keine innere Verbindung gibt; sie zeigen vielmehr ganz einfach, daß Erfahrungen nicht losgelöst von ihrem räumlichen und zeitlichen Gesamtzusammenhang bewertet werden dürfen.

Das Wissen verschmilzt oft mit dem unmittelbar wahrgenommenen Ausdruck zu einer komplizierteren Erfahrung. Wenn wir den sanften Bogen einer Kutscherpeitsche beobachten, während uns gleichzeitig bewußt ist, wie aggressiv dieser Gegenstand verwendet wird, dann enthält die Erfahrung, die sich daraus ergibt, ganz deutlich ein Element des Widerspruchs. Solche Widersprüche werden von Künstlern ausgenutzt; man denke nur an die in Filmen zu beobachtende unheimliche Wirkung des Mörders, der sich ganz zurückhaltend bewegt und mit samtweicher Stimme spricht.

Schließlich kann das wahrnehmungsmäßige Ausdruckserlebnis auch durch die Art von Schulung beeinflußt werden, mit der, etwa im Rahmen der Kunst- und Musikerziehung, dem Schüler das »Sehen« und »Hören« beigebracht wird. Wenn die Augen und Ohren des Beobachters für das geöffnet werden, was unmittelbar wahrgenommen werden kann, dann können sie dazu gebracht werden, das gegebene Sinnesmuster besser abzutasten und dadurch eine reichhaltigere Erfahrung seines Ausdrucks zu gewinnen. Eine vernachlässigte oder fehlgeleitete Fähigkeit zur Wahrnehmungsreaktion kann wiederbelebt oder berichtigt werden.

Die Rolle der Kinästhesie. Häufig hat man das Gefühl, daß sich ein anderer, den man gerade beobachtet, physisch so verhält, wie man sich selbst in der Vergangenheit einmal verhalten hat. Man erhält diesen Eindruck, obwohl man sich wahrscheinlich damals nicht im Spiegel beobachtet hat. Möglicherweise vergleicht man seinen eigenen Seelenzustand von damals, so wie er in der Erinnerung aussieht, mit dem Ausdruck, den das körperliche Verhalten der anderen Person vermittelt, und/oder mit dem Seelenzustand, der sich in diesem Verhalten widerspiegelt. Wahrscheinlich spielt die kinästhetische Wahrnehmung des eigenen Muskelverhaltens in solchen Situationen eine wichtige Rolle. Wenn das Muskelverhalten und die kinästhetische Erfahrung isomorph sind, wird erklärbar, weshalb einem manchmal der eigene Gesichtsausdruck, die eigene Körperhaltung und Gestik so überaus deutlich bewußt sind. Man kann zum Beispiel das Gefühl haben: in diesem Augenblick sehe ich genau aus wie mein Vater! Das überzeugendste Beispiel liefern Schauspieler und Tänzer, deren körperliche Leistung im wesentlichen auf kinästhetischer Kontrolle beruht. Und doch sind ihre Gesten dem Publikum visuell verständlich. Dies läßt darauf schließen, daß es zwischen dem Körperverhalten und der damit verbundenen kinästhetischen Wahrnehmung eine wirksame Entsprechung gibt. Die Frage, was ein kleines Kind in die Lage versetzt, einen Beobachter nachzuahmen, der lächelt oder die Zungenspitze sehen läßt, gehört in dieselbe Kategorie. Von besonderem Interesse ist die Tatsache, daß Blinde, die ja Ausdruck bei anderen nicht visuell beobachten können, trotzdem – wenn auch unvollkommen – ihre Gefühle ausdrücken. Die Blinden verstehen auch ihre eigenen Gesten auf der Basis ihrer kinästhetischen Erfahrungen. Pierre Villey sagt: »Dem Blinden sind, wie dem Sehenden, die Gesten bewußt, die er unter dem Einfluß verschiedener Emotionen macht. Er zuckt mit den Schultern und wirft die Arme hoch, um seine Geringschätzung und sein Staunen auszudrücken. Wenn er dieselben Gesten

Die Gestalttheorie des Ausdrucks

an einer Statue erkennt, werden in ihm dieselben Gefühle wachgerufen.« (20, S. 320.)

Isomorphismus erklärt wohl auch die Tatsache, daß es oft genügt, eine bestimmte Körperhaltung einzunehmen (Ebenen III und IV), um sich in einen bestimmten Seelenzustand zu versetzen (Ebene I). Den Kopf zu neigen und die Hände zu falten, ist mehr als nur eine zufällig gewählte Gebetshaltung, die ihre Bedeutung lediglich aus der Tradition herleitet. Die diese Haltung begleitende kinästhetische Empfindung ist mit der psychischen Haltung »Ergebenheit« strukturell verwandt. Sich dem Willen einer höheren Gewalt zu »beugen«, ist ein geistiger Zustand, der mit der entsprechenden körperlichen Gebärde so eng verwandt ist, daß im allgemeinen Sprachgebrauch das physische Phänomen verwendet wird, um das psychische zu beschreiben. Rituale drücken nicht nur aus, was Menschen empfinden, sondern sie helfen ihnen auch, so zu empfinden, wie das die Situation erfordert. Wenn wir uns zu voller Größe aufrichten, erzeugen wir eine Muskelempfindung, die mit der Einstellung »Stolz« verwandt ist, und führen damit in unseren Seelenzustand ein wahrnehmbares Element kühner Unabhängigkeit ein.[8]

Die »praktischen« motorischen Tätigkeiten werden ebenfalls mehr oder weniger stark von Seelenzuständen begleitet, die ihnen strukturell entsprechen. So scheint zum Beispiel das Zerschlagen oder Zerbrechen von Gegenständen den emotionellen Beiklang des Angreifens hervorzurufen. Wenn man nun einfach behauptet, das komme daher, daß die Menschen aggressiv seien, so geht man damit dem Problem aus dem Wege. Wenn aber die dynamische Eigenart der kinästhetischen Empfindung, die das Zerschlagen und Zerbrechen begleitet, der emotionalen Dynamik des Angreifens ähnlich ist, dann kann man damit rechnen, daß das eine das andere hervorruft – durch »Resonanz«. (Dieses Verwandtschaftsverhältnis macht es möglich, daß sich die Aggressivität, wo immer sie existiert, durch solche motorischen Akte ausdrückt.) Wahrscheinlich gilt dieser Parallelismus für jede motorische Tätigkeit. Muskelbewegungen, etwa das Ergreifen, Nachgeben, Erheben, Aufrichten, Glätten, Lockern, Beugen, Laufen, Anhalten usw. scheinen ständig seelische Resonanzwirkungen zu

---

8. William James' Gefühlstheorie beruht auf einer richtigen psychologischen Beobachtung. Sie scheitert, wenn sie die kinästhetische Empfindung mit der gesamten emotionalen Erfahrung identifiziert, anstatt sie als eine Komponente zu beschreiben, die wegen der strukturellen Ähnlichkeit der beiden die Emotion verstärkt und manchmal verursacht.

erzeugen. (Als Folge davon benützt die Sprache all diese Tätigkeiten metaphorisch, um Seelenzustände zu beschreiben.) Die psychosomatischen Phänomene der pathologischen »Organsprache« (»Das geht einem an die Nieren!«) können als die dramatischsten Beispiele einer allgemeinen gegenseitigen Abhängigkeit gelten. Der Umfang und die Bedeutung des Phänomens werden nicht gewürdigt, solange man Ausdruck nur in nicht- oder nicht mehr – brauchbaren motorischen Tätigkeiten untersucht. Die Behauptung scheint gesichert, daß alle motorischen Akte – wenn auch mit graduellen Unterschieden – ausdrucksvoll sind und daß sie alle die Erfahrung entsprechender höherer Seelenprozesse mehr oder weniger deutlich an sich haben. Es ist deshalb nicht angebracht, ausdrucksvolle Bewegungen als reine Atavismen zu beschreiben, so wie das Darwin gemacht hat. Viele von ihnen sind physische Akte, die sich abspielen, weil zwischen ihnen und dem Seelenzustand der Person, die sie ausführt, eine innere Entsprechung besteht. Um eines von Darwins Beispielen zu erwähnen: Wenn einer aus Verlegenheit hustet, so ist er nicht einfach das Opfer einer sinnlosen Assoziation zwischen einem Seelenzustand und einer physischen Reaktion, die unter ähnlichen Bedingungen brauchbar war oder sein kann. Vielleicht erzeugt er eine Reaktion, die er als etwas erfährt, das zu seinem Seelenzustand in einer sinnvollen Beziehung steht. Die körperliche Begleitung vervollständigt die geistige Reaktion. Zusammen bilden sie einen Akt vollkommenen psychophysischen Verhaltens. Der menschliche Organismus funktioniert immer als ein Ganzes, physisch und psychisch.

Diese Ansicht läßt sich nun auf die Theorie der Kunst anwenden. Sie betont die intime Verbindung von künstlerischem und »praktischem« Verhalten. Der Tänzer braucht zum Beispiel Bewegungen nicht zu irgendwelchen künstlerischen Zwecken mit symbolischer Bedeutung auszustatten, sondern er macht sich auf eine künstlerisch organisierte Art und Weise die Einheit von psychischer und physischer Reaktion zunutze, die ganz allgemein für die menschliche Wirkungsweise charakteristisch ist.

Im erweiterten Sinne ist die unmittelbare Ausdruckskraft aller Wahrnehmungsqualitäten der Faktor, der es dem Künstler erlaubt, die Wirkungen der allgemeinsten und abstraktesten psychophysischen Kräfte dadurch zu vermitteln, daß er individuelle, konkrete Gegenstände und Ereignisse darstellt. Beim Malen einer Pinie kann er auf den Ausdruck des Überragens und Sich-Ausbreitens bauen, den dieser Baum dem menschlichen Auge vermittelt, und kann so den ganzen Bereich der Existenz um-

Die Gestalttheorie des Ausdrucks

spannen, von den allgemeinsten Prinzipien bis zu den greifbaren Verkörperungen dieser Prinzipien in individuellen Gegenständen.

Illustrationen. Weiter oben habe ich darauf hingewiesen, daß es bisher bei Experimenten hauptsächlich um die Frage ging, ob und in welchem Ausmaß Beobachter den seelischen Zustand eines Menschen auf Grund seiner physischen Erscheinung beurteilen können. Als Folge davon finden sich in der psychologischen Fachliteratur nur wenige Analysen von Wahrnehmungsmustern mit Berücksichtigung des Ausdrucks, den sie vermitteln. Ein Beispiel für das Material, das auf diesem Gebiet dringend benötigt wird, ist David Efrons Untersuchung der Gestik zweier ethnischer Gruppen (8). Er beschreibt das Verhalten von osteuropäischen Juden und Süditalienern in New York, indem er Umfang, Geschwindigkeit, Bereich, Koordination und äußere Form ihrer Bewegungen analysiert. Ein Vergleich dieser Befunde mit der geistigen Einstellung der beiden Gruppen würde wahrscheinlich hervorragende Illustrationen für das liefern, was man unter Strukturgleichheit des psychischen und physischen Verhaltens versteht. Von den experimentellen Untersuchungen ist die von H. Lundholm 1921 durchgeführte zu erwähnen (17). Er forderte acht Versuchspersonen, die auf künstlerischem Gebiet Laien waren, auf, Linien zu zeichnen, die jeweils die affektive Tönung eines mündlich angegebenen Adjektivs ausdrücken sollten. Es stellte sich zum Beispiel heraus, daß gerade, durch Winkel unterbrochene, Linien verwendet wurden, um solche Adjektive wie »aufregend«, »wütend«, »hart«, »mächtig« darzustellen, während für »traurig«, »ruhig«, »faul«, »fröhlich« Kurven verwendet wurden. Nach oben gerichtete Linien drückten Stärke, Energie, Kraft aus, nach unten gerichtete Schwäche, Mangel an Energie, Entspannung, Niedergeschlagenheit usw. Vor einiger Zeit ließ R. R. Willmann zweiunddreißig Musiker kurze Themen komponieren, die abstrakte Formmuster illustrieren sollten (22). Es gab unter den Komponisten ein gewisses Maß an Übereinstimmung bei der Wahl des Tempos, der Taktart, der melodischen Linienführung und des Maßes an Harmonie, mit denen die Eigenart der jeweiligen Zeichnung wiedergegeben werden sollte. Später wurden Zeichnungen und Kompositionen für Zuordnungstests verwendet.

Wegen des Mangels an einschlägigem Material ist es vielleicht statthaft, ein Experiment zu erwähnen, das in der Anzahl der Fälle zu begrenzt und in der Aufzeichnungs- und Auswertungsmethode zu subjektiv ist, als daß es einen Beweis für die These liefern könnte. Es soll hier nur als Beispiel für eine Art der Forschungsarbeit dienen, die fruchtbare Ergebnisse verspricht.[9] Fünf Mitglieder der studentischen Tanzgruppe am Sarah Lawrence College wurden aufgefordert, individuelle Improvisationen der folgenden drei Themen zu tanzen: Traurigkeit, Stärke, Nacht. Grobe Beschreibungen der resultierenden Tanzformen wurden vom Versuchsleiter flüchtig niedergeschrieben und später anhand von verschiedenen Kategorien eingestuft. Tabelle 2 gibt die Ergebnisse in verkürzter Form wieder. Die zahlenmäßige Übereinstimmung ist hoch, hat aber offensichtlich wenig Gewicht. Zur Methode wäre noch zu erwähnen, daß Fälle der Nichtübereinstimmung nicht einfach als Zeichen dafür gewertet werden dürfen, daß es keine zuverlässige Entsprechung zwischen Aufgabe und Ausführung gab. Manchmal läßt die Aufgabe mehr als eine gültige Deutung zu. So drückt sich zum Beispiel »Stärke« gleich gut in schneller und in langsamer Bewegung aus. »Nacht« ist nicht so unmittelbar mit einem bestimmten Kräftespiel in Verbindung zu bringen wie Traurigkeit oder Stärke:

TABELLE 2: Analyse von Tanzbewegungen, die von fünf Versuchspersonen improvisiert wurden

	Traurigkeit	*Stärke*	*Nacht*
Tempo:	5: langsam	2: langsam 1: sehr schnell 1: mittel 1: decrescendo	5: langsam
Reichweite:	5: klein, geschlossen	5: groß, umherschweifend	3: klein 2: groß
Form:	3: rund 2: eckig	5: sehr geradlinig	5: rund
Spannung:	4: wenig Spannung 1: unbeständig	5: viel Spannung	4: wenig Spannung 1: decrescendo
Richtung:	5: unbestimmt, wechselnd, schwankend	5: präzise, scharf, hauptsächlich vorwärts	3: unbestimmt, wechselnd 2: hauptsächlich nach unten
Zentrum:	5: passiv, nach unten gezogen	5: aktiv, Schwerpunkt im Körper	3: passiv 2: erst aktiv, dann passiv

---

9. Die Ergebnisse wurden von Fräulein Jane Binney, einer Studentin am Sarah Lawrence College, gesammelt und tabellarisch dargestellt.

Die Gestalttheorie des Ausdrucks

Die Versuchung ist groß, einen Vergleich zwischen den Bewegungsmustern und den entsprechenden psychischen Prozessen anzustellen. Ein solcher Vergleich läßt sich aber zum gegenwärtigen Zeitpunkt nicht mit der erforderlichen Genauigkeit ziehen, vor allem deshalb, weil die Psychologie noch keine Methode gefunden hat, mit der sich die Dynamik der Seelenzustände genauer und wissenschaftlicher beschreiben läßt, als das in Romanen oder im alltäglichen Sprachgebrauch geschieht. Dennoch läßt unser Beispiel erkennen, daß das Kräftespiel des Ausdrucksverhaltens relativ konkrete und exakte Beschreibungen hinsichtlich Tempo, Reichweite, Form usw. zuläßt. Selbst die grob vereinfachten Charakterisierungen in der Tabelle scheinen anzudeuten, daß die motorischen Merkmale, mit denen die Tänzerinnen Traurigkeit interpretierten, sowohl das langsame, zögernde Fortschreiten der psychologischen Prozesse widerspiegeln als auch die Unbestimmtheit der Richtung, den Rückzug aus der Umwelt, die Passivität – alles psychologische Unterscheidungsmerkmale der Traurigkeit.

Die Tatsache, daß das Ausdrucksverhalten einer wissenschaftlichen Beschreibung sehr viel leichter zugänglich ist als die entsprechenden psychischen Prozesse, verdient unsere Aufmerksamkeit. Sie läßt darauf schließen, daß Psychologen, die sich um eine Reduzierung komplizierter Seelenprozesse auf Konfigurationen von Grundkräften bemühen, in Zukunft vielleicht die Untersuchung des Verhaltens als passendste Methode wählen werden. Schon heute hat die Handschriftenanalyse zu einer Reihe von Kategorien geführt (Druckstärke, Größe, Lage, Raumverteilung usw.), die zur Suche nach den entsprechenden psychologischen Begriffen herausfordern.

Das vorangehende Experiment zeigt auch, warum es zwecklos ist, die Ausdrucksphänomene als »reine Stereotypen« abzutun. Wenn sich nachweisen läßt, daß die Dynamik psychischer Prozesse mit der Dynamik physischer Prozesse strukturell in einer Wechselbeziehung steht und daß diese Wechselbeziehung wahrnehmbar ist, dann verliert die Frage, ob und in welchem Ausmaß das Benehmen und seine Deutungen auf gesellschaftlichen Konventionen beruhen, an Bedeutung.

BIBLIOGRAPHIE

1. Allport, Gordon, und Vernon, Philip E., *Studies in Expressive Movement*. New York (Macmillan) 1933.
2. Arnheim, Rudolf, »Experimentell-psychologische Untersuchungen zum Ausdrucksproblem«, in: *Psychologische Forschung*, 11 (1928), SS. 2–132.
3. Asch, Solomon E., »Max Wertheimer's contribution to modern psychology«, in: *Social Research*, 13 (1946), SS. 81–102.
4. Berkeley, George, *A New Theory of Vision*. New York (Dutton) 1934.
5. Bowie, Henry P., *On the laws of Japanese Painting*. San Francisco (P. Elder & Co.) 1911.
6. Bühler, Charlotte, »The social behavior of children«, in: Carl Murchison (Hg.), *A handbook of child psychology*. Worcester, Mass. (Clark Univ. Press) 1933. SS. 374–416.
7. Darwin, Charles, *The expression of the emotions in man and animals*. New York (Appleton & Co.) 1896. Deutsche Übersetzung: *Der Ausdruck der Gefühle bei Mensch und Tier*. Tübingen (Katzmann Verlag) 1966.
8. Efron, David, *Gesture and Environment*. New York (King's Crown Press) 1941.
9. Gotshalk, Dilman W., *Art and the Social Order*. Chicago (Univ. of Chicago Press) 1947.
10. Koffka, Kurt, *Principles of Gestalt Psychology*. New York (Harcourt, Brace) 1935.
11. Köhler, Wolfgang, *The Mentality of Apes*. New York (Harcourt, Brace) 1925.
12. –, *Gestalt Psychology*. New York (Liveright) 1929.
13. –, »Psychological remarks on some questions of anthropology«, in: *American Journal of Psychology*, 50 (1937), SS. 271–288.
14. Köhler, Wolfgang & Wallach, Hans, »Figural after-effects«, in: *Proceedings of the American Philosophical Society*, 88 (1944), SS. 269–357.
15. Langfeld, Herbert S., *The aesthetic attitude*. New York (Harcourt, Brace) 1920.
16. Lipps, Theodor, »Ästhetische Einfühlung«, in: *Zeitschrift für Psychologie*, 22 (1900), SS. 415–450.
17. Lundholm, H., »The affective tone of lines«, in: *Psychological Review*, 28 (1921), SS. 43–60.
18. Rapaport, David, »The Szondi Test«, in: *Bulletin of the Menninger Clinic*, 5 (1941), SS. 33–39.
19. Schachtel, Ernest G., »On color and affect«, in: *Psychiatry*, 6 (1943), SS. 393–409.
20. Villey, Pierre, *The World of the Blind*. London (Duckworth) 1930.

21. Werner, Heinz, *Comparative Psychology of Mental Development.* New York (Harpers) 1940.
22. Willmann, R. R., »An experimental investigation of the creative process in music«, in: *Psychological Monographs,* 57 (1944), Nr. 261.
23. Wolff, Werner, *The Expression of Personality.* New York (Harpers) 1943.
24. Woodworth, Robert S., und Schlosberg, Harold, *Experimental Psychology.* New York (Holt) 1964.

Wahrnehmungsmäßige und ästhetische Eigenschaften der Bewegungsantwort[*]

Psychologen sprechen von Bewegungsantworten auf Rorschachs Tintenkleckse. Künstler vertreten die Ansicht, daß sich die Formen und Farben auf Gemälden und an Skulpturen »bewegen«. Solche Aussagen enthalten ein Paradox, da sie Sehmustern Bewegung zuschreiben, in denen sich keine physikalische Fortbewegung abspielt. Was ist nun das Wesen und die Herkunft dieser psychologischen Reaktionen?

In den meisten Fällen scheint die Bewegungsantwort nicht die Illusion einer tatsächlichen Fortbewegung einzuschließen. Wahrscheinlich sehen sehr wenige Menschen die »roten Bären« auf der Rorschach-Tafel VIII als tatsächlich nach oben kletternd. Und auch die Engel auf Tintorettos Bildern sehen nicht so aus, als würden sie wirklich durch den bildlich dargestellten Raum getrieben. Die Bewegungsantwort ist eine andere Wahrnehmungserscheinung; sie ist schwer zu beschreiben, obwohl sie als alltägliche Erfahrung deutlich und stark genug ist. Sehformen streben in bestimmte Richtungen. Sie enthalten gerichtete Spannungen. Sie stellen einen Vorgang dar und nicht ein Sein. All dies geschieht ohne den Eindruck einer räumlichen Verschiebung.

Empiristische Erklärung. Illusionen von Fortbewegung ergeben sich tatsächlich, sind aber – abgesehen von so spezifischen Erscheinungen wie dem autokinetischen Effekt, der ein unstrukturiertes Feld erfordert – selten und schwach. Die traditionelle Psychologie unterscheidet nicht zwischen Illusionen von Fortbewegung und dem, was ich »Anschauungsdynamik« nennen werde.[1] Die Erklärung ist empiristisch und hat im wesent-

---

[*] Erstabdruck in *Journal of Personality*, 19 (1951), SS. 265–281. Für einige der bibliographischen Hinweise bin ich Dr. Kurt Badt zu Dank verpflichtet.

1. Der Begriff »Bewegung« bezeichnet in diesem Aufsatz grundsätzlich Anschauungsdynamik und nicht die Illusion von Fortbewegung. Der autokinetische Effekt besteht in der Illusion von erratischen Bewegungen, die ein stationärer Lichtpunkt in einem vollkommen verdunkelten Raum auszuführen scheint.

Eigenschaften der Bewegungsantwort

lichen zwei Versionen. Es wird gesagt, die Bewegungsantwort setze voraus, daß der Betrachter in den Bildformen Gegenstände erkennt, die er vorher schon einmal in Bewegung gesehen hat, etwa ein galoppierendes Pferd oder fließendes Wasser. Durch Assoziation versieht er den Wahrnehmungsgegenstand mit Bewegung.

Doch schon die normale Beobachtung zeigt, daß von manchen Bildern mit Körpern, die sich bewegen, die dynamische Wirkung ausgeht, von anderen dagegen nicht. Während manche Schnappschüsse von Footballspielern spannungsgeladene Aktion zeigen, sieht man auf anderen Gestalten, die starr und bewegungslos in der Luft zu hängen scheinen. Bei einer guten Skulptur oder einem guten Gemälde bewegen sich die Körper frei und ungehemmt. Bei einem schlechten sind sie oft steif und starr.[2] Diese Unterschiede werden beobachtet, wenn auch die Chancen, mit einer früheren Erfahrung in Verbindung gebracht zu werden, für die guten und die schlechten Bilder gleich groß sind.

Diesen Einwand kann man mit einer anderen, verfeinerten Version der empiristischen Theorie widerlegen, der zufolge die Assoziationen nicht auf den Gegenständen als solchen (Pferde, Wasser) beruhen, sondern auf den Formen, Richtungen, Helligkeitswerten usw., mit denen die Gegenstände auf den Bildern dargestellt sind. Aus der täglichen Erfahrung weiß man, daß gewisse Wahrnehmungserscheinungen mit Bewegung und mit bewegten Gegenständen verbunden sind. So hinterläßt zum Beispiel eine Bewegung im Wasser eine keilförmige Spur. Schiffe, Pfeile, Vögel, Flugzeuge oder Autos zeigen, als Ganzes oder in Teilen, spitz zulaufende Formen. In ähnlicher Weise zeigt jede schräge Lage eines Gegenstandes potentielle physische Bewegung an, da sie von den Ausgangspositionen des vertikalen Hängens oder des horizontalen Liegens abweicht. Ein schräger Gegenstand ist tatsächlich oft mitten in der Bewegung hin zu der horizontalen oder vertikalen Ruhelage oder von ihr weg. Wieder werden bei Gegenständen, die sich schnell bewegen – etwa bei Rädern, Autos, Flaggen, Armen, Beinen –, abgestufte Helligkeitswerte beobachtet. Deshalb geht diese Version der empiristischen Theorie davon aus, daß jedes Bild, auf dem Gegenstände mit Wahrnehmungsqualitäten wie Keilformen, schrägen Richtungen oder schraffierten Flächen präsentiert werden,

---

2. Leonardo nannte eine solche Gestalt »zwiefach tot«, denn sie ist tot, weil sie ein Produkt der Einbildung ist, und noch einmal tot, wenn sie weder seelische noch körperliche Bewegung zeigt. Vgl. Justi (5, S. 275).

den Eindruck von Bewegung hervorruft, während dieselben Gegenstände auf Bildern, die diese Wahrnehmungsbedingungen nicht erfüllen, steif aussehen.

Diese Behauptung wird durch die Tatsachen im wesentlichen bestätigt. Die Theorie hat auch den Vorteil, daß sie die starke dynamische Wirkung erklärt, die oft von den abstrakten Bildformen ausgeht, die sich nicht unmittelbar auf Gegenstände der Erfahrung des täglichen Lebens beziehen. Eine Keilform ist dynamisch, ganz gleich, ob sie nun den Betrachter an einen Pfeil oder ein Schiff oder überhaupt einen Gegenstand erinnert oder nicht.

Anschauungsdynamik und Fortbewegung. Beide Versionen dieser Theorie würden uns jedoch erwarten lassen, daß die passenden Sehmuster die Illusion von Fortbewegung vermitteln, oder daß wenigstens der Widerspruch zwischen der vertrauten Bewegung und ihrem sichtlichen Fehlen den Bildgegenstand gelähmt aussehen läßt, so als sei er auf seinem Weg plötzlich aufgehalten worden, wie ein Film, in den Standphotos eingeschoben worden sind. Statt dessen kommt es selten zu dieser Illusion, und der Lähmungseffekt stellt sich nur ein, wenn die richtigen Wahrnehmungsbedingungen nicht erfüllt sind.

Es läßt sich in der Tat nachweisen, daß Tendenzen zu tatsächlicher Fortbewegung innerhalb von Sehformen leicht die beabsichtigte dynamische Wirkung blockieren können. Dies geschieht, wenn bei einem Gemälde oder einer Skulptur die Komposition nicht ausgewogen genug ist oder wenn Elemente nicht in das Muster passen, von dem sie ein Teil sind. Warum ist Ausgewogenheit ein unerläßlicher Faktor der ästhetischen Komposition? Einer der Gründe, der bei der Erörterung des Themas oft übersehen wird, besteht darin, daß Ausgewogenheit visuell und auch physikalisch den Zustand der Verteilung darstellt, in dem alle Elemente zur Ruhe gekommen sind. In einer ausgewogenen Komposition haben sich alle Faktoren der Form, Richtung, Raumlage usw. gegenseitig so festgelegt, daß keine Veränderung möglich scheint und das Ganze in all seinen Teilen den Charakter der »Notwendigkeit« annimmt. Eine unausgewogene Komposition wirkt zufällig, vergänglich und damit nicht überzeugend. Ihre Elemente verraten eine Tendenz, Lage oder Form zu verändern, um besser in die Gesamtstruktur zu passen. Unter solchen Bedingungen erscheint die Anschauungsdynamik in den unausgewogenen Elementen gehemmt. Sie sehen gelähmt aus, jäh und gewaltsam gebremst und an ihrem Platz festgehalten. So paradox das auch klingen mag: die Quali-

Eigenschaften der Bewegungsantwort

tät, die von Malern und Bildhauern die »Bewegung der statischen Form« genannt wird, kann sich nicht frei entfalten, wenn nicht jeder Gedanke an eine tatsächliche Veränderung oder Bewegung des Gegenstandes von einer ausgewogenen Komposition unerbittlich eingedämmt wird.

Der Unterschied zwischen der Dynamik ruhender Formen und tatsächlicher Fortbewegung läßt sich noch auf andere Weise illustrieren. Es wird manchmal behauptet, das reglose Bild eines bewegten Körpers sei eine vorübergehende, aus der tatsächlichen Bewegung herausgegriffene Phase und werde vom Betrachter auch als solche empfunden. Wenn man etwa das Bild eines hammerschwingenden Schmiedes sieht, dann stellt man sich nach dieser Theorie, die ganze Bewegung vor, von der das Bild nur ein kleines Fragment zeigt – man vervollständigt so das Unvollständige. In Wirklichkeit hat das Bild des Schmiedes seine eigene unabhängige Dynamik, was sich an der Tatsache erkennen läßt, daß die Intensität der wahrgenommenen Bewegung ausschließlich davon abhängt, wie Körper, Arm und Hammer auf dem Bild selbst angeordnet sind. Wenn man Eadweard Muybridges Photoserie von Schmieden bei der Arbeit untersucht, wird einem klar, daß die ganze Wucht des Schlages nur auf den Bildern erscheint, bei denen der Hammer hoch in der Luft zu sehen ist (8). Dazwischenliegende Phasen werden nicht als Übergangsstufen des heftigen Hammerschlages gesehen, sondern als ein mehr oder weniger stilles Heben des Hammers; die Intensität hängt von dem dargestellten Winkel ab. Vermutungen über die tatsächlichen Vorgänge haben einen bemerkenswert geringen Einfluß auf die Bildwahrnehmung. Ganz ähnlich sieht auf Schnappschüssen eines gehenden Mannes der Schritt klein oder groß aus, je nach Größe des Winkels zwischen den Beinen – und ganz unabhängig von der tatsächlichen Größe des Schrittes, von dem die Aufnahme gemacht worden ist oder zu sein scheint. Wenn eines der Beine eine vertikale Position einnimmt, sieht der Betrachter nicht einen Mann, der geht, sondern einen Mann, der auf einem Bein steht und das andere anhebt. Der Rock einer Tänzerin erscheint als etwas, das sich bewegt, oder als ein starrer, regloser Gegenstand, je nach der Form, die die Kamera eingefangen hat (8, Serie 62). Die Windmühlen auf holländischen Landschaften stehen still, wenn ihre Flügel in einer vertikalen und horizontalen Position gemalt sind. Sie bewegen sich, wenn die Flügel assymmetrisch schräggestellt sind, obwohl jeder weiß, daß beide Stellungen Phasen der tatsächlichen Bewegung sind.

Aus diesem Grunde hatten Maler im neunzehnten Jahrhundert ganz recht, wenn sie behaupteten, daß die traditionelle Pose des galoppierenden Pferdes mit seinen vier ausgestreckten Beinen – zum Beispiel auf Gericaults *Derby in Epsom* – richtig sei, während die von der Photographie enthüllten tatsächlichen Posen bildlich gesehen falsch sind. Nur wenn die Beine so weit wie möglich gespreizt sind, wird die Intensität der physischen Bewegung in die Anschauungsdynamik übertragen, obwohl kein galoppierendes Pferd jemals diese Haltung einnimmt (10, 14). In der Mehrzahl der Fälle kann man auf Gemälden von »Schnappschuß-Pferden«, die von der Photographie beeinflußt sind, die Bewegung nur verstehen, aber nicht sehen.

Aus demselben Grunde stellten sich Carl Justi (5) und andere gegen die Theorie vom »fruchtbaren Moment« in den bildenden Künsten, wie sie Gotthold Ephraim Lessing in seinem *Laokoon* entwickelt. Lessing vertrat die Auffassung, daß ein Affekt in der Bildhauerei oder Malerei nicht auf seinem Höhepunkt, sondern ein paar Augenblicke vor dem Äußersten dargestellt werden sollte, weil nur so der Phantasie des Betrachters freies Spiel gelassen werde, sich eine dynamische Steigerung über die dargestellte Stufe hinaus vorzustellen (7, III). Justi wußte, daß Lessings Begriff der Phantasie dem Wesen der Kunst zuwiderlief. Der Künstler solle der Phantasie nicht freies Spiel lassen, sondern es an der Schöpfung festbannen. Der Betrachter dürfe bei sich nicht dies und jenes hinzufügen, sondern er müsse, wenn er dazu fähig sei, den Gedanken des Künstlers begreifen. Das höchste Ziel, nach dem er streben könne, sei nicht die Überzeugung, *mehr* zu sehen, sondern ein Erkennen dessen, was der Künstler gesehen habe.[3]

Anschauungsdynamik in der Kunst. Die Anschauungsdynamik ist also keine Illusion oder Einbildung von Fortbewegung, sondern die wahrnehmungsmäßige Entsprechung von Fortbewegung in einem statischen Medium. Sie ist nicht die Projektion einer Art von Wahrnehmungserfahrung (Fortbewegung) auf eine andere, sondern ein selbständiges Wahrnehmungsphänomen. Ja, als eines der Grundmerkmale der Wahrnehmung ist sie nicht auf gelegentliche Beispiele beschränkt, sondern betrifft

---

3. Vor kurzem bemerkte ein bekannter Dichter, der von einem Psychologen erfahren hatte, sein Rorschach-Test« habe einen »Mangel an Phantasie« enthüllt: »Die scheinen sich nicht klarzumachen, daß mich eine jahrelange harte Schulung als Künstler in die Lage versetzt hat, einen Tintenklecks zu sehen, wenn mir einer gezeigt wird, anstatt mich irgendwelchen lockeren Assoziationen hinzugeben.«

Eigenschaften der Bewegungsantwort

alle visuellen Wahrnehmungsgegenstände, sofern nicht spezifische Hindernisse die Wirkung blockieren. Eine der elementarsten Aussagen, die man überhaupt über ein Kunstwerk machen kann, ist, daß es ein Kräftespiel darstellt. Manchmal ist das ganze Werk um einen beherrschenden Mittelpunkt angeordnet, von dem Bewegung ausgeht und den ganzen Bereich erfaßt. In anderen Fällen schaffen zwei oder mehr Bewegungsmittelpunkte eine kontrapunktische Struktur. Von den Hauptschlagadern der Komposition fließt die Bewegung in die Kapillargefäße des kleinsten Details. Jede Beschreibung eines Kunstwerks im Sinne von statischen geometrischen Formen übersieht sein wichtigstes Spannungsmerkmal, nämlich die Tatsache, daß Form stets in erster Linie anschauliche Aktion ist.

Die statische Analyse einer Bildkomposition ist im Geiste mit der traditionellen psychologischen Betrachtungsweise verwandt, die in der geometrischen Form den hauptsächlichen Inhalt von Wahrnehmungsgegenständen sieht, zu der dann solche Qualitäten wie Bewegung subjektiv und sekundär hinzugefügt werden können. In Wirklichkeit ist die dynamische Wirkung eines Wahrnehmungsgegenstandes wahrscheinlich elementarer als seine Umrisse oder Proportionen. Das Emporragen eines Berggipfels, das Sich-Ausbreiten eines Baumwipfels, das Vorspringen einer Nase oder eines Kinns treffen das Auge des Beobachters unmittelbarer und bleiben eher in Erinnerung als die geometrischen Eigenschaften der Formen, die diese dynamischen Wirkungen erzeugen. Diese Erscheinung zeigt sich vielleicht in der Kunst noch allgemeiner und stärker als in der Natur, weil der Künstler sein Kräftemuster so gestaltet, daß die Formbewegung deutlich durch das ganze Werk fließt. In der Natur sind die Gegenstandsformen oft so unregelmäßig, daß sich die entsprechenden dynamischen Faktoren gegenseitig blockieren, anstatt sich zu einem alles umfassenden Fließen zu vereinigen. Außerdem zeigen sich natürliche Gegenstände in zufälligen Kombinationen und Überschneidungen, die die Formdynamik zusätzlich beeinträchtigen.

Jedes Kunstwerk ist auf einer Skala dynamischer Werte aufgebaut. Gewöhnlich legen einige Elemente mittels vertikaler oder horizontaler Ausrichtung, symmetrischer Form oder zentraler Lage das fest, was man den Nullpunkt der Bewegung nennen könnte. Selbst diese Elemente sind nicht ohne Dynamik, da ihre Ausgeglichenheit nichts anderes ist als der Rahmen, der die Bewegung eingrenzt. Das Ausmaß und die »Höhenlage« der dynamischen Skala unterscheiden sich von Werk zu Werk, von Künstler zu Künstler, von Epoche zu Epoche. Der dynamische Wert jedes einzelnen Wahrnehmungselementes hängt von der Skala des jeweiligen Zusammenhangs ab. Die Geste einer Hand auf einer mittelalterlichen Miniatur, die in ihrer eigenen Umgebung gelöst und stark aussieht, kann in einem Werk, für das eine umfassendere, höhere dynamische Skala gilt, steif wirken, zum Beispiel auf einem Gemälde von Veronese. Daher rühren auch die häufigen Fehlinterpretationen dynamischer Qualitäten, so etwa, wenn ein Kritiker ein byzantinisches Mosaik als leblos oder eine Barockdecke als überladen bezeichnet, weil er an seiner eigenen Bewegungsskala Werke mißt, denen eine andere Skala zugrunde liegt.

Wahrnehmungsbedingungen. Schon mehrfach sind die besonderen Wahrnehmungsfaktoren erwähnt worden, die zu der Anschauungsdynamik gehören. Da es keine systematische Untersuchung dieser Faktoren zu geben scheint, kann ich mich nur auf die Aussagen eifriger Einzelbeobachter berufen, die auf dem Gebiet der Kunst zur Verfügung stehen. So hat zum Beispiel Heinrich Wölfflin Architektur, Skulptur und Malerei des italienischen Barock analysiert. Nach ihm ist Bewegung eine der Grundeigenschaften dieses Stiles (15). Zu den Formmerkmalen des Barockstils gehört nach Wölfflin eine »Spannung in den Proportionen«, die sich zum Beispiel im Wechsel von runder zu länglicher Form, vom Quadrat zum Rechteck ausdrückt. Er findet ein »Gefühl der Richtung«. Außerdem werden sowohl konvergierende und divergierende Formen als auch geschweifte Umrisse und Oberflächen ausgiebig verwendet. Anstelle des rechten Winkels leiten sanft fließende Übergänge von einer Richtung zur anderen über. Die einzelnen Elemente stehen nicht mehr nebeneinander, sondern überschneiden sich. Bei der Darstellung der menschlichen Gestalt agieren die Glieder nicht selbständig, sondern ziehen den übrigen Körper mit in die Bewegung hinein.

Die Entwicklung vom Renaissance- zum Barockstil wird durch zunehmende Bewegung charakterisiert. Eine ähnliche Entwicklung läßt sich zum Beispiel in der griechischen Skulptur verfolgen. Hier ist die Komposition der frühen Arbeiten auf der Vertikalen und Horizontalen aufgebaut. Die frontale Ausrichtung der Figuren sorgt für Symmetrie. Die Glieder ruhen oder sind nur geringfügig aktiv. Später wird der Bewegungsfaktor durch eine zunehmende Verwendung schräger Richtungen verstärkt. Die Pose der Figuren wird asymmetrisch, der Körper ist verdreht, die Raumlage der Ebenen wechselt ständig. Gerundete Linien und Volumina werden häufiger, und Formen überschneiden sich. Es gibt ständige Richtungswechsel. Die Glieder sind gebeugt und aktiv.

Eigenschaften der Bewegungsantwort

Eine ausführliche Analyse dieser und anderer Bewegungsfaktoren kann hier nicht gegeben werden. Es mag genügen, darauf hinzuweisen, daß Gradienten von Wahrnehmungsqualitäten Bewegung herbeizuführen scheinen. Jede Keilform bewirkt, daß die Größe allmählich zu- oder abnimmt. Wenn die Umrisse einer solchen Form nicht geradlinig, sondern geschweift sind, beschleunigt sich die allmähliche Größenveränderung, und der Bewegungseffekt wird gesteigert. Etwas allgemeiner läßt sich schräge Richtung dynamisch als allmählicher Rückzug von den Nullpunkten des Vertikalen und Horizontalen oder allmähliche Annäherung an diese Nullpunkte definieren. Die Schattierung, die auch Bewegung herbeiführt, stellt einen Gradienten von Helligkeitswerten dar.

Wenn sich Formeinheiten überschneiden, schafft die Unvollständigkeit der verdeckten Formen eine Spannung, die dann ihrerseits zu Bewegung wird. Das Bedürfnis, die sich überschneidenden Einheiten auseinanderzuziehen und auf diese Weise die Vollständigkeit wiederherzustellen, wird als dynamische Wirkung erfahren.[4]

Augenbewegungen. Ich habe bereits darauf hingewiesen, daß die eingebildete Fortbewegung von Wahrnehmungsformen nicht mit der dynamischen Wirkung identisch ist, sondern vielmehr zu deren Blockierung neigt. Unter gewissen Bedingungen bringt jedoch die dem Wahrnehmungsakt innewohnende Zeitfolge eine belebende Wirkung mit sich. Wenn man eine Serie von Muybridges Schnappschüssen entsprechend schnell durchsieht, erzeugt die abtastende Augenbewegung eine filmähnliche Phasenfolge. Während sich das Auge durch eine Serie von zwölf Bildern vortastet, sieht man einen Mann, der hochspringt oder einen Ball fängt. Diese belebende Wirkung ist auch in Kunstwerken zu finden. In Peter Brueghels Gemälde der Blinden, die einander ins Unglück führen, stellt die Reihe von sechs Gestalten fortschreitende Phasen derselben Handlung dar. Das Auge des Betrachters tastet das Bild von links nach rechts ab und verwandelt dabei ein Nebeneinander in ein Nacheinander – es zeichnet die verschiedenen Akte nacheinander auf: das Gehen, das Stolpern und den Sturz in den Bach. Auguste Rodin erwähnt in seinen Gesprächen mit Paul Gsell ähnliche Beispiele, etwa Watteaus *Einschiffung*

---

4. Die Bedingungen der dynamischen Wirkung sind eng mit denen der Tiefenwahrnehmung verwandt. In gewissen Konstellationen können Spannungen in zweidimensionalen Mustern durch dreidimensionale Wahrnehmung derselben Reize aufgelöst werden. Vgl. das fünfte Kapitel meines Buches *Art and Visual Perception* (deutsch: *Kunst und Sehen*).

nach Kythera (11). Er vertritt auch die Meinung, daß eine solche Aufeinanderfolge häufig vom Künstler im Körper einer einzigen Figur dargeboten wird. Während das Auge des Betrachters über die Figur schweift, sieht er, wie sich eine Haltung in eine andere verwandelt. Dabei wird Inaktivität zu aktivem Handeln. Wenn ein Arm einer Statue nach unten hängt, während der andere angewinkelt ist, faßt der Betrachter die zwei Stellungen zu einem Ganzen zusammen und sieht sie als aufeinanderfolgende Phasen der Bewegung des Hebens. Man kann noch weiter gehen und nachweisen, daß das visuelle Abtasten einer Keilform eine Zeitfolge von abnehmender oder zunehmender Größe ergibt und damit den Bewegungseffekt der Zusammenziehung oder Ausdehnung vermittelt.

Es ist jedoch wichtig, sich klarzumachen, daß diese belebende Wirkung weder mit dem, was wir Anschauungsdynamik genannt haben, noch mit der Illusion von Fortbewegung identisch ist. Versuche, Anschauungsdynamik mit tatsächlichen oder potentiellen Augenbewegungen zu erklären, stiften nur Verwirrung. Wenn der umherschweifende Blick eine räumliche Phasenfolge zu einer zeitlichen Folge zusammenfügt, dann unterscheidet sich die resultierende bewegungsähnliche Erfahrung sehr stark von der Wahrnehmung gerichteter Spannung innerhalb eines Musters oder von der Illusion ihrer tatsächlichen Verschiebung im Raum. Wenn der Blick über die dynamische Achse eines Musters streift, kann er die Bewegung, die dem Muster selbst innewohnt, verstärken. Photographische Aufzeichnungen von Augenbewegungen haben jedoch ergeben, daß die Spur des abtastenden Blickes ziemlich ziellos ist; nur gelegentlich folgt er den kompositionellen Linien des Bildes, zum Beispiel dann, wenn das Ganze von einem oder zwei besonders auffallenden Merkmalen beherrscht wird (4). Außerdem bestehen die meisten Bildmuster aus so vielen divergierenden Bewegungen, daß ein Versuch, sie getrennt abzutasten, selbst wenn er gelänge, nie zu einem einheitlichen Erfassen des Ganzen führen würde. Augenbewegungen dienen im wesentlichen dazu, den Fixationspunkt zu wechseln, das heißt, die verschiedenen Bereiche des Wahrnehmungsgegenstandes nacheinander in den Brennpunkt zu rücken und damit deutlich sichtbar zu machen.

Der Inhalt der Darstellung. Ich habe mich mit den Formfaktoren auseinandergesetzt, die die Anschauungsdynamik bestimmen, ganz unabhängig davon, was der Betrachter vom Wesen der dargestellten Gegenstände weiß. Das scheint insofern berechtigt, als es – auf einem Landschaftsbild – prinzipiell zwischen der Bewegung, die in einer gewundenen

Küstenlinie wahrgenommen wird, und der in der Form der Wellen wahrgenommenen Bewegung keinen Unterschied gibt. Die schwungvolle Linie eines Baretts auf einem Rembrandt-Porträt kann genauso dynamisch sein wie der Rock einer Tänzerin auf einem Bild von Toulouse-Lautrec, obwohl man weiß, daß das Barett unbewegt und der Rock in Bewegung ist. Es ist auch darauf hingewiesen worden, daß kein Wissen den Bewegungseffekt erzeugt, wenn nicht die richtigen Wahrnehmungsmerkmale gegenwärtig sind. Das Wissen kann jedoch beim Hervorheben der Basis oder des Nullpunktes, von dem die gegebene Bildform eine Abweichung darstellt, eine Rolle spielen. Die ausgestreckten Arme eines Mannes vermitteln eine stärkere Anschauungsdynamik als die Äste eines Baumes oder ein im selben Winkel ansteigendes abstraktes Muster, da man weiß, daß die Arme des Mannes von ihrer normalen hängenden Lage angehoben worden sind. Die in die Länge gezogenen Gesichter auf den Bildern El Grecos oder Modiglianis besitzen mehr Dynamik als ein abstraktes Oval derselben Form, weil sie als Verzerrungen des normalen Gesichtes gesehen werden. In diesen Fällen verstärkt die Wechselwirkung zwischen Gedächtnisspuren und dem gegebenen Wahrnehmungsgegenstand die dynamische Spannung.

Die Erklärung der Gestaltpsychologen. In »Die Gestalttheorie des Ausdrucks« stellte ich die Frage, ob es eigentlich irgendeinen Grund zu der Annahme gebe, daß sich nur die *Auswirkungen* der zur Wahrnehmungsorganisation führenden physiologischen Prozesse in der Wahrnehmungserfahrung widerspiegeln. Warum sollten nicht auch die Beanspruchungen und Belastungen der physiologischen Kräfte selbst ihr psychologisches Gegenstück haben? Ganz entsprechend wurde Ausdruck definiert, nämlich als das »psychologische Gegenstück der dynamischen Prozesse, die zur Organisation der Wahrnehmungsreize führen«. Ausdruck ist eng verwandt mit Anschauungsdynamik. Die Theorie, nach der der Bewegungseffekt psychologisch die Belastungen der elektrochemischen Kräfte im Sehfeld des Gehirns widerspiegelt, ist ein rein hypothetischer Ausgangspunkt für die Konstruktion eines »Pseudogehirn-Modells« von der Art, die Edward C. Tolman unvermeidlich und wünschenswert nannte (3, S. 48).[5] Doch die folgende Auseinandersetzung mit Rorschachs B-Ant-

---

[5]. Warum lassen die von physischer Bewegung erzeugten Wahrnehmungsmerkmale – etwa Keilformen – die psychologische Bewegungsantwort entstehen? Die Gestalttheorie kann versuchen, diese Entsprechung dadurch zu erklären, daß sie darauf verweist, daß die Ge-

wort wird zeigen, daß die Übernahme einer solchen Theorie, die die Bewegung zu einem wesentlichen Bestandteil des Wahrnehmungsgegenstandes selbst machen würde, praktische Folgen haben könnte.

Die Theorie Rorschachs. Hermann Rorschach (12) definiert die B-Antwort als die »Erfühlung der Bewegung«, die ein Betrachter aus einer Bildform ableitet, wenn seine Interpretation nicht nur durch die Form des Gegenstandes bestimmt wird, sondern auch von kinästhetischen Reaktionen *(Zuflüssen)* begleitet wird. Ob seiner Ansicht nach die Erfahrung die Illusion tatsächlicher Fortbewegung einschließt oder nicht, ist nicht klar, aber er betont den Unterschied zwischen der »Erfühlung der Bewegung« und dem reinen, bewußten Wahrnehmen von Form, die erst sekundär als in Bewegung befindlich interpretiert wird.

Rorschachs stillschweigende psychologische Voraussetzungen, die auf traditionellen Wahrnehmungstheorien beruhen, können folgendermaßen formuliert werden: Die Wahrnehmung eines Bildmusters kann außer statischer Form nichts bieten. Deshalb muß das Element der Bewegung ein Beitrag der früheren Erfahrung des Betrachters sein. Der Betrachter kann die wahrgenommene Form als einen Gegenstand deuten, von dem er aufgrund seiner Eigenart und Anordnung weiß, daß er sich in einem Zustand der Bewegung befindet (ein fliegender Vogel, ein sich verbeugender Kellner). Er zieht daraus den Schluß, daß das wahrgenommene Ding in Bewegung ist. Eine solche Reaktion wird von Rorschach nicht als B-Antwort gewertet, da sich in diesem Fall der Bewegungsfaktor einfach aus einer intellektuellen Folgerung herleitet. In anderen Fällen erregt jedoch die Identifizierung der wahrgenommenen Form mit einem sich bewegenden Gegenstand beim Betrachter Einfühlung. Er spürt in seinem eigenen Körper die Art von Muskelempfindung, von der er analog seiner früheren Erfahrung annimmt, daß sie auch der fliegende Vogel oder der sich verbeugende Kellner spürt. Das ist die B-Antwort. In der Regel wird sie nur von menschlichen Figuren oder Tieren mit »menschen-ähnlichen« Bewegungen (Bären, Affen usw.) hervorgerufen. Allerdings, so sagt Rorschach, gibt es gelegentlich Versuchspersonen, die auch zur Einfühlung mit Tieren jeglicher Art und mit Pflanzen fähig sind, ja sogar mit geometrischen Figuren und einzelnen Linien.

hirnprozesse, auf denen das Sehen beruht, als physikalische Prozesse den Gesetzen der physikalischen Welt unterworfen sind. Wenn ein Schiff, das sich durchs Wasser bewegt, eine keilförmige Spur hinterläßt, könnte dann nicht umgekehrt ein keilförmiger Reiz in dem Gehirnfeld die Art von Dynamik erzeugen, die als »Bewegung« erfahren wird?

Eigenschaften der Bewegungsantwort

Rorschachs klinische Auswertung der B-Antwort ist ganz unmittelbar mit seiner Sicht des Wahrnehmungsprozesses verwandt. Wenn die B-Antwort darauf zurückzuführen ist, daß der Wahrnehmungsgegenstand mit subjektiven Empfindungen ausgestattet wird, dann kann man annehmen, daß eine Person, die viele B-Antworten gibt, voller Assoziationen ist, Beobachtungen produktive Ideen entgegenbringt und eine reiche Phantasie besitzt. Mit anderen Worten: eine Fülle von B-Antworten ist für Leute charakteristisch, die sich auf ihre Gedanken und oft auf ihre Phantasien konzentrieren. Diese Leute werden eher von ihrem inneren Seelenleben in Anspruch genommen, als daß sie sich der Außenwelt anpassen. Nach Rorschach wird diese Vermutung durch seine klinischen Befunde bestätigt.[6]

Es gibt also einen entscheidenden Unterschied zwischen Rorschachs Theorie und der von mir in diesem Aufsatz dargebotenen. Rorschach vertritt die Meinung, daß die Erfühlung der Bewegung nichts anderes ist als kinästhetische Einfühlung. Ich behaupte, daß sie ein inhärentes Merkmal der Gesichtswahrnehmung selbst ist.

Kinästhesie. Die weitverbreitete Vorstellung, nach der sich die dynamischen Komponenten der Wahrnehmung nur als Beiträge der Muskelempfindung erklären lassen, beruht wahrscheinlich auf der stillschweigenden Annahme, daß die Wirkung physikalischer Kräfte nur erfahren werden kann, wenn diese Kräfte im Körper des Betrachters wirksam werden. Das hieße also: wenn jemand einen fliegenden Vogel beobachtet, sind die Energien, die den Flug verursachen, im Körper des Vogels und daher für den Betrachter unzugänglich. Wenn sich aber in seinem eigenen Körper Muskeln zusammenziehen oder strecken, können ihm diese Energien bewußt werden. Eine kurze Überlegung zeigt, daß diese Ansicht auf einer Vermengung physikalischer und psychologischer Tatsachen beruht. Die unmittelbare Grundlage jedes Wahrnehmungserlebnisses, sei es nun visuell oder kinästhetisch, ist die Reizung der zuständigen Gehirnzentren. Was diese Reizung betrifft, so besteht kein Unterschied, ob die physikalischen Prozesse, die die Sinnesnerven aktivieren, im Körper des Betrachters oder außerhalb zu suchen sind. In beiden Fällen sind diese physikali-

---

6. Spätere Entwicklungen der Theorie und Praxis Rorschachs haben diese Grundvoraussetzungen nicht verändert (6, 13). Dr. Rapaport hat jedoch die kinästhetische Grundlage der B-Antwort in Frage gestellt und sie statt dessen mit dem Gestalt-Begriff des Gleichgewichts in Verbindung gebracht (9, S. 212).

schen Kräfte der Wahrnehmung direkt »zugänglich«. Wenn wir davon ausgehen, daß der durch die Betrachtung eines fliegenden Vogels gewonnene Sehreiz nichts bietet außer einer Konfiguration solch formaler Eigenschaften wie Form, Farbe und Fortbewegung, dann besteht kein Grund zu der Annahne, ein kinästhetischer Reiz biete etwas anderes als ähnliche formale Eigenschaften, nämlich solche, die der Verschiebung von Muskelgewebe, Gelenken und Sehnen (Strecken und Zusammenziehen) entsprechen. Wenn wir aber glauben, zusätzlich zu diesen rein formalen Eigenschaften bringe der kinästhetische Reiz auch dynamische Faktoren mit sich, die sich psychologisch als Erfahrungen von Spannung oder Gelöstheit äußerten, dann können wir uns diese dynamischen Faktoren nicht naiv als ein direktes Erfassen der Muskelenergien vorstellen, sondern müssen annehmen, daß die dynamischen Eigenschaften der durch Reizung der Projektionsfelder im Gehirn geschaffenen Situation ihr Gegenstück im kinästhetischen Wahrnehmungserlebnis finden. Stimmt das aber, besteht kein Grund, zu leugnen, daß es ähnliche dynamische Faktoren im gereizten Feld des Sehzentrums gibt und, ganz entsprechend, in der visuellen Wahrnehmung. Mit anderen Worten: es gibt in dieser Hinsicht keinen Unterschied zwischen den physiologischen Grundlagen der visuellen und der kinästhetischen Wahrnehmung. Es hilft bei der Erklärung der dynamischen Eigenschaften visueller Wahrnehmung nicht, wenn man bei der Kinästhese Zuflucht sucht, denn dazu sind Annahmen über die Eigenart kinästhetischer Reize notwendig, die im Hinblick auf die visuelle Reizung selbst gleichermaßen berechtigt oder unberechtigt sind.

Diese Beobachtung soll nicht die Tatsache leugnen, daß visuelle Wahrnehmung von kinästhetischen Komponenten begleitet sein kann. Wenn man das Bild eines Mannes betrachtet, der den Kopf zur Seite dreht, spürt man vielleicht eine Spannung im Nacken. Wie oft und wie stark jedoch solche Empfindungen auftreten, ist äußerst schwierig festzustellen. Rorschach gibt zu, daß der Nachweis des kinästhetischen Faktors der heikelste Punkt im ganzen Test ist. Es ist anzunehmen, daß Rorschach diesen Faktor nicht deshalb als einziges Kriterium für das Vorhandensein der B-Antwort gebrauchte, weil empirische Beobachtung ihn dazu brachte, sondern weil sich ihm kein anderes Erklärungsprinzip anbot.

Zweifellos besteht ein bedeutender Unterschied zwischen dem rein wahrnehmungsmäßigen Erkennen dynamischer Faktoren und der Erfahrung ihrer vollen Wirkung. Es ist insbesondere für das künstlerische Sehen charakteristisch, daß zum Beispiel die Geste eines Armes nicht einfach als

Eigenschaften der Bewegungsantwort

eine Verlagerung im Raum beachtet wird, sondern daß sie als sanft oder schroff, elegant oder ruckartig empfunden wird. Doch solche Erfahrungen sind nicht auf Künstler beschränkt. Die dynamische Komponente ist Teil der alltäglichen Bewegungserfahrung. Genau genommen gibt es wahrscheinlich keine Wahrnehmung von Bewegung ohne Dynamik, auch wenn es vielleicht große Unterschiede im Hinblick darauf gibt, wie stark diese Dynamik ist und wie sehr sie dem einzelnen bewußt wird.

Es gibt keinen Hinweis darauf, daß die Empfindung von Anschauungsdynamik immer oder auch nur hauptsächlich auf kinästhetische Einfühlung zurückzuführen ist. Aus dem bisher Gesagten geht theoretisch hervor, daß Dynamik wahrscheinlich sowohl visuell als auch kinästhetisch wahrgenommen wird. Da wir es hier mit visuellen Gegenständen zu tun haben und der primäre Reiz somit visuell ist, scheint es angebracht, davon auszugehen, daß die Bewegungsantwort aus den dynamischen Komponenten des visuellen Wahrnehmungsgegenstandes entsteht. Erst in zweiter Linie kann diese Antwort von kinästhetischen Empfindungen begleitet und verstärkt werden, die in »Resonanz« mit dem isomorphen Sehakt auftreten (SS. 72, 75 f). Es ist unwahrscheinlich, daß kinästhetische Antworten entstehen, wenn nicht die figuralen Eigenschaften des Reizes vorher eine starke visuelle Bewegungsantwort hervorgerufen haben.

Klinische Folgerungen. Man kann wohl erwarten, daß sich diese Behauptungen, sofern sie berechtigt sind, auf die klinische Deutung des Rorschach-Tests auswirken. Nach Ansicht Rorschachs und der meisten seiner Schüler ist die kinästhetische Antwort die einzige, die mehr tut, als das Vorhandensein von Bewegung nur zu erkennen oder zu vermuten. Die dynamischen Aspekte des Sehens selbst werden ignoriert. Es gibt jedoch zwischen den zwei Arten der Antwort einen Unterschied, der möglicherweise klinisch von erheblicher Bedeutung ist. Die dynamischen Komponenten des Sehens sind ebensosehr Teil des Wahrnehmungsgegenstandes wie Form oder Farbe. Sie werden vom Betrachter im wahrgenommenen Gegenstand selbst örtlich festgelegt. Sie sind nicht »subjektiver« als Form oder Größe. Andererseits ist die kinästhetische Antwort auf einen Sehgegenstand tatsächlich ein subjektiver Beitrag des Betrachters. Während er die Anschauungsdynamik des Wahrnehmungsgegenstandes erfährt, wird eine entsprechende Muskelempfindung in seinem eigenen Körper wachgerufen. Im ersten Fall konzentriert sich der Betrachter auf die wahrnehmungsmäßige Wirkung, die der Gegenstand »draußen« hat. Im zweiten Fall verlagert sich der Brennpunkt der Erfahrung auf persönliche Gefühle im Innern.

Bei der Auseinandersetzung mit der »Erfühlung der Bewegung« unterscheidet Rorschach nicht zwischen diesen beiden Quellen der Antwort, und in vielen Fällen läßt sich nicht sagen, welche der beiden überwiegt. Gibt es denn irgendeinen Grund zu der Annahme, daß ein starkes Empfinden von Anschauungsdynamik immer mit einem Überfluß an »innerem Leben«, an »Introversion« also, verbunden ist? Würde man diese Empfindung nicht vielmehr bei einem hingebungsvollen Betrachter erwarten, der sich darauf konzentriert, die Qualitäten all dessen, was er in seiner Umwelt sieht, in sich aufzunehmen?

Es stellt sich die Frage, ob das Persönlichkeitssyndrom, das Rorschach mit einem Überfluß an B-Antworten in Verbindung bringt, in Wirklichkeit nicht zwei ganz verschiedene Einstellungen und deren Kombinationen enthält. Das eine Extrem könnte der Typ sein, der die Anschauungsdynamik der Wahrnehmungsgegenstände sehr stark empfindet, weil er sich leidenschaftlich für die Außenwelt interessiert und ihre Eigenschaften sehr eindringlich und intensiv erfährt. Die Reichhaltigkeit seiner Erfahrungen würde erklären, warum seinem Denken eine solche Vielfalt an Assoziationen zur Verfügung steht und warum es ihm an starren Stereotypen fehlt. Er besitzt »Einbildungskraft« im wahrsten Sinne des Wortes, nämlich die Fähigkeit, Gedanken in Bilder zu verwandeln und daher konkret und lebhaft in Wahrnehmungssymbolen zu denken. Seine Gefühle werden im wesentlichen nicht durch etwas bestimmt, das so ist wie er oder das seine eigenen früheren Erfahrungen anspricht, sondern durch das, was von außen auf ihn zukommt. Der Umfang seiner bewußten Wahrnehmung entspricht dem Umfang der Erscheinungen, auf die er im Laufe seines ständigen Forschens und Suchens stößt. Er ist aufgeschlossen, neugierig und anpassungsfähig. Seine Bewegungsantworten beschränken sich nicht auf menschliche oder »menschen-ähnliche« Figuren, sondern werden von jedem Reiz geweckt, der die zuständigen Wahrnehmungseigenschaften besitzt. Er reagiert vielleicht sogar noch stärker auf nichtgegenständliche Muster, die die Wahrnehmungseigenschaften in noch reinerer Form zutage treten lassen.[7]

---

[7]. Manche Rorschach-Diagnostiker scheinen vorauszusetzen, daß reine Formen und Farben »abstrakt« sind und daß deshalb eine Wahrnehmung solcher Muster, die sich nicht primär auf den dargestellten Inhalt bezieht, auf eine verfeinerte ästhetische Einstellung oder auf große Wirklichkeitsferne zurückzuführen ist. Nach Rapaport zeugt eine Beschränkung auf die »undeutlichen« (!) Bewegungseindrücke, die auf die formalen, »abstrakten« Merkmale der Tintenkleckse zurückgehen, »von einer Hemmung der Assoziationsprozesse« (9, SS. 217–218).

Eigenschaften der Bewegungsantwort

Das andere Extrem könnte der Typ sein, für den äußerliche Wahrnehmungsreize im wesentlichen die Funktion des Auslösers erfüllen, der innere Aktivitäten in Bewegung versetzt. Er reagiert auf die Außenwelt in dem Maße, in dem er sich selbst in ihr wiederentdeckt. Für ihn ist ein Wahrnehmungsreiz der Ausgangspunkt für seine Spekulationen und das Spiel innerlich motivierter Assoziationen. Seine Einbildungskraft äußert sich in Form von Phantasien, das heißt inhaltsreichen subjektiven Erzeugnissen, die kaum noch mit den Umwelterfahrungen verbunden sind, von denen sie ausgelöst worden sind. Diese Persönlichkeitseinstellung würde der kinästhetischen Variante der Bewegungsantwort entsprechen.[8]

Beide Beschreibungen könnten auf die Eigenarten passen, die Rorschach für die Leute aufzählt, die viele Bewegungsantworten geben. Dabei beziehen sie sich offensichtlich auf grundlegend verschiedene »Erfahrungstypen«. Möglicherweise kann diese versteckte Dichotomie einige der Widersprüche erklären, die bisher die klinische Deutung der B-Antworten erschweren.

Wahrnehmungsstruktur von Tintenklecksen. Die Instruktion beim Rorschach-Test (»Was könnte dies sein?«) schränkt den Probanden auf Antworten ein, die mit dem dargestellten Inhalt, den er auf den Tafeln erkennt, verbunden und davon abgeleitet sind. Demzufolge weisen die theoretischen Erörterungen des Tests in der psychologischen Literatur dieselbe Einschränkung auf. Da aber die angegebenen Deutungen von den Figurenmustern ausgelöst werden, müßte es von Nutzen sein, ihre objektiven Wahrnehmungseigenschaften nach den Gestaltgesetzen der Gruppierung, der Figur-Grundbeziehungen usw. zu analysieren. Rorschach wählte die zehn Figuren intuitiv nach Kriterien der Einfachheit und des Rhythmus aus. Sie mußten unbestimmt genug sein, um eine Vielzahl an Interpretationen zuzulassen, andererseits aber strukturiert genug, um überhaupt irgendeine Reaktion auszulösen. Sie durften nicht »unstrukturiert« sein, da Betrachter zu Formlosigkeit nicht viel zu sagen haben.

Bei den wenigen Versuchen einer Auseinandersetzung mit der Struktur der Rorschach-Muster, die bisher unternommen worden sind, wurden die Instrumente der modernen Wahrnehmungspsychologie nicht eingesetzt

---

8. Vgl. Hermann A. Witkins neue Ergebnisse, denen zufolge »eine Tendenz, sich hauptsächlich auf den visuellen Rahmen oder auf die körperlichen Erfahrungen zu verlassen, ein ziemlich allgemeines Merkmal der Orientierung des Individuums darstellt« (3, S. 157).

(1, 2). Es wäre nicht schwierig, im einzelnen nachzuweisen, daß Wahrnehmungsqualitäten in den zehn Tintenklecksen ein Gegengewicht zueinander bilden, so daß, wenn weder Gedächtnisspuren noch Persönlichkeitsfaktoren den Sehakt beeinflußten, die Wahrscheinlichkeit des Auftretens für Gruppierungen, die sich gegenseitig ausschließen, gleich groß wäre.[9] Auf Tafel II wird einem zum Beispiel von der farblichen Ähnlichkeit nahegelegt, die roten Teile gegen die schwarzen zu gruppieren, während die innere Übereinstimmung der Form (»gute Weiterführung«) wegen der fortlaufenden Konturen jeden roten Fleck mit einem benachbarten schwarzen Bereich vereint. Auf allen Tafeln sind Konturen so angeordnet, daß sie entweder kleinere Einheiten abschneiden oder über die vertikale Achse hinauswirken und damit Bereiche in beiden Hälften des Kleckses verbinden. Die Symmetrie des ganzen Kleckses verursacht eine horizontale Verbindung zwischen einander entsprechenden Form- und Farbeinheiten und wirkt damit einzelnen Gruppierungen innerhalb jeder Hälfte des Kleckses entgegen. Auf Tafel II nimmt eine weiße Fläche in der Mitte wegen ihrer symmetrischen Form, Konvexität und Abgeschlossenheit ohne weiteres figürlichen Charakter an; wenn aber der Blick die ganze Tafel umfaßt, vereint sich diese weiße Fläche ebensogut mit der außen liegenden weißen Oberfläche der Tafel und schafft damit einen Hintergrund für die schwarze Figur. Es gibt außerdem eine mehrdeutige Hierarchie von Wahrnehmungseinheiten innerhalb jeder Tafel; das heißt: verschiedene Einheiten konkurrieren um die Rolle der beherrschenden Strukturmerkmale, die dann die Anordnung des Restes festlegen. Als Folge davon kann die Gesamtstruktur jedes Kleckses in mehreren sich gegenseitig ausschließenden Versionen gesehen werden.

Stark dynamische Formen haben auf allen Tafeln die Oberhand. Das rührt daher, daß die Klecke dadurch entstanden, daß auf flüssige Farbe mechanischer Druck ausgeübt wurde. Tafel I ist voll von schräg ausgerichteten Keilformen. Auf den Tafeln IV und V zeigt eine große, auf den Kopf gestellte V-Form die Tendenz, das Ganze zu beherrschen. Dagegen macht die Stärke sowohl der vertikalen als auch der horizontalen Richtung das Muster der Tafel VI relativ starr; eine Abstufung der Helligkeitswerte sorgt jedoch für starke Bewegung, die durch eine dreidimensionale Qualität noch zusätzlich gesteigert wird. Die mit dem Inhalt in Verbindung ge-

9. Da die Tafeln mit den Tintenklecksen hier nicht abgebildet werden können, muß ich den Leser auf Rorschachs Original-Veröffentlichung verweisen (12).

Eigenschaften der Bewegungsantwort

brachte Fortbewegung wird manchmal durch Wahrnehmungsqualitäten gesteigert, zum Beispiel in der schwungvollen Rundung der sich verbeugenden Kellner auf Tafel III; dagegen zeigen die kletternden Bären auf Tafel VIII einen kläglichen Mangel an sichtbarer Vitalität.

Die Symmetrie der Muster hat zwei bedeutende Auswirkungen auf die Bewegung. Durch Verdoppelung verstärkt sie jede dynamische Form und sorgt gleichzeitig für Ausgewogenheit. Jede Einheit wird durch ihr Gegenstück »festgenagelt«, das damit – der vorausgegangenen Erörterung von Ausgewogenheit (S. 84 f) zufolge – eine Bedingung für die freie Entfaltung dynamischer Eigenschaften erfüllt.

Der klinische Wert von Wahrnehmungsgegenständen. Rorschachkliniker machen die »Popularität« von Antworten zur objektiven Basis für die Bewertung des individuellen Verhaltens. Eine Wahrnehmungsanalyse der Tafeln würde einen Vergleich der individuellen Deutungen mit den objektiven Eigenschaften der Reize ermöglichen. So ließe sich zum Beispiel der Grad an Anschauungsdynamik, der jedem Muster in seiner Ganzheit wie auch in seinen Teilen innewohnt, mit einiger Genauigkeit feststellen, wenn man die für die Bewegung verantwortlichen Wahrnehmungskriterien anwenden würde. Damit hätte man einen Maßstab, mit dessen Hilfe man feststellen könnte, in welchem Ausmaß eine Antwort mit dem Reiz übereinstimmt oder davon abweicht.

Wenn die Wahrnehmungsorganisation das Gegenstück der Persönlichkeitsorganisation ist, wie das George S. Klein und Herbert Schlesinger erst vor kurzem andeuteten (3, S. 32), dann könnte sich die Persönlichkeit des Probanden am unmittelbarsten und treffendsten in der Anschauungsstruktur widerspiegeln, die er in den Tintenklecksen findet. Rorschach-Kliniker achten zwar auf Wahrnehmungseigenschaften in bezug auf Farbe und Schattierung, doch sie gewinnen ihre Informationen zur Frage Ganz- oder Detailantwort und zur Bewegung nur indirekt – und deshalb unvollständig – durch die von den Betrachtern gelieferten inhaltlichen Deutungen.

Die Frage müßte lauten: Was für eine Art von Muster sieht der Betrachter, wenn er sich eine Tafel anschaut? So wie manche Künstler ihre Umwelt durch stark dynamische Formen interpretieren, während andere verhältnismäßig statische vorziehen, so könnte man wohl auch von Testpersonen erwarten, daß sie in jedem Tintenklecks – in seiner Ganzheit und auch in seinen Teilen – starke Unterschiede in der Anschauungsdynamik finden. Sieht einer zum Beispiel Tafel I im wesentlichen als eine Kombination dreier vertikaler Blocks oder als ein System aus gleitenden Diagonalen? Ist Tafel VII im wesentlichen eine ruhige U-Form oder eine Anhäufung beweglicher Einheiten, die in alle Richtungen fliegen? Vom mäßigenden Einfluß der Suche nach einem Inhalt wird diese grundlegende Antwort verhindert.

Schließlich wäre es auch wünschenswert, Testpersonen mit starken Bewegungsantworten noch einmal zu trennen, nämlich in solche, die hauptsächlich auf die dem Wahrnehmungsgegenstand innewohnenden Eigenschaften der Anschauungsdynamik reagieren, und solche, die sich hauptsächlich auf die durch Einfühlung geweckten subjektiven Spannungen verlassen.

BIBLIOGRAPHIE

1. Beck, Samuel J., »Configurational tendencies in Rorschach responses«, in: *American Journal of Psychology*, 45 (1933), SS. 433–443.
2. Brosin, Henry, und Fromm, E., »Some principles of Gestalt psychology in the Rorschach experiment«, in: *Rorschach Research Exchange*, 6 (1942), 1–15.
3. Bruner, Jerome S., und Krech, David, *Perception and Personality*. Durham, N. C. (Duke Univ. Press) 1949.
4. Buswell, Guy Thomas, *How People Look at Pictures*. Chicago (Univ. Chicago Press) 1935.
5. Justi, Carl, *Winckelmann und seine Zeitgenossen*. Band III. Köln (Phaidon) 1956.[5]
6. Klopfer, Bruno, und Kelly, D. M., *The Rorschach Technique*. Yonkers, N. Y. (World Book Co.) 1942.
7. Lessing, Gotthold Ephraim, *Laokoon*. Stuttgart (Reclam) 1964.
8. Muybridge, Eadweard, *The Human Figure in Motion*. London (Chapman & Hall) 1901.
9. Rapaport, David, *Diagnostic Psychological Testing*. Bd. II. Chicago (Year Book Pub.) 1946.
10. Reinach, Salomon, »La représentation du galop dans l'art ancien et moderne«, in: *Revue archéologique*, 36 (1900), SS. 217–251 und 441–450; 37 (1900), SS. 244–259; 38 (1901), SS. 27–45 und 224–244; 39 (1901), SS. 1–11.
11. Rodin, Auguste, *Art*. Boston (Small, Maynard) 1912.
12. Rorschach, Hermann, *Psychodiagnostik*. Bern und Berlin (Huber) 1921.
13. Schachtel, Ernest G., »Projection and its relation to character attitudes and

creativity in the kinesthetic responses«, in: *Psychiatry,* 13 (1950), SS. 69–100.
14. Sizeranne, R. De La, »Géricault et la decouverte du cheval«, in: *Géricault raconté par lui-même et par ses amis.* Genf (Callier) 1947.
15. Wölfflin, Heinrich, *Renaissance und Barock.* München (Ackermann) 1888.

Eine kritische Betrachtung zum Begriff der Proportion*

Es ist eine der grundlegenden Seherfahrungen, ob etwas richtig oder falsch ist. Es sind insbesondere die Aufteilungen und Längenverhältnisse von Linien und die Form rechtwinkliger Flächen oder Körper, die nicht nur als das, was sie sind, auf uns wirken, sondern auch dadurch, daß sie uns mitteilen, ob sie so sind, wie sie sein sollten, oder nicht. Die Form eines Hauses oder eines Regals oder eines Bilderrahmens kann voller Zufriedenheit in sich ruhen oder das dringende Bedürfnis vermitteln, sich durch Streckung oder Schrumpfung zu verbessern. Das Gefühl für Proportion ist mit dem Wahrnehmungserlebnis untrennbar verbunden, und es ist – wie alle Wahrnehmungseigenschaften – dynamisch. Man sieht Richtigkeit nicht als tote Unbeweglichkeit, sondern als aktives Gleichgewicht gemeinschaftlicher Kräfte, Fehlerhaftigkeit dagegen als das Streben, von einer unbefriedigenden Sachlage wegzukommen. Gut ausgewogene Form ist eine Hauptquelle sowohl für die Harmonie, die sich in vielen Erzeugnissen der Natur und des Menschen findet, als auch für den Genuß, den diese Harmonie vermittelt.

Wie sollen wir uns unsere Fähigkeit zur Beurteilung von Raumbeziehungen erklären? Man kann die Meinung vertreten, daß diese Beurteilungen, genauso wie andere ethische Urteile, dem Individuum durch Autoritäten aufgedrängt werden und daß das Gefühl für Proportion demzufolge ein Geschenk des Freudschen Über-Ichs ist: gute Form ist einfach das, was uns als gut beigebracht worden ist. Doch diese Theorie erstickt unsere Neugier im Keime. Sie gibt das Problem an die Wissenschaft von den sozialen Interaktionen weiter und stellt nicht mal die Frage, warum gerade diese Muster von den Autoritäten ausgewählt werden und nicht andere. Und sie erklärt auch nicht die universelle Gültigkeit solcher Urteile, die es uns erst möglich macht, die Kunst anderer Individuen und Zivilisationen

* Erstabdruck in: *Journal of Aesthetics and Art Criticism*, 14 (1955), SS. 44–57.

Kritische Betrachtung zum Begriff der Proportion

zu verstehen und zu würdigen, ganz gleich, ob sie unseren eigenen Neigungen entsprechen oder nicht.

Es scheint ergiebiger, davon auszugehen, daß Eigenschaften, die den Wahrnehmungsmustern selbst innewohnen, auf uns eindringen und zum großen Teil für unsere Reaktionen verantwortlich sind. Eine solche Theorie muß zwei verschiedene Formen annehmen. Zuerst erkennen wir an, daß jede Person, ja jeder Organismus, gewisse allgemeine biologische Bedürfnisse hat. Eine Person oder ein Tier braucht Klarheit und Einfachheit zum Zweck der Orientierung; Ausgewogenheit und Einheit zur Ruhe und guten Funktion; Vielfalt und Spannung zur Anregung. Diese Bedürfnisse werden von manchen Mustern besser befriedigt als von anderen. Das Quadrat und der Kreis sind einfach und ausgewogen. Eine geringfügige Abweichung von einer einfachen Form ist undeutlich und schwer zu identifizieren. Ein Rechteck mit dem Seitenverhältnis 2:1 stört uns vielleicht, weil es Einheit und Rechtwinkligkeit andeutet und dabei in zwei Quadrate zu zerfallen droht. Vielleicht gelingt es der Proportion des goldenen Schnittes – bei dem sich der kleinere Teil zum größeren so verhält wie der größere zur Summe der beiden, was ein Seitenverhältnis von ungefähr 8:5 ergibt –, unzerbrechliche Einheit mit lebendiger Spannung erfolgreich zu verbinden.

Nun ließe sich einwenden, daß solche erwünschten oder unerwünschten Eigenschaften in geometrischen Formen selbst dann eine starke Reaktion auslösen, wenn sie keinerlei vorstellbaren biologischen Wert haben. Sicher, die Ausgewogenheit eines Hauses oder die dynamische Spannung in einem gut proportionierten menschlichen Körper deuten auf Stabilität und Vitalität hin, Qualitäten, die im Leben vorteilhaft sind, doch wozu sich um ein auf Papier gezeichnetes Rechteck kümmern? Neueste psychologische Versuche zur Wechselbeziehung zwischen Wahrnehmung und Persönlichkeit lassen jedoch darauf schließen, daß sich bestimmte allgemeine seelische Bedürfnisse durch Analogie sogar in Reaktionen auf Wahrnehmungssituationen äußern, die keinerlei praktische Bedeutung haben. Else Frenkel-Brunswik (2) fand zum Beispiel heraus, daß Leute, die auf Grund ihrer sozialen Unsicherheit Wert auf klar erkennbare Gruppeneinteilungen legten, durch eine Reihe von Strichzeichnungen, in denen sich eine Katze allmählich in einen Hund verwandelte, aus der Fassung gebracht wurden. Das heißt also, daß ein zentrales seelisches Anliegen, etwa das Bedürfnis nach klaren Unterscheidungen, in rein peripheren Reaktionen zum Ausdruck kommen kann – eine Theorie, die auf Fälle wie den eben zitierten wahrscheinlich zutrifft. Die Reaktion der Betrachter auf die Bilder läßt sich kaum mit den Wahrnehmungsbedingungen des Versuches erklären, doch sie ergibt einen Sinn, wenn man sie als eine Widerspiegelung tieferer persönlicher Bedürfnisse sieht.

In anderen Fällen scheint aber die Wahrnehmungsreaktion nicht auf ein Übergreifen tiefsitzender Bedürfnisse auf das periphere Verhalten zurückzuführen, sondern auf eine alles durchdringende Tendenz, die die organischen Funktionen auf verschiedenen physischen und geistigen Ebenen beherrscht. Ausgewogenheit ist ein solches immer gegenwärtiges Prinzip. Die Motivationspsychologie deutet menschliches Streben als ein Bedürfnis nach Ausgewogenheit; man nimmt aber auch an, daß Ausgewogenheit die physiologischen Kräfte steuert, die die Sehprozesse im Gehirn organisieren. Wenn wir also behaupten, das Bedürfnis nach Ausgewogenheit bilde die Grundlage des Gefühls für Proportion, dann räumen wir diesem Gefühl eine recht breite organische Basis ein.

Im folgenden gehe ich davon aus, daß ein auf das zuständige Gehirnfeld projiziertes optisches Reizmuster – beispielsweise erzeugt durch die Zeichnung eines Rechteckes, die sich der Betrachter anschaut – in eben diesem Feld ein entsprechendes Muster aus physiologischen Kräften hervorruft. Auf diese Weise wird das statische Reizmuster in einen dynamischen, vom Prinzip der Ausgewogenheit gelenkten Prozeß übersetzt, und die entstehenden Spannungen im physiologischen Feld finden ihr Gegenstück in der Seherfahrung. Diese Theorie erklärt, wie wir Raumbeziehungen beurteilen können, ohne die in Frage kommenden Linien oder Flächen abzumessen. Es ist anzunehmen, daß das intuitive Urteil, das einfach auf der Betrachtung des gesamten Musters beruht, sich auf die Stärke und die Richtungen der Spannungen verläßt, die im Wahrnehmungsgegenstand erfahren werden. Ein solches intuitives Urteil kann selbst gegen Kompositionen von geometrisch oder numerisch komplizierter Struktur höchst empfindlich sein, da der Verstand nicht erst die einzelnen Elemente und ihre Verbindungen stückweise begreifen muß, sondern sich auf die Spannungen verlassen kann, die sich aus der zusammengefaßten Aktion aller beteiligten Kräfte ergeben. Das heißt, etwas allgemeiner ausgedrückt: während der berechnende Verstand, der ein Netzwerk von Beziehungen herstellt, sich der Gestalt nur nähern kann, kann sie der wahrnehmende Verstand, der sich auf das Feld der wechselwirkenden Kräfte selbst verläßt, voll erfassen.

Das intuitive Verfahren hat jedoch ernsthafte Nachteile. Es ist heikel

Kritische Betrachtung zum Begriff der Proportion

und gegen äußere Einflüsse sehr anfällig, und seine Ergebnisse liefern dem Intellekt keine Beweise. Wenn ein Betrachter behauptet, die Form eines Gegenstandes sei »gut« oder »richtig«, dann läßt sich das nur bestätigen, wenn man anderen denselben Gegenstand vorsetzt und von ihnen ein ähnliches Ergebnis erhält. Zum Glück wächst mit der Einfachheit des Musters die Sicherheit des Urteils und das Maß an Übereinstimmung unter den Betrachtern. Das sicherste Ergebnis gewinnt man, wenn man die Länge von nebeneinander liegenden Linien oder Gegenständen vergleichen läßt. Die Einfachheit eines solchen Parallelmusters ist so überwältigend, daß subjektive Schlüsse fast machtlos sind und Meinungsverschiedenheiten verschwindend gering bleiben. Die Versuchung ist daher groß, komplizierte visuelle Urteile auf Kombinationen dieses einen einfachen Urteils zu reduzieren; und damit sind wir an dem Punkt angelangt, wo das genaue Messen mit dem Maßband anfängt.

Es besteht kein Unterschied zwischen der grundlegenden Kunst des Messens und jeder anderen intuitiven Beurteilung. Das Messen ist eine rein visuelle Angelegenheit, nur einfacher und sicherer. Doch je nachdem, wie gemessen wird, ergeben sich in der Tat schwerwiegende Unterschiede. Das Messen zerstückelt jedes Muster und muß deshalb überall dort mit Vorsicht geschehen, wo durch Messen die räumliche Struktur als Ganzes analysiert werden soll. Außerdem führt das Messen Zahlen in Raumbeziehungen ein, und Zahlen lassen sich ohne jeden Bezug zu dem Gegenstand, auf den sie angewandt worden sind, abstrakt manipulieren. Das führt zu zwei Gefahren, wie sich an vielen Beispielen aus der Untersuchung visueller Proportionen nachweisen läßt. Erstens deckt der umherschweifende Blick, der gegen die Gestaltqualitäten des Gegenstandes blind ist, hier und dort identische Abstände auf, ob nun solche Entsprechungen auf echter struktureller Verwandtschaft beruhen oder nicht. Ein aus vielen Einheiten bestehendes Gerüst erzeugt keine organisierte Ganzfigur. Zweitens werden durch Abmessung gewonnene Zahlen freizügig durcheinandergeworfen, wobei die vergessenen visuellen Beziehungen durch arithmetische ersetzt werden. Die Berechnung erringt Pyrrhussiege über das Sehen.

Mißbrauch allein macht jedoch ein Verfahren noch nicht untauglich, und die beharrliche Suche nach dem Maß der Schönheit hat immer wieder Auftrieb erhalten. Einige einfache Maße haben ganz offensichtlich mit dem visuell Guten zu tun, vor allem das Verhältnis 1:1, die Grundlage jeglicher Symmetrie. Am spektakulärsten war natürlich die Entdeckung des

Pythagoras, daß die wahrgenommene Harmonie von Musikintervallen mit einfachen, den räumlichen Abstand auf Saite oder Flöte messenden, Zahlenverhältnissen parallel läuft. Diese Entdeckung – bekräftigt durch die moderne Erkenntnis, daß zwischen den Schwingungszahlen von Musiktönen einfache Verhältnisse bestehen – hat endgültig zur Überzeugung geführt, daß Harmonie von räumlichen Maßen abhängt. Wenn Le Corbusier mit dem Hinweis, er stamme aus einer Musikerfamilie, ausdrücklich unterstreicht, daß seine Untersuchungen der Proportion Gültigkeit haben, dann spricht er aus der gleichen pythagoreischen Haltung heraus, die es für jeden Baumeister in der Renaissance unerläßlich machte, sich mit der Theorie der musikalischen Harmonie zu befassen. »Mehr als die zurückliegenden dreißig Jahre ist der Saft der Mathematik durch die Adern meiner Arbeit – als Architekt und als Maler – geflossen; denn Musik ist immer in mir gegenwärtig.« (3, S. 129.)

Nach der pythagoreischen Lehre stellen einfache Zahlen und ihre gegenseitigen Verhältnisse, wie auch die solche Maße einhaltenden einfachen geometrischen Figuren, das innerste Geheimnis der Natur dar. Alle existierenden Dinge, und seien sie auch noch so kompliziert, sind aus geometrischen Bausteinen zusammengesetzt. Der menschliche Körper, das Meisterwerk der Natur, galt schon bald als Offenbarung des perfekten Ebenmaßes. »In diesem Sinne«, sagt Vitruvius, »kann kein Tempelbau ohne peinliche Beachtung der Gesetze der Symmetrie und Proportionalität eine stilistisch vollendete Gestaltung erreichen, wenn nicht, wie solches ähnlich bei einem körperlich normal gebauten Menschen der Fall ist, ein allseit richtiges Ebenmaß in seinen Gliederungen ausgeprägt erscheint.« (8, drittes Buch, Kapitel I.) Nachdem eine ideale menschliche Gestalt, die die geforderten einfachen Zahlenverhältnisse aufwies, konstruiert war, diente sie nun ihrerseits dazu, die Unantastbarkeit des Kanons zu beweisen: die Gesetzmäßigkeit des Kosmos ließ sich aus der des Mikrokosmos ablesen. Dieser Gedankengang, der sich im Kreis dreht, hat seinen Einfluß bis heute nicht verloren.

Die rationale Erfassung der Proportion, die die Ungewißheit intuitiver Wahrnehmungsurteile überwinden sollte, kam dem in der Renaissance erwachenden Anspruch auf wissenschaftliche Genauigkeit entgegen. Sie befriedigte das Verlangen nach objektiver Beschreibung und lieferte einen Maßstab, der die verwirrende Vielfalt der Dinge regelte. Sie half, der Kunst Achtung zu verschaffen, indem sie demonstrierte, daß die Form von Kunstwerken nicht zufällig war. Und wo immer das wissenschaftli-

Kritische Betrachtung zum Begriff der Proportion

che Ideal und Verhalten die intuitiven Kräfte des Künstlers oder des Kunstkenners schwächten, wurde zur Unterstützung des unzuverlässigen Auges das Maß als Krücke angeboten.

Gleichzeitig empfahl es sich, zu dem praktischen Zweck der Identifizierung und Nachbildung eines Produktes die Form auf das Maß zu reduzieren. Serienmäßige Herstellung erfordert Standardisierung, und Standardformen sind unpraktisch, solange sie nicht durch Maße definiert werden. Die alten Ägypter benutzten ein Netzwerk aus vertikalen und horizontalen Linien, um Statuen einer bestimmten Form herzustellen, und in der Abhandlung des Vitruvius wird die pythagoreische Metaphysik in eine Reihe praktischer Ratschläge verwandelt, deren Absicht es ist, den Anforderungen des nachahmenden römischen Architekturstils zu genügen.

Es scheint nur natürlich, daß ein moderner Architekt im Bestreben, die Kunst der Proportion wiederzubeleben, auf der Standardisierung besteht. Le Corbusier ist sich der Verantwortung bewußt, die damit verbunden ist, Standards auszuwählen, die den Funktionen des Gegenstandes angemessen sind. Sein Ziel lautet: »Zu standardisieren, das heißt, das Risiko einer willkürlichen Wahl und die Umkehrung dieses Risikos einzugehen: eine wunderbare Befreiung von den Methoden der wirtschaftlichen Produktion.« (3, S. 107.) Er glaubt, daß eine geeignete Serie standardisierter Einheiten durch seinen »Modulor« geboten wird, zu dem er in der folgenden Art und Weise gelangt: Er geht, ganz in der Tradition des Vitruvius, vom menschlichen Körper aus (Abbildung 1). Er unterteilt die gesamte Höhe, von den Füßen bis zu der Hand des senkrecht erhobenen Armes, durch eine in Höhe des Nabels gezogene Linie in zwei gleiche Teile, und nimmt an, daß diese Gesamthöhe nach dem goldenen Schnitt aufgeteilt werden kann, wenn man in Höhe des Handgelenks des hängenden Arms eine weitere Linie zieht (86:140). Die Entfernung von den Füßen bis zum Scheitel läßt sich ebenfalls nach dem goldenen Schnitt teilen, in diesem Fall durch eine Linie in Höhe des Nabels (70:113). Diese zwei Verhältnisse werden als Ausgangspunkte für zwei unabhängige Zahlenreihen verwendet, die beide die Bedingungen für das erfüllen, was dem Mathematiker als Fibonacci-Reihe bekannt ist. Jedes Element gleicht der Summe der beiden vorangehenden, und in der ganzen Reihe entspricht das Verhältnis zwischen benachbarten Werten annähernd der Proportion des goldenen Schnitts. (So entsteht aus dem Verhältnis 86:140 die Reihe: . . . 33, 53, 86, 140, 226, 366 . . . in beiden Richtungen ad infinitum fortzusetzen.)

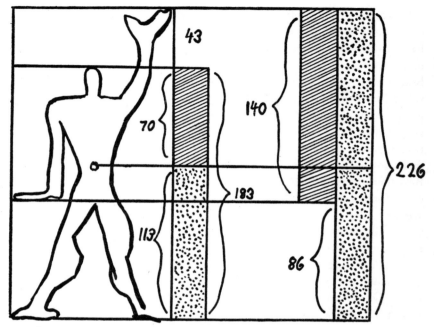

Abbildung 1. (Nach Lé Corbusier, *The Modulor*, mit Genehmigung der Harvard University Press)

Wie gut eignet sich diese Gruppe von Größen für die Zwecke einer Standardisierung? Standardisierung setzt voraus, daß die Zahl der verwendeten Einheiten so klein wie möglich ist und daß sich die Einheiten ohne weiteres miteinander verbinden lassen. Die erste Bedingung scheint durch den Modulor erfüllt zu werden, da die Zahl der aufgestellten Werte innerhalb jedes Größenbereichs klein ist. Wenn ich mich recht erinnere, erlaubt zum Beispiel der Modulor bei einer normalen Türöffnung praktisch nur eine Breite von 70 cm und eine Höhe von 226 cm und beschränkt damit die Produktion auf eine einzige Größe. Die Verbindung von Einheiten ist nicht so gut gewährleistet, da nur sehr wenige von ihnen das Vielfache voneinander sind. In jeder der beiden Reihen lassen sich Einheiten nur mit Hilfe des jeweiligen Nachbarn verbinden. Die drei aufeinanderfolgenden Werte 33, 53, 86 passen zum Beispiel sehr gut zusammen (33 + 53 = 86), aber kein Vielfaches von 33 oder 53 ergibt 86. Diese Schwäche, die sich aus der Eigenart der Fibonacci-Reihe ergibt, hat auch ästhetische Konsequenzen, über die noch zu sprechen sein wird.

Kritische Betrachtung zum Begriff der Proportion

Standardisierung zielt darauf ab, die zweckmäßigen Beziehungen zwischen den Dingen zu fördern. Da die meisten Erzeugnisse »entweder Behältnisse des Menschen oder Erweiterungen des Menschen« sind (3, S. 60), müssen sie in eine zweckmäßige Beziehung zu ihrem Benützer gebracht werden. Natürlich sind Häuser, Möbelstücke und Werkzeuge schon immer auf zwanglose Art und Weise dem menschlichen Körper angepaßt worden, doch Le Corbusier hofft, diese Beziehungen dadurch zu standardisieren, daß er seine Zahlenreihen von den wichtigsten Proportionen und Ausmaßen des Körpers ableitet. Leider läßt sich aber die menschliche Figur nicht standardisieren, und da der Körperwuchs einer Bevölkerung in der statistischen Darstellung immer eine Glockenkurve ergibt, scheint es absurd, das Verhältnis zwischen dem Menschen und den von ihm hergestellten Objekten bis auf den Zentimeter genau festlegen zu wollen. Tatsächlich arbeitete Le Corbusier ursprünglich mit einer Zahlenreihe, die für den Durchschnittsfranzosen von 175 cm Körpergröße maßgeschneidert war, bis ihm einfiel, »daß in englischen Kriminalromanen die gutaussehenden Männer, etwa die Polizisten, immer sechs Fuß groß sind«. Da der Modulor zur weltweiten Anwendung kommen soll, entschied sich der Erfinder für 6 Fuß (182,88 cm) und erklärte dazu, ein Maß solle lieber zu groß als zu klein sein, »damit der auf der Grundlage dieses Maßes hergestellte Artikel von allen verwendet werden kann«, – ein Argument, das bei kleingewachsenen Menschen auf wenig Gegenliebe stoßen dürfte.

Daß Le Corbusier so auf seinem spezifischen Maßstab besteht, wird verständlicher, wenn man die diesem Maßstab unterstellte Zweckhaftigkeit ignoriert und statt dessen in ihm eine romantische Variante der pythagoreischen Philosophie sieht. Die traditionelle Lehre von der Proportion bezog architektonische Form auf den Menschen, weil sein Körper als ein Muster an Vollkommenheit galt, und nicht etwa weil er in dem Gebäude zu leben hatte. Der Architekt sollte das Bild des Menschen vor Augen haben, und deshalb ging man auf die relativen Proportionen des Modells und nicht auf seine absoluten Dimensionen ein. Während nach dieser Anschauung der Mensch – als Natur- oder Gotteskind – dem Erbauer das Geheimnis kosmischer Harmonie offenbarte, sah die modernere Einfühlungstheorie in der Vermenschlichung der Architektur das Mittel, mit dem der Mensch »die unmenschliche Natur seinen Bedürfnissen unterwirft« (5, S. 179). Der Mensch ist ein fremdes Wesen in einer chaotischen Umgebung aus Pflanzen, Flüssen und Bergen, und deshalb schafft er in seinen Gebäuden etwas nach seiner eigenen Art: geordnete Formen, die er verstehen kann; er »überträgt die angenehmen Körperzustände in Stein« (5, S. 177). Beide Theorien gehen von einer Trennung zwischen dem Menschen und seinem Werk aus: die erste sieht im Menschen lediglich ein Modell, das aus der Ferne zu betrachten und zu kopieren ist, die zweite sieht in dem Bauwerk das mittelbare Objekt einer verständnisvollen Einfühlung.

Für Le Corbusier sind der Mensch und die Welt, die er baut, eine unzertrennbare Einheit. So wie der Mensch eine Entwicklung der Natur ist, so sind das Bauwerk, die Möbel, die Maschine, das Gemälde oder die Skulptur Entwicklungen des Menschen. Der Erbauer und sein Werk sind voneinander abhängig wie die Schnecke und ihr Haus. Der Mensch erweitert seinen Horizont durch seine Werke, und die Werke erhalten ihre Bedeutung dadurch, daß der Mensch sie benützt. Aus dieser romantischen Anschauung folgt, daß der Mensch und seine Schöpfung als ein einziger Gesamtorganismus gesehen werden müssen. Daher rührt auch Le Corbusiers Vorliebe für den goldenen Schnitt, der für seine Vorfahren das Wesen der kosmischen Mathematik darstellte, während er darin die Formel des Lebens sieht, die Wissenschaftler in der Körperstruktur von Pflanze und Tier entdeckt haben. Und daher auch seine zwei Proportionalitätsreihen, die den menschlichen Körper in eine fortlaufende Skala vom unendlich Kleinen bis zum unendlich Großen einreihen und den Menschen als *natura naturans* und *natura naturata* darstellen.

Dies ist eine überaus moderne Philosophie, die sich gut dazu eignet, unsere biologische Auffassung mit einem ästhetischen Überbau zu versehen. Es ist aber auch nicht mehr als eine Philosophie – sie muß sichtbare Form annehmen, bevor sie auf die Kunst angewandt werden kann. Für den logisch denkenden Verstand mögen innerer Zusammenhang und Folgerichtigkeit in den arithmetischen Eigenschaften der Modulor-Reihe zufriedenstellend symbolisiert sein; sind sie aber für das Auge genauso deutlich erkennbar? Offensichtlich müssen die Vorzüge des Systems in der Praxis erprobt werden; ganz abstrakt, ohne praktischen Bezug, lassen sie sich kaum bewerten. Hier können nur ein paar allgemeine Überlegungen vorausgeschickt werden.

Soll einem bestimmten Verhältnis von räumlichen Entfernungen der Vorzug gegeben werden, dann ist der goldene Schnitt sicher ein guter Anwärter. Kunstgeschichtler und Psychologen können bezeugen, daß das Auge dieses spezielle Verhältnis erkennt und darüber hinaus auch beson-

Kritische Betrachtung zum Begriff der Proportion

ders schätzt. Ähnliches gilt für das Verhältnis 2:1, das auf Grund der Tatsache, daß die Werte der einen Reihe doppelt so hoch sind wie die der anderen, im Modulor auftaucht: es wird vom Auge leicht erkannt und findet gute Verwendung. Die Kontinuität, mit der eine Reihe von Stufen den Betrachter von den kleineren zu den größeren Einheiten führt und so zum Zusammenwachsen der ganzen Struktur beiträgt, ist eine Grundvoraussetzung für jede künstlerische Komposition. Sie unter ausdrücklicher Einbeziehung der menschlichen Dimensionen erneut zu bestätigen und in ein System einzuordnen, scheint heute besonders willkommen, angesichts einer Vorliebe für »monumentale« Gebäude, in denen sich der Besucher so verloren vorkommt wie ein Käfer in einer Zigarrenkiste. Le Corbusiers arithmetische Aufeinanderfolge von Werten gewährleistet jedoch keine Kontinuität; sie legt sie nur nahe. Da es dem Künstler überlassen bleibt, aus den Zahlenreihen die Werte auszuwählen, die er zu verbinden wünscht, muß er sich weiterhin auf sein intuitives Urteil verlassen, will er jene ungebrochenen Verhältnisketten erhalten, die die einheitliche Hierarchie jeder guten Komposition erzeugen. Innerhalb jeder der beiden Reihen besteht nur zwischen den unmittelbar nebeneinander liegenden Werten ein einfaches Verhältnis. Für die weiter voneinander entfernten gilt das nicht. Und was die Verhältnisse zwischen den zwei Reihen betrifft, so hat jeder Wert in der einen Reihe das Verhältnis 2:1 zu der ihm gegenüberliegenden Zahl in der anderen Reihe; im übrigen sind aber die Verhältnisse zwischen den einzelnen Gliedern der zwei Reihen alles andere als einfach. Für einen Eckpfeiler zum Beispiel, der das Prinzip der guten Proportion symbolisieren soll, wählte Le Corbusier das Verhältnis 183:86, einen Wert aus jeder Reihe. Zwischen ihnen ist kein einfaches Verhältnis sichtbar, und wenn die gewonnene Form »Würde und Eleganz besaß«, dann lassen sich diese Qualitäten nicht mit der Tatsache erklären, daß beide Werte irgendwo in den beiden Reihen liegen.

Es sieht so aus, als setze sich die Harmonie der kompositionellen Ganzfigur in Le Corbusiers System aus einer wandernden Aufeinanderfolge von Zusammenklängen zwischen unmittelbaren Nachbarn zusammen, wobei die Querverbindungen zwischen weiter voneinander entfernten Elementen außer acht gelassen werden. Ein Vergleich, der passend oder unpassend sein mag, wird zumindest diesen Punkt verdeutlichen. Die diatonische Stufenleiter in der Musik sorgt für die Einheitlichkeit und Dichte des kompositionellen Gewebes nicht dadurch, daß sie einfach die Intervalle zwischen benachbarten Stufen ausgleicht. Man braucht nicht die ganze Tonleiter durchzugehen, um einen Ton mit einem anderen zu verbinden. Zwei beliebige Töne sind durch mehr oder weniger einfache auditive und arithmetische Beziehungen direkt verbunden, und die unterschiedlichen Grade der Übereinstimmung sorgen für eine reiche Palette an Ausdruckswerten. Auch das Transponieren der Tonhöhe – vergleichbar mit der Umwandlung der Anschauungsgröße – erzeugt Muster, die nicht nur durch Homologie, d. h. Ähnlichkeit in den Proportionen, miteinander verwandt sind, sondern auch durch eine faßliche Harmonie zwischen jedem Ton aus dem einen und jedem beliebigen anderen Muster. Jeder Ton der C-Tonleiter hat eine direkte Beziehung zu jedem Ton der D-Tonleiter. Bei den Werten aus Le Corbusiers zwei Reihen fehlt diese direkte Beziehung.

Die Veröffentlichung von *The Modulor* wirft wieder die allgemeineren Fragen auf: Ist es überhaupt berechtigt, Meßverfahren auf die visuelle Proportion anzuwenden? Und wenn ja, wann und in welcher Art und Weise sollten sie angewandt werden? Diese Streitfrage ist noch nicht sehr alt. In allen höherentwickelten Zivilisationen haben Künstler und andere Handwerker offenbar nicht gezögert, alle ihre geistigen Fähigkeiten – Wahrnehmung, Intuition, Denkvermögen, Berechnung – einzusetzen, wo immer sie einem Zweck dienten. Die Befürchtung, daß Formeln die Freiheit des Auges beeinträchtigen könnten, kam nicht auf, solange das visuelle Urteil seine natürliche Kraft behielt. Die romantische Mahnung, daß Intellekt und Intuition Widersacher seien, begann ihren Einfluß auszuüben, als Grund zu der Annahme bestand, daß nicht mit dem Auge, sondern mit Berechnung an die Aufgaben herangegangen wurde, die eine ständige und entscheidende visuelle Kontrolle erfordern. Es braucht kaum betont zu werden, daß eine derartige Streitfrage keinen voll entwickelten Künstler davon abhalten konnte, durch begriffliches Denken seine intuitiven Verallgemeinerungen zu schärfen, ihnen eine weniger vergängliche Form zu geben und sie mitteilbar zu machen. Wenn nichts dagegen einzuwenden ist, daß man eine Tatsache wie »Blau weicht zurück, und Rot rückt vor« im Geiste registriert, dann sollte auch gegen die Regel nichts einzuwenden sein, daß der goldene Schnitt eine gute Proportion schafft; denn die erste Aussage ist nicht weniger intellektuell als die zweite. Die Frage ist nicht, ob abstrakte Operationen auf die Kunst anwendbar sind, sondern ob es die sind, die mit Zahlen und mit Berechnung zu tun haben.

Es kann zweierlei Einwände geben. Entweder sagt der Gegner: »Es ist

Kritische Betrachtung zum Begriff der Proportion

möglich und vielleicht sogar wahrscheinlich, daß einfache arithmetische oder geometrische Beziehungen die Grundlage aller visuellen Harmonie bilden. Die Suche nach solchen Formeln sollte jedoch ein Steckenpferd des Theoretikers bleiben; sie schaden der schöpferischen Arbeit, weil Künstler Harmonie nur durch Intuition erlangen können.« Ich halte einen Einwand in dieser Form für ein Vorurteil, das auf einer falschen Zweiteilung beruht und das durch eine jahrhundertelange künstlerische Praxis widerlegt worden ist, vor allem in der Architektur, die schon ihrem Wesen nach ein ständiges Messen und Berechnen mit sich bringt. Der andere Einwand stellt nicht das Verfahren als solches in Frage, wehrt sich aber gegen einige seiner Anwendungsmöglichkeiten. Er wirft die grundsätzliche Frage auf, welcher Aspekt der Natur von Dingen, die einer Messung unterworfen sind, eben diese Messung rechtfertigt und welche Arten der Messung nachweisbar passender sind als andere.

Es ist zweckmäßig, die Frage neu zu formulieren; sie lautet dann: In welchem Ausmaß sind die Objekte des Rationalisierens rational? Der Begriff »rational« bedeutet hier nicht das, was er dem Mathematiker bedeutet. Ich meine damit das Ausmaß, bis zu dem die Sehstruktur eines Musters und die Teile, die es bilden, einfach, prägnant und identifizierbar sind. Wenn zum Beispiel die Längen aller Teile in einem gegebenen Muster jeweils das Vielfache einer gegebenen Einheit sind, dann ist das Muster im Sinne einer solchen Messung vollkommen rational. Dies ist eine Art der Rationalität, die auf Messung beruht. Es gibt noch eine andere Art, die auf geometrischer Einfachheit beruht. Ein Muster wird um so rationaler, je einfacher die geometrischen Verhältnisse werden, mit denen es sich definieren läßt. In diesem Sinne ist das Verhältnis eines Kreises zu seinem Durchmesser oder eines Quadrates zu seiner Diagonale in hohem Grade rational, obwohl in beiden Fällen die algebraischen Quotienten zu unendlichen Brüchen führen. Die Frage ist also, in welchem Ausmaß und auf welche Art und Weise Anschauungsgegenstände auf das Rationale reduziert werden können.

In der Geschichte der Kunst sind beide Kriterien der Rationalität angewandt worden. Das eine stützt sich auf die Messung mit einem genauen Maßstab. In ihrer elementarsten Form verläßt sich diese Messung auf die einzelne Maßeinheit, das heißt, sie definiert alle Teile und Verhältnisse immer als das Vielfache einer Einheit. Dieses Verfahren bringt, wie wir noch sehen werden, nur ein Minimum an strukturellem Verständnis auf. Die andere Meßmethode geht nicht von einem einzelnen Element, sondern von der Ganzfigur aus. Sie definiert die Teile als Bruchteile des Ganzen und macht dadurch praktisch das Ganze zur Maßeinheit.[1] So beträgt zum Beispiel in Vitruvius' Analyse des menschlichen Körpers der Kopf $^1/_8$ der Körperlänge, das Gesicht und die Hand jeweils $^1/_{10}$, der Fuß $^1/_6$, die Elle $^1/_4$ usw. (8, drittes Buch, Kapitel I). Wir haben hier also eine Unterteilung in mehrere verschiedene Einheiten, die vielleicht auf eine Reihe verschiedener Strukturebenen hinweisen und damit eine feinere Analyse darstellen als die in grober Weise gleichmachende Technik der einzelnen Einheit. Andererseits schafft diese Methode, bei der die Ganzfigur jeweils aus dem Vielfachen eines Elements aufgebaut wird, auf ihrem eigenen primitiven Niveau eine einfache Einheit, die der komplizierteren Methode abgeht; denn dieses zweite Verfahren bezieht die verschiedenen Unterteilungen des Körpers nur indirekt aufeinander, nämlich durch ihren Bezug auf ein gemeinsames Ganzes, während ihr Verhältnis zueinander außer acht gelassen wird. Es ist, als seien mehrere nicht deckungsgleiche Netzwerke auf ein und dasselbe Muster gelegt worden.

In derselben Analyse, in der sich Vitruvius auf Maßeinheiten stützt, verwendet er auch eine grundlegend andere Methode, wenn er darauf hinweist, daß sich ein Körper mit ausgestreckten Gliedern in einen Kreis einzeichnen läßt. Hier haben wir es mit einem geometrischen Verfahren zu tun. Rationalität wird dabei nicht erlangt, indem man einen linearen Maßstab anlegt, sondern indem man das Objekt einer anderen, einfachen Form anpaßt. Geometrisches Zeichnen mit Zirkel und Lineal wurde von den Steinmetzen im Mittelalter praktiziert. Sie arbeiteten zwar nicht ganz ohne absoluten Maßstab, zogen aber doch großen Nutzen aus solchen nicht vergleichbaren Verhältnissen wie dem zwischen dem Kreis und seinem Durchmesser oder dem des goldenen Schnitts.

Le Corbursiers Modulor stellt einen unbehaglichen Kompromiß zwischen den beiden Methoden dar. Da er sich auf den goldenen Schnitt stützt, ist er von Natur aus geometrisch. Doch all seine Verhältnisse werden in Zahlen übertragen, und das macht ein Abrunden der unendlichen Brüche erforderlich. Mit diesem Kunstgriff wird ein geometrisches Strukturprinzip in eine arithmetische Form gezwängt. Eine noch schwerwiegendere Ambiguität bedeutet die Tatsache, daß Le Corbusier in der Absicht, eine kontinuierliche Reihe zu erhalten, die Fibonacci-Reihe ver-

---

1. Näheres zur Geschichte der Proportion findet sich in Erwin Panofskys klassischer Untersuchung (7, SS. 55–107).

Kritische Betrachtung zum Begriff der Proportion

wendet, bei der die Verhältnisse zwischen benachbarten Einheiten dem goldenen Schnitt nahekommen, ohne jedoch mit ihm identisch zu werden. So werden im Zwielicht arithmetischer Annäherung zwei verschiedene Strukturprinzipien – von denen das eine auf Addition, das andere auf Quotienten beruht – einander angepaßt.

Als Meßsystem ist Le Corbusiers Zahlenreihe eine raffinierte Abwandlung des Modul-Prinzips. Anstatt die Größe der Einheit konstant zu halten, läßt die Zahlenreihe sie in arithmetischer Progression langsam anwachsen. Dieses Verfahren beschränkt, wie bereits erwähnt, Rationalität auf aneinandergrenzende Einheiten, während weiter auseinander liegende Einheiten nicht vergleichbar sind. Wie bei den meisten der anderen Systeme besteht die Schwäche dieses Verfahrens darin, daß es der integrierten Struktur eines Gesamtmusters – dessen Teile unmittelbar aufeinander bezogen sind, selbst wenn sie ganz unterschiedlichen Größenniveaus angehören – nicht gerecht wird. Statt dessen, so könnte man sagen, folgt es lediglich linearen Spuren der Rationalität durch solche Muster.

Wie auch immer die Vor und Nachteile bestimmter Methoden aussehen mögen, so ist jedenfalls die Überzeugung, daß die Suche nach rationaler Form berechtigt ist, durch die wissenschaftlichen Entdeckungen über das Wesen der Materie erheblich gestärkt worden. Das pythagoreische Vertrauen auf die Zahl entstand aus einer Sehnsucht nach Ordnung; Beweise für seine Berechtigung gab es kaum. Die Zuversicht der modernen Wissenschaft ist besser begründet, denn ihre rationalen Modelle wurden experimentell bestätigt. Für den modernen Wissenschaftler sind die einfache Zahl und die geometrische Form als solche noch nicht das höchste Prinzip; sie sind nur die formale Offenbarung physikalischer Kräfte, die sich gegenseitig im Gleichgewicht halten. Das Atommodell ist natürlich die wertvollste Entdeckung des Rationalisten. Wenn die Grundlage aller Materie aus einem so regelmäßigen, einfachen und symmetrischen Muster besteht, wie es sich ein ordnungsliebender Geist nur erträumen kann, dann scheint es wohl vernünftig, damit zu rechnen, daß die Form der Dinge um uns her auf rationaler Grundlage aufgebaut ist.

Einer solchen Beweisführung ist jedoch mit Vorsicht zu begegnen. Es ist ein modulares Denken, das von der stark vereinfachenden Annahme ausgeht, die makroskopische Welt sei nur eine Vervielfachung der kleinsten Einheit. Kristalle kommen einer Bestätigung dieser Ansicht am nächsten, da ihre regelmäßigen Formen tatsächlich eine Erweiterung der atomaren Ordnung widerspiegeln. Im allgemeinen finden wir jedoch schon auf der molekularen Ebene eine Struktur, die dem Chaos näher ist als der Ordnung; wenn ein Wassertropfen und eine große Wassermenge eine regelmäßige Form aufweisen, dann entsteht diese Regelmäßigkeit trotz der molekularen Unordnung durch die Einwirkung makroskopischer Kräfte, die in den zwei Fällen übrigens nicht gleich aussehen. Nach D'Arcy Thompson »(sind) die gekrümmte Oberfläche des Regentropfens und die gekrümmte Oberfläche des Ozeans (auch wenn die mathematische Form zufällig gleich ist) zwei völlig verschiedene Erscheinungen, von denen die eine auf Oberflächenspannung zurückzuführen ist und die andere auf jene Form der Massenenergie, die wir der Schwerkraft zuschreiben« (6, S. 57). Was Organismen betrifft, so meint C. H. Waddington: ». . . die Kräfte, die die Elementarteilchen in einer gewissen geordneten Beziehung zueinander halten, leiten sich nicht aus den Ähnlichkeiten einiger weniger Arten von Einheiten ab, sondern sie entstehen aus den Wechselbeziehungen zahlloser aktiver Wesenheiten.« (9, S. 45.) Mit anderen Worten: was ich »modulares Denken« genannt habe, wird durch die Tatsache zu Fall gebracht, daß uns, wenn wir uns auf der Stufenleiter vom atomisch Kleinen zum astronomisch Großen bewegen, Stufen des »Beinahe-Chaotischen« ebenso begegnen wie »integrative Stufen«, wie A. B. Novikoff sie genannt hat: Stufen, auf denen das Ganze nicht die Summe seiner Teile ist: »Man muß die Gesetze der niedrigeren Ebene kennen, um die höhere Ebene voll zu verstehen; doch die einzigartigen Eigenschaften der Erscheinungen auf der höheren Ebene lassen sich nicht a priori aus den Gesetzen der niedrigeren Ebene voraussagen.« (4.) Eine Landschaft ist im wesentlichen chaotisch, doch sie liegt auf der Größenskala zwischen den wohlgeordneten Formen etwa einer Blume und dem Erdball.

Während sich also die Ordnung der Dinge nicht aus der Maßeinheit (Modul) des Atoms ableiten läßt, erzeugt das den physikalischen Systemen eigene Streben nach Gleichgewicht auf verschiedenen integrativen Ebenen wohlgeordnete Form. Das bestätigt die Rechtmäßigkeit unserer Suche nach Rationalität. Es weist aber auch darauf hin, daß die Anordnung der Struktur meistens nicht rein additiv und »modular« ist, sondern eine integrierte Anordnung des Gesamtmusters zum Inhalt hat. Die Strukturmodelle, die wir erfinden und verwenden, müssen diese Tatsache berücksichtigen.

Was hier gesagt worden ist, gilt nicht nur für die physikalische Form der Dinge um uns her, sondern auch für Wahrnehmungsmuster, die vom Gesichtssinn erzeugt werden und die sich in den Werken von Künstlern wi-

Kritische Betrachtung zum Begriff der Proportion

derspiegeln. Auch hier haben wir wieder eine Lücke zwischen integrativen Ebenen: Die Muster, die man sieht, sind nicht nur reine Erweiterungen der wahrgenommenen physischen Gegenstände. Die Lücke läßt sich jedoch überbrücken, wenn man eine Beziehung zu dem Projektionsbereich im Gehirn herstellt, wo, wie ich eingangs feststellte, Netzhautmuster in Kräftekonstellationen übersetzt werden. Wenn das physiologische Gehirnfeld tatsächlich von einer Tendenz zur Ausgewogenheit beherrscht wird, wird die Struktur von Mustern eine möglichst einfache Form annehmen, das heißt, nach der größtmöglichen Rationalität streben. Und da wir es hier wieder mit einer integrativen Ebene zu tun haben, werden wahrgenommene, geschaffene und vom Auge verstandene Muster – entweder in der Natur oder in der Kunst – wahrscheinlich wieder eher von dem System angemessen analysiert, das Formelemente einer Gesamtstruktur erfaßt, als von dem, das nur eine Anhäufung von Einheiten wahrnimmt. Das bedeutet zum Beispiel, daß kaum eine visuelle Ganzfigur erzeugt wird, wenn man mit Hilfe von Rechtecken, die aus irgendeinem Grund für vollkommen gehalten werden, Bildkompositionen zusammenflickt; eine solche Analyse, die Stück um Stück erfolgt, wird einem guten Kunstwerk auch gar nicht gerecht – selbst wenn das Mosaik aus Maßeinheiten alle Winkel und Nahtstellen der Struktur des Werkes gut wiedergibt. Denn es besteht ein großer Unterschied, ob man nur ein rationales Modell konstruiert, das dazu dient, ein Abbild des Musters zu erstellen, oder ob man das ganz bestimmte Modell trifft, das die wesentliche Struktur des Musters enthält. Die Messungen des Vitruvius ermöglichen eine recht getreue Nachbildung eines vorgegebenen griechischen Tempels, doch sie verraten uns sehr wenig über die zugrunde liegenden Prinzipien, die den Gesamteindruck solcher Bauwerke so harmonisch erscheinen lassen.

Obwohl wir von dem zum Zwecke der Rationalisierung konstruierten Modell Angemessenheit verlangen müssen, sollten wir keine mechanisch genaue Übereinstimmung erwarten, abgesehen von dem Fall natürlich, wo das Modell selbst der Konstruktion zugrunde lag, was in der Architektur oft vorkommt. Doch Skulpturen oder Gemälde von menschlichen Figuren, die im blinden Gehorsam gegen Zirkel und Zollstock konstruiert wurden – genauso wie beispielsweise die mechanische Anwendung der Zentralperspektive auf Bildern – wirken leblos und kalt. Die Architektur kann sich eine einfache Ordnung leisten, da sie nicht die Wirklichkeit zu porträtieren hat, sondern sich darauf beschränken kann, Gesetzmäßigkeit in einer natürlichen Umgebung darzustellen. Aber keine Schilderung der Wirklichkeit – sei sie nun gegenständlich oder »abstrakt« – kann die Gesetze selbst anstatt ihre Verkörperung in den Dingen darstellen, denn es liegt im Wesen der Wirklichkeit, daß die Äußerungen jedes gesetzmäßigen Prozesses mit den Äußerungen anderer derartiger Prozesse in Konflikt geraten. Ohne diese Wechselwirkung wird ein Gegenstand vollkommen und daher isoliert, und nichts kann vollkommen sein außer dem Universum oder dem totalen Kunstwerk (das ein Bild des Ganzen ist) oder dem rationalen Modell (das einige Merkmale des Ganzen isoliert, um uns das Verständnis zu erleichtern).

Das rationale Modell verhält sich also zu seinem Bezugsobjekt so, wie sich jedes Gesetz zu den Dingen verhält, in denen es sich offenbart. Genauso wie es kein einziges Eichenblatt gibt, in dem die Norm des Eichenblatts perfekt verwirklicht ist, darf man nicht erwarten, daß irgendein Gesetz der Proportion in irgendeinem Objekt perfekt erscheint. Das macht die Aufgabe, ein solches Gesetz zu finden, schwerer und nicht leichter, denn anstatt uns zufrieden zu geben, wenn ein Modell annähernd paßt, müssen wir durch eine wohlüberlegte Prüfung vieler Exemplare herausfinden, auf welches Prinzip zu sich die Spezies bewegt. Auf einen bestimmten menschlichen Körper läßt sich eine beliebige Zahl von Strukturprinzipien annähernd anwenden, und »der« menschliche Körper läßt sich geduldig strecken und zusammenpressen, um sich dieser oder jener Theorie anzupassen. Die Gemälde der Meister sind mit vielen und oft widersprüchlichen schematischen Darstellungen gedeutet worden. Das heißt nicht, daß ihnen eine innere Ordnung fehlt, sondern daß mehr als ein mechanisches Messen und Anpassen erforderlich ist, um sie zu definieren. Benötigt wird die Art der wissenschaftlichen Methode, die einem erlaubt, zwischen dem Wesentlichen und dem Zufälligen zu unterscheiden.

Je einfacher das Kräftespiel, dem ein Gegenstand unterworfen wird, desto einfacher ist seine Form. Die kleinsten Organismen werden weniger von der Schwerkraft beherrscht und haben deshalb eine regelmäßigere Form. Im Wasser ist es leichter, symmetrisch zu sein als an Land – doch je rationaler die Form, desto weniger »wirklich« sieht das Lebewesen aus. Auf primitiven oder frühen Stufen organischer Entwicklung gibt es nur eine geringe Spezialisierung der Funktionen, und deshalb ist die Form einfach. In dem Maße, in dem die Konstellation der Kräfte, die den Organismus kontrollieren, komplizierter wird, wird auch die Form komplizierter. Solange der menschliche Geist jung ist, spiegelt sich die Einfachheit seiner Wirkungsweise in der einfachen Form seiner kontrollierten Äußerungen, zum Beispiel in Kinderzeichnungen. Diese Zeichnungen setzen sich aus fast-geometrischen Mustern zusammen, und aus diesem Grund – und nicht etwa, weil sie keine naturgetreuen Abbilder wären –, neigen sie dazu, unwirklich auszusehen. Mit der Weiterentwicklung des Geistes wächst auch die Kompliziertheit seiner Schöpfungen. Das typische Erzeugnis des reifen Künstlers ist so schwierig, daß nur intuitive Wahrnehmung imstande ist, die Vielfalt der Kräfte, aus denen sich das Ganze zusammensetzt, zu ordnen und zu vereinigen. Wenn wir ausdrücklich versuchen, all seine Teile und Beziehungen – geometrisch oder arithmetisch – zu identifizieren, bleibt uns bestenfalls eine Ansammlung aus Einzelteilen.

Wir können jedoch auf verschiedenen Stufen der Annäherung rationale Muster für das Kunstwerk aufstellen. Wenn wir ein Bild als eine dreieckige Komposition beschreiben, lassen wir uns fast alles entgehen, bis auf ein einziges Merkmal des Gerüstes dieser Arbeit, das allerdings die Grundlage des Ganzen bilden kann. Und von dieser höchst allgemeinen Stufe können wir zu subtileren Stufen weitergehen und zu Unterscheidungen des Primärmusters kommen. Doch an einem bestimmten Punkt werden wir aus unserem Weg zur Rationalität aufgehalten. Es ist der Punkt, bis zu dem der Wissenschaftler in der Kompliziertheit des Individuums Gesetzmäßigkeit finden kann. Die kompositionellen Umrisse, mit denen der Künstler auf einem leeren Blatt Papier anfängt oder die der Kunsttheoretiker auf Photographien von Gemälden oder Bauwerken zeichnet, sind solche Annäherungen. Sie sind möglich, weil alle organisatorischen Ganzformen hierarchisch sind. Solche Ganzformen wachsen nicht wie ungeplante Städte, in denen jede neue Einheit durch ihre unmittelbaren Nachbarn festgelegt wird – wodurch die Ganzform chaotisch wird. Organisierte Ganzformen wachsen durch Differenzierung einer embryonalen Struktur, und jede Einzelheit wird durch das Gesetz der Ganzform bestimmt. Das heißt, es gibt in ihnen verschiedene Schichten an Ordnung, die von der höchsten und einfachsten zu immer komplizierteren absteigen. Die Ordnung, die auf jeder Stufe gefunden wird, stimmt. Die Schneide eines Messers ist gerade, auch wenn sie unter dem Mikroskop ihre Unregelmäßigkeiten offenbart. Und wenn der Statistiker eine Kurve »abrundet«, mogelt er nicht, sondern versucht, die höhere Ordnung von der Einmischung niedrigerer Ordnungen zu säubern. Wie tief unser rationales Verständnis in die Hierarchie der Schichten eindringen kann, hängt von der Schärfe unserer Werkzeuge ab, unter denen der Geist an erster Stelle steht.

Wir müssen hier zwischen Gesetzmäßigkeit und Rationalität unterscheiden. Jedes Erzeugnis der Natur oder des Menschen kann als ganz und gar gesetzmäßig gelten in dem Sinne, daß es durch die Wechselwirkung einfacher Kräfte gebildet wird. Deshalb ist selbst die komplizierteste Form in der letzten Analyse eine Mischung aus einfachen Formen. Dinge sind gesetzmäßig, auch wenn ihre Organisation auf niedriger Stufe stehen kann. Das Chaos durcheinanderwirbelnder Gasmoleküle ist nur der niedrigste Grad an Ordnung. Manche moderne Maler beschränken die Organisation ihrer Bilder auf Punkt-Punkt-Beziehungen und eine übergreifende Zusammengehörigkeit: die Aussage ist mager, die Hierarchie ist beschränkt, und der Zusammenhalt ist schwach, doch diese Werke sind so vollständig gesetzmäßig wie jedes andere existierende Ding. Die grundlegende Gesetzmäßigkeit aller Dinge rechtfertigt die Suche nach Rationalität. Während aber die Gesetzmäßigkeit eine objektive Eigenschaft ist, beschreibt die Rationalität das Ausmaß, bis zu dem ein Betrachter einen Gegenstand einem definierbaren Muster anpassen kann; sie ist deshalb immer eine Frage des Grades.

Ich wies oben darauf hin, daß die Form jedes Gegenstandes die Auswirkungen einer Wechselbeziehung zeigen muß, um nicht isoliert und leblos zu erscheinen. Es ist deshalb zu erwarten, daß eine perfekte geometrische Form und sehr einfache Proportion nur selten vorkommen. Eine potentiell einfache Form ändert sich oft unter dem Einfluß des Zusammenhangs, in dem sie auftaucht. Gustav Th. Fechner, der sich mit der Proportion befaßte, sprach von »kombinatorischer Mitbestimmung«.[2] So steht zum Beispiel der Raumwert der Architektur nach Geoffrey Scott unter dem Einfluß »von Licht- und Schattenverhältnissen: die Lichtquelle zieht den Blick auf sich und verursacht von sich aus eine unabhängige angedeutete Bewegung. Er steht unter dem Einfluß von Farbe: ein dunkler Boden

---

2. Fechner schreibt: »Mögen gewisse Formen und Verhältnisse isoliert gedacht einen gewissen Vorzug der Wohlgefälligkeit vor anderen verraten, so kommen sie doch nie isoliert zur Verwendung, sondern stets mit nachbarlichen Formen und Verhältnissen, sei es desselben Gegenstandes oder der Umgebung, oder mit ihnen selbst eingeschriebenen oder sie kreuzenden Formen. Jede Form, jedes Verhältnis aber wird im Eindruck durch eine direkte oder assoziative Beziehung zur Formen und Verhältnissen mitbestimmt, welche mit ihm im Zusammenhange der Auffassung unterliegen, was ich . . . die kombinatorische Mitbestimmung genannt habe.« (1, S. 187.)

und ein helles Dach ergeben eine vollkommen andere Raumempfindung als ein dunkles Dach und ein heller Boden. Er steht unter dem Einfluß unserer eigenen Erwartung: dem Einfluß des Raumes, der uns sofort übrig bleibt. Er steht unter dem Einfluß des Charakters der vorherrschenden Linien: eine Betonung der vertikalen Linien ergibt bekanntlich die Illusion größerer Höhe; eine Betonung horizontaler Linien ergibt das Gefühl größerer Weite.« (5, S. 170.) Das bedeutet, daß man sich bei der Suche nach rationaler Form vielleicht mehr auf potentielle Einfachheit als, wie bisher geschehen, auf tatsächliche Einfachheit konzentrieren sollte. Die Tendenz zur einfachen Form steckt in jeder beliebigen Einheit, wird aber oft durch den Zusammenhang abgewandelt, ähnlich wie beispielsweise das Ei eine potentielle Kugel ist, die sich dann, während die Schale hart wird, unter Druck verändert. Ein aufschlußreiches Beispiel findet sich in Fechners Arbeit. Als er Beobachter aufforderte, zwischen Rechtecken unterschiedlicher Form zu wählen, stieß er auf eine Vorliebe für Proportionen, die in der Nähe des goldenen Schnittes lagen. Als er aber die Proportionen von Hunderten von Bildern in Museen maß, entdeckte er, daß von den Künstlern in der Regel ein beträchtlich kürzeres Rechteck verwendet wird: das Seitenverhältnis war etwa 5:4 bei Bildern im Hochformat und etwa 4:3 bei solchen im Querformat (1, Abschnitt 44). Eine kurze Überlegung läßt uns die Gründe dafür erkennen. In einem leeren Rechteck ist das Verhältnis zwischen den zwei lienaren Abständen – ungefähr das unserer Postkarte – durchaus angenehm. Haben wir es aber mit einer Bildkomposition zu tun, die nicht nur in den Richtungen der zwei Hauptdimensionen zu lesen ist, sondern darüber hinaus als eine fester zusammengefügte Ganzheit, bei der jeder Punkt zu jedem anderen Punkt in Beziehung gesetzt werden muß, dann würden die Entfernungen in der längeren Dimension, relativ gesehen, so groß sein, daß sie für die meisten Zwecke unüberbrückbar wären. Es fallen einem dabei auch zahllose Beispiele ein, in denen Proportionen durch praktischen Gebrauch beeinflußt werden.

Aus dem eingangs Gesagten folgt, daß formale Neigungen nicht nur von dem Grad an Ausgewogenheit bestimmt werden, der auf das Wechselspiel physiologischer Kräfte im Sehapparat zurückzuführen ist. Oft werden diese rein wahrnehmungsmäßigen Aspekte durch Motivationsbedürfnisse auf höheren psychischen Ebenen überlagert und abgeändert. Beispiele dafür liefert das, was im allgemeinen unter der Rubrik »Geschmack« oder »Stil« abgehandelt wird. Das nach dem goldenen Schnitt gezeichnete Rechteck und das Quadrat mögen gleichermaßen ausgewogen sein, doch sie unterscheiden sich nach Ausdruck oder Bedeutung; das eine zeigt gerichtete Spannung, das andere dicht zusammengedrängte Symmetrie. Die Ausdrucksunterschiede zwischen Schlankheit und Dicke, Geradlinigkeit und Gekrümmtheit; die relativ entspannten Proportionen, die sich aus dem Modul und den spannungsreicheren, unvergleichbaren herleiten – alle diese Eigenschaften eignen sich gut dazu, grundlegende menschliche Einstellungen widerzuspiegeln. Sie haben ganz spezifische biologische und kulturelle Beiklänge, zum Beispiel in den Proportionen der menschlichen Figur. Wenn der Titel der »Miß Universum 1955« an ein Mädchen ging, das eine Brust- und Hüftweite von 90 und eine Taillenweite von 60 cm hatte, dann genügt es nicht, darauf hinzuweisen, daß ihr Körper dem pythagoreischen Verhältnis 2 : 3 entsprach und vielleicht aus dem Grund harmonisch aussah, und daß sich ihr Torso möglicherweise in das Rechteck der *Divina Proportione* einzeichnen ließe; vielmehr müssen wir darüber hinaus sehen, daß diese bestimmten Maße halfen, sie zum visuellen Symbol dessen zu machen, was eine Frau heute in dieser Kultur ist, und daß die vielleicht gleichermaßen harmonischen Frauen Rubens' oder der Präraffaeliten einen anderen Lebensstil vorstellen.

Eine Vorliebe für den ganz bestimmten Grad an Rationalität, nach dem ein gegebenes Muster strebt, ist für sich allein schon der Ausdruck einer tiefsitzenden Einstellung. Die Bandbreite von Mondrian, Nicholsen, Albers bis beispielsweise zu Rodin reicht von einem extremen Bedürfnis nach Sicherheit, Ordnung und Vernunft bis hin zu einem gleichermaßen radikalen Vergnügen an lebhafter Kompliziertheit; und die Forderungen der pythagoreischen Verehrer von Zollstock und Zirkel führen nicht zu absoluter Schönheit, sondern sind nur die Äußerung eines bestimmten Stils. Solange die Analyse rationaler Form ein Werkzeug des voll entwickelten Verstandes bleibt, kann sie dazu beitragen, wahrgenommene Ordnung zu verdeutlichen. Wenn sie aber das Sehen ersetzt und den Ausdruck erstickt, wird sie zu einem Spiel *in vacuo*.

BIBLIOGRAPHIE

1. Fechner, Gustav Theodor, *Vorschule der Aesthetik.* Leipzig (Breitkopf & Härtel) 1876.
2. Frenkel-Brunswik, Else, »Intolerance of ambiguity as an emotional and perceptual variable«, in: Bruner, Jerome S., und Krech, David (Hg.), *Perception and Personality.* Durham, N. C. (Duke Univ. Press) 1949.
3. Le Corbusier, *The Modulor – A Harmonious Measure to the Human Scale Universally Applicable to Architecture and Mechanics.* Cambridge, Mass. (Harvard Univ. Press) 1954.
4. Novikoff, A. B., »The conzept of integrative levels and biology«, in: *Science*, 1945, SS. 209–215.
5. Scott, Geoffrey, *The Architecture of Humanism.* Garden City (Doubleday) 1954.
6. Thompson, D'Arcy W., *On Growth and Form.* London (Cambridge Univ. Press) 1942.
7. Panofsky, Erwin, *Meaning in the Visual Arts.* Garden City (Doubleday) 1955.
8. Vitruvius Pollio, *Zehn Bücher über Architektur.* Übersetzt und erläutert von Jakob Prestel. Baden-Baden (Verlag Heitz GmbH) 1959^2.
9. Waddington, C. H., »The character of biological form«, in: Whyte, Lancelot L. (Hg.), *Aspects of Form.* Bloomington (Indiana Univ. Press) 1951.

Der Zufall und die Notwendigkeit der Kunst*

Den unmittelbaren Anstoß für diese Untersuchung gaben die Praktiken gewisser moderner Künstler, Schriftsteller und Komponisten, die sich bei ihrer künstlerischen Arbeit ganz bewußt auf den Zufall verlassen. Von einem unserer experimentierfreudigeren Komponisten wird erzählt, daß er es liebt, in übergroßem Maßstab fünf Notenlinien auf ein Blatt Papier zu zeichnen, das Papier auf den Boden zu legen und aufs Geratewohl eine Handvoll Pfennige darauf fallen zu lassen; und diese zufällige Zusammenstellung von Noten verwendet er dann als musikalische Komposition. Die Surrealisten übernahmen ein Gesellschaftsspiel, bei dem eine Gruppe von Leuten gemeinsam ein Gedicht schreibt oder eine Figur zeichnet, wobei aber keiner die Beiträge der anderen kennt *(cadavres exquis)*. Sie betreiben auch das automatische Schreiben – die Technik, so schnell wie möglich und ohne nachzudenken oder auszuwählen alles, was einem in den Sinn kommt, hinzuschreiben. Das sind lediglich extreme Beispiele einer weitverbreiteten Strömung; dazu gehören auch der Schrotthaufen als Inspirationsquelle für Bildhauer, das Verwenden von Naturformen und -strukturen in Collagen und Montagen, die Verwertung der Zufallseffekte verlaufender Farbe, flüssigen Metalls usw.

Gesetzmäßigkeit in Wissenschaft und Kunst. Auf den ersten Blick scheint die Verwendung des Zufalls das genaue Gegenteil dessen zu sein, was man vom Künstler erwarten würde, da eine der Funktionen der Kunst darin besteht, in der scheinbar irrationalen Welt unserer Erfahrung Ordnung, Gesetz und Notwendigkeit zu entdecken. Die Kunst ist im Überlebenskampf des Menschen ein elementares Instrument, das ihn zwingt, durch die Beobachtung der Dinge etwas von ihrem Wesen zu verstehen und damit ihr Verhalten vorauszusagen. In der Vorrede zu *Die Verschwörung des Fiesco zu Genua* weist Schiller darauf hin, daß der Held dieses

---

* Erstabdruck in *Journal of Aesthetics and Art Criticism*, 16 (1957), SS. 18–31.

Der Zufall und die Notwendigkeit der Kunst 125

Stückes in Wirklichkeit durch einen unglücklichen Zufall zugrunde ging, daß aber dieser Gang der Ereignisse verändert werden mußte, »denn die Natur des Dramas duldet den Finger des Ohngefährs oder der unmittelbaren Vorsehung nicht. . . . Höhere Geister sehen die zarten Spinneweben einer Tat durch die ganze Dehnung des Weltsystems laufen und vielleicht an die entlegensten Grenzen der Zukunft und Vergangenheit anhängen – wo der Mensch nichts als das in freien Lüften schwebende Faktum sieht. Aber der Künstler wählt für das kurze Gesicht der Menschheit, die er belehren will, nicht für die scharfsichtige Allmacht, von der er lernt.«

Um hinter die rätselhafte Fassade des scheinbar Zufälligen zu kommen, hat der Mensch zwei Techniken entwickelt, die sich in ihrer perfektionierten und berufsmäßig ausgeübten Form als Naturwissenschaft und Kunst darbieten. Mit Naturwissenschaft meine ich die Deutung von Ereignissen durch begriffliche Verallgemeinerungen. Die Kunst dient einem ähnlichen Zweck, denn sie schafft Bilder, durch die sich die Natur und Wirkungsweise von Dingen erfahren lassen. Auf seinen frühen Stufen stellt das wissenschaftliche Denken eine einfache Ordnung auf, die auf einigen weitreichenden allgemeinen Prinzipien beruht, etwa daß alle Himmelskörper sich in Kreisbahnen bewegen oder daß der Geschlechtstrieb der Kern jeder menschlichen Motivation ist. Unter dem Einfluß der Wirklichkeit verfeinert die Naturwissenschaft nach und nach ihre Beschreibungen, um komplizierte Zusammenhänge und Abwandlungen zu erfassen – so daß manchmal das raffinierte Gewebe die darunterliegende Struktur zu verbergen droht. Und da Aufklärung durch Ordnung das Ziel der Wissenschaft bleibt, muß sie ständig versuchen, das immer schwieriger zu begreifende Material nach einfachen Gesamtformen zu organisieren.

Die Kunst verfolgt ihr Ziel in ganz ähnlicher Weise. Auch sie geht von einfachen allgemeinen Prinzipien aus. Wir finden sie in den elementaren Symmetrien von Kinderzeichnungen oder Skulpturen früherer Kulturen. Wir finden sie in den Schwarzweiß-Figuren in Märchen und Legenden. Unter dem Einfluß der Wirklichkeit entwickelt sich auch die Kunst zu immer komplizierteren Mustern, um die Vielfalt der Erscheinungen und die Besonderheit des einzelnen Geistes zu erfassen. In der Kunst des Westens äußert sich wachsende Kompliziertheit in der Form eines zunehmenden Realismus. Die einfachen, schematischen Figuren, die sich in den frühzeitlichen Stilen und später in der byzantinischen Kunst finden, machten den stark individuellen Bildern menschlicher Wesen Platz, die in sehr vielen verschiedenen Haltungen und Situationen dargestellt wurden.

Der Zufall als Thema. Der Realismus betont das Element des Zufälligen in der Beziehung zwischen dem Kunstwerk und seinem höchsten Zweck. Denn mit dem Schritt von einem byzantinischen Heiligen zu einem Porträt von Rembrandt bewegen wir uns weiter vom Urbild des Menschen weg, dem höchsten Ziel der Menschendarstellung in der Kunst. Rembrandt sieht den Menschen im Bild eines bestimmten Individuums, das zufällig seine Aufmerksamkeit erregt hat. Die Gebärde und die Körperhaltung von Michelangelos »David« sind spezifischer als die eines romanischen Edelmannes, und die Kleider, Perspektiven, Lichtquellen und Gruppierungen in der Kunst der Renaissance sind reich an zufälligen Merkmalen. Das Zufällige verweist immer auf Beziehungen: wenn wir eine Beziehung zufällig nennen, wollen wir damit sagen, daß sie nicht das Ergebnis einer direkten Verknüpfung aus Ursache und Wirkung ist. Die stilisierten byzantinischen Gesichtszüge werden durch den Grundbegriff vom Menschen in engeren Grenzen gehalten als etwa ein Rembrandt-Porträt, auf dem individuelle Begegnungen mit Außenstehenden ihre Spuren hinterlassen. Der Unterschied läßt sich auch in der Statistikersprache ausdrücken: mit zunehmendem Realismus wird die vom Künstler angebotene Lösung immer unwahrscheinlicher.

Wir müssen uns beeilen, hinzuzufügen, daß zwar in der Naturwissenschaft das schematische Bild als das wahrheitsgetreuere gelten mag, daß sich aber die Kunst mit der aus der Vielfalt an Erscheinungen gewonnenen reinen Quintessenz nicht zufriedengibt. In kleinerem oder größerem Ausmaß macht sie sich immer den zufälligen Bestand der Welt des Künstlers und die zufällige Perspektive seiner persönlichen Anschauung zunutze, um das prototypische Wesentliche immer wieder unter neuen Aspekten darzubieten. Und während die zu einem bestimmten Zeitpunkt geschaffene ganz bestimmte individuelle Darstellung für den, der vom elementaren Prototyp ausgeht, nur eine zufällige Deutung ist, hat sie für den Schöpfer des Bildes überhaupt nichts Zufälliges an sich. Mit zunehmender Individualisierung in der Kunst mag es so aussehen, als füge jeder neue Schritt dem, was im früheren Stadium durch Notwendigkeit bestimmt wurde, willkürliche oder zufällige Besonderheiten hinzu. Ist aber die neue Methode erst einmal verstanden, wird sich zeigen, daß diese stärker individualisierte Auffassung des Themas eine Spezifizierung des Bildes erforderlich macht. So galt zum Beispiel nach den Maßstäben der mittelalterlichen Kunst ein individuell porträtiertes Gesicht als zu spezifisch und deshalb unangemessen, wenn es darum ging, geistige oder königliche Würde

Der Zufall und die Notwendigkeit der Kunst

oder die Leiden der Passion darzustellen. Erst mußte das Interesse an den spezifischen Äußerungen der menschlichen Natur erwachen, bevor solche Eigenschaften als annehmbar, angemessen und letztlich sogar notwendig betrachtet wurden.

ABBILDUNG 2. Nach Fra Angelicos »Mariä Verkündigung«, San Marco, Florenz

Fra Angelicos »Mariä Verkündigung« im Kloster San Marco (Abbildung 2) mag, ähnlich unseren Schnappschüssen, in den Augen eines Betrachters, der an die formal strengen religiösen Gemälde beispielsweise des dreizehnten Jahrhunderts gewöhnt war, unordentlich ausgesehen haben. Der architektonische Rahmen verliert seine symmetrische Beziehung zu den Figuren und wird aus einem schrägen Blickwinkel gesehen. Für unseren Betrachter erschienen die beiden Figuren ganz zufällig plaziert, und der Fluchtpunkt, in dem die Perspektive zusammenläuft, käme ihm ähnlich zufällig vor. Tatsächlich aber entspringt Fra Angelicos Komposition einer neuen, komplizierteren Ordnung, die die Position jedes Gegenstandes genau festlegt. Die ausgeglichene Heiterkeit Marias kommt in ihrem zentralen Platz unter dem Bogen rechts im Vordergrund zum Ausdruck und wird durch das Vorwärtsdrängen des nicht zentral plazierten Boten kontrastiert. Doch der größere Bogen im Vordergrund überlagert andere, kleinere, und auf diesen untergeordneten Rahmen bezogen ist auch Maria außerhalb des Mittelpunktes plaziert – ein Ausdruck ihres scheuen Sich-Zurückziehens, das zum Vorwärtsgehen des Engels ein Gegengewicht bildet und ihrer »offizielleren« Haltung einer inneren Ausgewogenheit geziemend untergeordnet bleibt. Wir bemerken außerdem, daß die scheinbar zufälligen Winkel der Perspektive einen Keil aus spitzwinkligen Formen erzeugen, die das ungestüme Hereinstürmen unterstreichen. Hier verändert also das Interesse eines neuen Zeitalters an den menschlichen Aspekten der Ankunft, Verkündigung, Verwirrung und Bescheidenheit die herkömmliche statische Symmetrie des religiösen Bildes. Es stellt sich heraus, daß die Abweichung vom Prototyp nichts Zufälliges, sondern ein wesentliches gestalterisches Mittel ist, mit dem sich die Wechselwirkung zweier Kräftegruppen, nämlich der dogmatischen und der psychologischen, deuten läßt.

Diese Erscheinung wiederholt sich auf weiter fortgeschrittenen Stufen, etwa wenn Tintorettos »Abendmahl« in San Giorgio Maggiore für einen an Leonardo gewöhnten Betrachter aussieht wie der Stoßzeitbetrieb auf einer belebten Straße. Erst wenn wir verstanden haben, daß die schräge Anordnung der Hauptszene, die verzerrten Abweichungen in Größe und Haltung der einzelnen Figuren, das Zusammendrängen, das Übereinanderliegen und die Lichtflecke eine neue, noch intensivere Darstellung des alten Dramas erreichen, enthüllt sich uns die anscheinend zufällige Verwendung des Zufälligen als Notwendigkeit.

Im Laufe der Jahrhunderte dient die immer kühner werdende Darstellung des Zufalls unterschiedlichen Zwecken. Eine humorvolle Verwendung derselben Art von Struktur, die bei Tintoretto höchste Gefühlserregung schafft, erzeugt das lustige Durcheinander der holländischen Wirtshausszenen im Werk eines Jan Steen oder van Ostade, und eine ähnlich pralle Unordnung veranschaulicht in Stilleben aus ausgesuchten Leckerbissen und anderen Luxusartikeln den zwanglosen Überfluß materiellen Wohlstands. Später wird der Zufall von den Künstlern der Romantik dazu benutzt, der strengen Ordnung des Rationalismus zu trotzen; und mit demselben Mittel werden in grellen Anklagen von Sozialkritikern und Naturalisten, von Hogarth bis George Grosz, die Unvollkommenheiten des Alltagslebens aufgezeigt.

Wie diese Beispiele zeigen, macht die zunehmende Individualisierung

Der Zufall und die Notwendigkeit der Kunst

nicht nur die Beziehung zwischen dem Bild und dem elementaren Prototyp immer weniger voraussagbar, sondern sie schwächt auch den Zwang der Notwendigkeit, der die Elemente der dargestellten Szene miteinander verbindet. Das Porträt eines Ehepaares aus dem siebzehnten Jahrhundert ist eine höchst spezifische Interpretation des Themas Mann und Frau und veranschaulicht damit auch eine höchst »unwahrscheinliche« Verbindung zweier Bürger, eine unter Millionen gleichermaßen möglichen. Während die Kombination im Doppelporträt die Notwendigkeit einer ganz bestimmten Vereinigung veranschaulicht, kann die Gruppierung höchst individueller Elemente auch dazu dienen, die Unbeständigkeit und Flüchtigkeit von Beziehungen darzustellen. Sie kann ständigen Wechsel ebenso darstellen wie Isolierung und Unordnung. Manche Maler des neunzehnten Jahrhunderts versammeln immer wieder auf ein und demselben Bild Personen, die wenig oder gar nichts miteinander zu tun zu haben scheinen. Die wogende Menschenmenge auf all den großen Barockgemälden war wenigstens durch einen gemeinsamen Mittelpunkt der Handlung verbunden, so daß die Gesamtkonstellation trotz der in den untergeordneten Episoden angedeuteten vielen Umgruppierungen stabil erschien. In Degas' »Baumwollmarkt in New Orleans« (Abbildung 3) gibt es keinen solchen Brennpunkt. Die Teilnehmer betreiben alle dasselbe Geschäft, aber sie handeln kaum miteinander. Als sei ihnen die Gegenwart der anderen gar nicht bewußt, lesen sie ihre Zeitungen, prüfen ihre Ware und beschäftigen sich mit der Buchführung. In anderen Bildern aus dieser Zeit gehen die Leute auf der Straße aneinander vorbei, schwirren Tänzerinnen ohne jedes Anzeichen von Choreographie durcheinander, sind Ausflügler willkürlich über einen Rasen verstreut und blicken in den vorbeiströmenden Fluß; sie scheinen keine Notiz voneinander zu nehmen. Geht man von der Tradition in der Malerei aus, dann kommt es einem vielleicht so vor, als seien diese Figuren ganz zufällig über die Leinwand verteilt, aber auch hier wieder scheinen die in der Komposition dargebotenen Beziehungen nur dann ohne Notwendigkeit, wenn man die Maßstäbe einer älteren Ordnung anlegt. Die Komposition erweckt jedoch nicht mehr den Eindruck des Zufälligen und wird statt dessen zwingend und unveränderlich, sobald wir erkennen, daß das Thema dieser Bilder nichts anderes ist als eben das Fehlen eines gemeinsamen Zieles, die Auflösung der Gesellschaft in einem Zeitalter des Individualismus. Diese Bilder reden von einer Gemeinschaftsstruktur, deren Bindeglieder sich allesamt gelockert haben. Keine Gesamtkonstellation hält die Menge zusammen, und deshalb sind den

Veränderungen, die sich in den Beziehungen zwischen den Einzelnen in der Menge ergeben können, keine Grenzen gesetzt.

ABBILDUNG 3. Nach Edgar Degas' »Baumwollmarkt in New Orleans«, Musée de Pau.

Der Zufall – interpretiert durch Notwendigkeit. Unser skizzenhafter Überblick offenbart in der Malerei des Westens eine zunehmende Verwendung des Zufälligen: Gegenstände werden in Beziehungen gezeigt, die nicht aus einer unmittelbaren Wechselwirkung von Ursache und Wirkung entstanden sind, und Themen werden dargeboten, die immer weniger unmittelbaren Bezug zu den elementaren Prototypen haben, deren Interpretation man im allgemeinen von der Kunst erwartet. Es wird aber auch offenkundig, daß sich zwar zufällige Beziehungen ins Thema einschlichen, daß sich aber die künstlerische Darstellung ihrer Auswirkungen keineswegs auf zufällige Auswahl oder Gruppierung stützt. Diese Arbeiten veranschaulichen die auf den Einzelfall zugeschnittene Notwendigkeit durch eine äußerst präzise Komposition, und wenn sie das Zufäl-

Der Zufall und die Notwendigkeit der Kunst 131

lige an den Beziehungen darstellen wollen, dann tun sie das nicht durch ein willkürliches Anhäufen von Elementen, sondern durch eine berechnete bildliche Interpretation des Zufalls. In Fra Angelicos »Verkündigung« hat der Maler aus all den möglichen zufälligen Beziehungen zwischen den Figuren und der Architektur diejenigen ausgewählt, die präzise die Einstellung des Engels und der Jungfrau ausdrücken. Ganz ähnlich wählt Degas unter den zahllosen Gruppierungen, zu denen der Zufall die Menschen auf dem Baumwollmarkt zusammenfügen könnte, eine aus, die mit sehr anschaulicher Präzision zeigt, daß diese Menschen kein Interesse aneinander haben. So sammelt er zum Beispiel alle Köpfe der Hintergrundfiguren in einer waagerechten Linie, und eine andere schräge Linie führt von dem Mann mit dem Zylinder im Vordergrund über den Zeitungsleser zum Kopf des Buchführers. Auf diese Weise sorgt Degas dafür, daß wir seine Menschen in Beziehung zueinander sehen und daß wir die paradoxe Isolierung von Menschen entdecken, die das Leben zusammengeworfen hat.

Für Degas und einige andere Maler seiner Generation war das Thema der zufälligen Begegnung ein Stoff, mit dem sich Gleichgültigkeit, Isolierung, Ahnungslosigkeit darstellen ließen. Die Kubisten entwickeln das Prinzip weiter; sie wenden es an, um auszudrücken, daß alles mit allem in Konflikt steht. In den besten Arbeiten dieser Schule wird große Kunstfertigkeit darauf verwendet, mit anschaulicher Präzision die schiefen Beziehungen zwischen den einzelnen kubischen Einheiten zu definieren. Diese Einheiten geraten ständig in Konflikt miteinander, durchstoßen sich gegenseitig die Konturen. Sie neigen dazu, die Überbleibsel von Gruppierungen der Gesamtkomposition zu zerstören und statt dessen die ganze Fläche innerhalb des Bilderrahmens gleichmäßig auszufüllen. Das ist eine logische Entwicklung, denn wenn die Struktur zu einer eigenständigen Wechselwirkung zwischen Einzelelementen reduziert ist, kann sich keine größere Form entfalten. Das Muster kann sich endlos ausdehnen. In seiner reinen und extremen Form stellt dieser Stil eine Ordnungsstufe dar, die zwar kompliziert, aber recht niedrig ist – es fehlt ihr an Hierarchie und Vielförmigkeit. Es ist aber immer noch eine ganz bestimmte Form der Ordnung: sie wird in Platons *Timaios* klassisch als ἀνάγκη beschrieben und wird dem gesetzmäßigen Kosmos gegenübergestellt (4, SS. 159 ff). Im Bereich der ἀνάγκη wird die Notwendigkeit auf die ursächliche Wirkung irgendeines Gegenstandes auf jeden beliebigen anderen reduziert, und all diese Wirkungen ergeben schließlich nur das Minimum an Organisation:

ein alles umfassendes Gleichgewicht. Um ein modernes, praktisches Beispiel zu verwenden: eine vollkommen freie Wirtschaft würde nach diesem Strukturprinzip funktionieren.

Der Zufall als Kompositionsprinzip. In der neuesten und radikalsten Phase des Trends, den wir untersuchen, wird der Zufall nicht als Thema verwendet, sondern als das Formprinzip der Bildkomposition selbst. Es besteht natürlich ein Unterschied, ob man den Zufall künstlerisch darstellt oder ob man eine zufällige Ansammlung von Formen entstehen läßt. Alle bisher erörterten Beispiele zeigten, daß in der Malerei gewisse Effekte des Zufälligen durch verschiedene Mittel zwingend interpretiert wurden, etwa durch das kontrollierte Abweichen von der Symmetrie oder vom Grundgerüst aus Horizontale und Vertikale, durch das unregelmäßige Verteilen der Gegenstände im Raum, durch Überlagerungen, die die Struktur von Dingen in schiefen Winkeln durchschneiden usw ... Nun erzeugt aber das zufällige Zusammenwerfen von Elementen nicht immer Unordnung, Abweichungen, Zusammenhanglosigkeit oder Überlagerungen. Es veranschaulicht nicht ausschließlich die Unregelmäßigkeit von Beziehungen, sondern eher jede Art von Beziehung: manche werden Ordnung oder sogar Symmetrie aufweisen, andere werden ganz irrational sein; manche werden harmonisch, andere dissonant sein. Da sie aber alle durch Zufall zusammengekommen sind, kann sich keine von ihnen richtig durchsetzen.

Das läßt sich an der wachsenden Zahl bedrückender Beispiele zeigen, die sich in der Kunst des Westens in den letzten Jahrhunderten häuften, als die Kompositionsmuster des Realismus so kompliziert wurden, daß die Augen des durchschnittlichen Malers oder Bildhauers sie nicht mehr organisieren konnten. Hier wurden Zufallsmuster nicht durch Absicht, sondern durch die Degeneration des Formsinns herbeigeführt. Das Verlangen nach der wahrheitsgetreuen Nachahmung der Natur gewann schließlich so sehr die Oberhand über das natürliche und traditionelle Bedürfnis des Menschen nach anschaulicher Ordnung und Bedeutung, daß der große Meister, den es gelegentlich gab, immer größere Schwierigkeiten damit hatte, der Vielfalt an Erscheinungen Organisation und Bedeutung aufzudrängen. Wenn man sich zum Beispiel die amerikanischen *trompe l'oeil* Stilleben ansieht, stellt man fest, daß in den Arbeiten eines relativ besseren Malers wie William M. Harnett die verschiedenen Alltagsgegenstände so angeordnet sind, daß der Platz und die Funktion jedes Gegenstandes durch ein Gesamtmuster bestimmt werden. Dieses Muster

Der Zufall und die Notwendigkeit der Kunst 133

macht es möglich, daß gestalterische Mittel wie etwa das unregelmäßige Verteilen von Gegenständen oder das Überschneiden in schiefen Winkeln anschauliche Notwendigkeit erlangen und dadurch den Reiz des Zufälligen interpretieren. Bei den weniger bedeutenden Mitgliedern derselben Schule führen die Vorliebe für das mechanische Nachbilden und eine sehr moderne Empfänglichkeit für die Unordnung zu willkürlichen Zusammenstellungen, die der Betrachter zwar identifizieren, aber nicht verstehen kann. Das phänomenale Chaos des Zufalls, vor dem der Mensch Zuflucht in der Kunst sucht, ist in die Kunst selbst eingedrungen.

Auch die Fotografie sollte hier erwähnt werden, denn dadurch, daß sie die visuellen Oberflächenmuster der physikalischen Welt mechanisch reproduziert, führt sie in jedes ihrer Erzeugnisse den Zufall ein. Durch die Kunstgriffe des Auswählens und Umformens wird zwar in diesem Rohmaterial so etwas Ähnliches wie Ordnung geschaffen, aber eine Fotografie ist dem menschlichen Auge immer nur teilweise faßlich. Ja, die Einzigartigkeit und der kulturelle Wert der Fotografie – wie übrigens auch der Reiz von Mobiles – liegt gerade in der Begegnung von natürlichem Zufall und dem menschlichen Formsinn. Als ein Ausdrucksmittel der Kunst wird die Fotografie jedoch immer an dem ihr eigenen Kompromiß kranken.

Was ist nun aus ästhetischer Sicht gegen Zufallsmuster einzuwenden? Nicht, daß sie nicht interessant, anregend, reizvoll wären. Daß sie das sind, kann jeder bestätigen, der sich einmal einen Kieselstrand, die Silhouette der Wolkenkratzer von New York oder gewisse moderne Gemälde und Skulpturen angesehen hat. Es ist auch ausgesprochen erholsam, gelegentlich einmal dem Sinnvollen zu entfliehen. Man kann auch nicht sagen, solche Muster seien unausgewogen. Selbst die ausgefallenste Anhäufung von Elementen läßt sich in perfekter Ausgewogenheit um einen Mittelpunkt anordnen. Doch Anregung, Genuß und Ausgewogenheit reichen nicht aus. Ein Kunstwerk muß mehr tun, als nur es selbst zu sein. Es hat eine semantische Funktion zu erfüllen, und keine Aussage ist verständlich, wenn nicht die Beziehungen zwischen ihren Elementen ein organisiertes Ganzes bilden.

Die »statistische« Verwendung von Zufallsmustern. Es gibt ein Mittel, mit dem zufällige Anhäufungen Organisation und Bedeutung erlangen können, nämlich die Quantität. Je größer eine zufällige Ansammlung von Elementen ist, desto mehr rücken die Einzelmerkmale der Elemente und ihre gegenseitigen Beziehungen in den Hintergrund, während die ihnen gemeinsamen Eigenschaften immer deutlicher hervortreten. Je vielförmiger das Material, desto größer muß die zur Herstellung einer gewissen Ordnung erforderliche Quantität von Elementen sein, und desto allgemeiner sind auch die ihnen gemeinsamen Eigenschaften. Gibt man dem Muster eine semantische Funktion, dann stellen diese gemeinsamen Eigenschaften die Aussage dar, die das Muster macht. Eine solche statistische Induktion ergibt sich nicht nur durch ein intellektuelles Auslesen, sondern auch durch einfaches Wahrnehmen und Beobachten. Wenn wir zwei Menschen beobachten, die zufällig nebeneinander sitzen, sagen wir auf einer langen Bank in einem Wartezimmer, dann kann sich aus ihrer Kombination (zum Beispiel »jung und alt«) zufällig ein Sinn ergeben. Wenn nun die Reihe der wartenden Menschen länger wird, beginnen die Einzelbeziehungen, die wir zwischen den ersten beiden hergestellt haben, und die Beziehungen zwischen irgendwelchen anderen Mitgliedern der Gruppe sich gegenseitig aufzuheben, und an ihrer Stelle bieten sich gewisse gemeinsame Eigenschaften an, vielleicht die eines »Großstadtmenschen« oder der »Resignation« oder irgend etwas anderes.

Bemerkenswert an diesem induktiven Verfahren ist, daß es alle Beziehungen zwischen den in Frage kommenden Punkten übergeht und nur danach fragt, worin sie sich ähnlich sind. Aus diesem Grund kann allein dieses Verfahren aus Zufallsmustern eine Ordnung herauslesen; aus demselben Grund ist jedoch das Ergebnis dieses Verfahrens so dürftig. Untersucht man die zufällige Ansammlung Stückchen um Stückchen, so scheint sie universellen Reichtum zu besitzen, da sie in ihrem Sein, in ihrem Verhalten und in ihren Beziehungen eine ungeheure Vielfalt aufweist. Dieser Reichtum stellt sich jedoch als unbrauchbar heraus, wenn wir versuchen, aus der Ganzfigur das Wesentliche herauszufiltern.

Eine gute Illustration dieser Umkehr wird von einem Experiment geliefert, das Dr. Fred Attneave, ein Psychologe, der sich für die Theorie der Sehinformation interessiert, vor kurzem durchgeführt hat (2). Er teilte eine quadratische Fläche in 19 600 kleine Quadrate auf, die er entweder weiß ließ oder schwarz ausmalte; er ließ sich dabei von einer Tabelle willkürlich gewählter Zahlen leiten (Abbildung 4). Da nur der Zufall die Farbe jedes einzelnen Quadrates festlegte, wurde von jeder Einheit des Musters ein Maximum an Teilinformation geboten. Als der Psychologe jedoch das Gesamtergebnis betrachtete, machte es einen sehr monotonen Eindruck auf ihn, und das schien ihm bemerkenswert, denn er hatte Gleichförmigkeit immer mit ständiger Wiederholung in Verbindung gebracht, und das Zufallsfeld war so konstruiert worden, daß es darin keine ständige Wie-

Der Zufall und die Notwendigkeit der Kunst

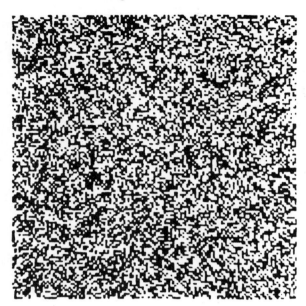

ABBILDUNG 4. Ein zufälliges Feld aus 19 600 Einzelteilen
(mit freundlicher Genehmigung von Dr. Fred Attneave, San Antonio, Texas)

derholung gab. Das macht nur deutlich, daß nicht viel dabei herauskommt, wenn man Zufälle aufeinanderhäuft.

Attneave stellt fest, daß sich die Aufeinanderfolge von punktuellen Verbindungen in dem Moment, wo sie als Ganzes betrachtet werden, in »Textur« verwandelt. Wir könnten Textur als das definieren, was sich ergibt, wenn sich die Ebene des wahrnehmungsmäßigen Erfassens von der Untersuchung struktureller Einzelbeziehungen innerhalb des Einzelzusammenhangs auf die Untersuchung unveränderlicher Gesamtstrukturen verlagert.

Das Zufallsbild in Abbildung 4 hat eine auffallende Ähnlichkeit mit bekannten Vertretern einer modernen Kunstrichtung. (Wenn hier auf den verstorbenen Jackson Pollock [Abbildung 5] oder auf Mark Tobey verwiesen wird, dann sollte man daran denken, daß dieser Aufsatz nicht einzelnen Künstlern gilt, sondern einem allgemeinen Prinzip, das in einem bestimmten Gemälde mehr oder weniger vollkommen verkörpert sein kann.) Ein solches Bild läßt sich nur als Textur wahrnehmen – nicht etwa, weil die Zahl oder Größe der Einheiten, aus denen das Bild besteht, das Fassungsvermögen des menschlichen Auges übersteigen, sondern weil die Einheiten nicht in umfassendere Formen passen. Die Zahl der Elemente ist groß genug, so daß sich ihre Abweichungen hinsichtlich Farbe, Form, Größe, Richtung, relativer Lage usw. gegenseitig aufwiegen, und aus einer Betrachtung der Ganzfigur ergibt sich ein gemeinsamer Nenner für Textureigenschaften wie Stachligkeit, Weichheit, Erregung, Dickflüssigkeit, mechanische Starre oder organische Biegsamkeit. Auch alle Bewegungen werden ausgeglichen, so daß sich – außer einer Art von molekularem Durcheinanderschwirren – nichts »ereignet«.

Eine ähnliche Wirkung ist übrigens in der modernen Musik zu beobachten. Der italienische Musikkritiker Fedele D'Amico bemerkt zu Dallapiccolas *Canti de liberazione:*

». . . all die belebenden Einfälle bleiben ein persönliches Erlebnis des Komponisten. Die Verehrer Dallapiccolas (Leute wie ich, die jede von ihm komponierte Seite fasziniert und zu genauerer Untersuchung herausfordert) können sie bestenfalls teilweise rekonstruieren, so wie man ein Dokument rekonstruiert; doch in der Aufführung werden sie durch einen undurchsichtigen Schleier verdeckt, sie scheinen nicht durch. Die Energien, die die einzelnen Elemente des Stückes entstehen lassen, existieren zwar, sind aber nur unter dem Mikroskop zu erkennen. In der Praxis heben sie sich so vollkommen auf, daß sie eine unbewegliche, gleichförmige, dumpfe Masse bilden. Vor unseren Augen vollzieht sich das Gesetz der Entropie, Milliarden von Jahren im voraus.« (5, Seite 141)

Was oben über das Kompositionsprinzip der kubistischen Malerei gesagt wurde, gilt in verstärktem Maße für die Texturmaler. Das Muster selbst ist endlos; seine Grenzen werden allein durch das Gesetz der Mindestzahl festgelegt, das in diesem Falle besagt, die Zahl der verwendeten Einheiten sollte nur eben so groß sein, daß die Wirkung einer umfassenden Gleichförmigkeit erreicht wird. Außerdem ist das Niveau der Struktur niedrig, da es ihr an Vielgestaltigkeit und Hierarchie fehlt. Was die Vielgestaltigkeit betrifft, so gleichen diese Bilder in ihrer typischen Form eher dem Zufallsfeld in Abbildung 4, dessen Abweichungen sich lediglich aus einem Quadrat in Einheitsgröße in einer von zwei Farben herleiten, als den einem Trödelladen ähnelnden Stilleben – ihren geistigen Vorgängern –, deren Textur sich aus vielen verschiedenen Gegenständen zusammensetzt. Der Mangel an Vielgestaltigkeit, die Tatsache also, daß sich überall auf

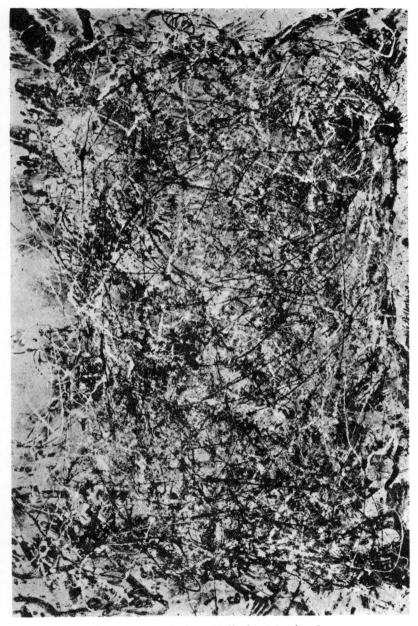

ABBILDUNG 5. Jackson Pollock, »Number I«.
Aus einer Sammlung in The Museum of Modern Art, New York

dem Bild derselbe Vorgang abspielt, beschränkt ernsthaft die Bedeutung des Inhalts, der vermittelt werden kann. Eine künstlerische Aussage, sei sie nun gegenständlich oder »abstrakt«, ist kaum interessant, solange sie sich nicht mit getrennten, verschiedenen Dingen auseinandersetzt, deren Wechselbeziehungen durchgearbeitet sind. Alle derartigen Unterscheidungen werden hier vom Muster der Textur übertönt.

Eine andere Mindestanforderung an ein Kunstwerk ist Hierarchie. Um unsere Aufmerksamkeit zu fesseln, setzen sich die beherrschenden Flächen, die den »Grundriß« des Werkes auf dem höchsten Strukturniveau bestimmen, aus sekundären Einheiten zusammen, deren Wechselbeziehungen eine bereichernde Verfeinerung oder einen Kontrapunkt der höchsten Strukturebene darstellen. Zusätzliche, niedrigere Strukturebenen entwickeln oft das Hauptthema bis in die feinsten Ausläufer hinein (1, S. 51). Die Kompliziertheit der menschlichen Existenz verlangt auch vom einfachsten Kunstwerk irgendeine Art von entsprechender Kompliziertheit, wenn wir uns darin erkennen sollen. Die Aussagen selbst der kunstvollsten Filigrantextur sind jedoch so bestürzend elementar wie eine Dampfpfeife oder ein Lichtstrahl.[1] Eine solche Textur läßt sich überhaupt nicht mit der umfassenden Gleichförmigkeit von Mustern vergleichen, wie sie im reifen Stil der Meister, etwa in Cézannes späten Aquarellen, zu finden sind. Denn im Meisterwerk werden die vielfältigen Äußerungen des Lebens in eine Gesamtharmonie gebracht, die die ganze Reichhaltigkeit weiterbestehen läßt, während das Texturmuster von sich aus den Inhalt auf den ärmlichen Extrakt der Wahrnehmungsinduktion reduziert.

Der spontane Strich. In den Texturmustern kommt ein extremes Maß an Zufall, daß heißt, eine minimale Gesetzmäßigkeit der Beziehungen, zum Ausdruck. Sie mit menschlichen anstatt mit mechanischen Mitteln zu erzeugen, ist ziemlich schwierig, weil im organischen Verhalten – sei es wahrnehmungsmäßig, motorisch oder intellektuell, bewußt oder unbewußt – immer ein gewisses Maß an spontaner Ordnung steckt. Andererseits gehört auch eine Beimischung von Zufälligem zu den besonderen Kennzeichen menschlichen Verhaltens, allein schon aufgrund der Vielfalt

---

1. In der Biologie unterscheiden sich die höheren Lebewesen von den niederen durch eine wachsende Differenzierung der Funktionen. Auf einem ganz anderen Gebiet, der Architektur nämlich, hat Kevin Lynch (11) eine ähnliche morphologische Unterscheidung zwischen primitiven und fortgeschrittenen menschlichen Siedlungen beschrieben. Unter seinen Beispielen ist die Luftaufnahme, die den hier besprochenen Texturmustern am nächsten kommt, die der dorfähnlichen Stadt Kano in Nigeria.

Der Zufall und die Notwendigkeit der Kunst

von Impulsen, die alles organische Wirken kompliziert. Wir haben den Reiz solcher Unvollkommenheit schätzen gelernt, seit wir die makellosen Erzeugnisse von Maschinen kennen.

Dieser moderne Geschmack für den menschlichen »Anstrich« läßt sich historisch aus der neuen, während der Renaissance entwickelten Wertschätzung des schöpferischen Menschen ableiten. Solange die Aufgabe des Künstlers als das Schaffen von Gegenständen definiert wurde, die gewissen Regeln hinsichtlich Richtigkeit, Genauigkeit und Proportionen entsprachen, wurden die Spuren des Künstlers sorgfältig verwischt.[2] Der Wechsel vollzog sich jedoch nur langsam. In einer kürzlich erschienenen Monographie über »die Handschrift des Malers« bemerkt Vojtěch Volavka (13), daß selbst Leonardo dagegen ist, »penellate terminate e trateggionati aspri e crudi«, und daß Vasari die späten Bilder Tizians mit Skepsis betrachtet: »... condotte di colpi, tirate via grosso, e con macchie ...« Vasari gibt zu, daß man diese Bilder zwar nicht aus der Nähe betrachten kann, daß sie aber aus einiger Entfernung vollkommen erscheinen und daß die Wirkung schön und wunderbar ist, »perchè fa parere viva la pitture«, aber zum Schluß meint er, es wäre für Tizians Ruf besser gewesen, wenn er in den letzten Jahren seines Lebens nur noch zum Zeitvertreib gemalt hätte. Die künstlerischen Stärken und Schwächen der »geteilten Handschrift«, um Volavkas Begriff zu verwenden, spielen in dem Streit der klassizistischen Schule Poussins mit den Koloristen um Rubens eine Rolle; und für Diderot waren die Gemälde Chardins grob und nur aus einiger Entfernung betrachtet erträglich. Eine echte Würdigung des persönlichen »Anstrichs« erfolgte offenbar erst Ende des achtzehnten Jahrhunderts. Lange Zeit muß die kühne Neuerung als eine willkürliche Einmischung des Schöpfers in den Schöpfungsvorgang angesehen worden sein.

In der Zwischenzeit entwickelte sich jedoch eine Bewunderung für den Virtuosen, der mit einigen schnellen, aber kontrollierten Pinselstrichen den langsamen Durchschnittsmaler übertrifft. Durch die auffallenden Spuren der *bravura* machten Meister wie Tizian, Velasquez oder Rubens die Erzeugnisse ihrer Werkstätten zu ihren eigenen. Was hier gerühmt und bewundert wurde, war nicht so sehr eine malerische Qualität des Werkes als vielmehr die Gewandtheit seiner Herstellung. Es war die durch jahrzehntelange Übung erworbene Fähigkeit, ein vollkommen kontrol-

---

2. Die Auswirkungen des hellenistischen Impressionismus auf die Malerei im Mittelalter kann im Rahmen dieser Erörterungen außer acht gelassen werden.

liertes Ziel durch einen motorischen Prozeß zu erreichen, der in sich selbst nicht kontrolliert, sondern spontan war und dessen Spuren auf der Leinwand die Frische, Eleganz und Natürlichkeit zeigten, die das Befreitsein von jeder bewußten Lenkung mit sich bringt. Der Künstler muß eine teilweise Auslieferung an eine organische Kraft – oft als göttliche Inspiration interpretiert – erfahren haben; es war etwas ganz anderes als die Fähigkeit, jeden Pinselstrich zu berechnen, zu planen und sorgfältig zu begleiten: er mag Ehrfurcht, Stolz und Erleichterung darüber empfunden haben, daß er die Verantwortung voller Zuversicht einem genialen Vertreter überlassen konnte.

Der Zufall als schöpferisches Mittel. Der freie Pinselstrich in der Kunst des Barock war also ein erster Schritt auf dem Weg zur Preisgabe der künstlerischen Initiative. Doch erst während der Zeit der Romantik wurde der Beitrag der spontanen Kräfte ausdrücklich anerkannt und gutgeheißen. Herbert Read sagt: »Was in dieser ersten Phase der Romantik erreicht wurde, war eine Abspaltung des Willens, als des aktiven Teils des Verstandes, von der Phantasie. Der Wille wurde als etwas betrachtet, das stets das »freie Spiel« der Phantasie behindert oder entstellt. Dieses freie Spiel wurde dem wahren Ich gleichgesetzt. Das Unbewußte, die Traumwelt, wurde zu einer Zuflucht vor einer unpersönlichen und rauhen, materialistischen Welt.« (12, S. 117, deutsche Ausgabe S. 140.) Wir bemerken, daß man die hilfreiche Kraft inzwischen als das Unbewußte interpretierte und daß sich die Preisgabe der eigenen Initiative nicht mehr auf eine technische Einzelheit der Ausführung beschränkte, sondern daß sie die Tendenz zeigte, auf die Auffassung vom Kunstwerk selbst bezogen zu werden.[3] Als schließlich im zwanzigsten Jahrhundert die Surrealisten die Bühne betraten, war die Zwangsläufigkeit hinter den scheinbar zufälligen Traumbildern bereits von Freud bestätigt worden, so daß es uns nicht

---

3. Allerdings war nicht jeder mit dieser neuen Tendenz einverstanden. In einem Brief vom 26. Juli 1800 schrieb Schiller an Goethe: »Ich lege ein neues Journal bei, das mir zugeschickt worden, woraus Sie den Einfluß Schlegelischer Ideen auf die neuesten Kunsturteile zu Ihrer Verwunderung ersehen werden. Es ist nicht abzusehen, was aus diesem Wesen werden soll, aber weder für die Hervorbringung selbst, noch für das Kunstgefühl kann dieses hohle leere Fratzenwesen ersprießlich ausfallen. Sie werden erstaunen darin zu lesen, daß das wahre Hervorbringen in Künsten ganz bewußtlos sein muß, und daß man es besonders Ihrem Genius zum großen Vorzug anrechnet, ganz ohne Bewußtsein zu handeln. Sie haben also sehr unrecht, sich wie bisher rastlos dahin zu bemühen, mit der größtmöglichen Besonnenheit zu arbeiten, und sich ihren Prozeß klar zu machen. Der Naturalism ist das wahre Zeichen der Meisterschaft, und so hat Sophocles gearbeitet.«

Der Zufall und die Notwendigkeit der Kunst 141

überrascht, wenn André Breton im ersten seiner Manifeste des Surrealismus sagt: »Ich möchte gerne schlafen; ich möchte mich gerne den Schlafenden so mitteilen können, wie ich mich denen mitteile, die mich mit offenen Augen lesen.« (3, S. 25.) Und er erzählt von einem Dichterkollegen, der vor dem Schlafengehen ein Schild an seine Tür hängte: *Le poète travaille.* Breton schreckt nicht vor der Behauptung zurück, »psychischer Automatismus« sei eine Technik, mit der sich »die wirkliche Funktionsweise des Denkens« ausdrücken ließe (3, S. 45). Wie richtig ist diese Behauptung?

Passivität und das Unbewußte. Die psychologische Erörterung wird durch die Tatsache erschwert, daß der Begriff »unbewußt« zu einem Sammelbegriff für alle jenseits der bewußten Kontrolle liegenden Tätigkeiten geworden ist. Das hat dazu geführt, daß alle diese Tätigkeiten gerne mit der ganzen spezifischen Art des unbewußten Prozesses identifiziert werden, der im Rahmen der analytischen Tiefenpsychologie behandelt wird. Man geht zum Beispiel davon aus, man brauche nur irgendwie die Bewußtheit aufzugeben, dann sprudelten automatisch die Quellen der Weisheit, die, der romantischen Auffassung von Psychoanalyse zufolge, in der Schatzkammer des Unbewußten verborgen liegen. Um das Durcheinander aufzuzeigen, mag es genügen, folgende Punkte grob zu unterscheiden: a) die von der Psychoanalyse untersuchten elementaren motivgebundenen Bestrebungen, b) die schöpferischen Prozesse des Erkennens, die ebenfalls unterhalb der Bewußtseinsschwelle ablaufen und die für intuitive Einsichten und für die blitzartigen Lösungen hartnäckiger wissenschaftlicher und künstlerischer Probleme verantwortlich sind, c) die automatische Ausübung bestimmter Fähigkeiten oder planloser Kritzeleien, ermöglicht durch die Loslösung der partiellen psychischen Funktionen von der zentralen Steuerung, und schließlich d) solche rein physischen, vom Zufall abhängigen Vorgänge wie das Würfeln oder Hochwerfen von Münzen, die in keiner Weise durch irgendeine Tätigkeit des Geistes gesteuert werden, wenn es sich nicht gerade um ein telekinetisches Experiment handelt.

Da das Unbewußte ein Haus mit vielen Räumen ist, gibt es keinen Grund zu der Annahme, immer wenn die bewußte Kontrolle aussetze, reagierten die tiefsten Schichten der Seele automatisch. Normalerweise wird im Zustand der Entspannung eher das ziemlich unorganisierte Ergebnis der Wechselwirkung zwischen den verschiedenen Schichten in den Vordergrund treten. Wenn der Prozeß dicht unter der Oberfläche abläuft

– etwa in Tagträumen, Kritzeleien oder freien Assoziationen –, setzen Automatismen ein: tagsüber gedachte Gedanken und die Nachbilder der neuesten Erlebnisse schweben vorüber und werden durch regellose Einmischungen aus tieferen Schichten teilweise umgewandelt. In Träumen gilt das umgekehrte Verhältnis, doch der Strom des Nicht-Bewußtseins ist nicht besser geordnet als der des Bewußtseins. C. G. Jung drückt das so aus: »Logisch, moralisch und ästhetisch befriedigend kombinierte Träume gehören ja zu den Ausnahmen. In der Regel ist der Traum ein sonderbares und fremdartiges Gebilde, das sich durch viele ›schlechte Eigenschaften‹, wie Mangel an Logik, zweifelhafte Moral, unschöne Gestaltung und offensichtliche Widersinnigkeit oder Sinnlosigkeit auszeichnet.« (10, S. 11.) Solche seelischen Produkte können analytisch gedeutet werden, aber künstlerisch gesehen sind sie bestenfalls Rohmaterial.

Wir dürfen auch nicht an dem Vorurteil festhalten, die am weitesten vom Bewußtsein entfernten Schichten der Seele seien die »tiefsten« und deshalb für den künstlerischen Schöpfungsprozeß am wertvollsten. (Sie können nur in rein topologischem Sinne die »tiefsten« sein.) Man kann annehmen, daß etwas echt Wertvolles weder in der extremen Tiefe entsteht, also aus dem ungeschliffenen Primitivismus einer hauptsächlich »archetypischen« Sicht, noch an der extremen Oberfläche, das heißt, aus der Plattheit von hauptsächlich wahrnehmungsmäßigen oder intellektuellen Produkten. Jedes echte Kunstwerk erfordert die Zusammenarbeit aller wesentlichen seelischen Schichten – allerdings nicht in der Form der regellosen gegenseitigen Durchdringung, die ich eben als den Zustand der Entspannung beschrieben habe. Die Kunst ist kein Betätigungsfeld für entspannte Leute. Die Reichtümer der Seele müssen durch bewußte und unbewußte Disziplin in eine organisierte Form gebracht werden, und dazu bedarf es einer Anstrengung der Konzentration.

Der Zufall ist ein gewitzter, das Unbewußte ein mächtiger Helfer. Die Kunst hat sich schon immer beide zunutze gemacht – aber nur als Gehilfen. Die plötzlichen Inspirationen schöpferischer Menschen scheinen sich erst nach hartnäckigem Ringen mit dem Problem einzustellen, und die Zen-Buddhisten, die sich gegen bewußte Kontrolle und willensmäßige Anstrengung aussprechen, empfehlen trotzdem nicht, zu schlafen, sich abzulenken oder irgendwie zu zerstreuen: »Ein Tuschemaler nimmt vor seinen Schülern Platz. Er prüft die Pinsel und legt sie bedächtig bereit, reibt sorgsam Tusche, rückt die lange schmale Papierbahn, die vor ihm auf der Matte liegt, zurecht, um dann endlich, nach längerem Verweilen in tiefer Konzentration, in der er wie unberührbar erscheint, aus raschen, unbedingt treffsicheren Strichen ein Bild entstehen zu lassen, das, keiner Korrektur mehr fähig und bedürftig, den Schülern als Vorlage dient.« (9, S. 51.)

Rückzug und Preisgabe. Die Texturbilder, von denen ich gesprochen habe, liegen wahrscheinlich irgendwo zwischen zufälliger Entstehung und der gesteuerten Interpretation des Zufalls. Auf der einen Seite gehen sie auf das zurück, was ich als die Loslösung der partiellen psychischen Funktionen von der zentralen Steuerung bezeichnete. Einige relativ eigenständige Mechanismen, das motorische Verhalten oder die Wahrnehmung etwa, können praktisch von allein tätig werden. Wenn man sie von der Kontrolle befreit, verlassen sie sich auf routinemäßige Reaktionen und automatische Fertigkeiten – wie man ein Auto lenkt, ohne daß einem bewußt wird, was man tut, oder wie der Pinsel eines Frans Hals über die Leinwand streicht – oder sie verraten ihre Loslösung von den zentralen Anliegen der Seele durch die Monotonie und fehlende Organisation in ihrem Tun. Auf diese Weise können wir uns das Gewebe aus Pinselstrichen erklären, das ganz sicher nichts Konstruktives ist, sondern das weitgehend spontane Produkt dessen, wozu zu einem bestimmten Zeitpunkt und angesichts eines bestimmten Ausgangsmaterials ein Hände- und Augenpaar gerade Lust hatten.

Die Gleichförmigkeit des Musters in all den Bildern, die hier besprochen worden sind, weist allerdings darauf hin, daß mehr als nur Laissezfaire zu dem Ergebnis geführt hat. Von Kritzeleien wissen wir: läßt man die Hand allein, dann werden die monotonen Rhythmen des losgelösten Prozesses von Impulsen, Erinnerungen und Assoziationen aus anderen Gebieten seelischer Tätigkeit unterbrochen. In den Texturmustern suchen wir vergeblich nach den Projektionen aus dem Unbewußten, die in Kritzeleien die Aufmerksamkeit des Psychologen erregen.[4] Nur durch sorgfältige Kontrolle während des ganzen Entstehungsprozesses erhält der Künstler eine so vollkommen homogene Textur, und diese Kontrolle muß von einem ganz bestimmten Vorstellungsbild dessen, was er zu erreichen versucht, gelenkt werden.

Dieses Vorstellungsbild ist eindeutig die anschauliche Darstellung eines Maximums an Zufall, mit mechanischer Vielseitigkeit aufgetragen und nicht einmal durch jene Inseln des Sinnvollen abgeschwächt, die eindringen würden, wenn man die Seele ihren spontanen Impulsen überlassen

---

4. Vgl. jedoch die Ansichten Anton Ehrenzweigs (6; 7).

würde. Wir erkennen das Porträt einer Lebenssituation, in der soziale, wirtschaftliche, politische und psychologische Zwänge so kompliziert geworden sind, daß bei oberflächlicher Betrachtung nichts Voraussagbares mehr übrigzubleiben scheint, bis auf die bedeutungslose Routine der alltäglichen Verrichtungen, das führungslose Gedränge anonymer Massen. Die gut definierte gegenseitige Unabhängigkeit der individuellen Einheiten, die bei Degas und sogar bei den Kubisten zu beobachten war, hat einem totalen Mangel an irgendwelchen definierbaren Beziehungen Platz gemacht.

Faszination, Angst, Verachtung, Rückzug, aber auch die starke Versuchung zur Teilnahme – wir können nur raten, welche Empfindungen der Künstler beim Thema solcher Bilder hat. Jedenfalls sorgt schon die Schilderung des standardisierten Chaos selbst dafür, daß er die Einstellung, die er veranschaulicht, auch selber teilt. Die maschinenähnliche Monotonie der Herstellung ist noch perfekter geworden, seit Seurat und die Pointillisten dadurch Gemälde schufen, daß sie Tausende von erschreckend einheitlichen Farbpunkten auf die Leinwand tupften. Ein derartiges Verhalten spiegelt eine Bereitschaft wider, die Fassade der Formlosigkeit als den eigentlichen Inhalt und das eigentliche Wesen unserer Welt zu akzeptieren. Darin drückt sich jene Preisgabe der Initiative an transzendente Mächte aus, die zur Folge hat, daß sich Menschen irgendwelchen Göttern, Geistern, Instinkten, Archetypen, dem Zufall oder der Wahrscheinlichkeitsrechnung anvertrauen, »wenn Unheil hereinbricht über die Völker und sie verwirrt sind«.[5]

---

5. Vgl. hier Teil V von T. S. Eliots »The Dry Salvages« (8).

BIBLIOGRAPHIE

1. Arnheim, Rudolf, *Art and Visual Perception*. Berkeley und Los Angeles (Univ. of Calif. Press) 1954. Deutsch: *Kund und Sehen*. Berlin (de Gruyter) 1965.
2. Attneave, Fred, »Some informational aspects of visual perception«, in: *Psychological Review*, 61 (1954), SS. 183–193.
3. Breton, André, *Les manifestes du Surréalisme*. Paris 1946.
4. Cornford, Francis M., *Plato's Cosmology*. London (Kegan Paul) 1937.
5. D'Amico, Fedele, *I casi della musica*. Mailand (Saggiatore) 1962.
6. Ehrenzweig, Anton, »The modern artist and the creative accident«, in: *The Listener*, 12. Januar 1956, SS. 53–55.
7. –, »The mastering of creative anxiety«, in: *Art and Artist*. Berkeley und Los Angeles (Univ. of Calif. Press) 1956.
8. Eliot, T. S., *Four Quartets*. New York (Harcourt) 1943. Deutsche Nachdichtung von Nora Wydenbruck: *Vier Quartette*. O. O. 1948.
9. Herrigel, Eugen, *Zen in der Kunst des Bogenschießens*. Konstanz (Curt Weller Verlag) 1948.
10. Jung, C. G., *Welt der Psyche. Eine Auswahl zur Einführung*. Zürich (Rascher Verlag) 1954.
11. Lynch, Kevin, »The form of cities«, in: *Scientific American*, 190 (April 1954), SS. 54–63.
12. Read, Herbert, *Icon and Idea*. London (Faber and Faber) 1955. Deutsche Übersetzung von Friedrich Hundt: *Bild und Idee*. Köln (DuMont Schauberg) 1961.
13. Volavka, Vojtech, *Die Handschrift des Malers*. Prag (Artia) 1953.

Die ungeformte Melancholie*

Wenn man auf Dinge dieser Art zu achten hat, auf die Zufälle der Oberfläche, dann verliert die Wirklichkeit – die Wirklichkeit, sage ich euch – an Kraft.
(Joseph Conrad, *Das Herz der Finsternis*. Berlin 1933)

Wenn ein ganz bestimmtes Thema intelligent abgehandelt wird, wird sein eigentliches Wesen mit Hilfe allgemeiner Kategorien beschrieben. Das Thema, das gleichsam von einem ganzen Bündel von Scheinwerfern angestrahlt und beleuchtet wird, weist seinerseits durch Reflexion auf die entfernten Quellen zurück, die es sichtbar machen. In diesem Sinne ist Siegfried Kracauers Buch, *Theorie des Films,* (4) wahrscheinlich das intelligenste Buch zum Thema Film, das je geschrieben worden ist. Während der Autor, ein erfahrener Filmkritiker und Soziologe, dadurch Zurückhaltung übt, daß er sich auf seine spezifische Aufgabe beschränkt, reizt die Spannweite seiner Gedanken den weniger disziplinierten Leser fortwährend dazu, die in dem Buch gemachten Erkenntnisse auf die anderen Künste anzuwenden und die Diagnose, die der Autor mit der klaren Schilderung von Symptomen nahelegt, auszuweiten. Es geht in dem Buch hauptsächlich um zwei Punkte, einen ästhetischen und einen philosophischen. Es untersucht das Wesen des fotografischen Ausdrucksmittels und deutet damit an, was der eigentliche Bereich des Films ist und sein sollte. Im Anschluß daran stellte es die Frage, welche besondere Funktion der Film in unserer kulturellen Situation erfüllen kann. Beide Überlegungen gehen von der Behauptung aus, der Film bringe, wie es im Untertitel heißt, »die Errettung der äußeren Wirklichkeit«.

Die ästhetische Erörterung geht von der Tatsache aus, daß die Fotografie mehr noch als jedes andere Medium der bildenden Künste die Freiheit

* Erstabdruck in: *Journal of Aesthetics and Art Criticism,* 21 (1963), SS. 291–297.

Die ungeformte Melancholie 147

des Künstlers, selber gefundene Formen zu gestalten, einschränkt. Das optische Bild der physischen Welt druckt sich mechanisch auf der lichtempfindlichen Oberfläche ab, und durch Auswahl, Lichtsteuerung, Blickwinkel usw. beeinflußt der Künstler sein Material mehr, als daß er es formt. Gestützt auf die Überzeugung, daß ein Medium dem Künstler am besten dient, wenn es in Übereinstimmung mit seinen typischsten Eigenschaften verwendet wird, glaubt Kracauer, daß der Film aus der Begegnung von ungeformter äußerer Wirklichkeit und menschlicher Gestaltungskraft eine Tugend machen sollte; er sollte die Natur physischer Existenz im Urzustand vorstellen, anstatt sie erst abzuschwächen. »Traditionelle Kunstmedien . . . verzehren das Rohmaterial, aus dem sie entstehen, während Filme als ein Erzeugnis von Kamera-Arbeit es darzubieten genötigt sind. . . . Zusammen mit Fotografie ist Film die einzige Kunst, die ihr Rohmaterial mehr oder weniger intakt läßt. Was an Kunst in Filme eingeht, entspringt daher der Fähigkeit ihrer Schöpfer, im Buch der Natur zu lesen. Der Filmkünstler hat Züge eines phantasiebegabten Lesers oder eines Entdeckers, der von unersättlicher Neugier getrieben wird.« (4, S. X, deutsche Ausgabe S. 13). Viele Filmbesucher würden der Aussage bereitwillig zustimmen, daß der Film dann am filmischsten und deshalb dem Erfolg am nächsten ist, wenn er seine Ausdruckskraft aus der spontanen Erscheinung und den spontanen Abläufen des wirklichen Lebens bezieht; aber der radikalen Überzeugung des Autors, daß diese Bedingung erst erfüllt werden muß, um aus einem Film einen Film zu machen, würden sie sich vielleicht nicht ohne weiteres anschließen. »Im ästhetischen Interesse« sagt Kracauer, »muß der Fotograf unter allen Umständen der realistischen Tendenz folgen«. (4, S. 13, deutsche Ausgabe S. 38.) »Es versteht sich, daß sich die filmische Einstellung in allen Filmen verwirklicht, die der realistischen Tendenz folgen.« (4, S. 38, deutsche Ausgabe S. 67.) Und von der Wochenschau sagt Kracauer: »Sie genügt, wie es sich versteht, den Mindestanforderungen der filmischen Einstellung, was besagt, daß die realistische Tendenz die formgebende überwiegt.« (4, S. 194, deutsche Ausgabe S. 260 f.)

Was kennzeichnet das fotografische Bild? Wir sind vielleicht versucht zu sagen, die Objekte, die es zeigt, sind in Form und Farbe und in ihren wechselseitigen Beziehungen oft so kompliziert, daß das Auge sie als irrational erfährt, das heißt, als etwas, auf das sich definierte Anschauungsformen nicht anwenden lassen. Ja, die Anschauungswelt stellt sich als ein Kontinuum dar, das keine klar umrissene Unterbrechungen aufweist und jeden Rahmen sprengt. Sie ist überdies eine Welt der Individualität. Sie zeigt das einzelne Muster oder Beispiel in der Einzigartigkeit seiner Details; sie zeigt, worin es sich von anderen Dingen seiner Art unterscheidet. Die Folge davon ist, daß sich eine verwirrende Vielfalt darbietet.

Wenn wir diese Beschreibung noch einmal durchlesen, wird uns klar, daß sie zwar stimmt, daß sie aber sehr einseitig ist. Sie stimmt nur, wenn man sie im Gegensatz zu den sehr stark gesteuerten Bildern sieht, die die bildenden Künste üblicherweise erzeugen. Ob sie die Welt so schildert, wie wir sie in der Regel sehen, steht auf einem anderen Blatt; wir werden später darauf eingehen. Zweifellos ist die Fotografie am besten in der Lage, die sichtbare Welt in all ihrer verwirrenden Vielfalt zu zeigen. Kann man aber behaupten, daß es »unter allen existierenden Medien allein das Kino (ist), das in gewissem Sinne der Natur den Spiegel vorhält«? (4, S. 305, deutsche Ausgabe S. 395.) Nach unserem Verständnis leben wir in einem physischen Universum, in dem die Kräftekonstellationen die ganze Skala von der einfachsten Ordnung bis zu unergründlicher Vielfalt umfassen. Die menschlichen Sinne sind auf einen bestimmten Größenbereich abgestimmt, der zwischen dem atomischen und dem astronomischen Bereich liegt, und in diesem Bereich beobachten wir Anhäufungen von Formen, denen die auf anderen kosmischen Ebenen zu findende Einfachheit weithin fehlt. Diese komplizierte Landschaft ist unsere Wirklichkeit im unmittelbarsten Sinne. Aber es ist nicht die einzige Wirklichkeit, zu der der menschliche Geist eine Beziehung herstellen kann. Ob wir bei der Beantwortung der Frage »Was ist Wirklichkeit?« das betrachten, was in unserer unmittelbaren Nähe ist, oder das, was weit entfernt ist, für das Auge sichtbar oder verborgen, oberflächlich oder wesentlich, geformt oder ungeformt, das ist eine Frage der philosophischen Anschauung oder, ästhetisch gesehen, des Stils.

Es ist nicht die »äußere Wirklichkeit«, zu deren Errettung der Film so hervorragend in der Lage ist, sondern eine bestimmte Fassung dieser Wirklichkeit, nämlich der Anblick einer grenzenlosen, unbestimmten, unergründlichen Welt. Wir erkennen die romantische Einstellung in dieser Anschauung – ein durch fotografischen Realismus gewonnenes romantisches Bild!

Kracauers ästhetischer Anspruch gehört in die Rubrik »Materialgerechtheit«, das heißt, der Künstler sollte sich nach den spezifischen Eigenschaften des Mediums richten. Diese Forderung – an sich schon für einige, aber nicht alle, Kunststile charakteristisch – schreibt dem Bildhauer vor, seine Formen aus dem Holz, dem Metall oder dem Stein abzuleiten, oder dem Maler, ganz im Sinne der Öl- oder Wasserfarbe zu arbeiten usw. Im Falle des Films jedoch liegen die von Kracauer betonten spezifischen Eigenschaften nicht bei den verwendeten Materialien, sondern beim behandelten Gegenstand, der in der Fotografie ein Teil des Mediums selbst ist. Wenn Sie diesen Gegenstand wechseln, etwa von einem Straßenauflauf zu einer Zeichnung für einen Zeichentrickfilm, dann haben Sie auch das Medium gewechselt. Aus diesem Grund bemerkt Kracauer, daß sein Buch notwendigerweise »eine *materiale* Ästhetik ist, nicht eine formale. Es befaßt sich mit Inhalten«. (4, S. IX, deutsche Ausgabe S. 11.) Nun ist zwar die ästhetische Analyse des behandelten Gegenstandes unerläßlich, aber sie ist zwangsläufig nur eine Teilanalyse, da kein Medium durch seinen Inhalt allein verstanden werden kann; die ästhetische Analyse muß den behandelten Gegenstand auch im Hinblick darauf bewerten, was er zum künstlerischen Zweck beiträgt, nicht nach irgendeinem fernliegenden Kriterium, etwa ob er »authentisch« ist oder nicht. Kracauer, ein erfahrener Kinobesucher mit sicherem Geschmack, schafft das in der Praxis fast instinktiv; doch wenn er in der Theorie den Film beharrlich auf Realismus beschränkt, dann führt das zu einer Mehrdeutigkeit. So erklärt er gewisse Arten stark stilisierter Filme – *Caligari, Höllentor, Hamlet, Metropolis* – für annehmbar, weil sie mit Bewegung arbeiten; doch Bewegung, laut Definition tatsächlich »filmgerecht«, ist keine inhaltliche Kategorie. Sie ist ein formales oder wahrnehmungsmäßiges Ausdruckselement, das aus höchst unrealistischen Formen authentisches Kino schafft. Bei der Auseinandersetzung mit dem gesprochenen Wort warnt Kracauer dagegen mit Recht vor der Gefahr, den Bereich diskursiven Denkens zu erschließen, der nicht vom Bild abhängt. Das gesprochene Wort ist »dann am meisten filmgerecht, wenn wir seinen Inhalt gar nicht erfassen«, und wenn wir statt dessen »eine Art von Wortteppich, der, aus Dialogfetzen oder anderen Mitteilungsweisen gewoben, das Publikum hauptsächlich als ein zusammenhängendes Tonmuster beeindruckt« vor uns haben. (4, SS. 107 und 110, deutsche Ausgabe SS. 153 und 157.) Völlig richtig; doch das diskursive Denken ist sicher nicht unrealistisch, und der Film widersetzt sich ihm auch nicht etwa deshalb, weil es nicht physisch ist. Vielmehr ist es un-bildlich und anti-bildlich. Wir folgern, daß sich die Kriterien des »Filmgerechten« und des »Realistischen« zwar überschneiden, aber nicht decken. Ja, es gibt eine Stelle in Kracauers Buch, wo er einräumt: »Was jedoch das Filmische in einem Film ausmacht, ist nicht so sehr, daß er unserer Erfahrung der Realität, oder auch der Realität im allgemeinen, genau entspricht, vielmehr seine Versenkung in Kamera-Realität – sichtbare physische Existenz.« (4, S. 116, deutsche Ausgabe S. 163.) So ist es.

Kracauer ist dort am besten, wo er ausführlich »die Affinität des Mediums zum Fluß des Lebens« (4, S. 72, deutsche Ausgabe S. 109) erläutert. Der Film ist ausgerichtet auf »eine offene grenzenlose Welt, die nur wenig Ähnlichkeit zeigt mit dem begrenzten und geordneten Kosmos, den die Tragödie setzt« (4, S. X, deutsche Ausgabe S. 13). Die Vorliebe für endlose Straßen, formlose Menschenmassen, zufällige Einzelheiten, für lose verknüpfte Episoden und Handlungen ohne Abschluß ist einfach eine Erweiterung der spezifischen Eigenschaften des fotografischen Bildes selbst. Da die Kamera die physische Welt im »Rohzustand« ihrer »Unbestimmbarkeit« erhält (4, S. 69, deutsche Ausgabe S. 105), muß diese Welt ihrerseits ihre unbestimmbaren Aspekte zur Geltung bringen. Kracauer hat sicher recht, wenn er darauf hinweist, wie leicht die stärker stilisierte Filmart – historische Berichte oder Phantasien – ihre primitive Herkunft von dem mechanisch abfotografierten Material durch Fehler verrät, die nur die Wachsamkeit eines scharfsinnigen Filmemachers vermeiden kann. Betrachten wir jedoch diese Schnitzer nüchtern und sachlich, kommen wir vermutlich zu dem Schluß, daß sie nicht deshalb vorkommen, weil diese Filme nicht realistisch genug sind, sondern weil sie versäumt haben, den Realismus ausreichend auszuschalten. Es stimmt, daß die Meereswellen, die sich bei Hamlets Monolog ins Bild drängen, dem Medium Film unmittelbarer entsprechen als der »Traumbezirk« von Sir Laurence Oliviers labyrinthischem Schloß Helsingör. Doch der Fehler läßt nicht das ganze Unternehmen zu einer künstlichen Angelegenheit werden.

Hier stoßen wir in unserer Erörterung auf zwei allgemeine ästhetische Probleme. Das eine, mit dem ich mich an dieser Stelle nicht auseinandersetzen kann, betrifft den Wert von Versuchen, ein Medium von seinem natürlichen Mittelpunkt zu seiner Peripherie hin auszudehnen.[1] Das andere bezieht sich auf die ziemlich heiklen Kriterien der stilistischen Folgerichtigkeit oder »Wirklichkeitsebene« (3, S. 15) eines Kunstwerkes. In einem Film wird die Folgerichtigkeit am einfachsten und sichersten garantiert, wenn alle Elemente der Kameratechnik, Darstellung, Ausstattung und Handlung sich derselben Wirklichkeitsebene angleichen. Ein Blick auf die tatsächliche Handhabung läßt jedoch darauf schließen, daß Kom-

---

1. Zur Definition von künstlerischen Medien vgl. Th. Munro (6, Kapitel X).

binationen unharmonischer Elemente annehmbar sind oder sogar durch einen vielsagenden Kontrast die Bedeutung vertiefen, wenn nur eine Bedingung eingehalten wird: Es darf innerhalb ein und derselben Dimension des Mediums keinen Widerspruch geben. So rühren etwa die lächerlichen Aspekte in *Caligari* nicht von der Künstlichkeit der Ausstattung als solcher. Die durch und durch Euklidsche Kontinuität des Raumes, die durch die Bewegungen der Schauspieler sichtbar wird, erscheint nur deshalb als peinliche Bloßstellung, weil die Szenerie versucht, in der Art expressionistischer und kubistischer Gemälde diese Einheitlichkeit des Raumes zu durchbrechen. Das führt zu einem Widerspruch innerhalb der Dimension des Raumes. Anderseits läßt sich die ganz und gar »bühnenmäßige« Art des Schauspielens in den frühen Lustspielen Chaplins und Keatons – der eindringlichste Beweis gegen die Allgemeingültigkeit der These Kracauers – ohne weiteres mit den realistischen Straßen und Zimmern vereinbaren, da sich die Stilisierung auf das menschliche Verhalten beschränkt. In *West Side Story,* um ein Beispiel aus der neueren Zeit zu verwenden, stehen die Tänze der Straßenbanden nicht in einem unangemessenen Widerspruch zu der realistischen Art des Schauspielens oder zu der Echtheit der Elendsviertel in Manhattan, wo sie stattfinden. Sie werden als in sich geschlossene Handlungseinheiten eingefügt – wie die Ballettszenen in Molières Stücken oder die Arien in der klassischen Oper –, und die Schritte und Sprünge der Tänzer passen, auch wenn sie stark stilisiert sind, zu dem realistischen Pflaster der Szenerie; die abgenützte Schönheit und Sentimentalität der jungen Liebenden in demselben Film stören jedoch, nicht nur wegen ihrer künstlerischen Minderwertigkeit, sondern weil sie nicht zu der realistischen Darstellung der anderen Figuren passen. In Alan Resnais' *Letztes Jahr in Marienbad* erstarren realistisch aussehende Schauspieler zu Tableaus – dem logischen Höhepunkt ihrer entrückten, stilisierten Gesten. Der Kontrast zwischen dem Verhalten und der äußeren Erscheinung bewirkt den bekannten surrealistischen Effekt, daß sich das Unwirkliche im Wirklichen offenbart. Es verdient festgehalten zu werden, daß dieser Film, genau wie andere seiner Art, Kracauers Kriterium nicht durch Realismus, sondern durch den krassen Verstoß gegen den Realismus erfüllt – nämlich durch ein Durchbrechen der zeitlichen, räumlichen und kausalen Aufeinanderfolge; durch die Zertrümmerung der einzelnen Episoden; durch den schwer bestimmbaren szenischen Hintergrund; durch die Offenheit und Leere, erreicht durch Weglassung. Solche Möglichkeiten dem Film abzusprechen, würde heißen, ihn ohne Rechtfertigung arm zu machen. Was die Folgerichtigkeit betrifft: es ist gezeigt worden, daß die Regel von intakten aber getrennten Dimensionen auch für die Kombination von Medien gilt, etwa für Filmbild und -dialog, Musik und Tanz usw.[2]

Kracauers Darstellung bedarf vielleicht der Richtigstellung und Erklärung, doch der Kern seiner These ist sicher gültig und wichtig: Das fotografische Medium hat seinen bedeutendsten Beitrag dadurch geleistet, daß es, extremer, als das jemals geschehen ist, die Welt als ein grenzenloses, locker verknüpftes Kontinuum schildert. Diese Deutung wurde durch die Erfindung der Fotografie ermöglicht; doch das Ausmaß, in dem heute Raum und Zeit unseres täglichen Lebens durch Fotografien ausgefüllt werden, läßt sich nicht einfach durch die Tatsache erklären, daß sie technisch verfügbar sind. Die Fotografie konnte die Zivilisation des Westens deshalb so gründlich durchdringen, weil sie die radikalste Offenbarung einer Tendenz ermöglichte, die mit der Hinwendung zur Naturtreue in Kunst und Wissenschaft der Renaissance einsetzte und in der impressionistischen Vorstellung vom wechselhaften, flüchtigen »Fluß des Lebens« ihren Höhepunkt fand.

In diesem Streben nach Naturtreue liegt ein merkwürdiger Doppelsinn. Während sie vom Herkömmlichen wegführt, von vereinfachten, versteinerten allgemeinen Prinzipien hin zur Frische, Vielfalt und Körperlichkeit unmittelbarer Erfahrung, veranlaßt sie auch den Geist dazu, sich in den Verwicklungen des Einzelfalles zu verlieren und lenkt ihn damit vom aktiven Verstehen und Teilnehmen ab, das im Erfassen von allgemeinen Prinzipien gründen muß. Plato warnte uns zuerst vor dieser Gefahr, und seither wissen Denker und Künstler davon. Als Beweis möge ein neueres Beispiel aus dem Bereich der Kunst dienen: Piet Mondrians Schriften.

Angesichts dieser Situation untersuchen wir Kracauers Antwort auf die Frage: Welche Aufgabe hat der Film in unserer Zeit? Kracauer weist darauf hin, daß der Mensch unserer Gesellschaft ideologisch obdachlos geworden ist, ja, daß er alle leitenden Prinzipien verloren hat. Gleichzeitig ist ihm die echte Berührung mit der Wirklichkeit genommen worden: »Dies also ist die Situation des modernen Menschen. Er enträt der Führung bindender Normen. Er berührt die Realität nur mit den Fingerspitzen. Nun existieren diese beiden Determinanten des heutigen Lebens aber nicht einfach Seite an Seite. Es ist vielmehr so, daß unsere Abstraktheit un-

2. Vgl. meinen Aufsatz »Ein neuer Laokoon. Künstlerische Mischformen und der Tonfilm« in (2).

Die ungeformte Melancholie

sere Beziehungen zu allem Ideologischen in der Tiefe bedingt. Um genau zu sein, sie untergräbt alle direkten Bemühungen, die Religion neu zu beleben und einen Glaubenskonsensus herzustellen.« (4, S. 294, deutsche Ausgabe S. 382.) Wie kommen wir aus dieser unangenehmen Lage wieder heraus? Vielleicht weist uns der Film den Weg. Vielleicht führt der Weg »zu den entgleitenden Inhalten inneren Lebens . . . wenn es überhaupt einen solchen gibt, durch die Erfahrung der Oberflächen-Realität« (4, S. 287, deutsche Ausgabe S. 373.)

»Der Kinobesucher folgt den Bildern auf der Leinwand in einem traumartigen Zustand. Man darf also annehmen, daß er physische Realität in ihrer Konkretheit wahrnimmt.« (4, S. 303, deutsche Ausgabe S. 393.) Das ist ein kühner Trugschluß angesichts der unmittelbar davor stehenden Erkenntnis Kracauers: nach seiner Definition ist der Filmkünstler »ein Mann, der mit dem Erzählen einer Geschichte beginnt, während der Dreharbeit aber so überwältigt wird von seinem eingeborenen Verlangen, die gesamte physische Realität einzubeziehen – und auch von dem Gefühl, er müsse sie einbeziehen, um die Story, jede Story überhaupt, filmgerecht zu erzählen –, daß er sich immer tiefer in den Dschungel der materiellen Phänomene hineinwagt, auf die Gefahr hin, sich unrettbar darin zu verlieren, wenn er nicht mittels großer Anstrengungen zur Landstraße zurückfindet, die er verlassen hat«. (4, SS. 303–304, deutsche Ausgabe S. 392.) Genau da liegt das Problem. Es ist schließlich die Oberfläche der Realität, die wir erforschen, wenn wir sie nur mit den Fingerspitzen berühren. Erkennen wir, daß der moderne Mensch, überfüttert mit Fotografien, die die Worte aus seinem Lesestoff verdrängt haben und eine Hauptrolle in seinem Freizeitvergnügen bilden, zur Landstraße zurückgeführt wird? Er ist unermeßlich viel besser informiert über die äußere Erscheinung der Welt im allgemeinen, über den Schein der Ereignisse um ihn her; wir haben jedoch gute Gründe, ihn weniger weise zu nennen als sein Ebenbild aus der präfotografischen Zeit. Die Leute, die ganz der Fotografie ergeben sind, scheinen innerlich sehr stark zerrissen. Das Denken bereitet ihnen mehr Schwierigkeiten. Ihre ständig angeregte Neugier sorgt dafür, daß sie sich an die allerfeinsten Verzweigungen des Besonderen verlieren, anstatt einen Schritt weiterzugehen und sich dem Hauptstrom des Lebens zuzuwenden. Die fotografische Information, potentiell eine großartige Quelle des Wissens, scheint tieferen Einsichten als mächtige Ablenkung im Wege zu stehen. Die bloße Gegenüberstellung mit dem sichtbaren Äußeren der Welt ruft keine Ideen wach, wenn man sich dem Anblick nicht schon mit Ideen nähert, die nur darauf warten, aufgerüttelt zu werden.

Oben habe ich das naturgetreue Bild als kompliziert, irrational, kontinuierlich und spezifisch geschildert, dabei aber die Frage offen gelassen, ob dies wohl eine typische Sicht der Realität sei. Tatsächlich muß die Frage verneint werden. Psychologen haben erkannt, daß Wahrnehmung nicht als mechanische Aufzeichnung von Reizen verstanden werden kann. Die Wahrnehmung entwickelt sich im Dienste der Bedürfnisse. Tiere und Menschen halten ihre Augen offen, um zu überleben, und das bedeutet, daß sie sich mit Hilfe von Unterscheidungsmerkmalen und Verallgemeinerungen orientieren müssen. Sicher, die Wahrnehmung des Frühzeitmenschen ist reichhaltiger – die Kompliziertheit primitiver Sprachen veranschaulicht das. Doch diese Kompliziertheit wird durch die starre Einfachheit der Vorstellung geordnet, die wir in der primitiven Kunst und in der Volkskunst ebenso reflektiert finden wie in Kinderzeichnungen. Diese »stilisierte« Einfachheit ist der Prototyp der echten Konkretheit, der elementaren Wirklichkeitsnähe!

Es bedarf der spät einsetzenden Verfeinerung ermüdeter Kulturen, um einem die Irrationalität einer bis in die kleinsten Einzelheiten untersuchten Oberfläche bewußt werden und interessant erscheinen zu lassen. Es bedarf der passiven Empfindlichkeit des ungebundenen Beobachters. Eine Bemerkung Kracauers über die mögliche Rolle der Melancholie in fotografischen Gebilden hilft uns hier einen ganzen Schritt weiter: »Nun fühlt sich das melancholische Gemüt nicht nur zu elegischen Gegenständen hingezogen, sondern weist auch noch eine andere, wichtigere Eigenschaft auf: es begünstigt Selbstentfremdung, die ihrerseits Identifizierung mit einer Vielzahl von Objekten nach sich zieht. Der Niedergeschlagene strebt unwillkürlich danach, sich an die zufälligen Erscheinungen in seiner Umwelt zu verlieren; und er absorbiert sie mit einer Intensität, die nicht mehr durch seine besonderen Neigungen und Vorlieben bedingt ist.« (4, S. 17, deutsche Ausgabe S. 42.) Diese Beobachtung, die für Individuen gilt, trifft auch auf ganze Phasen der Zivilisation zu.

Wenn die Melancholie in unserer Zeit ein weit verbreiteter Gemütszustand ist, müssen wir eigentlich annehmen, daß sich Künstler um ihre Darstellung bemühen und vielleicht auch um die Mobilisierung von Kräften, die ihr entgegenwirken oder sie gar überwinden können. Die Melancholie durchdringt bei uns auch tatsächlich die bildende Kunst und Literatur. Es ist jedoch notwendig, daß wir hier zwischen der künstlerischen Darstellung eines Seelenzustandes und der Äußerung seiner Symptome sorgfältig unterscheiden. Die künstlerische Darstellung, wie wir sie zum

Die ungeformte Melancholie

Beispiel in den ersten Zeilen von T. S. Eliots »Prufrock« finden, gestaltet die Erfahrung der Melancholie mit den Formen eines gegebenen Mediums. Der Dichter spricht von »halbentleerten Straßen ... die dich wie ein lästiges Argument, das jede Tücke kennt, zu überwältigenden Fragen führen«[3], und er beschreibt damit die Endlosigkeit, die Kracauer als eine typisch moderne, »fotografische« Erfahrung identifiziert, aber er tut das nicht mit Mitteln der Endlosigkeit selbst, sondern mit einer präzise definierten Wortfolge. Das Gedicht mag der Ausdruck eines melancholischen Menschen sein; doch es ist wie jedes Kunstwerk das Erzeugnis einer höchst unmelancholischen Beschäftigung. Dasselbe trifft auf gute Filme zu. In De Sicas *Umberto D.* wird die Ungehörigkeit der Umwelt des einsamen Menschen mit der ganzen Präzision ästhetischer Sparsamkeit charakterisiert. Ein derartiger Neorealismus unterscheidet sich gründlich von der Formlosigkeit einer mechanisch und aufs Geratewohl aufgezeichneten fotografischen Wirklichkeit. Die »offene Form« – um H. Wölfflins (7) Ausdruck zu gebrauchen – wird in den Künsten durch eine weniger direkte Abhängigkeit der Komposition vom zentralen Thema charakterisiert. Sie arbeitet eher mit einer Überfülle an Material als mit einer sparsamen Auswahl, eher mit Gleichstellung als mit Unterordnung. Der Unterschied zwischen der offenen und der geschlossenen Form – oder zwischen dem epischen und dem dramatischen Stil (1) – darf nicht so gedeutet werden, als handle es sich um einen Unterschied zwischen einer Art von Komposition, die durch die Kriterien der Einheit und Notwendigkeit bestimmt wird, und einer anderen Art, die »freies«, durch keine Funktion festgelegtes Material verwendet.

Die moderne Tendenz zur Auflösung der Form hat nun auch im Film angefangen sich zu äußern. Als Beispiel sei Antonionis *L'Avventura* erwähnt, in mancher Hinsicht ein vorzüglicher Film, der jedoch sorglos durch eine Menge halb verarbeitetes Material irrt, so zum Beispiel in der im Mittelpunkt stehenden Szenenfolge, wo die Personen auf der Insel ziellos und endlos umherstreifen. Vielleicht tue ich diesem Film unrecht; gehen wir aber einmal davon aus, daß mein Eindruck stimmt: ist dies dann eine neue, legitime Art und Weise, Auflösung durch ungeordnete Form zu interpretieren, oder ist der Film ein klinisches Symptom der seelischen Niedergeschlagenheit, die er darzustellen vorgibt – die ungeformte Melancholie?

3. T. S. Eliot, *Gedichte*. Englisch und deutsch. Frankf. a. M. (Suhrkamp) 1964.

Kracauer hat einen wertvollen Hinweis zur Theorie der modernen Kunst gegeben: als erster begriff er die Folgen einer starken Mischung des Rohmaterials, die ja gerade für das fotografische Medium kennzeichnend ist. Die wichtigste Frage, die hier zu stellen ist, ist nicht, ob solch ein Medium als Kunst zu gelten habe (4, S. 39, deutsche Ausgabe SS. 66–67.) Diese Frage läßt sich gar nicht beantworten, denn »Kunst« ist kein Aktenschrank für gewisse Gegenstände und Tätigkeiten, die »dazugehören«. Kunst ist ein Merkmal, das in allen Gegenständen und Tätigkeiten mehr oder minder ausgeprägt zu finden ist: die Fähigkeit, Realität sichtbar zu machen. Nun wird aber die Sichtbarkeit durch Form erreicht, und – wie wir etwa aus dem Vergleich von Gipsabdrücken menschlicher Gesichter mit vom Bildhauer geschaffenen Porträts wissen – das unbehandelte Rohmaterial neigt dazu, den Gegenstand unsichtbar zu machen. Deshalb ist im fotografischen Medium das Verhältnis zwischen dem Rohmaterial und dem formgebenden (künstlerischen) Element so, daß der Anteil des ersteren gestärkt und die Sichtbarkeit verringert wird. Dieser Verlust mag durch Gewinne anderer Art aufgewogen werden, aber der Verlust muß aufgezeichnet werden.

Die realistische Tendenz in der Kunst des Westens hat zu einer allmählichen Verringerung der Sichtbarkeit geführt und damit gleichzeitig die Fähigkeit des menschlichen Geistes, dem Rohmaterial der Erfahrung Form zu geben, in immer stärkerem Maße preisgegeben. Diese Entwicklung erreicht, wie ich schon erwähnte, ihren Höhepunkt in der impressionistischen Malerei, in der sich die gegenständliche Welt totaler Unsichtbarkeit nähert, weil die oberflächliche Erscheinung naturgetreu wiedergegeben wird. Es scheint von Bedeutung, daß die ungegenständliche Malerei mit einer allmählichen Herabsetzung des formgebenden Faktors dieselbe Entwicklung wiederholt und weiterführt. Einige führende neue Spielarten der abstrakten Kunst, eine wohlbekannte Parallele zum Spätimpressionismus bei Monet, sind von der Struktur zur Textur übergegangen (vgl. den vorangehenden Aufsatz), das heißt, sie lassen nicht mehr zu, daß das Auge das dargestellte Material organisiert. Es wird zunehmend klar, daß diese Preisgabe der Bildorganisation – und damit der Verlust der Sichtbarkeit – nichts anderes ist als die Sehnsucht nach dem Ungeformten, die Rückkehr zum Rohmaterial der Realität.[4] Um diese Tendenz am Werk ih-

4. Dieselbe Einstellung steht hinter den noch neueren Imitationen von Reklamebildern und anderen populären Vorbildern, wie auch den mechanischen Kopien von Eßwaren, Exkrementen oder menschlichen Gliedern. Auch wenn sie sich äußerlich sehr stark von der ab-

res bedeutendsten neueren Vertreters zu erläutern: was will denn Jean Dubuffet, der sein Handwerk meisterlich beherrscht, mit seiner geschickten Verwendung dickflüssiger Lacke, die dadurch, daß sie das Öl abstoßen, »geheimnisvolle Verzweigungen« schaffen, mit seinen Emailarbeiten, die »sich auflösen und so ein feines Netzwerk aus Rissen und Sprüngen schaffen«, seinen Runzeln und Schnörkeln, Kinderkritzeleien und impulsiven Pinselstrichen, mit seiner Baumrinde und den Laubblättern, dem Teer, Asphalt, Kitt, den Schlacken, alten Schwämmen, Schmetterlingsflügeln und kleinen Stücken verbrannter Autos – was will er damit anderes als eine immer noch genauere Wiedergabe der Natur, der Natur in ihrem formlosesten Zustand, weit entfernt vom formgebenden Einfluß des Menschen und ebensoweit entfernt von ihren eigenen formgebenden Kräften? »Diese Bilder verschaffen mir Frieden . . . den großen Frieden von Teppichen und nackten und leeren Ebenen, stumm unterbrochenen Fernen, deren Gleichartigkeit und Stetigkeit nicht verändert werden kann. Ich liebe einheitliche Welten, die weder Grenzpfähle noch Grenzen kennen, die so sind wie das Meer, schneebedeckte Berge, Wüsten und Steppen.« (6, S. 139.) Es kann kaum Zweifel über die Einstellung geben, die zu dieser Vorliebe führt, einer Vorliebe für eine Art von zusammenhängender, allumfassender Suppe mit der Würze des Lebens selbst, wie sich Dubuffet ausdrückt: »Das Königreich der formalen Ideen erscheint mir immer von geringem Wert neben dem feudalherrschaftlichen Königreich der Steine.« (6, S. 72.)

Hier offenbart sich die realistische Tendenz als Verzicht auf das aktive Erfassen von Bedeutung, das die Beziehung des Menschen zu Realität charakterisiert, wenn er im Vollbesitz seiner geistigen Kräfte ist. Die Entwicklung kommt zu ihrem logischen Abschluß, wenn die Materialien des Malers nicht mehr als Darstellungsmittel, sondern als Objekte um ihrer selbst willen betrachtet werden, als eine Vermehrung der materiellen Welt selbst: »Ich sehe keinen großen Unterschied (metaphysisch gesprochen) zwischen den Pasten, die ich verstreiche, und einer Katze, einer Forelle oder einem Bullen. Meine Paste ist ein Wesen wie diese auch. Weniger genau definiert natürlich, und stärker emulgiert. Ihre Gesetze sind fremdartiger, viel fremdartiger, gewiß; sie sind uns fremd, uns, den Menschen, die so genau definiert und alles andere als formlos sind (oder zumindest zu

strakten Texturkunst unterscheiden, äußert sich in diesen »realistischen« Produkten von Malern und Bildhauern eine ähnliche Preisgabe der formgebenden Kraft zugunsten der Formlosigkeit der Umwelt.

sein glauben).« (6, S. 63.) Der Maler pflegt seine verschiedenen Pasten und Flüssigkeiten wie ein Gärtner seinen Boden; er wird zum Züchter und Trainer. Er erzeugt keine Bilder mehr, sondern Materie. Und die Materie, die er mit den hoch entwickelten Chemikalien einer späten Zivilisation erschafft, ist die Welt vor der Schöpfung, die reizvolle Unendlichkeit und Vielfalt des Chaos. Es ist die Flucht vor der Pflicht des Menschen – die endgültige Zuflucht und die endgültige Erholung.

Dieser Aufsatz hat sich mit einer Behauptung kritisch auseinandergesetzt, die in ihrer radikalsten Formulierung besagt, eine Verlagerung von der vom Menschen geschaffenen Form auf das ungeformte Rohmaterial der Erfahrung bedeute eine Rückkehr zur konkreten Realität, aus der einzig und allein neues Denken entstehen könne. Es ist notwendig geworden, darauf hinzuweisen, daß der echte Realismus aus der Interpretation des Rohmaterials der Erfahrung mit Mitteln bedeutungsvoller Form besteht und daß deshalb eine Beschäftigung mit der ungeformten Materie einer melancholischen Preisgabe gleichkommt und nicht etwa einer Wiedererlangung der Herrschaft des Menschen über die Realität. Vielleicht sind wir damit Augenzeugen der letzten Zuckungen einer erschöpften Zivilisation, deren verdünnte Begriffe die Welt der Sinne nicht mehr erreichen. Es ist aber auch möglich, daß wir dadurch, daß wir den Geist von allen Formen befreien, auf den Tiefpunkt zugehen, den wir erst erreichen müssen, bevor es wieder aufwärts gehen kann. Vielleicht gleichen wir in dieser Gegenüberstellung mit dem Urstoff den Unterweltschatten der Odyssee, erpicht darauf, von dem Opferblut zu trinken, damit die Szenen des Lebens vielleicht noch einmal wiederkommen.

BIBLIOGRAPHIE

1. Arnheim, Rudolf, »Epic and dramatic film«, in: *Film Culture*, 3 (1957), SS. 9–10.
2. –, *Film als Kunst*.
3. –, *Picasso's Guernica: the Genesis of a Painting*. Berkeley und Los Angeles (Univ. of Calif. Press) 1962.
4. Kracauer, Siegfried, *Theory of Film*. New York (Oxford Univ. Press) 1960. Deutsche Übersetzung (vom Verfasser revidiert) von Dr. Friedrich Walter und Ruth Zellschan: *Theorie des Films*. Frankfurt a. M. (Suhrkamp) 1964.
5. Munro, Thomas. *The Arts and Their Interrelations*. New York 1951.
6. Selz, Peter, *The Work of Jean Dubuffet*. New York (Museum of Modern Art) 1962.
7. Wölfflin, Heinrich, *Kunstgeschichtliche Grundbegriffe*. München (Bruckmann) 1920.

Funktion und Ausdruck*

Was es mit der Funktion und dem Funktionellen ästhetisch auf sich hat, ist von jeher eine heikle Frage. Wenn ein Gegenstand zu einem praktischen Zweck hergestellt wird, hemmt oder fördert dann die Zweckgerichtetheit des Formgebers und die Nützlichkeit des Gegenstandes seinen künstlerischen Wert? Oder hat das Funktionelle ästhetisch keine Bedeutung? Im Folgenden werde ich zu zeigen versuchen, daß Funktion, das heißt hier die Dienlichkeit des Gegenstandes in bezug auf einen nichtästhetischen Zweck, auf dem Wege über den wahrnehmungsmäßigen Ausdruck künstlerisch bedeutsam wird. Dazu empfiehlt es sich zunächst, einen Blick auf die gängigen Ansichten über die Beziehungen zwischen drei Grundbegriffen zu werfen: Zweckdienlichkeit, Schönheit und Ausdruck.

Zweckdienlichkeit und Schönheit

Die Unschuld des Naturzustandes erledigt Fragen der Kunst, ohne sie ausdrücklich zu formulieren. Adolf Loos, der große Fortschrittler unter den Architekten zu Anfang unseres Jahrhunderts, spricht einmal vom Frieden eines Bergsees: die Berge und die Wolken spiegeln sich im Wasser, und die Bauernhäuser und Dorfkirchen »sehen aus, als ob sie nicht von menschenhand gebaut worden seien«.
»Da, was ist das! Ein mißton in diesem frieden. Wie ein gekreisch, das nicht notwendig ist. Mitten unter den häusern der bauern, die nicht von ihnen, sondern von gott gemacht wurden, steht eine villa. Das gebilde eines guten oder eines schlechten architekten? Ich weiß es nicht. Ich weiß nur, daß friede, ruhe und schönheit dahin sind . . .«

---

* Übersetzt von Rudolf Arnheim. Erstabdruck in *Journal of Aesthetics and Art Criticism*, (1964). S. 23, 29–41.

Funktion und Ausdruck

Loos fragt: »Wie kommt es, daß ein jeder architekt, ob schlecht oder gut, den see schändet? Der bauer tut das nicht. Auch nicht der ingenieur, der eine eisenbahn ans ufer baut und mit seinem schiffe tiefe furchen in den klaren seespiegel zieht . . .« (XI). Nach Loos ist dem Bauern einzig das Zweckhafte seines Hauses bewußt: das Dach, die Tür. Sein Schönheitssinn dagegen ist ausschließlich vom Instinkt geleitet. Sein Haus ist »genau so schön . . . wie es die rose oder die distel, das pferd oder die kuh sind«. Gute Proportionen, Farbharmonie, zweckgerechte Form und anschaulicher Ausdruck kommen intuitiv zustande, so wie in Kinderzeichnungen oder im Handwerk der Naturvölker. Außer dem unmittelbaren Instinkt mag auch ein Herkommen bestimmen, wie die Dinge auszusehen haben. Aber alle ästhetische Bewertung beschränkt sich auf: So ist es richtig, so ist es falsch! Das sieht gut aus, das sieht schlecht aus! Keinerlei individuelle Maßstäbe werden bewußt verwendet. Die Frage, wie Zweck und Schönheit zu vereinen seien, stellt sich weder bei der Herstellung noch bei der Beurteilung eines Gegenstandes. Auch fragt man sich nicht, wie es mit dem Zweckdienlichen ästhetisch bestellt sei. Der Ästhetiker allerdings kommt um diese Fragen auch da nicht herum, wenn er die Tätigkeiten der Bauern, Ingenieure, Kinder oder Primitiven betrachtet.

Sobald das Problem aber bewußt gestellt wird, bieten sich zunächst zwei radikale Lösungen an. Man kann annehmen, daß Zweckdienlichkeit nichts mit Kunst zu tun hat und daß Kunst alles Funktionelle ausschließt. So soll der Bauhausarchitekt Hannes Meyer geäußert haben: »Es ist unsinnig, den modernen Stil mit ästhetischen Begriffen anzugehen. Ein Gebäude ist ein gutes Gebäude, wenn es für seinen Zweck geeignet, vollständig und kompromißlos ist, ungeachtet seines äußeren Aussehens« (16, S. 393). Andererseits behauptete Loos, daß Architektur nur so weit zu den Künsten gerechnet werden kann, als sie sich mit Grabmälern und Monumenten befaßt, denn die Verunreinigung der Kunst durch Zweck »profaniert das Höchste«. Darin ging ihm Schopenhauer voraus, der bemerkte, Architektur könne nicht unter die Künste gerechnet werden, soweit sie sich mit praktischen Zwecken befasse, denn wenn sie der Nützlichkeit dient, wird sie vom Willen beherrscht, d. h. von materiellen Bedürfnissen, nicht von der reinen Erkenntnis (22, Buch 3, Paragraph 43).

Solche Formulierungen umgehen das Problem. Die sogenannten Funktionalisten andererseits erkannten das Problem zwar an, behaupteten aber, daß sich in der Praxis keinerlei Schwierigkeit ergebe, denn man brauche sich nur genauestens an die praktischen Erfordernisse zu halten und werde damit der Schönheit automatisch gerecht. So ist es ja auch in der Natur, sagten sie. Vollkommene Schönheit kommt da ohne alle Absicht durch bloße Zweckdienlichkeit zustande. Frank Lloyd Wright sagt mit Bezug auf Blumen: »Aller vollendeten Anmut und Schönheit liegen Gesetz und Ordnung zugrunde; in der Schönheit einer Blume drücken sich fundamentale Bedingungen durch Linie, Form und Farbe aus, die ihnen entsprechen und sie mittels Design erfüllen« (8, S. 60).

Was Wright und sein Lehrer Louis H. Sullivan in ihren Theorien befürworteten, war offensichtlich nicht ein intuitives Erfüllen ästhetischer Forderungen. Vielmehr glaubten sie, daß ein glücklicher Zusammenklang Schönheit hervorbrachte, wenn Zweckmäßigkeit gemeint war. Was sie dabei an der Natur bewunderten, war nicht bloß der Reiz ihres biologischen Überschwanges, ihre Lebensfülle und Farbenfreudigkeit. Und ebensowenig beschränkte sich ihre Bewunderung auf die sichtbaren Anzeichen der Zweckmäßigkeit in Mensch und Tier. Nein, sie verstanden unter Schönheit die Ordnung und Harmonie, Gleichgewicht und Gleichmaß, Einheitlichkeit, Sparsamkeit usw.

Wo immer diese Eigenschaften sich in der Natur vorfinden, scheinen sie sich hauptsächlich von zwei Bedingungen abzuleiten. Zunächst einmal kommen Naturdinge aus den Kräften zustande, die ihnen innewohnen. Die Form der Meereswelle ergibt sich unmittelbar aus dem Antrieb des Wassers. Eine Blume wird nicht angefertigt, sondern sie wächst, und daher besteht ihre äußere Erscheinung in den wahrnehmbaren Wirkungen des Wachstumsprozesses. Die Muskeln, die ein Tier fortbewegen, formen auch die Umrisse seines Körpers. Und weiterhin – und dies ist die zweite Bedingung – je einfacher und einheitlicher die Konstellation dieser physikalischen Kräfte ist, um so einfacher und einheitlicher wird das Ergebnis ihrer Tätigkeit aussehen. Symmetrisch angeordnete Kräfte schaffen symmetrische Formen in der Blume, dem Seestern, dem Atommodell. Wenn Form und Bewegung von den Kräften geschaffen werden, die das Naturobjekt ausmachen, so wirken sie anmutig und sparsam. Im Physischen kommt die beste Lösung eines funktionellen Problems unter dem Einfluß der Tendenz zur geringsten Spannung zustande, wobei im Organismus der Stromlinieneffekt des Darwinschen Entwicklungsprozesses hinzukommt. Diese physischen Vorzüge spiegeln sich bis zu einem gewissen Grade im Aussehen wider.

Vom Menschen geschaffene Dinge werden statt dessen von äußeren Kräften hervorgebracht, deren Beziehung zur Form dieser Dinge keines-

Funktion und Ausdruck

wegs einfach ist. Man vergleiche etwa die Kräfte, die auf der Töpferscheibe oder Drehbank einen Tontopf oder ein Tischbein produzieren, mit denen, die im Wachstum eines Apfels oder eines menschlichen Beins tätig sind. Oder man vergleiche den Bau eines Kirchturms oder den Formguß einer Rakete mit dem Sprossen eines Spargels. Wegen dieses grundsätzlichen Unterschiedes muß der schaffende Mensch sich ein Bild von der beabsichtigten Form machen. Er muß die erstehende Form nach Maßgabe der gewünschten Verhältnisse beurteilen und dann seine Hände und Werkzeuge entsprechend lenken. Dabei wird ihm klar, daß die Funktion allein nicht die Form bestimmt, und an eben diesem Punkt läßt ihn der Vergleich mit der Natur im Stich.

Die Naturform wird nicht vollständig oder auch nur annähernd von Funktion bestimmt. Man kann auf hunderterlei verschiedene Weise ein Baum sein oder ein Fisch oder Vogel; und obzwar gewiß jeder Organismus durch eine Gruppe von Bedingungen bestimmt ist, so haben wir doch wohl selbst heute nicht die Möglichkeit, den Unterschied zwischen einer Eiche und einem Ahorn aus ihren gegenwärtigen Bedürfnissen oder Funktionen abzuleiten. Obwohl uns Horace Greenough zur gegenteiligen Ansicht bekehren wollte, sehen wir dennoch diese Verschiedenartigkeit als »ein Spiel der Allmacht aus bloßem Vergnügen an der Abwechslung« an (5, S. 117). Die Zufallsbedingungen, die nach Darwin die notwendige Freiheit für die allmächtige Vervollkommnung einer jeden Spielart gewähren, bewirken auch den Unterschied zwischen den Spielarten. Es mag schon sein, wenn man einmal dazu bestimmt ist, eine Schildkröte zu werden, daß die Form und Farbe einer Schildkröte die für ihr Leben geeignetsten sind, aber der Charakter und Stil dieser Tierart ist deswegen noch nicht durch Funktion erklärt. So steht es auch beim Menschen und den von ihm geschaffenen Dingen. Der Zweckmäßigkeit wird durch geschickte und einfallsreiche Formgebung Genüge getan. Das Übrige wird vom Charakter des Produzenten und der Verbraucher bestimmt. Dieser Charakter ist ein vielfältiges Ding. Besonders in unserer heutigen Zivilisation ergibt er sich aus recht unstetigen Bedingungen, herkömmlichem Geschmack, Reklame, persönlichen Bedürfnissen, einander widerstreitenden Sozialkräften und einem recht unsicheren Gefühl für anschauliche Qualität. Das führt zu launischen, unzuverlässigen Leitkräften.

Nun läßt sich diese Steuerlosigkeit im Herstellungsprozeß nicht einfach dadurch vermeiden, daß man den Einfluß des menschlichen Charakters ganz ausschaltet. Die physische Funktion allein bestimmt eben den Gegenstand nicht. Versucht man etwa, Funktion auf physische Zweckmäßigkeit zu reduzieren, so ist das eine ganz willkürliche Beschränkung, wenn ein Ding für den menschlichen Gebrauch bestimmt ist. Im allgemeinsten Sinne würde der Begriff »Funktion« alle Zwecke einbegreifen, die ein Gebäude oder Gebrauchsgegenstand zu erfüllen bestimmt ist. Er würde sich nicht nur auf die Bedürfnisse des Körpers beziehen, sondern auch auf die seelischen. In diesem weitesten Sinne würde der Begriff all das umschließen, was die Funktionalisten auszuschalten wünschten. Selbst die schlimmsten Auswüchse des neunzehnten Jahrhunderts würden da als funktionell gelten. Der Architekt Richard Neutra gebraucht das Beispiel eines Mannes, der sich ein Portrait von Abraham Lincoln auf seine Billardkugel malen ließ, weil er glaubte, ohne das könne er nicht im Spiel gewinnen (18, S. 108). Ohne Zweifel diente das Bildchen den Bedürfnissen des Mannes, war also funktionell. Ebenso steht es mit dem aus Sterlingsilber gemachten Bett, das eine New Yorker Firma vor Jahren für einen Maharadscha anfertigte und das an den Ecken mit vier lebensgroßen nackten Damen, ebenfalls aus Silber, bestückt war, die den Schläfer realistisch anlächelten und ihm mit silbernen Fächern Kühle zuwedelten.

In diesem allgemeinsten Sinne würde also dem Begriff »Funktion« keinerlei Sonderbedeutung zukommen. Jedes Ding, das seinen Besitzer befriedigt, würde da funktionell sein. Beschränkt man aber Funktion auf rein physische Nützlichkeit, so ist das eine Entscheidung des persönlichen Stils oder Zeitgeschmacks. Zugegeben, daß in einer Zeit, in der das Geschmacksniveau so unzuverlässig ist, die Architekten und Designer sich versucht sehen mögen, alle Formgebung auf objektiv bestimmbare Kriterien zu beschränken, statt sich von zweifelhaften ästhetischen Maßstäben in die Irre führen zu lassen. Wenn es sich dabei um einen Künstler von gutem Formsinn handelt, so wird er intuitiv die ästhetischen Kriterien befolgen, von denen er irrtümlich annimmt, daß er sie außer acht läßt. Das mag in der Praxis ganz gut gehen, aber das theoretische Problem ist damit nicht gelöst.

Ein paar Beispiele mögen zeigen, daß reine Zweckdienlichkeit das Stilistische nicht einfach einbegreift. Man kann die Maschinerie einer Nähmaschine in einer Metallhülle von schön einfacher L-Form verbergen, wodurch man Sicherheit und Sauberkeit garantiert und auch einen leicht unterzubringenden Gegenstand erzielt. Gleichzeitig damit aber drückt sich auch eine Geisteshaltung aus, der wenig daran liegt, wie ein Ding von innen funktioniert, solange es seinen Dienst tut. Es ist auch ein Irrtum zu

Funktion und Ausdruck

glauben, daß eine Beschränkung auf die einfachst mögliche Form funktionelle Sachlichkeit gewährleistet. Sieht man sich heute die Möbel und Gebrauchsgegenstände der Bauhausproduktion an, so fällt einem jetzt vor allem die Vorliebe für geometrische Einfachheit auf, die nicht der Funktion dient, sondern dem Geschmack der Hersteller entspricht, und die vielleicht in Feiningers oder Klees kubistischen Bildern oder in Schlemmers Mechanischem Ballett geometrischer Puppen sogar klarer zum Ausdruck kommt. Ebenso werden wir bald das Geschmackselement in den angeblich rein zweckdienlichen Hochhäusern entdecken, die Lewis Mumford als »die riesenhafte, sich dauernd wiederholende Geistlosigkeit der Hochhausplatten« denunziert hat. Auch besteht kein Grund, warum man einen genau entgegengesetzten Baustil nicht ebenso gut funktionell nennen kann, wie es etwa W. C. Behrendt mit Bezug auf Frank Lloyd Wright getan hat. »Denn die Absicht der Strukturformung ist nicht, die geometrische Idee des Raumes darzustellen, sondern eine dem individuellen Lebensbedürfnis angepaßte Verschalung zu schaffen, die sich in diesem Raume entfaltet. Daher die seltsame Unregelmäßigkeit dieser Grundrisse, all die Vorsprünge in den Umrissen und die Einzelräume verschiedenster Form mit mannigfaltigen In- und Ausbuchtungen« (16, S. 397).

Noch etwas anderes ist zum Begriff des Funktionellen anzumerken. Gewiß kann die Natur, wie ich schon erwähnte, unter dem Einfluß des Strebens nach Gleichgewicht im Physischen und des Darwinschen Auswahlprinzips Formen hervorbringen, die unseren Anforderungen an gute Proportion, Harmonie, Ordnung, Einheitlichkeit usw. Genüge tun. Dies sind nun zwar die üblichen Eigenschaften des Schönen, doch genügen sie den Anforderungen der Kunst nicht. Man mag Blumen, Tiere oder Menschenkörper schön nennen, doch macht sie das noch nicht zu Kunstwerken. Was der Maler oder Bildhauer formt und anordnet, ist nicht einfach dazu bestimmt, die oft außerordentliche Schönheit seines Modells noch zu erhöhen. Dem Künstler ist es vor allem darum zu tun, einen geeigneten Sinn klarzumachen. Gewiß vermittelt auch das Aussehen der Naturdinge einen Sinn. Sie mögen friedlich oder wild aussehen, sie mögen gewaltige Kraft oder Gier oder Faulheit ausdrücken. Doch tun sie das nur mit den Einzelworten der visuellen Ausdrucksprache. Als ein Ganzes stellt ein Naturding nur selten eine vollständige Aussage bedeutungsvollen Ausdruckes dar, und zwar deshalb, weil seine äußere Erscheinung nicht zu diesem Zweck zustandegekommen ist. Äußerer Ausdruck kommt im Naturobjekt zumeist unabsichtlich als ein Nebenprodukt der physischen

Struktur zustande und wird daher kaum den Sonderbedingungen von anschaulicher Einheit, Folgerichtigkeit und Komposition gerecht werden, die für eine künstlerische Aussage notwendig sind.

Es gibt gewiß Theoretiker, die das ästhetische Element im Werk des Architekten oder Formgebers durchaus anerkennen. Jedoch neigen sie dazu, Schönheit als eine Zusatzeigenschaft anzusehen, die dem Nutzobjekt hinzugefügt wird. Zweckdienlichkeit ist da ein von der Schönheit unabhängiges Ding. So sagt etwa Leone Battista Alberti, daß der Architekt Lob verdient »sowohl für die wundervolle, berauschende Schönheit seiner Werke wie auch für die Zweckdienlichkeit, Notwendigkeit und Kraft der Dinge, die er erfunden hat« (1, S. 119 ff.). Alberti definiert die Schönheit als die Harmonie aller Teile, »die richtige Komposition und Beziehung der Linien untereinander«. Im gegenwärtigen Jahrhundert hat Gropius angemerkt, daß »das Schlagwort von der Zweckdienlichkeit, die mit Schönheit identisch sei, nur halb wahr ist. Wann nennen wir ein Menschengesicht schön? In jedem Gesicht dienen die Einzelteile ihrem Zweck, aber nur vollkommenes Gleichmaß und Farbenharmonie verdienen den Ehrentitel des Schönen« (7, S. 4). Schließlich möchte ich noch einen modernen Möbeldesigner zitieren, um ein Beispiel davon zu geben, wie der durchschnittliche Kunstgewerbler heutzutage über diese Dinge denkt. Jens Risom erklärt, daß Möbel zugleich funktionell und dekorativ sein müssen. »Es ist von Wichtigkeit, daß ein Stuhl bequem und eine Kommode praktisch ist. Zugleich muß das Möbelstück aber auch angenehm aussehen und gut proportioniert sein, und es muß aus gutem Material handwerklich solide hergestellt sein. Kurz, das ›design‹ muß uns gefallen« (21, S. 43). Solche Aussagen deuten in keiner Weise darauf hin, daß man sich theoretisch einer Beziehung zwischen Funktion und Schönheit bewußt ist.

Funktion und Ausdruck

Schönheit und Ausdruck

Schönheit gilt herkömmlicherweise als eine nicht nur von der Funktion, sondern auch vom Ausdruck gänzlich getrennte Sonderheit.[1] Über die Beziehung zwischen Schönheit und Ausdruck sagt Vitruv, daß die Architektur sechs Bedingungen gerecht werden müsse. Vier davon sind Schönheitserfordernisse, und zwar Ordnung, Anordnung, Eurythmie und Symmetrie. Die fünfte, Sparsamkeit, kommt unserem Begriff der Nützlichkeit am nächsten. Und sechstens ist da Ziemlichkeit, die erfordert, daß »die Tempel der Minerva, des Mars und des Herkules dorisch sind, da der männlichen Kraft dieser Götter ein Ausdruck der Zartheit unangemessen wäre. In den Tempeln der Venus, Flora, Proserpina, Quellwasser oder der Nymphen ist die korinthische Ordnung von besonderer Bedeutung, denn dies sind empfindsame Gottheiten, denen schlanke Umrisse, Blumen, Blätter und ornamentale Voluten besonders entsprechen« (28, Buch 1, Kap. 1). Hier behandelt Vitruv also den Ausdruck. Er hat physiognomische Formeigenschaften im Sinne, die den Charakter der den Tempel besitzenden Gottheit widerspiegeln. Dabei haben diese Formeigenschaften aber keinerlei Beziehung zu den Kriterien für Schönheit einerseits und Zweckdienlichkeit andererseits.

Ich brauche den Sachverhalt wohl kaum mit weiteren Zitaten aus der kunsttheoretischen Literatur zu belegen. Doch lohnt es sich zu erwähnen, daß selbst die Psychologen das Ausdrucksproblem außer acht lassen, wenn sie sich mit künstlerischen Problemen befassen. So beschränkt sich etwa C. W. Valentines Buch *The Experimental Psychology of Beauty* auf den traditionellen Schönheitsbegriff (26, S. 6). Der Verfasser setzt voraus, daß Schönheit eine Art Wohlklang ist, der sich nicht näher beschreiben läßt und auf den man auch nicht spezifischer reagieren kann. Er behauptet daher, daß in der praktischen Forschung man zumeist die Frage: »Finden Sie dies schön und weshalb?« ersetzen kann durch: »Gefällt Ihnen dies?«

---

1. Ich möchte hier betonen, daß meine Einwände sich nicht gegen eine bloße getrennte Behandlung wenden, wie sie ja in der theoretischen Zergliederung unvermeidlich ist, auch wenn es sich um Komponenten handelt, die organisch zusammengehören. Die Wissenschaft kann das nicht vermeiden. Wogegen ich mich wende, ist die Annahme, daß ein Werk der angewandten Kunst aus der Kombination von drei Faktoren zustandekommt, die prinzipiell unabhängig voneinander sind. Unter Schönheit verstehe ich die Fähigkeit, Ausdruck zu klären und zu vertiefen. Zweckmäßigkeit liefert, wie ich zeigen werde, das in einem Gebrauchsgegenstand oder Gebäude sich ausdrückende Thema. Ohne Bezug auf das funktionelle Thema ist Schönheit nicht denkbar.

In der Tat befaßt sich die Mehrzahl der Forschungsarbeiten in englischer Sprache, über die Valentine berichtet, mit der Vorliebe für dies und das, sei es nun ein Farbfleck oder ein Gedicht von Dylan Thomas. Zum Verständnis des Künstlerischen tragen diese Arbeiten ungewöhnlich wenig bei, denn sie berichten nur beiläufig von dem, was Leute wahrnehmen, wenn sie ein Kunstwerk betrachten. Im Vergleich dazu ist der Raum, den das Buch dem Studium des Ausdrucks widmet, erstaunlich klein, wenn man bedenkt, daß es sich dabei um das Grundproblem der Kunst handelt. Und selbst wo von Ausdruck die Rede ist, wird das Thema vielfach auf ein Nebengeleis geschoben, indem, etwa bei Gemälden, hauptsächlich vom erzählerischen Inhalt die Rede ist oder bei der Musik von Vergleichen mit den sogenannten Emotionen.

Ausdruck und Zweckdienlichkeit

In der Psychologie ist die Tendenz, den Ausdruck zu vernachlässigen oder ihn von anderen geistigen Funktionen abzutrennen, keineswegs auf ästhetische Studien beschränkt. Ausdruck ist in der Psychologie immer noch ein Fremdling. Der Behaviorismus hat sich im englischen Sprachgebiet hauptsächlich mit der praktischen Seite von Tätigkeiten befaßt, etwa wie Tiere es anstellen, sich etwas zu essen zu verschaffen. Es ist eine Art von Funktionalismus, der noch weiter dadurch eingeschränkt ist, daß er sich nur auf quantitativ Beschreibbares einläßt. Alles übrige wird unter »Allgemeines Verhalten« abgelegt. Die klinische Psychologie andererseits befaßt sich zwar mit dem Zusammenhang von seelischen Zuständen und Motivationsantrieben; doch hat sie sich kaum genügend mit der diesen inneren Zuständen entsprechenden äußeren Einheit abgegeben. Sie untersucht die äußeren Kundgebungen des Charakters und der Stimmungen unabhängig von zielgerichteter Tätigkeit, zum Beispiel in den sogenannten projektiven Tests, wo sich Menschen außerhalb des Lebenszusammenhanges kontemplativ verhalten. Zielgerichtetes Verhalten und ausdruckshaftes Verhalten werden also getrennt untersucht. Ausdruck wird entweder ganz beiseite gelassen oder aber als eine Sonderäußerung des Psychischen behandelt, eine Luxuskomponente des Verhaltens, die zwar für die Diagnose von Nutzen ist, dabei aber mit den praktischen Bestrebungen des Menschen oder Tiers sehr wenig zu tun hat. Dementsprechend haben sich denn auch die Experimentalpsychologen für Untersu-

Funktion und Ausdruck

chungen des Ausdrucks zumeist mit künstlich hergestellten Anschauungsobjekten begnügt, etwa mit stereotypen Beispielen von Gesichtsausdruck oder Geste, von Schauspielern dargestellt oder in Linienzeichnungen abgebildet. Auch hier also ist der Ausdruck wieder aus seinem natürlichen Zusammenhang herausgenommen.

Diese Spaltung zeigt sich sehr deutlich in einem der wenigen für unsere Zwecke brauchbaren Aufsätze, die in den vierziger und fünfziger Jahren in den Vereinigten Staaten veröffentlicht worden sind. Unter dem Titel *Die Ausdruckskomponente des Verhaltens* schreibt A. H. Maslow unter anderem, daß »Verhalten zumeist eine Ausdruckskomponente und eine praktische Zweckkomponente hat«, und er trennt diese beiden Aspekte in seiner Darstellung (12; 13, Kap. 11). Schon diese Trennung ist bezeichnend für die Einstellung, die ich hier zu beschreiben versuche. Noch bedeutsamer aber ist die Neigung, den Ausdruck als etwas zu betrachten, das außerhalb des wesentlichen zielgerichteten Verhaltens liegt. Maslow beschreibt Ausdrucksäußerungen als unmotiviert und nutzlos. Es sind bloße Abzweigungen, die nur sich selbst Genüge tun. Sie haben keine Wirkung auf die Umgebung und sind unfunktionell. Nach Maslow kann man ein »bloß ausdruckshaftes« neurotisches Symptom unterdrücken, ohne Schaden anzurichten, denn diese Symptome spielen keine zentrale Rolle. Ausdruck bezieht sich angeblich nur darauf, was der Mensch ist, nicht auf das, was er tut. Beispiele sind »die Stumpfheit des Schwachsinnigen, das Lächeln und der elastische Gang eines Gesunden, der wohlwollende Gesichtsausdruck gutartiger Menschen oder die Schönheit einer schönen Frau« (12; 13, Kap. 11).[2]

Ganz entsprechend diesen Haltungen der Psychologen geht es auch im Kunstbetrieb zu. In der Schulung für die angewandten Künste wird der Ausdruck allzu oft entweder gänzlich außer acht gelassen oder vom Funktionellen abgetrennt. Ein berühmtes Beispiel: der Unterricht am Bauhaus bestand aus Werklehre und Formlehre. Die Formlehre befaßte sich mit Wahrnehmung, Darstellung und Gestaltung. Gestaltung wiederum handelte von Farbgebung, Raum und Komposition und sollte den Studenten

---

2. Hierzu eine Stelle bei Wolfgang Köhler: »Bei der Behandlung (des Ausdrucksproblems) haben sich die Philosophen und Psychologen vielleicht zu sehr auf diejenigen Ausdrucksbewegungen konzentriert, die Begleiterscheinungen von Emotionen sind. Sicherlich hat man dabei andere, ebenso wesentliche Tatsachen so gut wie ignoriert: durchaus praktisches Verhalten bietet der Wahrnehmung Formorganisationen, die der Organisation entsprechender innerer Vorgänge ganz analog sind« (10, S. 231).

die visuelle Grammatik beibringen (6, S. 44; 24). Vom Ausdruck war im offiziellen Lehrplan nicht die Rede. Wenn es in der Praxis dazu kam, behandelten die Lehrer, etwa Kandinsky, den Ausdruck als eine Eigenschaft der Farbe, der Form oder des Raumes, ohne Beziehung auf die Funktion.

Diese Vernachlässigung des lebenswichtigen Zusammenhangs zwischen Funktion und Ausdruck kommt aus der Tradition. Ich erwähnte schon, daß für Vitruv die Ziemlichkeit eines Gebäudes ganz unabhängig von seiner Schönheit oder Zweckhaftigkeit ist. Auch Adolf Loos behandelt Ausdruck als etwas Isoliertes. Er sagt, Architektur erzeuge eine Stimmung in uns. Der Architekt habe diese Stimmung prägnant zu machen. Ein Zimmer muß gemütlich sein, das Haus muß einen anheimeln. Der Justizpalast muß den Sünder mit einer drohenden Geste beeindrukken. Das Bankgebäude muß zum Ausdruck bringen, daß das Geld darin gut untergebracht ist und von ehrlichen Leuten bestens beschützt wird (11).

Die Trennung von Ausdruck und physischer Funktion zeigt sich sehr deutlich, wenn vom Symbolcharakter in der Architektur die Rede ist. Unter Symbolen wird häufig verstanden, daß bestimmte Formen, denen ein konventioneller Sinn innewohnt, dem Gebäude äußerlich auferlegt werden. Eine mittelalterliche Basilika etwa hat einen kreuzförmigen Grundriß; oder die Kirche der Presbyterianer in Stamford (Connecticut) hat die Form eines Fisches, eines Christussymbols also. Palladio empfahl für Tempel die runde Form, denn »der Kreis ist am geeignetsten, um die Einheit, das unendliche Wesen und die Gleichförmigkeit und Gerechtigkeit Gottes« auszudrücken (19, S. 240). In diesem engen Sinne ist Symbolik also etwas, was manche Gebäude besitzen, andere aber nicht. Es ist etwas, was dem Gebäude ausdrücklich hinzugefügt wird, und zwar zum Zweck einer bestimmten Mitteilung. In einem sehr bezeichnenden Aufsatz über die Symbolik in der Architektur spricht John E. Burchard von der »stetigen Abwertung symbolischer Bedeutung in der Architektur« und dem »zur Unfruchtbarkeit verkümmerten Symboldrang der besten modernen Architekten«. Er fragt sich, ob Symbolik für die Architektur unserer Zeit notwendig sei (3; 30).

Vor ihm sprach schon Hegel in einem weiteren Sinne von der Architektur als der niedrigsten aller Künste, denn ihr Material sei die nur den Schwerkraftgesetzen unterworfene Materie, und daher eigne sie sich nicht zur Darstellung des Geistes (9). Wenn Hegel die Architektur als symbo-

Funktion und Ausdruck

lisch bezeichnet, so meint er damit eine geringwertige Darstellungsweise. Mehr im einzelnen spricht er von drei Stufen der Architektur, von denen die symbolische die früheste sei, auf die dann die klassische und die romantische folgen. Die sich in der frühen Architektur ausdrückenden Ideen sind nichts Besseres als »gleichsam unförmliche allgemeine Vorstellungen, elementarische, vielfach gesonderte und durcheinandergeworfene Abstraktionen des Naturlebens mit Gedanken der geistigen Wirklichkeit gemischt, ohne als Momente *eines* Subjektes ideell zusammengefaßt zu sein«. Da diese Ideen abstrakt und unbestimmt sind, eignen sie sich dafür, von der Materie dargestellt zu werden, denn diese ist ebenso abstrakt und unbestimmt. In den Türmen, Obelisken und Labyrinthen der frühen, zumeist orientalischen Architektur drücken sich allgemeine soziale und religiöse Ideen aus. Auf der zweiten, der klassischen Stufe verkörpert die griechische Architektur die Zweckmäßigkeit der Gebäude und wird zum Behälter für Menschen und Götter. Damit verzichtet sie auf Ausdruck und fördert statt dessen die Schönheit, d. h. den Gleichklang der Proportionen. Auf der dritten, romantischen Stufe, der christlichen Gotik, verbindet sich Zweckdienlichkeit mit Ausdruck; hier bleibt nun aber die Schönheit unberücksichtigt. In der gotischen Kathedrale ist Zweckdienlichkeit zwar physisch vorhanden, doch kommt sie nicht zum Vorschein und verleiht damit dem Gebäude den Schein eines unabhängigen Daseins. Praktische Nützlichkeit verwandelt sich im Dienste der subjektiven Andacht. Während die frühe, symbolische Architektur objektive Ideen ausdrückte, empfangen die Gebäude der romantischen Periode ihren Sinn und Wert von dem, was das Gemüt in sie hineinlegt. Das äußere Gebilde als solches ist gleichgültig und geringwertig. Der Geist schenkt ihm kein wirkliches Vertrauen und kann in ihm nicht verweilen. So bei Hegel.

Was mir an diesen und ähnlichen Äußerungen bezeichnend erscheint, ist, daß Ausdruck als ein Zusatzelement angesehen wird, das vorhanden sein kann, aber nicht muß. Der Obelisk und die Kathedrale sind ausdrucksvoll; das Bauernhaus, der griechische Tempel, das moderne Hochhaus aber angeblich nicht. Typisch ist auch, daß Hegel den Ausdruck zu einem Vorrecht des Menschen macht. Da die Architektur keine darstellende Kunstform ist, hält er sie für rein materiell, minderwertig, ein bloßes Schauspiel der physischen Kräfte. Zum geistigen Ausdruck wird entweder die Darstellung der menschlichen Figur benötigt, wie in der Skulptur, oder aber das menschliche Element wird vom Betrachter beigesteuert, der dem fühllosen Stein seine subjektiven Gefühle auferlegt.

Ich will versuchen, über diesen Stand der Theoriebildung hinwegzukommen, und stelle daher vor allem die Behauptung auf, daß Ausdruck eine objektive Eigenschaft aller ausgeprägten Form- und Farbwahrnehmungen ist. Er ist allen Dimensionen der Wahrnehmung eigen, sei es nun Ausdehnung oder Raum, Bewegung, Beleuchtung oder was sonst. Ausdruck ist in der Wahrnehmung jedes Dinges und jedes Vorganges enthalten, seien diese nun zum Menschen oder nicht zum Menschen gehörig, belebt oder unbelebt, nützlich oder nutzlos, vom Menschen oder von der Natur geschaffen, Produkte der bildenden oder der angewandten Künste. Zwar kann Ausdruck geschwächt und behindert werden, wenn nämlich die Form unausgeprägt oder verworren ist, aber ganz fehlen kann er nirgends. Als eine Eigenschaft der Wahrnehmung kommt der Ausdruck im Nervensystem, nicht auf der Netzhaut zustande, aber er hängt von den im Auge registrierten Sehreizen ab. Zum Beispiel bewirkt jede Änderung der Form eine entsprechende Änderung des Ausdrucks. Da also jede funktionelle Form Ausdruck besitzt, müssen wir jetzt die Beziehung zwischen Funktion und Ausdruck konkret zu fassen versuchen.

Die Sichtbarkeit des Zweckmäßigen

Unter Zweckmäßigkeit wird im allgemeinen nicht nur verstanden, daß ein Gegenstand seiner Funktion physisch angepaßt sein soll. Fast durchgängig wird außerdem erwartet, daß die Funktion des Gegenstandes und seine Eignung für diese dem Auge sichtbar gemacht wird.

Das ist zunächst eine rein praktische Forderung. Man soll sich auf seine Augen verlassen können, wenn man ein Gebäude, eine Teekanne oder eine Maschine zweckmäßig verwenden will. Der Gegenstand soll also in seinem Aussehen anzeigen, wozu er da ist, wie er seinen Zweck erfüllt und wie man ihn zu behandeln hat. Man soll sehen können, wo die Tür ist und wie sie zu öffnen ist; bei der Teekanne soll sich der Ausguß deutlich vom Henkel unterscheiden; bei einer Maschine lassen sich die Griffe leichter finden, wenn sie etwa grün angestrichen sind, während die elektrischen Schalter und Steckdosen aus Sicherheitsgründen rot sind (4).

Sichtbarkeit kann aber ebenso gut unerwünscht wie wünschenswert sein. Falltüren oder Tresore werden gern getarnt, und zugunsten der Schnittigkeit macht man bei Autos die Türen gern unsichtbar. Ähnlich verhält es sich bei Reißverschlüssen und Knöpfen.

Funktion und Ausdruck

Aber nicht nur aus praktischen Gründen, sondern auch im Namen von Ehrlichkeit und Wahrhaftigkeit wird manchmal verlangt, daß jeder Gegenstand seinen Zweck sichtbar mache. Ein Haus etwa soll nicht lügen. Es soll seine Funktion zur Schau stellen und auch die Materialien, aus denen es gemacht ist, und die physischen Kräfte, deren Druck es unterliegt. So hat etwa Palladio Einwände gegen die Barockarchitektur: »Statt der Säulen und Pfeiler, die dazu bestimmt sind, ein großes Gewicht zu tragen, soll man einem Gebäude nicht die modernen Ornamente, die sogenannten Kartuschen, auferlegen, jene Kringel, die dem Künstler nur ein Dorn im Auge sind und der übrigen Menschheit eine verworrene Idee von Architektur geben ... Sie sind völlig überflüssig, denn unmöglich könnten Unterzüge, Balken oder irgendwelches Holzwerk das wirklich tragen, was solche Ornamente zu tragen vorgeben. Und da sie den Anschein erwecken, als ob sie weich und schwach seien, läßt sich nicht einsehen, mit welchem Recht man sie unter etwas Schwerem und Hartem soll anbringen dürfen« (19, S. 232). Offensichtlich spricht der Architekt hier nicht im Auftrag der Baupolizei; es handelt sich um kein physisches Risiko. Vielmehr befürwortet er ein moralisches Prinzip der Ehrlichkeit, das zu gewissen Zeiten gegolten hat, aber nicht immer und auch nicht notwendig in bezug auf die gleichen Eigenschaften der Gebäude.

Im allgemeinsten Sinne entspringt diese Forderung dem Wunsch, daß der Mensch über seine Daseinsbedingungen aufgeklärt sein und sie verstehen möchte. Wahrnehmungsmäßig bedeutet das, daß die Dinge so aussehen sollen, wie sie wirklich sind. Von altersher wird ja der natürlichen Erscheinungsweise der Dinge eine symbolische Bedeutung zugesprochen. In der Renaissance, zum Beispiel, galt der menschliche Körper als das mikrokosmische Abbild des Makrokosmos. Oder wir lesen etwa bei Schopenhauer, daß die anatomische Verbindung zwischen Kopf und Torso den Grad der Abhängigkeit der Erkenntnis von materiellen Bedürfnissen ausdrücke: bei den niederen Tieren sind Kopf und Rumpf noch eng verbunden, während beim Menschen der frei bewegliche Kopf, etwa beim Apollo des Belvedere, anzeigt, daß er den physischen Trieben nicht länger versklavt ist (22, Buch 3, Paragraph 33).

Die Anschaulichkeit der Natur war ein Lieblingsargument der Funktionalisten. »Sinnvollerweise«, schrieb Louis H. Sullivan, »sehen Dinge so aus, wie sie sind, und umgekehrt sind sie so, wie sie aussehen ... Die Form der Eiche gleicht ihrem Zweck und drückt ihre Funktion aus; die Form der Welle ist gleich ihrer Funktion, und der Form des Menschen entspricht ebenfalls seine Funktion. Das gilt für den Einzelmenschen und auch für sein Verhalten, etwa sein Lächeln; und sehen wir einen Menschen lächeln, so bietet sich uns da eine ganze Serie von Beziehungen zwischen Form und Funktion, die unzertrennlich sind und doch von uns als sehr selbstverständlich hingenommen werden« (25, S. 43). Ich habe schon weiter oben den Hauptgrund für diese Durchsichtigkeit der Natur angegeben. Naturdinge sind von den Kräften geschaffen, die sie ausmachen. Ihre sichtbare Form ist im wesentlichen die äußere Erscheinung der inneren Struktur. Daher denn auch die Entsprechung zwischen außen und innen nicht noch besonders geschaffen zu werden braucht. Andererseits ist diese Entsprechung keineswegs vollständig. Mechanische Vorgänge wirken sich oft im Sichtbaren aus, chemische dagegen viel seltener. Und weiterhin wird die formale Unabhängigkeit der Teilfunktionen voneinander immer unpraktischer, je komplexer ein Gebilde wird. Man kann das am Menschenkörper sehen, der die meisten seiner Funktionen stromlinienförmig in einer ziemlich einfachen Umhüllung verbirgt. Fraglos ist eine solche Stromlinienform funktionell; sie ist praktisch und gewährt physische Sicherheit. Aber im Sinne einer anschaulichen Darbietung aller Funktionen ist sie gewiß nicht funktionell. Wenn Frank Lloyd Wright von der »Geometrie als der Idee jeglicher Form« spricht, ermahnt er seine Schüler bezeichnenderweise, sich an Wachteln, Schnecken, Muscheln oder Fische zu halten: »Sie geben ihr Geheimnis williger preis als Hunde, Pferde oder Menschen, denn sie sind dem Ursprung ein bißchen näher, ein bißchen primitiver« (8, S. 129).

In der bildenden Kunst kann man von der äußeren Erscheinung der physischen Natur nur im Sinne der Materialtreue sprechen, so wenn etwa eine Skulptur ihre Form sichtbar vom Charakter des Holzes, Steins oder Metalls ableitet; aber der Gelenkigkeit des Apollo vom Belvedere entspricht physisch die gänzliche Starrheit des Marmors, aus dem er gemacht ist. Und ebenso entspricht in Gemälden der visuellen Qualität von Seide oder Fleisch kein physisches Äquivalent. Und selbst in Gebäuden, die doch physische Gegenstände zu physischem Gebrauch sind, ist die Beziehung zwischen physischer Struktur und sichtbarer Erscheinung recht begrenzt. Die lügnerische Statik, über die sich Palladio beschwerte, findet sich nicht nur im Barock. Geoffrey Scott gibt zu bedenken, daß rein strukturell das vielgepriesene Aufwärtsstreben der gotischen Türme und Fialen in Wirklichkeit erdwärts gerichtet ist (23, S. 85). Die Gültigkeit der Aussage im Gotischen kann sich gewiß nicht auf die physische Struktur der Gebäude beziehen.

Funktion und Ausdruck

Übersetzung ins Ausdrucksmäßige

Wir haben uns hier zu fragen, in welchem konkreten Sinne das Aussehen eines Dinges denn überhaupt physische Vorgänge widerspiegeln kann. Es liegt da doch ein Problem vor. Wie sollen sich etwa die im Inneren eines dreidimensionalen Gebäudes abspielenden Vorgänge auf seiner zweidimensionalen Oberfläche abbilden? Und noch grundsätzlicher: da physische Vorgänge ja doch im letzten auf dem Verhalten von Kräften beruhen, wie stellen sich denn solche Kräfte anschaulich dar?

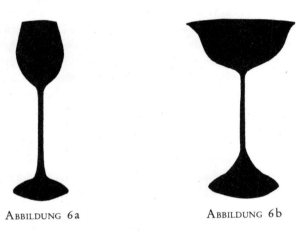

ABBILDUNG 6a   ABBILDUNG 6b

Was wir an einem Gegenstand funktionelle Form nennen, kommt nicht durch eine bloße »Veräußerung« innewohnender Kräfte zustande, obwohl sie dadurch verursacht werden kann. Vielmehr handelt es sich bei funktionellem Aussehen um eine Übersetzung physischer Kräfte in die Sprache der Anschaulichkeit. Ein einfaches Beispiel möge das verdeutlichen. Man vergleiche die Form zweier Gläser, eins wie ein abgestumpftes Ei, das andere sich am Rande tulpenartig ausweitend. Die beiden Gläser mögen sich gleich gut dazu eignen, Flüssigkeit zu empfangen und auszuschenken, doch drückt sich im Umriß des einen das bloß umschließende Enthalten unangefochten aus, bis die Tendenz zur Schließung plötzlich vom Rande unterbrochen wird, während im zweiten die Geste des Enthaltens im Umriß allmählich in die des Sichöffnens und Gebens umschwingt. Was wir sehen, ist also das ausdrucksvolle Verhalten anschaulicher visueller Kräfte! Diese visuelle Form ist eine bloße Analogie zu den physischen Kräften, die die Funktion der Gegenstände bestimmen. Die Analogie ist nicht unbedingt sehr getreu oder einfach. Auch ist sie niemals vollständig. Zumeist wählt sich die äußere Form nur Einzelzüge der physischen Funktion zur Darstellung und Deutung im Visuellen aus; und die Darstellung kann die abzubildenden Kräfte abschwächen oder verstärken. Die Übersetzung ins Anschauliche kann sich alle die Freiheiten nehmen, die einem Übersetzer zustehen. Ja, die sichtbare Form mag sogar Charakterzüge zeigen, die physisch gar nicht anwesend sind. In einem solchen Fall – etwa in der schnittigen Form eines tatsächlich gar nicht sehr rennwagenartigen Autos – beschränkt der Beschauer die anschauliche Dynamik nicht auf die äußere Haut des Gegenstandes, sondern schreibt sie dem Ding als ganzem zu. Ein Körper wird nicht nur räumlich, sondern auch dynamisch als dreidimensional aufgefaßt. Die gotische Kirche strebt in ihrer Ganzheit himmelwärts, und das Auto scheint von den Kräften betrieben, die wir sehen. So daß sich also nicht etwa die physischen Kräfte nach außen projizieren, sondern umgekehrt die visuellen Kräfte nach innen. Wobei der Designer darauf zu sehen hat, daß das Aussehen die physischen Funktionen zum richtigen Grade und im richtigen Sinne interpretiert.

Ein eindringliches Beispiel ist die einfache Säulen- und Gebälkkonstruktion in der Architektur. Visuell stellt sie das Verhältnis zwischen Träger und Last mit unübertrefflicher Anschaulichkeit dar, doch gibt sie keineswegs ein richtiges Bild der tatsächlichen statischen Kräfte. Wenn die physischen Kräfte eine ihnen angemessene Form schaffen könnten, so würden sie einen kontinuierlichen Körper von komplexer Krümmung produzieren. Pier Luigi Nervi spricht in diesem Zusammenhang von der Form von Blütenkelchen, Blättern, Eiern oder Muscheln, und er weist darauf hin, daß erst der Eisenbeton es uns ermöglicht hat, diese funktionellen Formen der Architektur zugänglich zu machen (27, p. 104). Und dennoch, trotz der inneren Widersprüchlichkeit und dem entsprechenden Übergewicht in der Konstruktion, nennen wir die Rechtwinkligkeit des Tores oder Tempels funktionell, weil sie nämlich die zugrundeliegende physikalische Sachlage mit der Einfachheit einer Kinderzeichnung darstellt. Nervis Design mag der eigentlichen Statik näher kommen, so wie ein gereifterer Künstler naturgetreuer malen kann als ein Kind. Und dennoch ist wohl auch Nervis Konstruktion ein bloßes Abbild der physikalischen Kräfte, nicht ihre direkte Auswirkung.

Selbst bei rein praktischen Gebrauchsgegenständen ist das sogenannte

Funktion und Ausdruck

funktionelle Äußere nur eine anschauliche Interpretation dieser Funktion. Was haben Designer zu tun, wenn sie Maschinen für die Industrie entwerfen? Einer von ihnen, P. Müller-Munk, hat angemerkt, daß der Laie bei »industrial design« immer nur an Gebrauchsartikel denkt: »Es leuchtet ihnen ein, daß man ohne Design keinen Kugelschreiber, keine Porzellanwaren und all den übrigen Kram, den sie im Laden kaufen, herstellen kann« (4, S. 97). Aber es fällt ihnen schwer zuzugestehen, daß Design ebenso unentbehrlich ist, wenn es sich um Maschinen, technische Instrumente usw. handelt. Das kommt daher, daß man sich unter Form nur hübsche, harmonische Proportionen vorstellt. In der Werkstatt oder Fabrik wäre das ein Luxus. Aber Form ist hier ebensowenig ein Luxus wie anderswo. Dem Designer fällt die Aufgabe zu, das Wesen des Gegenstandes durch sein Aussehen deutlich zu machen, d. h. eine Konfiguration visueller Kräfte zu erfinden, die der für die Handhabung des Gegenstands charakteristischen Konfiguration physischer Kräfte entspricht. In diesem Sinne dringt Ralph Caplan darauf, daß der Formgeber »dem Laien die Technik zu erklären habe, indem er verständliche Produkte schafft« (29, S. 39), und Müller-Munk sagt, daß »der Arbeitsprozeß einer automatischen Briefsortiermaschine dem Durchschnittskunden unmittelbar einleuchtend sein muß, und mehr noch dem Personal, das sie zu bedienen hat. Die Anordnung der Verbindungsteile, die Abfolge der Bewegungen, die Körperhaltung des Arbeiters, ganz zu schweigen von der Farbwahl und der Placierung und Form der Kontrollinstrumente, alle diese Dinge gehen den Designer ebenso sehr an wie den Ingenieur« (14). Der Designer muß für alle wesentlichen physischen Eigenschaften und Beziehungen etwas ihnen anschaulich Entsprechendes erfinden. Dabei stellt sich auch heraus, daß Schönheit ein wesentliches Merkmal guter Gebrauchsformgebung ist, weil nämlich die durch harmonische Formen und Verhältnisse zustandekommende Ordnung und Klarheit unabdingbar sind, wenn der Gegenstand anschaulich lesbar sein soll. Schönheit ist ein Mittel zur Klärung des Ausdrucks![3]

---

3. Es sollte sich von selbst verstehen, daß einer bereits fertiggestellten Konstruktion nicht einfach nachträglich eine wahrnehmungsmäßig sinnvolle Außenform auferlegt werden kann. Eine sinnvolle Ordnung in der Erscheinung setzt zumeist eine entsprechende Ordnung im praktischen Funktionieren voraus. Daher dringen Designer darauf, mit den Technikern von Anfang an zusammenzuarbeiten.

Funktion als Inhalt

Es wird nun klar geworden sein, daß in der Ästhetik des Gebrauchsgegenstandes die Funktion dieselbe Rolle spielt wie der dargestellte Inhalt in der Malerei oder Skulptur. Die physische Funktion ist einem Gebäude oder einer Vase ästhetisch ebensowenig fremd wie die physische Körperlichkeit einer Person einem Gemälde oder einer Statue, die sie porträtieren. Nicht nur liegt die Funktion keineswegs außerhalb des ästhetischen Bereiches, sie ist geradezu das Hauptthema, der zentrale Inhalt aller angewandten Kunst. Und so wie alles, was wir etwa über die körperliche und geistige Natur des Menschen wissen, das Menschenbild bereichert und beeinflußt, das wir von einem Gemälde oder Standbild empfangen, so bereichert und beeinflußt auch all das, was wir über das praktische Funktionieren eines Gebrauchsgegenstandes wissen, die Form seines Aussehens.

ABBILDUNG 7

Ich möchte den Vergleich zwischen der darstellenden und der angewandten Kunst an dem folgenden Beispiel erläutern. Abbildung 7 zeigt den Umriß einer hölzernen Wäscheklammer. Kleine Mädchen wissen, daß man so eine Klammer auch als eine menschliche Figur ansehen kann. Sie kann daher dazu dienen zu zeigen, in welcher Beziehung sich die zwei Darstellungsarten voneinander unterscheiden oder einander ähneln. Schon rein an sich genommen, hat die Form einen Ausdruck. Die Symmetrie, die schlanke Vertikale, der runde Kopf, die Schwellung des »Rumpfes« und die geschweifte Kurve der »Beine« enthalten bereits eine

Funktion und Ausdruck

deutliche Dynamik, auch abgesehen von dem, was sie darstellen. Dieser Ausdruck wird nun durch die beiden Bedeutungen verschieden beeinflußt. Sieht man das Ding als eine Wäscheklammer, so ist der Kopf eine Art Handgriff. Er spielt eine untergeordnete Rolle gegenüber der Hauptfunktion des Greifens, die sich in den Beinen ausdrückt. Wenn dasselbe Ding hingegen als eine menschliche Figur gesehen wird, ist der Kopf dominant, und die Beine sind ein bloßer Sockel. Die Form ist jetzt aufwärts gerichtet, nicht mehr abwärts. Statt sich nur passiv zum Halten zu eignen, hat der Kopf jetzt die Gewichtigkeit eines Generators, der Energie ausstrahlt. Die Spannung in den Beinen, die bei der Klammer aus dem Widerspruch zwischen ihrer Auswärtsschwingung und ihrer praktischen Bestimmung, ein Wäschestück festzuhalten, entsteht, ist in der Menschenfigur einer ruhigen Gelassenheit gewichen: der Zwischenraum ist nicht mehr das Zentrum des Zusammendrückens, sondern nur eben leerer Hintergrund. Wenn jemand behauptete, daß die sinnliche Erscheinung der Wäscheklammer ganz unbeeinflußt davon sei, was man etwa über ihre praktische Funktion wisse, so wäre das ebenso unrichtig, als wenn man sagen würde, es mache nichts aus, ob man wisse, was die Menschenform darstellt. In beiden Fällen ist der »Inhalt« ein wesentlicher Bestandteil des Wahrnehmungsbildes. Daraus folgt zum Beispiel, daß auch Architektur, Töpferei usw. als darstellende Künste angesehen werden müssen, nicht einfach als »abstrakte«, so daß man sie also nicht als Beweis dafür anführen kann, daß rein gegenstandslose Kunst möglich und in der Tat in allen Kulturen zuhause ist.[4]

Kehren wir nun zum Problem des Ausdrucks zurück, so können wir die Behauptung aussprechen, daß die Funktion in den ästhetischen Bereich mit Hilfe des Ausdruckscharakters von Form, Farbe und Bewegung eingeht, indem sie in diesen übersetzt wird. Ausdruck beruht auf den aller Wahrnehmung innewohnenden Kräftekonfigurationen. Sieht man den Ausdruck eines Gegenstandes, so erfaßt man die dynamischen Allge-

---

4. Was ich hier über Funktion und die analoge visuelle Erscheinungsweise gesagt habe, gilt auch für das Konstruktive, d. h. für das Wesen der verwendeten Materialien und Baumethoden. So wie die in der Funktion verkörperten Kräfte, so können auch die im Material und der Bauweise tätigen Kräfte ausdrucksmäßig dargestellt werden. Die Tatsache, daß ein Gegenstand aus Stahl oder aber aus einem weichen und leichten Material gemacht ist, oder daß er unter einem starken zentrifugalen Druck steht, oder daß er ohne Nägel aus bloßem Holz kunstvoll zusammengefügt ist, kann zum inhaltlichen Thema werden, ganz wie die Funktion.

meinqualitäten, die in der Einzelerscheinung sichtbar sind. In einem funktionell aussehenden Gegenstand gewahrt man etwa die Dynamik des Ausgießens, des Sichemporschwingens, des Enthaltens und Empfangens. Auch sieht man Charakterzüge wie etwa Biegsamkeit, Festigkeit, Anmut oder Kraft, und diese erweisen sich, ganz wie im darstellenden Gemälde oder Bildhauerwerk, in der Behandlung des Themas: die Anmut einer Tülle erweist sich in der Art, wie sie ausgießt; die Festigkeit einer dorischen Säule zeigt sich in der Weise, wie sie das Gebälk trägt. Ausdruckseigenschaften sind wie Umstandswörter, nicht wie Eigenschaftswörter. Sie beziehen sich auf das Verhalten der Dinge, nicht auf diese an sich.

Ausdruck eignet sich für ästhetische Zwecke wegen dreier seiner Eigenschaften: (1) die Allgemeingültigkeit der dynamischen Qualitäten, die im Einzelfall anschaulich werden; (2) die Fähigkeit dieser Qualitäten, körperliche und geistige Lebensinhalte zu symbolisieren; (3) die Tatsache, daß anschauliche Dynamik nicht bloß als sinnliche Information hingenommen wird, sondern im Empfänger diese Kräfte als unmittelbares Erlebnis widerhallen läßt. Die Allgemeingültigkeit der Ausdruckscharaktere findet sich in allen Wahrnehmungen. Inwieweit sie dabei spirituelle Themen übermitteln oder doch als Obertöne mitschwingen lassen, hängt von der Natur des Gegenstandes und von seinem Kulturort ab. Unsere eigene, technisch orientierte Kultur reduziert die meisten Gebrauchsdinge, darunter auch Gebäude, zu ihrem bloß physischen Zweck, so daß zwischen Tafelsilber und chirurgischen Instrumenten in dieser Beziehung kaum ein Unterschied gesehen wird. Doch ist diese Vorstellung von dem bloß praktischen Charakter der Gebrauchsdinge ebenso ein Verfallsprodukt unserer besonderen Kultur wie die damit zusammenhängende des »reinen«, zweckfreien Kunstwerks, des *l'art pour l'art*. Andere Kulturen sind dieser Säkularisation ihrer Gebrauchsdinge nicht zum Opfer gefallen. In ihren praktischen Tätigkeiten bewahren sie die rituellen Züge der Opferung, der Reinigung, des Sicheinverleibens, des Angriffs und des Schutzes, und die dabei benutzten Dinge besitzen die dementsprechenden spirituellen Obertöne. Eine Tür zum Beispiel ist in so vielen unserer heutigen Gebäude ein bloßes Loch in der Wand, durch das man eben ein und aus geht. Sogar bei manchen modernen Kirchen ist das leider so. Eine wirkliche Tür hingegen verkörpert in ihrer Form eine einladende Geste. Sie übersetzt die physische Funktion in den anschaulichen Ausdruck von Empfangsbereitschaft und vermittelt zum Beispiel in den mittelalterlichen Kirchen das Erlebnis spiritueller Einweihung. So schrieb etwa der Abt Suger über die Goldene Pforte der Kathedrale von St. Denis:

Funktion und Ausdruck

»Es leuchtet das edle Werk, doch indem es also leuchtet, erleuchte es die Gemüter auf dem Pfade zum wahren Licht. Die Weise, in der es diesen innewohnt, wird von der Goldenen Pforte geklärt: Der dumpfe Geist durchschreitet den irdischen Stoff zur Wahrheit, und aus seiner früheren Versunkenheit läßt ihn der Anblick des Lichtes auferstehen.« (20, S. 130)

In solchen Beispielen enthüllt »Funktion« ihr eigentliches Wesen.

Die Einsicht, daß angewandte Kunst darstellende Kunst ist, mag dazu verhelfen, die künstliche Schranke zwischen Designern und Kunstgewerblern einerseits und den bildenden Künstlern andererseits niederzureißen. Es mag schon sein, daß die ausdrucksvollen Abbilder physischer Funktionen in Gebäuden oder Wasserkrügen einfachere Lebensformen symbolisieren als eine gemalte Gruppe menschlicher Figuren. Doch wird dieser Mangel an Verfeinerung wieder wettgemacht durch die einfache Elementarkraft der sich im Gebrauchsgegenstand ausdrückenden Urkräfte – eine Fähigkeit, die sich in der Kompliziertheit der Menschendarstellung leicht verunklärt. So wie etwa in der Musik eine Melodie die Einfachheit der Baßstimme zum Unterbau benötigt, so wird die komplizierte Bedeutungsstruktur eines Altarbildes durch die einfachen Rhythmen der es umgebenden Architektur vervollständigt. Im täglichen Leben sollte eine stetige Stufenreihe ausdrucksvoller Gebrauchsgegenstände unser Leben widerspiegeln und auch formen, angefangen vom einfachsten Brotmesser bis zur Statue des Denkers. Doch wird dies ein frommer Wunsch bleiben, solange wir unter der Säkularisierung unseres Handwerkszeugs, von der ich sprach, zu leiden haben, d. h. der Reduktion des Funktionellen auf das rein Praktisch-Physische.

Die Sachlage führt zu mancherlei Enttäuschung für Kunstgewerbler, die Künstler sind und deshalb ihre Arbeiten als Kunstwerke angesehen haben möchten. In früheren Zeiten konnte man sich für die Verärmlichung des Funktionellen noch mit allerhand bildnerischer Ausschmückung schadlos halten. Aber da der heutige Geschmack keine dekorativen Figuren für Salzfässer, Betten oder Lampenständer zuläßt, so finden manche Kunstgewerbler bei der abstrakten Kunst ihre Zuflucht. Der Töpfer formt seine Gefäße zu abstrakten Tonskulpturen; und es ist noch nicht lange her, daß in einer Ausstellung *Gewebte Formen* ein Gebilde zu sehen war, das in der Form langer Unterhosen gewebt war, dabei aber, anatomisch nicht ganz korrekt, mit einem Paar Brüste und darüber mit einer weiblichen Öffnung ausstaffiert war, das Ganze an einer Wäscheleine wie zum Trocknen aufgehängt. Die sich aus einem solchen Verfahren ergebende prinzipielle Schwierigkeit besteht darin, daß, wenn sich etwa in der Töpferei eine skulpturartige Form von dem von der Funktion dargebotenen Thema freimacht, zwei unvereinbare Themen miteinander kollidieren. Dadurch rückt der Gegenstand in ein Niemandsland, in dem Hinweise auf das eine der beiden Themen die auf das andere bezüglichen desavouieren, so daß sich ein unlesbares Zwitterding ergibt. In der Weberei kommt noch hinzu, daß sich ihr Material wenig für skulpturhafte Verwendung eignet.

In der Architektur können heute, dank der Stahl- und Zementtechnik, all die Formen, die bisher nur für kleine Gegenstände brauchbar waren, für Gebäude verwendet werden. Andererseits hat sich auch die abstrakte Skulptur in vielem der Architektur genähert. Es gibt Gebäude, die so sehr auf eine unabhängige abstrakte und manchmal sogar darstellende Form abgestellt sind, daß man nicht umhin kann, sie als riesige Bildhauerwerke anzusehen, und andererseits haben Bildhauer regelrechte Behausungen entworfen, in denen man zwar umhergehen, aber nicht wohnen kann. Auch hier wieder lassen sich Irrwege nur vermeiden, wenn man sich ganz klar entweder für ein funktionelles oder ein nichtfunktionelles Thema entscheidet. Wollen wir zum Beispiel das schöne Opernhaus ästhetisch würdigen, das Jörn Utzon auf einer Landzunge im Hafen von Sydney gebaut hat, so können wir nicht einfach danach gehen, ob der Architekt da ein gut proportioniertes und ausdrucksvolles Riesenskulpturwerk geschaffen hat. Auch genügt es nicht, anzumerken, daß die segelartige Form der großen Zementschalen gut zu dem Hafenmilieu paßt (17, S. 3). Vielmehr kommt alles zunächst darauf an, ob wir in diesen Formen einen Ausdruck finden können, der ihrer Funktion entspricht. Das Opernhaus soll ja ein Publikum für Vorstellungen versammeln, und dieser Zweck muß ebenso sichtbar werden, wie etwa wenn man die Trichterform des Freilichttheaters in Epidaurus betrachtet. Doch reicht auch dies noch nicht aus.

Statt ein Gebäude skulpturartig zu verschalen, müssen sich der Architekt und sein Auftraggeber zwar der praktischen Funktion des Gebäudes ganz verpflichten – aber nicht nur im Interesse seiner Nützlichkeit, noch auch nur um diese Nützlichkeit dem Auge anschaulich vorzuführen, sondern als einem Gegenstand, dessen Funktion in eine ihr entsprechende Formkonfiguration übersetzt ist und dadurch ein Symbol schafft, in dem wir Geist und Taten unseres menschlichen Daseins widergespiegelt sehen.

Ob sich diese Bedingung in unseren Gebrauchsgegenständen erfüllen läßt, ohne daß sich zunächst einmal unser praktisches Leben wieder mit tieferem Sinn erfüllt, bleibt allerdings abzuwarten.

BIBLIOGRAPHIE

1. Alberti, Leon Battista, »Architecture«, Vorwort und Buch 6, in: E. G. Holt, *Literary Sources of Art History*. Princeton, N.J. (Princeton Univ. Press) 1947.
2. Arnheim, Rudolf, »Die Form, nach der wir suchen.« In diesem Band, SS. 272–283.
3. Burchard, John E., »Symbolism in architecture – the decline of the monumental«, in L. Bryson (Hrsg.), *Symbols and Society*. New York, 1955, Kap. 12.
4. Frieling, Heinrich, und Auer, Xavier, *Mensch, Farbe, Raum*. München (Callwey) 1956.
5. Greenough, Horatio. *Form and Function*. Berkeley und Los Angeles (Univ. of Calif. Press) 1947.
6. Gropius, Walter. *The New Architecture and the Bauhaus*. New York (Museum of Modern Art) 1937.
7. –, *Scope of Total Architecture*. New York (Harper) 1943.
8. Gutheim, F. (Hrsg.). *Frank Lloyd Wright on Architecture*. New York (Duell) 1941.
9. Hegel, Georg W. F., *Aesthetik*, Teil 3, Abschnitt 1: Die Architektur.
10. Köhler, Wolfgang, *Gestalt Psychology*. New York (Liveright) 1947.
11. Loos, Adolf, *Gesammelte Schriften*, München (Herold) 1961.
12. Maslow, Abraham H., »The expressive component of behavior«, in: *Psychological Review*, 1949, 56, 261–272.
13. –, *Motivation and Personality*. New York (Harper) 1954, Kap. 11.
14. Müller-Munk, Peter, Die Beziehung der Formgebung (industrial design) zum modernen Marketing-Konzept, in Karl Otto (Hrsg.), *Industrielle Formgebung in den USA*, Berlin, 1963.
15. Mumford, Lewis, »The case against ›modern‹ architecture«, in: *Architectural Record*, 1962, April.
16. –, (Hrsg.). *Roots of Contemporary American Architecture*. New York (Grove Press) 1952.
17. Museum of Modern Art Bulletin, XXVI, Nr. 2: *Architecture and imagery: four new buildings*, New York 1959.
18. Neutra, Richard, *Survival through Design*, New York (Oxford Univ. Press) 1954.
19. Palladio, Andrea, »Four books of architecture«, Buch 4, Kap. 2, in: E. G.

Holt, *Literary Sources of Art History*. Princeton, N.J. (Princeton Univ. Press) 1947.
20. Panofsky, Erwin, *Meaning in the Visual Arts*, Garden City (Doubleday) 1955.
21. Risom, Jens, »The purpose of his product«, in: *The Craftsman's World*. 1959.
22. Schopenhauer, Arthur, *Die Welt als Wille und Vorstellung*.
23. Scott, Geoffrey, *The Architecture of Humanism*. Garden City (Doubleday) 1954.
24. *Staatliches Bauhaus Weimar 1919–1923*. Weimar-München, o. J.
25. Sullivan, Louis H., *Kindergarten Chats*. New York (Wittenborn) 1947.
26. Valentine, C. W., *The Experimental Psychology of Beauty*, London (Methuen) 1962.
27. Veronesi, Giulia, »Una struttura di Pier Luigi Nervi a Parigi«, in: *Zodiac*, I, Milan, o. J.
28. Vitruvius, *The ten books on architecture*, Buch 1, Kap. 1.
29. Zagorski, Edward J. (Hrsg.), *Addresses delivered at the annual meeting of the Industrial Design Education Association*, University of Illinois, 1962.
30. Zucker, Paul, »The paradox of architectural theories«, in: *Journal of the Society of Architectural Historians*, 1951, 10, 8–14.

Symbole in der Kunst –
Freudsche und andere[*]

Die Interpretation von Kunst ist innerhalb der umfassenden Entwicklung der Psychoanalyse kaum mehr als ein Randgebiet; als solches hat sie aus den radikalen Berichtigungen, die die Theorie und Praxis Freudscher Prinzipien in engere Berührung mit der Wirklichkeit und mit den Erkenntnissen anderer Psychologen gebracht haben, nicht viel gewonnen. Im ästhetischen Randgebiet bedienen sich einige wenige spezialisierte Eiferer – Psychiater und Kunsttheoretiker – der orthodoxen Lehre, um mit ihr Werke aus der Malerei, Skulptur und Literatur abzuhandeln. Jahr für Jahr wird uns immer noch eine neue Ödipus- und Hamlet-Interpretation geliefert. Der Rest der Bevölkerung versucht kaum, sich konstruktiv mit diesen Analysen auseinanderzusetzen, sondern schluckt sie brav, ignoriert sie oder setzt sich lachend darüber hinweg. Die folgenden skizzenhaften Bemerkungen sollen zeigen, wie notwendig eine solche Auseinandersetzung ist.

Nehmen wir einmal an, jemand vertrete diesen Standpunkt:

»Die psychosexuelle Behandlung der Symbole in der Kunst hat uns davon abgehalten, einer angemesseneren analytischen Methode, die man die psychokulinarische Methode nennen könnte, gerecht zu werden. Diese Theorie geht, kurz gesagt, davon aus, daß die Symbole in der Kunst durch die große Rolle, die das Essen in der Gedankenwelt des Künstlers spielt, erklärt werden müssen. Die unsichere wirtschaftliche Lage, in der zu leben die meisten Künstler gezwungen sind, drückt sich deutlich in der zu allen Zeiten zu beobachtenden Vorliebe für Stilleben aus. Vegetarische Neigungen äußern sich in Darstellungen von Landschaften, während sich in den immer wiederkehrenden Darstellungen von Tieren und vom nackten menschlichen Körper ein Eiweißhunger offenbart. Das Grundthema

[*] Erstabdruck in: *Journal of Aesthetics and Art Criticism*, 12 (1953), SS. 93–97.

des konkaven Gefäßes – Topf, Tasse oder Suppenteller – und des aktiven Eindringlings – Messer, Gabel oder Löffel – wird in den bildenden Künsten ständig symbolisiert, besonders deutlich in der Architektur mit ihren kubischen oder zylindrischen Behältern, in denen eindeutig löffelförmige Menschengestalten zuhause sind. Rembrandts Vorliebe für solche Nahrungsmittel wie gebackene Bohnen und goldfarbenen Senf kann zwar nicht historisch dokumentiert, doch aus verschiedenen Indizien zweifelsfrei gefolgert werden.«[1]

Warum würde eine solche Darstellung als absolut lächerlich gelten, im Gegensatz zu dem von einigen Psychoanalytikern angewandten identischen Verfahren? In seiner verblüffenden Abhandlung *Der Mensch als Symbol* behauptet Georg Groddeck zum Beispiel, die Haltung der verschiedenen Personen auf Rembrandts »Anatomie des Dr. Tulp«, vom Hintergrund des Bildes nach vorne gelesen, und die der Marmorgruppe des Laokoon, von rechts nach links gelesen, seien Darstellungen des männlichen Geschlechtsteils in den Stadien der Erregung und Erschlaffung. In einem 1947 veröffentlichten Artikel erklärte Frederick S. Wight die Löcher in Henry Moores Figuren als Äußerungen eines kindlichen Kannibalismus (4), und Lionel Goitein, der in seiner Buch *Art and the Unconscious* den »Denker« von Rodin als den »Metaphysiker auf dem stillen Örtchen« beschrieb, ermahnt seine Leser: »Nicht was ihr auf dem Bild seht, sondern was ihr in das Bild hineinseht, macht seine Bedeutung aus.« (3) Das sind zwar extreme Beispiele, aber sie sind nicht unfair ausgewählt.

Wie die meisten Analytiker auf den in meinen Bemerkungen enthaltenen Widerstand reagieren, ist wohlbekannt. Sie werden sagen, daß meine Einwände nichts enthalten, was eine gute Psychoanalyse nicht heilen könnte. Wenn wir es angesichts einer solchen Andeutung wagen, die Tatsachen zu untersuchen, bemerken wir als erstes, daß uns die Freudsche Theorie von den Symbolen in der Kunst eine herbe Enttäuschung bringt. Selbst in Fällen, wo die Interpretation nicht rein willkürlich scheint, sondern sich auf gewisse Zeugnisse stützt, fühlen wir uns bei der Suche nach

---

[1] Ich kann für die »psychokulinarische Methode« nicht das Recht des Erfinders in Anspruch nehmen. Im ersten Kapitel seines *Varieties of Religious Experience* meint William James, daß »kaum eine andere Idee so wenig aussagt wie diese neue Deutung der Religion als pervertierter Sexualität«, und er fragt sich: »Warum sollte man nicht mit dem gleichen Recht die Religion einen Irrweg der Verdauungsfunktion nennen?«

Symbole in der Kunst – Freudsche und andere

dem inneren Heiligtum künstlerischer Bedeutung auf halbem Wege aufgehalten, wenn jemand behauptet, es gehe in dem Werk nur um die Sehnsucht nach einem Partner, um einen Wunsch, in den Mutterleib zurückzukehren, oder um eine Kastrationsangst. Der Gewinn, den der Betrachter aus einer solchen Botschaft zieht, scheint so geringfügig, daß man sich fragen muß, warum die Kunst in jeder bekannten Kultur für unentbehrlich gehalten worden ist und warum sie vermeintlich die tiefste Einsicht in das Leben und die Natur vermittelt.

Unser Gefühl der Enttäuschung läßt sich mit einiger Präzision erklären, wenn die Freudschen Symbole im Lichte traditioneller Logik untersucht werden. Im alten Baummodell des Logikers – dem Porphyrischen Baum – führt eine senkrechte Stufenleiter, der Baumstamm also, von den höchst besonderen Sinneserfahrungen zum ganz Allgemeinen, während die waagerechten Äste die verschiedenen Ebenen der Abstraktheit oder Konkretheit darstellen. Die Beziehung zwischen einem Symbol und seinem Bezugsobjekt kann entweder auf der vertikalen oder auf einer horizontalen Achse liegen. Im ersten Fall gehören Symbol und Bezugsobjekt verschiedenen Ebenen der Abstraktheit an, und ihre Beziehung ist wie die zwischen Art und Gattung. Ein Haus kann zum Beispiel als ein Symbol der Zuflucht aufgefaßt werden. Im zweiten Fall liegen beide auf derselben Ebene.

Freudsche Symbole gehören der zweiten Art an. Denken wir an die Beziehung zwischen einem Keramiktopf und dem Mutterleib. Beides sind konkrete Objekte oder Arten solcher Objekte. Beide gehören zur Gattung der Behälter und sind durch ihre spezifischen Unterschiede gekennzeichnet, denn eines der Objekte ist aus Ton, das andere aus Fleisch und Blut. Ihre logische Stellung ist homolog und vertauschbar. Doch der Psychoanalytiker sieht sie ganz anders. Für ihn symbolisiert die Vase den Mutterleib. Die Gedankenverbindung, die sich auf die gemeinsame Eigenschaft der Gattung »Behälter« stützt, wird einseitig. Vasen, Schachteln, Taschen, Höhlen, Zimmer teilen nicht etwa mit dem Mutterleib die Eigenschaft, Behälter zu sein, sondern werden einem Objekt von ihrer eigenen Art untergeordnet: sie sind alle Mutterleib.

Logisch gesehen hat diese Auffassung drei Folgen. Sie unterdrückt die Homologie der Stellung und macht die Beziehung unvertauschbar. Sie beschränkt die Beziehung auf eine horizontale Ebene und übersieht dabei die Tatsache, daß sowohl das Symbol als auch das Bezugsobjekt als Art einer höheren Gattung wahrgenommen werden kann und auch wahrgenommen wird. Sie ignoriert eine notwendige Verbindung zugunsten einer nur möglichen, denn während die Eigenschaft, Behälter zu sein, zwangsläufig zu jeder Art der Gattung gehört, müssen Vasen oder Taschen nicht unbedingt mit dem Mutterleib in Verbindung gebracht werden. All das beeinträchtigt die Gültigkeit dieser Auffassung ganz erheblich und verzerrt die Wirklichkeit.

Die analytische Theorie erklärt diese Verzerrung der Wirklichkeit mit zwei Tatsachen. Sexuelle Objekte und Funktionen zeichnen sich durch hohe Affektgeladenheit aus. Außerdem wird der Gedanke an sie ins Unbewußte verdrängt. Diese Ansicht wird in Sandor Ferenczis Arbeit *The Ontogenesis of Symbols* klar formuliert. Er erklärt, daß reine Analogien auf der Grundlage der Ähnlichkeit keine Symbole im psychoanalytischen Sinne sind. Symbole werden nur gebildet, wenn der eine Teil der Gleichung verdrängt wird. Ganz offensichtlich kommt ihm die vertikale Dimension des Symbolismus, das heißt, die Reihe der Allgemeinbegriffe, überhaupt nicht in den Sinn.

Die orthodoxe psychoanalytische Kunsttheorie stützt sich auf das Axiom vom affektiven und genetischen Vorrang des Sexus. So sagt uns Freud: »Es scheint mir unzweifelhaft, daß der Begriff des ›Schönen‹ auf dem Boden der Sexualerregung wurzelt und ursprünglich das sexuell Reizende (›die Reize‹) bedeutet.« (2, S. 29.) Nun ist aber oft darauf verwiesen worden, daß diese Voraussetzung rein hypothetischer Natur ist. Auf den frühen Stufen der Geistestätigkeit macht sich bei Mensch und Tier ein erhebliches Maß an elementaren Trieben bemerkbar, etwa Hunger, Durst, Selbsterhaltung, mütterliches Verhalten und das Bedürfnis, die Umwelt zu erkunden und zu verstehen. Die Vorherrschaft des Geschlechtstriebes über die anderen, gleichwertigen Triebe ist höchstwahrscheinlich das Ergebnis besonderer kultureller Bedingungen. Sie ergibt sich, wenn die sexuelle Betätigung zensiert und eingeschränkt wird und wenn ein Zerfall von Werten die obersten Schichten menschlicher Interessen zerstört hat. Der entscheidende Punkt hier ist jedoch der: Wenn ein solcher Vorrang des Sexus die menschliche Auffassung von der Wirklichkeit in der Weise verzerrt hat, wie das die Psychoanalyse schildert, dann wäre damit die Gültigkeit der künstlerischen und wissenschaftlichen Aussagen des Menschen entscheidend beeinträchtigt.

Es gibt Künstler, deren Werk eine ständige Beschäftigung mit dem Sexus anzudeuten scheint, auch wenn es ihnen um ganz andere Dinge geht. Um ein Beispiel aus der neueren Zeit zu gebrauchen: Die Werke des be-

Symbole in der Kunst – Freudsche und andere

gabten Malers Max Beckmann zeigen ein fast erschreckendes Aufgebot an spitzigen Hüten und Ohren, Nadelbäumen, Pfeilen, Schnäbeln, Schwertern, Zigaretten, Flaschen, Flöten, Gitarrenhälsen, Trompeten, Türmen und so fort. Es mag genügen, hier beiläufig festzustellen, daß eine solche indirekte Darstellung sexueller Dinge – wenn es das ist, womit wir hier zu tun haben – nicht unbedingt allein auf einen unbewußten Versuch zurückgeht, den »eigentlichen«, anstößigen Gegenstand zu verbergen. Da verschiedene Bestrebungen im Menschen nicht völlig voneinander getrennt sind, ist durchaus damit zu rechnen, daß ein starkes Beschäftigtsein mit irgendeiner Sache auch in Tätigkeiten hineinspielt, die ganz andere Ziele verfolgen.

Wenn die Diagnose stimmt, dann haben wir etwas gefunden, das den Biographen interessieren mag, oder denjenigen, der sich mit menschlicher Motivation auseinandersetzt. Die Entdeckung reicht jedoch in keiner Weise aus, um den schöpferischen Prozeß zu beschreiben oder den Inhalt des Werkes zu definieren. Bestenfalls haben wir ein einzelnes Merkmal entdeckt, das auch seine Gültigkeit hat, wenn es im Zusammenhang des Ganzen gesehen wird, das aber irreführt, wenn es allein dargeboten wird. Nicht nur der Kunsttheoretiker, sondern auch der Psychologe müßte mit einem *pars pro toto* Verfahren unzufrieden sein, denn beide beschäftigen sich mit genau denselben Prozessen, und was für den Kunsttheoretiker falsch ist, ist auch für den Psychologen falsch. Beide müssen danach fragen, ob die sexuellen Nebentöne dem Thema und der Absicht des Werkes angemessen sind oder nicht, ob sie das Werk bereichern oder in eine Sackgasse führen. Müßten sie zu dem Schluß kommen, das letzte Ziel eines gegebenen Werkes sei die Darstellung sexueller Dinge, dann müßte es der Kunsttheoretiker als Fehlschlag abtun, und der Psychologe müßte es als ein atypisches Stück behandeln. Kein echtes Kunstwerk kann sich jemals auf Sex oder Liebe oder Essen oder Religion oder Politik oder irgendein anderes bestimmtes Gebiet beschränken. Es kann aber alle diese Dinge als symbolisches Material verwenden, und ihre Verwendung muß danach beurteilt werden, wie gut sie zu dem jeweiligen Zweck passen.

Wenn man die psychologischen Prozesse untersucht, die sich beim künstlerischen Schaffen abspielen, stellt man fest, daß kein Künstler, der diesen Namen verdient, in grenzenlosem Selbstausdruck schwelgt. Im Gegenteil, er ist ernsthaft bemüht, im Verlaufe seiner Arbeit alle Merkmale, die auf zufällige Erfahrungen oder Neigungen zurückgehen, auszuschalten, und das nicht, um anstößige Wünsche zu verdecken, sondern weil er sich von den Forderungen seines Themas leiten läßt. Er unterscheidet sehr fein zwischen dem, was richtig, und dem, was fehl am Platze ist. So werden einige persönliche Eigenschaften, etwa die, die seinen besonderen Stil ausmachen, überall dort betont, wo sie einer frischen und angemessenen Verwirklichung seiner Idee dienen, wohingegen das Eindringen subjektiv reizvoller, aber objektiv unpassender Elemente durch die künstlerische Disziplin verhindert wird.

Zumindest in einer Hinsicht hat die psychoanalytische Methode dem Kunstverständnis einen Dienst erwiesen. Sie hat den Menschen unserer Zeit an die Tatsache erinnert, daß in einem Kunstwerk jedes Element, ob es nun die Wahrnehmungsform oder den Inhalt betrifft, symbolisch ist, das heißt, etwas darstellt, das über sein eigenes Selbst hinausweist. Diese Tatsache war durch eine Richtung der Ästhetik verschleiert worden, die glaubte, Zweck der Kunst sei die Nachahmung der Natur, und die deshalb nur die Werke für symbolisch hielt, deren offenkundiger Inhalt nicht für bare Münze genommen werden konnte, wie zum Beispiel die Geschichte vom Einhorn oder Tizians »Himmlische und irdische Liebe«. Andererseits hat die Psychoanalyse in dieser Frage dadurch Verwirrung gestiftet, daß sie behauptete, Symbole seien ein Mittel, mit dem der tatsächliche Inhalt einer Aussage verschleiert werde. Nun mag die Geschichte der Kunst durchaus derartige Beispiele enthalten; doch es müßte schon eine besonders unempfindliche und humorlose Art von Psychologie sein, die beispielsweise behaupten würde, es sei auf moralische Zensur zurückzuführen, wenn die Künstler der Renaissance immer wieder voller Begeisterung die Abenteuer Ledas, Danaes, Europas oder Jos darstellten. Jupiters Verkleidungen verschleiern den sexuellen Reiz dieser Szenen keineswegs; sie steigern ihn sogar.

Freuds Vorstellung von Symbolen ist natürlich von seiner Traumdeutung abgeleitet. Carl Gustav Jung und andere, so zum Beispiel Erich Fromm, haben sich gegen diese Auffassung gestellt und darauf hingewiesen, daß Symbole eher dazu dienen, ihre Bezugsobjekte zu enthüllen, als sie zu verbergen. Wir fangen an zu verstehen, daß der Mensch im Schlaf wieder die Herrschaft über eine elementare und höchst wertvolle Fähigkeit des menschlichen Geistes erlangt, die Fähigkeit nämlich, abstrakte Verhältnisse durch treffende Bilder darzustellen. Auf diese Fähigkeit, die in unseren wachen Stunden durch die westliche Kultur stark geschwächt worden ist, verläßt sich auch der Künstler. Symbole in der Kunst sind weit davon entfernt, ihre Bezugsobjekte zu verbergen; vielmehr geben sie den

Symbole in der Kunst – Freudsche und andere

Ideen, die sie darstellen, ein greifbares Aussehen. Sie tragen dazu bei, die Kernfragen menschlicher Existenz wiederzubeleben und zu erhellen.

In diesem Zusammenhang sollte das charakteristische Verhältnis zwischen Allgemeinbegriffen und Einzelgegebenheiten im Kunstwerk beachtet werden. Der Wissenschaftler, der von der Beobachtung von Einzelgegebenheiten ausgeht, muß sich trotzdem vom Boden konkret erfahrener Dinge immer weiter entfernen, wenn er auf der Suche nach den Allgemeinbegriffen den Porphyrischen Baum erklettern will. Seine umfassendsten Aussagen stützten sich gleichsam auf die Abfälle der Erfahrung. Wenn wir bei einem Kunstwerk die Einzelgegebenheiten betrachten, sind die Allgemeinheiten nicht dahinter versteckt; wir brauchen auch den Bereich der Konkretheit nicht aufzugeben, um Abstraktionen erfassen zu können. Im Gegenteil, die abstraktesten Behauptungen des Künstlers werden vom Auge des Betrachters am unmittelbarsten aufgenommen. Begriffe wie groß und klein, hoch und tief, aktiv und passiv, nah und fern, einschließend und eingeschlossen werden unmittelbar als Sinnesqualitäten wahrgenommen, während der spezifischere stoffliche Inhalt einen Rückgriff auf Kenntnisse, auf Erlerntes, auf das Gedächtnis erforderlich macht. Das Dreieck, das die einem großen Teil der Renaissance-Kunst innewohnende hierarchische Auffassung symbolisiert, wird vom Auge direkt aufgenommen; doch der Gesichtssinn allein reicht nicht aus, um eine Frau, geschweige denn eine Madonna, zu erkennen.

Es ist abschließend notwendig, folgendem möglichen Einwand zu begegnen: »Sie haben von der Enttäuschung und Ernüchterung gesprochen, die von dem ausgelöst wird, was der Psychoanalytiker als höchsten Inhalt der Kunst beschreibt. Aber was soll denn an den allgemeinen Ideen, die Ihrer Ansicht nach der künstlerischen Darstellung zugrundeliegen, so einleuchtend sein? Die Begriffe groß und klein, hoch und tief, aktiv und passiv – sind sie denn nicht noch abgedroschener als die Freudsche Neigung zum Inzest oder Kastrationsangst?« Der Einwand wäre gut, wenn sich die künstlerische Aussage auf eine Einbahnstraße von den bunten Besonderheiten zu den blassen Allgemeinheiten beschränken würde. Im Kunstwerk sind jedoch die Einzelgegebenheiten und die Allgemeinbegriffe gleichzeitig und unmittelbar gegenwärtig. Ein bestimmter Vorfall gewinnt durch eine Kompositionsordnung, die ihn als Beispiel einer höchst allgemeinen Art von Vorfall definiert, sichtbare Form. Raffaels Dreieckskomposition macht nicht nur die Madonna und ihr Kind sichtbar, sondern deutet auch die Szene als eine Situation, die sich symmetrisch um einen beherrschenden Höhepunkt gruppiert. Die unteilbare Einheit des Allgemeinen und des Spezifischen macht es möglich und sogar erforderlich, daß der Betrachter die verschiedenen Bedeutungsebenen in ständiger Wechselwirkung sieht. Dadurch, daß sie ihre Vorzüge austauschen, beheben diese Ebenen gegenseitig ihre Mängel. Die abgedroschene Leere des Allgemeinen wird durch die Lebendigkeit des Spezifischen belebt, und die abgedroschene Belanglosigkeit des Besonderen wird durch die inhärente Allgemeinheit seiner Form erhöht.

So symbolisiert das Kunstwerk all die Wirklichkeitsebenen, die zwischen der Erscheinung und der Idee liegen. Es wirkt der Verarmung des Sehens entgegen, die sich ergibt, wenn eine dieser Ebenen losgelöst von den anderen gesehen wird, und es fördert die Synthese des Begreifens – das Zeichen der Weisheit.

BIBLIOGRAPHIE

1. Ferenczi, Sandor, *Sex in Psychoanalysis*. New York (Basic Books) 1950.
2. Freud, S., *Drei Abhandlungen zur Sexualtheorie*. Wien (Franz Deuticke) 1947.[8]
3. Goitein, Lionel, *Art and the Unconscious*. New York (United Book Guild) 1948.
4. Wight, Frederick S., »Henry Moore: the reclining figure«, in: *Journal of Aesthetics and Art Criticism*, 6 (1947), SS. 95–104.

Wahrnehmungsanalyse eines Symbols der Wechselwirkung*

Anthropologische und psychiatrische Beobachtungen zeigen, daß elementare Sehmuster oder Arten von Mustern überraschend einheitlich in verschiedenen Kulturen, verschiedenen Epochen, verschiedenen Individuen auftauchen; Versuche, diese Ähnlichkeiten durch eine Völkerwanderung oder andere soziale Verbindungen zu erklären, gehen oft an den Tatsachen vorbei. Alle Anzeichen lassen darauf schließen, daß unabhängig voneinander ähnliche Anschauungsbegriffe entstehen. Wie sollen wir uns nun diese Entsprechungen erklären?

Symbol und Vererbung. In vielen seiner Schriften hat Carl Gustav Jung die Ansicht geäußert, daß solche »Motive und Formelemente« von »identischer oder analoger Gestalt« von, wie er es nennt, Ur-Symbolen, Dominanten oder Archetypen abzuleiten seien. Als hauptsächlichste Merkmale dieser Motive erwähnt er »das chaotisch Vielfache und die Ordnung, die Dualität, den Gegensatz von Hell und Dunkel, Oben und Unten, Rechts und Links, die Einigung des Gegensatzes im Dritten, die Quaternität (Viereck, Kreuz), die Rotation (Kreis, Kugel), und schließlich die Zentrierung und radiäre Anordnung, in der Regel nach einem quaternären System« (7, S. 126). Jung macht immer wieder deutlich, daß er die unbewußte Bereitschaft zur Erzeugung bestimmter Typen von Gestalten für ererbt hält. Es stimmt, daß seine Beschreibungen der biologischen Mechanismen, an die er dabei denkt, auf merkwürdig lamarckistische Anspielungen begrenzt bleiben, die von »einer Art Bereitschaft« sprechen, geschaffen durch »Ablagerungen von wiederholt gemachten Menschheitserfahrungen«, durch »Abdrücke«, »Engramme«, »Niederschläge«, »Verdichtungen«, »zusammenfassende Wiederholungen«, »angehäufte oder zusammengefaßte Erfahrungen«; doch er bezieht sich ausdrücklich

* Erstabdruck in: *Confinia Psychiatrica*, 3 (1960), SS. 193–216. Später gestrafft und umgearbeitet unter dem Titel »Perceptual Analysis of a Cosmological Symbol«, in: *Journal of Aesthetics and Art Criticism*, 19 (1961), SS. 389–399.

auf die Vererbung und ist bereit, seine Archetypen unter solche »patterns of behavior« einzureihen wie »jene durch die Veranlagung vorbestimmte Art und Weise, in der das Hühnchen aus dem Ei schlüpft, in der die Vögel ihr Nest bauen . . .« (6, S. 54.) Da sich die Vererbung nur durch den Körper abspielt, sagt Jung mit seiner Theorie praktisch, daß das Keimplasma jedes menschlichen Wesens die Mechanismen in sich trägt, die für die spontane Erzeugung der fraglichen Sehformen verantwortlich sind.

Die Theorie erlaubt zwei charakteristische Folgerungen. Erstens geht sie von der Existenz spezifischer Vererbungsmechanismen aus, die darauf abgestimmt sind, den Organismus mit der passenden archetypischen Bereitschaft beispielsweise zur Erzeugung von zentrischen »Mandala«-Figuren zu versorgen. Zweitens braucht die Theorie nicht davon auszugehen, daß dem Organismus, der archetypische Figuren erzeugt, deren symbolische Bedeutung bewußt ist, so wenig wie ein Vogel weiß, warum er ein Nest baut. Ererbte Tätigkeiten brauchen nicht verstanden zu werden. Ja, die Theorie braucht nicht einmal vorauszusetzen, daß es unter den Wahrnehmungseigenschaften der Sehmuster und der ihnen zuzuschreibenden symbolischen Bedeutung irgendeine angeborene Verwandtschaft – irgendeinen Isomorphismus, wie die Gestaltpsychologen sagen – gibt.

Tatsächlich glaubt jedoch Jung, daß die archetypischen Muster mit der Bedeutung, für die sie stehen, innerlich verwandt sind. Es ist ihm klar, daß der symbolische Inhalt unmittelbar innerhalb des Bildes wahrgenommen wird. Für ihn sind Symbole bedeutungsschwanger; Bild und Bedeutung sind identisch. Tatsächlich, so könnte er argumentieren, liegt der Überlebenswert von Archetypen genau darin, daß sie elementaren Strukturen menschlicher Existenz einen unmittelbar wahrnehmbaren Ausdruck verleihen. Es scheint ihm jedoch nicht klar zu sein, daß, nachdem er die wahrnehmungsmäßige Selbstverständlichkeit eines solchen Symbolismus eingeräumt hat, keine Notwendigkeit mehr besteht, die Dienste hypothetischer Vererbungsmechanismen überhaupt zu bemühen.

Wenn der unbewußte oder bewußte Geist eines jeden Menschen fähig ist, gewisse elementare Gestalten als Bilder bedeutsamer Lebenssituationen spontan wahrzunehmen, ist keine Vererbungslehre mehr erforderlich, um zu erklären, warum diese Gestalten in vielen Fällen unabhängig voneinander auftauchen. Und da die These von einem spontan wahrnehmbaren Symbolismus mit psychologischen Ergebnissen übereinstimmt, verlangt die wissenschaftliche Sparsamkeit von uns, eine Theorie, die auf vererbten Wahrnehmungsmatrizen beruht, als überflüssig fallenzulassen.

Inhärenter Ausdruck. Unter Jungs vielen Formulierungen dieses Problems sind einige, die nicht gut zu seinem Begriff der ererbten Archetypen passen. Er spricht in paradoxer Weise von »ewig vererbten Grundstrukturen« (8, S. 559), oder er behauptet: »Empirisch gesehen ist aber der Archetypus innerhalb der Reichweite organischen Lebens überhaupt nie entstanden. Er tritt mit dem Leben auf den Plan.« (8, S. 163.) In solchen Aussagen scheint er intuitiv zu erkennen, was Wolfgang Köhler so ausgedrückt hat: »Eine Wahrnehmungserscheinung, die nicht erlernt ist, braucht aus diesem Grunde noch nicht von der Existenz besonderer histologischer Faktoren abzuhängen.« (9)

Der vorliegende Aufsatz baut auf der Behauptung auf, daß ähnliche elementare Sehsymbole zu verschiedener Zeit und an verschiedenen Orten unabhängig voneinander auftauchen, weil (a) zum Sehen die Wahrnehmung des Verhaltens von Kräftekonfigurationen gehört und (b) solche wahrgenommenen Kräftekonfigurationen spontan als Bilder des Verhaltens von Kräften in bedeutsamen Lebenssituationen gesehen werden. So wird zum Beispiel die tägliche Wanderung der Sonne als ein Symbol des menschlichen Lebens gesehen, weil das Aufgehen, Steigen, Erreichen des Höhepunktes und Sinken Wahrnehmungsaspekte aufweisen, die spontan als strukturgleich (isomorph) mit der Dynamik von Geburt, Wachstum, Reife und Verfall wahrgenommen werden.

Eine derartige »Identität von Bild und Bedeutung« mag für jede intuitive oder künstlerisch veranlagte Person klar ersichtlich sein, doch sie ist das keineswegs für Gelehrte, die gewohnt sind zu glauben, daß Wahrnehmungsgegenstände nur auf Grund von Tradition oder vergangener Erfahrung mit ihren Bedeutungen in Verbindung gebracht werden. Gestaltpsychologen haben nachgewiesen, in welch großem Ausmaß die gegebene Struktur einer »sinnlosen« Figur die Art und Weise bestimmt, in der sie wahrgenommen wird; sie haben auch beiläufig auf die innere Ähnlichkeit hingewiesen, die beispielsweise zwischen Gesichtsausdruck und dem entsprechenden seelischen Zustand besteht. Es ist jedoch noch keine konkrete Analyse irgendwelcher Wahrnehmungseigenschaften, abgesehen von den ganz elementaren (das heißt: aufwärts und abwärts, eckig und gerundet), vorgelegt worden, die die Entsprechungen von Ausdrucksgestalt und bedeutsamen Lebenssituationen aufzeigen würden.

Ein taoistisches Symbol. Um solche Entsprechungen nachzuweisen, will ich die Instrumente der Wahrnehmungsanalyse auf das *Tai-ki tu* anwenden, ein bekanntes uraltes Zeichen, das das Prinzip des Yin und Yang in der chinesischen Philosophie symbolisiert (Abbildung 8). Das Wort *Tai-ki tu* bedeutet »die große Karte der Pole«. Die anschauliche Formgebung und die wesentlichen Gedanken, die sich in der Figur ausdrücken, sind einfach genug, um eine konkrete und ziemlich vollständige Analyse zu ermöglichen. Sie sind andererseits inhaltsreich und subtil genug, um als Beispiel für die Art des Symbolismus zu dienen, mit der Psychiater, Anthropologen und Philosophen zu tun haben.

ABBILDUNG 8

Die Elemente der taoistischen Kosmologie sind dem westlichen Leser vertraut. Im unaufhörlichen Wechsel wird das Wesen der Natur gesehen. Die Bewegtheit alles Seienden führt zur ewigen Wiederkunft des Gleichen, die als periodische Wiederholung verstanden wird und, noch grundsätzlicher, als die unveränderliche Konstanz, geschaffen durch die Regelmäßigkeit und Gleichheit des Wechsels. Diese Vorstellung von einem beständigen Wechsel wird durch die Polarität von Yin und Yang belebt, zwei widerstreitenden, ausgewogenen Prinzipien, deren Wechselwirkung die

Zweiheit innerhalb der Einheit ausmacht, das unteilbare, höchste Eine. Yang ist das männliche Prinzip, es steht für Licht, Wärme und Trockenheit. Yin ist weiblich und stellt das Dunkle, Kalte und Feuchte dar. Dadurch, daß sie Gegensätze sind, verursachen die beiden Prinzipien die Naturerscheinungen. Sie sind nicht voneinander getrennt, bilden aber auch nicht einfach zusammen das Ganze. Sie stellen die ständige Wechselwirkung von allem mit allem innerhalb des Einen dar. Wenn es Harmonie gibt, durchdringt der Weg (Tao) der Natur alles Sein. Doch Harmonie ergibt sich nicht von selbst. Die Lebensführung erfordert aktives Handeln, das mit dem Weg der Natur in Einklang stehen oder ihm zuwiderlaufen kann.[1]

Modelle der Wechselwirkung. Eine bildliche Darstellung der Idee der Wechselwirkung muß uns einfach reizen, da das Problem einer angemessenen Würdigung dieses Begriffes für die Wissenschaft in unserer Zeit von entscheidender Bedeutung ist. Die Idee der Wechselwirkung taucht früh im intuitiven (wahrnehmungsmäßigen) Denken auf. In einem Gemälde ist zum Beispiel die gegenseitige Abhängigkeit aller Teile offensichtlich. Das intellektuelle Denken stößt jedoch erst spät auf dieses Problem, da der Verstand so vorgeht, daß er lineare Verbindungen zwischen Elementen herstellt, und deshalb die Grenzen, die diesem Verfahren gesteckt sind, erst in einem fortgeschrittenen Stadium der Höherentwicklung erkennt. Trotzdem hat in der Geschichte westlichen Denkens das intuitive Erkennen der Art und Weise, wie eine echte Wechselwirkung in Gestalt-Zusammenhängen funktioniert, schon immer dunkle Schatten auf die sichere Rationalität der traditionellen Methode geworfen, und in unseren Tagen haben sich die Versuche vermehrt, Wechselwirkung mit den Mitteln einer begrifflichen Theorie zu erklären. Bevor ich die anschauliche Darstellung dieser Erscheinung im *Tai-ki tu* beschreibe, will ich ein paar dieser begrifflichen Modelle der Wechselwirkung unter vier Rubriken aufführen.

Wechselseitige Beschießung. Der einfachste Begriff der Wechselwirkung geht von Partnern aus, die eine feste, unabhängige Identität besitzen. Antagonistische Partner, wie etwa Dunkel und Hell oder Gut und Böse, stehen sich in statischer Unabhängigkeit fest gegenüber. In einem weiter

---

1. Mit dem Begriff »taoistische Philosophie« umschreibe ich das in Wirklichkeit viel komplizierte Produkt eines Ineinanderfließens von Taoismus, Yin-Yang-Lehre, gewissen Elementen des Konfuzianismus usw. Um diese Arbeit nicht mit Zitaten aus der chinesischen Philosophie zu belasten, verweise ich den Leser an Fung Yu-lans umfassendes Werk und die darin zu findende Bibliographie (4).

fortgeschrittenen Stadium des Theoretisierens behelligen sich die Partner gegenseitig, ohne sich dabei wesentlich zu verändern. Wechselwirkung versteht sich als die Überlagerung von gegeneinander gerichteten, einseitigen Handlungen, die unter unabhängigen Partnern ausgetauscht werden. (»Die Erde zieht den Mond an, *und* der Mond zieht die Erde an.« »Der Lehrer beeinflußt den Schüler, aber der Schüler beeinflußt *auch* den Lehrer.«) Dieses Modell führt schließlich zu dem nicht zu lösenden Rätsel, wie denn, als Ausgangspunkt, die Identität irgendeines der Komponenten festzustellen sei, denn die von den anderen Komponenten ausgehenden Einflüsse müssen von Anfang an mit berücksichtigt werden.[2]

ABBILDUNG 9

In dieser primitivsten Auffassung von Wechselwirkung gibt es feste Wesenheiten, die einfach »irgendwie gegeneinander agieren«. Sie stehen nicht in einem Zusammenhang, der ihr eigentliches Wesen festlegen würde. Abbildung 9 zeigt einen statischen Vorläufer des *Tai-ki tu* und mag

---

2. John Dewey und Arthur Bentley bezeichnen mit dem Wort Wechselwirkung (»interaction«) das, was ich »wechselseitige Beschießung« nenne: »Die Wechselwirkung ist eine Art von Untersuchung der Einwirkungen, die sich unter der Voraussetzung ergeben, daß sie angemessen beschrieben worden sind, bevor die Untersuchung ihrer Verbindungen formuliert worden ist.« (3, S. 122.) Ihr Begriff der »Transaktion« scheint hauptsächlich ihr Anliegen auszudrücken, daß die Beziehung zwischen Sender und Empfänger nicht als Summe zweier getrennter Beiträge behandelt werden sollte. Mir stellt sich dabei nur die Frage, ob das »gemeinsame System«, für das sich Dewey und Bentley mit Recht einsetzen, einer präzisen diskursiven Beschreibung zugänglich ist.

Wahrnehmungsanalyse eines Symbols der Wechselwirkung

hier als bildliche Erläuterung dienen. Die beiden Bestandteile sind in einen Kreis eingepaßt, doch wie auch immer ihr wechselseitiger Einfluß aussehen mag, er beeinträchtigt ihre statische, unabhängige Vollständigkeit nicht. In einer stärker differenzierten Version erscheint dieses Muster als ein Bild des Yin und Yang in dem sogenannten »Diagramm des Erhabensten Höchsten« (Abbildung 10), von Chou Tun-i im elften Jahrhundert gezeichnet. Hier ist die Senkrechte als starre Trennungslinie erhalten, bis auf den kleinen Kreis in der Mitte, der gemeinsamer Besitz ist und damit als statisches Mittel Einheit andeutet. Ein Austausch von Besitz wird dazu benützt, gegenseitige Abhängigkeit und Wechselwirkung anschaulich zu demonstrieren. Als Folge der Vervielfachung des Kreises enthält jede Hälfte sowohl Hell als auch Dunkel, wobei das Helle in der linken Hälfte überwiegt (Yang) und das Dunkle in der rechten (Yin). Außerdem betonen die Ringe in Abbildung 10 das Einswerden des hellen und des dunklen Prinzips in einer gemeinsamen Kreisform wirksamer als der Kreis in Abbildung 9, denn in einem schmalen Ring ist die kurze senkrechte Trennlinie viel schwächer als der alles umfassende, zusammenschließende Doppelkreis. In dieser Weise spielt die Figur auf den Kreislauf, auf die stetige Aufeinanderfolge von Licht und Dunkelheit an. Trotzdem bleibt jeder Partner im wesentlichen auf seine Hälfte des Kreises beschränkt.[3]

Andere dualistische Auffassungen, die in diese Rubrik gehören, sind die, bei denen gezeigt wird, daß sich der Konflikt zwischen zwei Widersachern durch Versöhnung, Vereinigung oder Vereinheitlichung lösen läßt. Hier führt die »wechselseitige Beschießung« schließlich zur Aufgabe oder Überwindung des Widerstreits. Hierher gehört Jungs Anleihe bei der Renaissance: der Begriff der *coincidentia oppositorum* (Cusanus, Bruno); das dialektische Prinzip, wie es Hegel und Marx verwenden, liefert ebenfalls ein Beispiel, das hierher gehört.

---

3. Die Figur in Abbildung 10 zeigt weitere bemerkenswerte Wahrnehmungsqualitäten, die sich aus der nicht eindeutigen Figur-Grund-Situation ergeben. Man kann zum Beispiel das Muster als eine Scheibe aus zwei ungebrochenen Hälften sehen (Abbildung 9), über der die kleine helle Scheibe in der Mitte und ein Ring schweben, der auf der Yin-Seite hell und auf der Yang-Seite dunkel ist. Mit anderen Worten, es gibt ein Hin- und Herpendeln; man sieht entweder zwei allumfassende Prinzipien (ungebrochene Hälften), die jeder Einzelbetrachtung zugrundeliegen, oder man sieht die besonderen Wesenheiten (Ringe), die sich, wie gezeigt wird, auf dieselben zwei Prinzipien stützen. Die Wechselwirkung zwischen dem Ganzen und seinen Teilen wird damit wahrnehmungsmäßig symbolisiert.

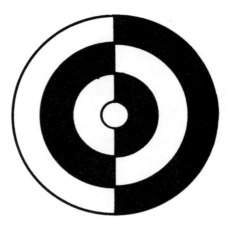

ABBILDUNG 10

Kreisförmigkeit. In dem eben besprochenen begrifflichen Modell sind die Bestandteile des Ganzen fest und unabhängig verankert, wie Geschützstellungen an gegenüberliegenden Flußufern, die aufeinander feuern. Diese Vereinfachung dessen, was sich bei einer echten Wechselwirkung abspielt, läßt sich vermeiden, doch dann muß man weitere Vereinfachungen in Kauf nehmen. Die Beziehungen zwischen den Bestandteilen lassen sich als eine zeiliche lineare Aufeinanderfolge einseitiger Wirkungen beschreiben. Das moderne Feedback-Prinzip in der Physik hat die Kreisförmigkeit bei den Sozialwissenschaftlern in Mode kommen lassen. Tatsächlich ist sie jedoch ein uraltes Mittel zur begrifflichen Erklärung der Wechselwirkung. Das Prinzip der Kreisförmigkeit würde, um zuerst ein modernes Beispiel zu verwenden, die zwischenpersönlichen Beziehungen zwischen Psychiater und Patient folgendermaßen beschreiben: der Psychiater (PS) verändert den Patienten (PA); der veränderte Patient (PA') verändert den Psychiater (PS); der veränderte Psychiater (PS') verändert den veränderten Patienten (PA'); der zweimal veränderte Patient (PA'') verändert . . . und so fort in einer endlosen Spirale. In jedem Punkt ist jeder Bestandteil nur ein Übergangsstadium eines fortlaufenden Prozesses.

Das Prinzip ist angemessen, wenn das zu erklärende Ereignis tatsächlich eine lineare zeitliche Aufeinanderfolge darstellt, wie zum Beispiel im Falle einer experimentell ausgelösten »Flüsterkampagne«, die ein Gerücht

Wahrnehmungsanalyse eines Symbols der Wechselwirkung

von Mund zu Mund weitergibt, oder, um ein Beispiel aus der taoistischen Literatur zu erwähnen, wenn das Yin-Yang-Prinzip als etwas beschrieben wird, das sich im Kreislauf der Jahreszeiten äußert. Das Yang gewinnt zwischen Winter und Frühjahr an Kraft, erreicht seinen Höhepunkt im Sommer und klingt zwischen Sommer und Herbst ab, in der Zeit, in der das Yin stärker wird, um seinerseits den Höhepunkt im Winter zu erreichen; zwischen Winter und Frühjahr nimmt es dann ab, und das Yang kommt wieder auf. Die Kreisförmigkeit wird jedoch zu einem schwerfälligen Hilfsmittel, wenn sie die Wechselwirkung der fünf Elemente auf eine lineare Beziehung reduziert, denn alle Elemente sind Differenzierungen des Yin und Yang: die Erde wird vom Holz besiegt, das Holz vom Metall, das Metall vom Feuer, das Feuer vom Wasser, das Wasser von der Erde usw. Das Hilfsmittel ist nicht weniger plump, wenn es heute dazu benützt wird, psychologische oder physiologische Prozesse zu beschreiben, in denen alle Bestandteile gleichzeitig miteinander in Wechselwirkung stehen und nicht nur in linearer Aufeinanderfolge auf das jeweilige benachbarte Element einwirken.

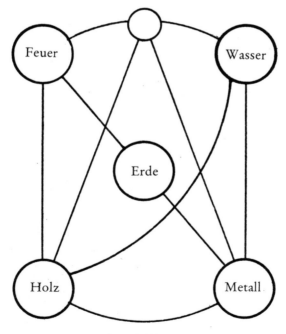

ABBILDUNG 11

3. *Netzwerk.* Man kann der Wechselwirkung auch begrifflich nahekommen, wenn man sich ein Netzwerk von isomorphen Beziehungen zwischen Einheiten oder Gruppen von Einheiten vorstellt. Ein solches Netzwerk läßt sich durch einen anderen Teil des bereits angesprochenen »Diagramms des Erhabenen Höchsten« illustrieren (Abbildung 11): eine Darstellung des Systems der fünf Elemente. Das identische Prinzip wird beispielsweise bei unseren modernen »Soziogrammen« angewandt, die die soziale Struktur einer Gruppe dadurch beschreiben und messen wollen, daß sie die Beziehungen zwischen jeweils zwei Mitgliedern der Gruppe getrennt bestimmen. Es braucht kaum eigens betont zu werden, daß sie Summe von Einzeleinflüssen die Gruppendynamik sowenig darstellt, wie die Beziehungen zwischen den fünf Elementen die physikalische Wechselwirkung ergeben, die das Universum ausmacht. (Wenn ich von der »Wechselwirkung von allem mit allem« spreche, verwende ich Netzwerksprache, *faute de mieux.*)

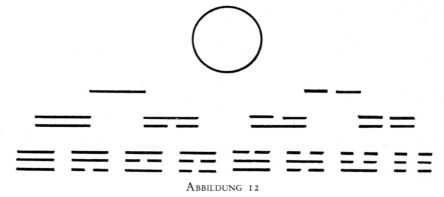

Abbildung 12

4. *Hierarchische Differenzierung.* Die Wechselwirkung zwischen dem Ganzen und seinen Teilen läßt sich durch das Modell einer hierarchischen Pyramide darstellen. Wenn zum Beispiel Gestaltpsychologen sagen, die Struktur des Ganzen bestimme den Ort und die Funktionen der Teile und werde ihrerseits durch die Teile bestimmt, dann stellen sie »das Ganze« als eine zusätzliche Wesenheit dar, die sich von den Teilen unterscheidet, mit ihnen jedoch verwandt ist.[4] Man stellt sich vor, daß ein Strom aus struktu-

---

4. Im Falle der Gestaltpsychologie, wie auch bei einigen der anderen besprochenen Theorien, muß man zwischen der Vorstellung von einer intuitiv wahrgenommenen Wechselwir-

rellen Einflüssen in zwei Richtungen fließt, von der Spitze zur Basis, und von der Basis zur Spitze.[5] In der chinesischen Philosophie verwendet die Lehre von den acht Urzeichen *(Pa kua)*, die im *I Ging* oder *Buch der Wandlungen* erläutert wird, eine ähnliche Methode zu einem ähnlichen Zweck (5). Abbildung 12 zeigt das Erhabene Eine an der Spitze der Pyramide oder an der Wurzel eines Stammbaumes. Das Eine differenziert sich in die beiden Prinzipien des Yang (ein langer Strich) und des Yin (zwei kurze Striche), wobei Yang, wie üblich, das Männliche vertritt, Yin das Weibliche. Diese beiden vereinigen sich ihrerseits auf der nächsten hierarchischen Stufe zu vier weiter differenzierten Formen, von denen die eine ganz männlich, die andere ganz weiblich und die übrigen beiden halb männlich und halb weiblich sind. Ein weiterer Schritt zur Differenzierung bringt dann die acht Urzeichen, denen Männlichkeit und Weiblichkeit in Dritteln zugeteilt sind. Um die Wechselwirkung zwischen dem Ganzen und den Teilen begrifflich zu erfassen, wird auch hier wieder das Ganze als getrennte Wesenheit dargestellt, deren verschiedenen Stufen die Teile entsprießen, wie die Namen von Kindern einem Stammbaum.

Die statische Methode, jeden Abkömmling als aus den zwei Grundprinzipien bestehend zu beschreiben, wird vom *Buch der Wandlungen* angewandt, um darauf zu verweisen, daß die Teile vom Ganzen hervorgebracht und durchdrungen werden und daß sie ihrerseits das Ganze bilden. Bei der echten Wechselwirkung existiert das Ganze jedoch nicht als Wesenheit, getrennt von den Teilen und vor ihnen, sowenig wie die Teile getrennt vom Ganzen und vor ihm existieren. Die zwei Vektorenfamilien, die vom Ganzen nach unten und von den Teilen nach oben reichen, sind künstlich isolierte lineare Beziehungen zwischen getrennten, statischen Wesenheiten.

Ein Wahrnehmungsmodell. Keines der hier untersuchten begrifflichen Modelle wird der Wechselwirkung gerecht. Sie versagen alle, und zwar nicht wegen einzelner Fehler, sondern weil die Aufgabe, Wechselwirkung diskursiv zu beschreiben, schon im Prinzip gar nicht durchzuführen ist.

---

kung und den tatsächlich angebotenen begrifflichen Modellen unterscheiden. Das intuitiv entworfene Bild ist als Leitstern unentbehrlich, doch um die wissenschaftlichen Möglichkeiten einer Theorie bewerten zu können, müssen wir die Anwendbarkeit ihrer eigentlichen Konstruktionen untersuchen.

5. Andere moderne Beispiele für derlei hypothetische Pyramidenspitzen sind der »Zeitgeist«, das »kulturelle Klima«, die »Gruppenatmosphäre« usw.

Eine begriffliche Theorie kann das Ergebnis der Wechselwirkung voraussagen, doch sie kann den Prozeß nicht angemessen beschreiben, da sie so angelegt ist, daß sie lediglich lineare Verbindungen zwischen Wesenheiten erklären kann. Jede Sprache unterliegt denselben Beschränkungen, auch die des Dichters. Wo Mephistopheles in Goethes *Faust* die trockenen Wiederholungen der Logik darlegt, indem er sie der Kompliziertheit echten Denkens gegenüberstellt, weiß er sich auch nur mit dem Gleichnis vom Weber zu helfen:

Zwar ist's mit der Gedankenfabrik
Wie mit einem Webermeisterstück,
Wo ein Tritt tausend Fäden regt,
Die Schifflein herüber, hinüber schießen,
Die Fäden ungesehen fließen,
Ein Schlag tausend Verbindungen schlägt.

Doch auch ein Gewebe ist schließlich nichts anderes als eine Anhäufung von linearen Querverbindungen.[6]

Die Wahrnehmung erreicht etwas, was der Intellekt nicht beschreiben kann; denn Wahrnehmung *ist* Wechselwirkung. Die vom Gehirn empfangenen Reize stammen von den isolierten Stücken farbiger Materie oder von Tonfragmenten, die Gemälde oder Musik als physische Gegenstände ausmachen. Doch im Gehirnfeld schaffen diese Reize Kräftekonfigurationen, die als Bestandteile integrierter Ganzheitsprozesse wirken. Die sich daraus ergebenden Feldprozesse bestehen aus der Wirkung, die von allem auf alles ausgeübt wird, und das wahrgenommene Bild oder Musikstück ist das Ergebnis dieser unendlichen und unberechenbaren Wechselwirkung.

Es besteht jedoch ein Unterschied, ob man Wechselwirkung erreicht oder ob man die Eigenart des Prozesses aufzeigt. In der Regel hat sich die Wechselwirkung bereits unterhalb der Bewußtseinsschwelle abgespielt, und alles ist »abgemacht«, wenn der Wahrnehmungsgegenstand erscheint. Um den Sinnen Wechselwirkung deutlich zu machen, müssen wir darauf achten, welche Gestaltungsprozesse sich einstellen, während die Wahrnehmung abläuft, Prozesse also, die dem Wahrnehmenden bewußt

---

6. In der ersten Szene des *Faust* verwendet der »Erdgeist« bei einer ähnlichen Aussage ebenfalls die Metapher des Webstuhls.

Wahrnehmungsanalyse eines Symbols der Wechselwirkung

sind. Wenn das *Tai-ki tu* Wechselwirkung symbolisieren will, muß es sich solche Prozesse zunutze machen. Wie sehen sie aus, und sind sie erfolgreich?

ABBILDUNG 13

Der Untersuchungsgegenstand muß definiert werden. Bevor wir den Untersuchungsgegenstand analysieren, müssen wir definieren, was wir zu analysieren wünschen. Was *ist* das *Tai-ki tu*? Auf diese Frage gibt es zwei Antworten. Die eine davon ist historisch. Es wäre wünschenswert, zu wissen, welche genaue Form, Raumlage und Farben der Gegenstand in der orientalischen Tradition hatte. Die Quellen, die ich zu Rate ziehen konnte, weisen auf verschiedene Abweichungen in diesen Punkten hin. Die in diesem Aufsatz verwendete Form stützt sich jedoch auf eine traditionelle geometrische Konstruktion, und die senkrechte Achse in der von mir gewählten Raumlage nähert sich in vielen historischen Beispielen der Position der Symbole Yang *(Kiën* = der Himmel = drei ungeteilte Striche) und Yin *(Kun* = die Erde = drei geteilte Linien), wenn das *Tai-ki tu* mit den Urzeichen des *Buches der Wandlungen* versehen wird (zum Beispiel in der auf der koreanischen Flagge gebräuchlichen Anordnung, Abbildung 13). Das *Tai-ki tu* scheint während der Sung-Dynastie als Bild des Yin-Yang-Prinzips eingeführt worden zu sein und ist wahrscheinlich von den uralten Mustern der Spirale, der Spindel und des Hakenkreuzes abzuleiten. Es erscheint als Glücksbringer sowohl an chinesischen Häusern, Läden und Schulen als auch auf Schmuckgegenständen und als religiöses Symbol auf Gräbern und an Tempeln. Seit 1882 ist es Teil der koreanischen Flagge.

Die zweite Antwort auf die Frage »Was ist das *Tai-ki tu*?« ist psychologischer Natur. Wir können die möglichen Variationen der Figur untersuchen und feststellen, welche Wahrnehmungseffekte durch Abweichungen in Form, Raumlage, Farben usw. erzeugt werden, und welche dieser Effekte am besten in die zu symbolisierende philosophische Lehre passen.

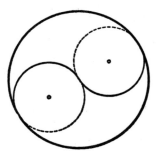

ABBILDUNG 14

Nach einigem Experimentieren habe ich mich für das Muster entschieden, das geometrisch am leichtesten zu konstruieren ist. Wenn man in einen Kreis zwei kleinere Kreise mit jeweils dem halben Radius einzeichnet (Abbildung 14), erhält man im Innern des Kreises eine aus zwei Halbkreisen bestehende S-Kurve. Diese Form hat gewisse Nachteile. Kreisrunde Kurven sind hart und starr, und das beeinträchtigt die Dynamik der Muster, die diese Kurven verwenden.[7] Außerdem bilden sie, da ihre Krümmung immer gleichbleibt, keinen Scheitelpunkt, im Gegensatz etwa zu einer Parabel. Diese möglichen Nachteile werden jedoch durch die Tatsache aufgewogen, daß die kreisförmigen inneren Formen die Kreisförmigkeit des gesamten Musters widerspiegeln und dadurch zu der engen Beziehung zwischen dem Ganzen und den Teilen beitragen, was für die symbolische Bedeutung der Figur sehr wesentlich ist. Außerdem sorgt die geometrische Einfachheit des Reizes für Einfachheit und Klarheit der Wahrnehmungseffekte. Man kann annehmen, daß ein geometrisch einfacher Reiz eine einfachere Konfiguration von Nervenvektoren schafft, und diese Nervenvektoren sind es, die den »Ausdruck« des wahrgenommenen Musters erzeugen. Wenn man vom Zweck des Emblems ausgeht, dann sollte sein Ausdruck einfach, stark und klar sein.

---

7. Ich zitiere hier, und häufig auch im Folgenden, Wahrnehmungsprinzipien, ohne sie zu beweisen oder näher zu erläutern. Wo keine andere Literatur angegeben ist, verweise ich den Leser an mein Buch über Kunst und Sehen (1) und die dort zu findende Bibliographie.

Der Ausdruck des *Tai-ki tu* wird, wie später gezeigt werden wird, durch seine Lage im Raum beeinflußt. Der hellere der beiden liegt oben. Das ist historisch richtig, da das Yang das Licht und den Süden repräsentiert und auf alten chinesischen Landkarten der Licht spendende Süden oben und nicht unten erscheint.[8] Diese Lage ist auch aus psychologischen Gründen vorzuziehen, da bei einer Figur-Grund-Situation dieser Art der hellere Bestandteil die Tendenz aufweist, in den Vordergrund zu treten und zur Figur zu werden, und dieselbe Tendenz ist bei dem unten plazierten Bestandteil zu beobachten. Wenn er die untere Position einnimmt, profitiert der dunklere Bestandteil von der Auffälligkeit dieser Stellung und macht damit die auffällige Helle des anderen wett. Auf diese Weise entsteht ein erwünschtes Gleichgewicht zwischen den beiden Partnern. Wenn der hellere Bestandteil oben erscheint, weist er damit auf die Überlegenheit des Yang hin, ohne das Gleichgewicht der beiden zu stören, das für die taoistische Lehre genauso wichtig ist wie für den Wahrnehmungseffekt.[9]

Der Ausdruck der Formen. Wenn für ein Muster, das das Universum darstellen soll, die kreisrunde Form gewählt wurde, so ist das kein Zufall. Der Kreis (oder die Kugel), die einzige Figur, die sich nicht auf eine bestimmte Richtung festlegt, wird überall spontan verwendet, um Gegenstände darzustellen, deren Form ungewiß oder belanglos ist, oder um etwas darzustellen, das entweder gar keine Form, irgendeine beliebige Form oder alle Formen aufweist.

Als Sehobjekt vermittelt eine solche Figur zwei verschiedene Arten von Ausdruck. (a) Als Kreis – das heißt, als eindimensionale Figur – gesehen ist sie eine Linie von stets gleichbleibender Krümmung, das Gleis für einen endlosen Kreislauf. In dem Fall ist sie mit Spiralformen und Wirbeln verwandt und eignet sich gut dazu, die orientalische Vorstellung von der Zeit als einer ständigen, zyklischen Wiederkunft des Gleichen zu symbolisieren (und nicht eine geradlinige Weiterentwicklung, die in der Vergangenheit beginnt und sich auf ein unendlich fernes Ziel in der Zukunft zu bewegt). (b) Als zweidimensionale Scheibe gesehen ist die Figur eine zen-

---

8. Traditionell wird der obere Teil der Figur oft rot ausgemalt, da rot die Yang-Farbe des Südens ist, die durch den Feuervogel dargestellt wird. Die koreanische Flagge verwendet diese Farbanordnung.

9. Um richtig zur Geltung zu kommen, braucht das *Tai-ki tu* einen neutralen Hintergrund, der mit keinem der beiden Bestandteile Farbe, Textur usw. gemeinsam hat.

trisch symmetrische Fläche, die sich, von einem Mittelpunkt ausgehend, gleichmäßig in alle Richtungen ausbreitet und die überall im gleichen Abstand vom Mittelpunkt durch die Schranke der Umrißlinie begrenzt wird. Diese Schranke erzeugt eine Familie von einschnürenden Vektoren, die sich von außen auf den Mittelpunkt zu bewegen und damit den radial vom Mittelpunkt ausgehenden expansiven Vektoren entgegenwirken (Abbildung 15). Eine kreisrunde Grenzlinie steht immer unter einer Spannung, wie die Haut eines Luftballons: Sie steht unter einem vom Mittelpunkt wegstrebenden Druck im Innern und erzeugt durch ihren Widerstand gegen Ausdehnung einen zum Mittelpunkt hinstrebenden Gegendruck. Die symbolische Bedeutung einer derartigen Wahrnehmungsdynamik, bei der es um zentrifugale und zentripetale Kräfte geht, wird uns später noch beschäftigen. Ich will hier nur erwähnen, daß die eindimensionale Rotationsbewegung des Kreises oft die Zeit symbolisiert, während die zweidimensionale radiale Dynamik der Scheibe entweder tatsächliche oder symbolische Raumbeziehungen kennzeichnet.

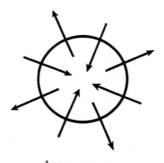

ABBILDUNG 15

Genau wie die Umrißlinie des Kreises läßt sich auch die innere S-Kurve des *Tai-ki tu* entweder als linearer Körper oder als geschlossene Kurve wahrnehmen. Trüge die ganze Oberfläche der Scheibe eine einheitliche Farbe, könnte man die innere Kurve leicht als einen auf einer Scheibe liegenden schlangenförmigen Gegenstand sehen; damit würde sich der Ausdruck des Musters vollkommen verändern (Abbildung 16). Die unterschiedliche Farbtönung der beiden Flächen verwandelt die Linie in eine Grenze, und die Scheibe spaltet sich in zwei Gegenstände von identischer Tropfenform. Um einen neutralen Begriff zu haben, will ich diese Tropfenform mit ihrer japanischen Bezeichnung *Magatama* nennen. (Ein *Ma-*

Wahrnehmungsanalyse eines Symbols der Wechselwirkung 209

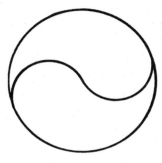

ABBILDUNG 16

gatama [Abbildung 17] ist eine kommaförmige Perle: *maga* bedeutet gekrümmt oder gebogen, *tama* bedeutet Edelstein. *Magatamas* aus Jade oder anderem Material mit einem kleinen Loch genau in der Mitte des runden Teils sind traditionelle Anhänger.)

ABBILDUNG 17

Sobald ein Muster aus Teilen gebildet wird, hängt der Wahrnehmungseffekt davon ab, wie stark die einigende Kraft des Ganzen im Verhältnis zur Eigenständigkeit der Teile ist. Wenn das Ganze einfach und gut geordnet ist, die Teile aber nicht, dann erscheint das Muster als ein schwach gegliedertes Ganzes. Im umgekehrten Falle wird es als eine Anhäufung eigenständiger Einheiten gesehen, die eine Art Ganzes bilden. In einem taoistischen Symbol dürfen weder das Ganze noch die Teile überwiegen, denn das Erhabenste muß als identisch mit dem Ying und Yang, die es bilden, verstanden werden, und nicht als einem dieser beiden Prinzipien über- oder unterlegen. Tatsächlich erzeugt das *Tai-ki tu* auf vollkommene Weise eine solche wahrnehmungsfähige Doppeldeutigkeit. Als Kreis – das heißt, als unteilbare Form – hat es eine äußere Grenze, die die Figur so stark zusammenhält, wie das eine Umrißlinie nur kann. Die beiden Hälften sind nicht etwa durch eine diametrische Senkrechte streng getrennt, wie das in Abbildung 9 der Fall ist, sondern sie gleiten glatt ineinander und reduzieren dabei die Unterbrechung auf ein Minimum. Andererseits behalten die *Magatamas* ihre Selbständigkeit, da sie eine einfache Form haben und stark vereinheitlicht sind. Sie profitieren beide von der isolierenden Kraft eines halbkreisförmigen »Kopfes«. Außerdem wird das *Magatama* als eine Verformung der einfacheren symmetrischen Tropfenform wahrgenommen (Abbildung 18). Eine solche potentielle Symmetrie trägt ganz erheblich zur strukturellen Festigkeit einer Figur bei. Und darüber hinaus sind die beiden *Magatamas* nicht symmetrisch nebeneinander plaziert, was ihre Verschmelzung fördern und damit das Ganze stärken würde, sondern sie sind in der Weise umgekehrt, daß der Kopf des einen neben den Schwanz des anderen zu liegen kommt.

Sind das Ganze und die Teile gleich stark, entsteht Doppeldeutigkeit, und Doppeldeutigkeit führt zum Hin- und Herpendeln. Der Verstand kann nicht gleichzeitig zwei verschiedene strukturelle Organisationen mit demselben Muster aufnehmen – er kann nur das eine dem anderen unterordnen. Folglich sorgt der Verstand für die notwendige Hierarchie, indem er jeder Struktur abwechselnd die Vorherrschaft einräumt. Einmal überwiegt das Ganze, dann wieder die Teile. Dieses Pendeln macht es möglich, Identität darzubieten, ohne die Dualität zu verlieren – eine Leistung, die, wie wir oben schon feststellten, mit den begrifflichen Formulierungen der Wechselwirkung nicht zu erreichen ist.

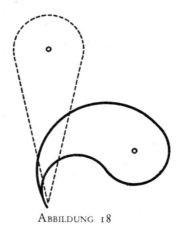

ABBILDUNG 18

Wahrnehmungsanalyse eines Symbols der Wechselwirkung

Die umgekehrte Stellung (»69«) charakterisiert die *Magatamas* als Widersacher. Durch die Gegenüberstellung von zwei analogen Kräften wird Leben geschaffen und erhalten. Die Gegenüberstellung schafft jedoch eher eine produktive Spannung als einen Konflikt. Die zwei gegeneinander gestellten Kräfte, von denen eine nach links, die andere nach rechts gerichtet ist, prallen nicht aufeinander. Gemeinsam erzeugen sie ein Drehmoment und damit Rotation, die den Kreislauf alles Seins darstellt (Abbildung 19). Außerdem verleiht die umgekehrte Stellung dadurch, daß sie

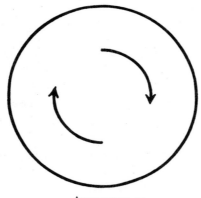

ABBILDUNG 19

die beiden voneinander unterscheidet, jedem *Magatama* einen gewissen Grad an Individualität. Obwohl diese Individuen in sich selbst vollständig sind, sind sie im größeren Zusammenhang des Ganzen bezeichnenderweise nur Ergänzungen. Sie sind zwar, jedes für sich, ein Ganzes, brauchen sich aber gegenseitig, um Ganzheit zu erreichen. Dieses Zusammenfallen – nämlich gleichzeitig das Ganze und ein Teil zu sein – ist ein weiterer Aspekt der Wechselwirkung, der sich durch diskursive Formulierungen nicht darstellen läßt. Das gelingt jedoch wahrnehmungsmäßig durch das abwechselnde Pendeln zwischen zwei Ansichten: zwischen dem *Magatama* in seiner eigenen Vollständigkeit und der Komplementarität der beiden im Kreis, die enthüllt, wie unvollständig sie, für sich allein genommen, sind.

Faktoren der Figur-Grund-Situation. Die zwei Partner ergänzen sich auf jeder Ebene der Scheibe. Wo immer der eine schmal ist, ist der andere breit, und das gilt für die ganze Stufenleiter der Verhältnisse. Durch die

Krümmung der Grenzlinie, die die beiden trennt, wird die Beziehung sogar noch dramatischer. Der Kopf des *Magatama* ist konvex, der Schwanz konkav; und wo einer der Partner konvex ist, ist der andere konkav. Während es einem jedoch bei einer geraden Trennungslinie (Abbildung 9) fast gelingen würde, beide Formen gleichzeitig zu sehen, wird diese Leistung durch die Krümmung stark erschwert.

An dieser Stelle müssen wir uns klarmachen, daß die beiden *Magatamas* nicht nur friedlich in ein und derselben Ebene liegen, sondern daß sie auch, durch eine komplizierte Figur-Grund-Situation herausgefordert, in einen Kampf um die Vorherrschaft verwickelt sind. Der dänische Psychologe Edgar Rubin spricht in seinem grundlegenden Buch über das Figur-Grund-Phänomen (10) von der vollkommenen Überraschung, die man erfährt, wenn der Hintergrund eines Musters plötzlich als die Figur selbst gesehen wird; er erwähnt jedoch auch reziproke Ornamente, bei denen beide Bestandteile die identische Form haben und deshalb gleichzeitig gesehen werden können. Das *Tai-ki tu* bringt die Überraschung, obwohl die beiden Bestandteile identisch sind. Schuld daran sind zwei Eigenschaften der gekrümmten Grenzlinie: (a) konvexe Form gibt der Fläche eine starke Tendenz, zur Figur zu werden und die Begrenzungslinie zu ihrer eigenen Umrißlinie zu machen; damit wandelt sie die andere Fläche in einen unbegrenzten Hintergrund um; (b) die Vorwölbung einer konvexen Form unterscheidet sich so sehr von der Vertiefung einer konkaven Form, daß man eine plötzliche Veränderung in die genau entgegengesetzte Art von Form erfährt, wenn sich die Figur-Grund-Umkehrung einstellt.

Im *Tai-ki tu* ist die Figur-Grund-Situation höchst unstabil, da jedes *Magatama* sowohl Konvexität als auch Konkavität besitzt. Wenn man den Kopf von einem der beiden *Magatamas* im Auge behält, wird es Figurcharakter annehmen und oben liegen; bewegt man aber die Augen langsam zum Schwanz hin, ist die Wahrscheinlichkeit groß, daß man eine Umkehrung erfährt: Der Schwanz verliert sich und wird unbegrenzter Hintergrund, überlagert vom vordringenden Kopf des anderen *Magatama*. Dieser innere Widerspruch führt dazu, daß einige Beobachter das *Tai-ki tu* dreidimensional sehen. Es ist eine der Funktionen der dritten Dimension, zu Hilfe zu kommen, wenn es in der zweiten Dimension unübersichtlich wird. Auch in unserem Fall läßt sich der Widerspruch zwischen den Raumlagen von Kopf und Schwanz in ein und derselben Figur abschwächen, wenn man sich vorstellt, daß sich jedes *Magatama* räumlich nach vorne neigt, daß es hinter dem Kopf seines Partners hervorkommt

Wahrnehmungsanalyse eines Symbols der Wechselwirkung

und über dessen Schwanz läuft wie eine Welle in der Brandung. Diese Verflechtung von zwei schräg plazierten Figuren ist vielleicht die stabilste Anordnung, die das *Tai-ki tu* hergibt, und ist gleichzeitig ein besonders dramatisches Bild der zwei Erzeugerkräfte in Wechselwirkung.[10]

Das Gesamtergebnis ist ein proteisches Schauspiel. Die Körperlichkeit eines konvexen Gegenstandes verwandelt sich ständig in die Leere eines formlosen Hintergrundes und umgekehrt. Die Predigten der Taoisten gegen die kurzsichtige Vorstellung, daß Gegenstände, Taten und Ereignisse isolierte und eigenständige Wesenheiten im leeren Raum seien, könnten von der Wahrnehmung her gar nicht eindrucksvoller unterstützt werden. Das *Tai-ki tu* zeigt, daß jede Tatsache ihren Gegensatz und ihre Ergänzung voraussetzt, und daß das, was von einem Blickpunkt aus nur wie die Umgebung aussieht, aus anderer Sicht als die zentrale, feststehende Tatsache erscheint. Lao-tse erklärt im Tao-te-king, daß »Sein und Nichtsein auseinander hervorgehen« und pries die Leere. Die Wirklichkeit des Zimmers ist der von Wänden eingeschlossene Raum; die Nützlichkeit des Gefäßes liegt in seiner Aushöhlung (11, Kapitel 2 und 11). Es sollte von erzieherischem Wert sein, einen Schüler ein *Magatama* in einen Kreis einzeichnen und dann bemalen zu lassen, bis er, der mit seinen Gedanken ganz bei dem entstehenden Objekt ist, sieht, wie plötzlich und unvermeidlich von ganz allein das Gegenobjekt in Erscheinung tritt.

Mit diesem pendelnden Wechsel läßt sich wohl wahrnehmungsmäßig jene Wechselwirkung am wirkungsvollsten symbolisieren, die sich zwischen Teil und Teil oder zwischen einem Teil und dem Ganzen abspielt, in der jeder an der Beziehung Beteiligte die anderen beeinflußt, während er selber gleichzeitig von den anderen beeinflußt wird. Wenn auch dieses Pendeln der Wahrnehmung verschiedene Ansichten abwechselnd nacheinander darbieten, unterscheiden sie sich im Prinzip trotzdem von dem begrifflichen Ausweg, gleichzeitig auftretende Wirkungen nacheinander zu beschreiben. Als ich oben sagte, die Ansichten der *Magatamas* seien »komplementär«, verwendete ich diesen Begriff in seiner herkömmlichen

---

10. Das *Tai-ki tu* hat offenkundige sexuelle Beiklänge, und man könnte auf den Gedanken kommen, daß sich die Yin-Yang-Teilung ursprünglich aus der Zweipoligkeit des Sex herleitet. Das *Tai-ki tu* jedoch als ein Sexualsymbol im Freudschen Sinne zu beschreiben, würde seine Bedeutung unerträglich einschränken. Die sexuelle ist nur eine von den vielen antagonistischen Beziehungen, auf die das orientalische Denken dieses kosmologische Prinzip anwendet. Vgl. auch vorstehenden Aufsatz.

Bedeutung, wo er Wesenheiten beschreibt, die sich gegenseitig zu einem Ganzen vervollkommnen. Ob beide Teile des *Tai-ki tu* wirklich gleichzeitig Figur-Charakter annehmen und zusammen in einem vereinigten Wahrnehmungsgegenstand gesehen werden können, ist fraglich. Doch neben oder anstelle einer solchen friedlichen Koexistenz tritt mit Sicherheit jenes Pendeln zwischen zwei Ansichten auf, die nicht zusammengehalten werden können, da sie sich gegenseitig ausschließen. In diesem Wechsel geht die Figur-Rolle ständig von einem *Magatama* auf das andere über, während sich der Partner verliert und zum Hintergrund wird. Diese beiden Ansichten sind ebenfalls komplementär, aber im modernen Sinne des Begriffes, den der Physiker Niels Bohr eingeführt hat.[11] Wenn die Umkehrung in der Wahrnehmung erfolgt, bietet sich eine neue Ansicht, die nicht als ein Wechsel der Zustände in der Welt der äußeren Objekte erfahren wird, sondern als ein veränderter Aspekt derselben objektiven Sachlage. Die zwei Zustände widersprechen sich nur als Ansichten (wahrnehmungsmäßige Aussagen), werden aber als ein einziger, aus zwei Teilen bestehender Zustand der objektiven Situation und deshalb als zusammen existierend und nicht als aufeinander folgend erfahren. Mit anderen Worten: das Pendeln der Wahrnehmung schafft das paradoxe Kunststück, die Bestandteile der Wechselwirkung zum Zwecke des analytischen Verstehens getrennt zu präsentieren, ohne sie voneinander zu isolieren.[12]

Die mit der Umkehrung erfolgende Umstrukturierung ermöglicht es dem Betrachter, tatsächlich einen Organisationsprozeß wahrzunehmen, ähnlich dem, der sich gewöhnlich unterhalb der Bewußtseinsschwelle abspielt, bevor der Wahrnehmungsgegenstand gesehen wird. Doch selbstverständlich sehen wir nicht einmal unter diesen Bedingungen eine echte Wechselwirkung. Die zwei antagonistischen Vorgänge werden als demselben Prozeß angehörend erfahren. Doch der Prozeß, den die beiden bilden, kann nicht unmittelbar gesehen werden.

11. »Unter bestimmten einander ausschließenden Versuchsbedingungen gewonnene Aufschlüsse über das Verhalten eines und desselben Objektes könnten jedoch gemäß einer häufig in der Atomphysik angewandten Terminologie treffend als *komplementär* bezeichnet werden, da sie, obgleich ihrer Beschreibung mit Hilfe alltäglicher Begriffe nicht zu einem einheitlichen Bilde zusammengefaßt werden kann, doch jeder für sich gleich wesentliche Seiten der Gesamtheit aller Erfahrungen über das Objekt ausdrückt, die überhaupt in jenem Gebiet möglich sind.« (2, S. 26.)

12. Nach Derk Bodde (12, S. 21) nimmt die chinesische Philosophie an, daß die Struktur des Universums »entweder aus einem ewigen Pendeln zwischen zwei Polen oder aus einer zyklischen Bewegung innerhalb eines geschlossenen Kreislaufs besteht«.

Weitere dynamische Eigenschaften. Bei der Beschreibung von Wahrnehmungsgegenständen und ihren strukturellen Beziehungen sprach ich naturgemäß eher vom Kräftespiel als von statischen Flächen und Formen. Die von Formen geschaffene Dynamik ist es, was Wahrnehmungsmustern und symbolisierten Lebenssituationen gemeinsam ist. Das *Tai-ki tu* hat noch weitere für seine philosophische Bedeutung relevante dynamische Eigenschaften, die hier erwähnt zu werden verdienen.

Von den zwei dynamischen Vorstellungen vom Kreis, der zyklischen und der radialen, verwendet das *Tai-ki tu* hauptsächlich die erstere. Die radiale Organisation würde dem Mittelpunkt eine beherrschende Stellung einräumen – eine hierarchische Struktur, die taoistischem Denken zuwiderläuft. Der taoistische Kosmos hat keinen Mittelpunkt. Im *Tai-ki tu* verläuft zwar die innere Umrißlinie durch den Mittelpunkt, so daß er zur Kenntnis genommen wird, doch er bleibt unmarkiert. Die radiale Struktur der Scheibe spielt jedoch eine Rolle bei der eigenartigen Dynamik des *Magatama,* das als Verformung eines symmetrischen Tropfens (Abbildung 16) wahrgenommen wird. Als Folge davon erscheint das *Magatama* entweder (a) als passiv aus seiner natürlichen Normallage gedrückt und in die kreisrunde Einfassung gezwängt oder (b) als etwas, das seinen Normalzustand aktiv aufgibt, um sich der Rotationsbewegung des *Tai-ki tu* anzupassen. Diese Doppeldeutigkeit – eine Eigenschaft jeglicher Wahrnehmungsdynamik – ist dem symbolischen Zweck angemessen, denn der Weg (Tao) des Kosmos paßt nicht nur die Handlungen von Einzelpersonen seinem Lauf an, sondern macht auch erforderlich, daß sie aus eigener Entscheidung und Initiative den richtigen Kurs einschlagen. Die taoistischen Schriften sind voll von Schilderungen von Katastrophen, und zwar sowohl natürlichen als auch von Menschen ausgelösten, hervorgerufen von der fehlenden Bereitschaft eines Herrschers, auf dem rechten Pfad zu wandeln. Die Krümmung des *Magatama* übt auf die kreisrunde Grenzlinie Druck aus. Die heitere Ruhe der vollkommenen (kreisrunden) Form ist nicht nur der Lohn für einen zwanglosen Verzicht auf bewußtes Handeln, sondern muß auch durch ständige Selbstbeherrschung angesichts ständiger Herausforderungen erhalten werden.[13]

13. Da das *Tai-ki tu* einen doppeldeutigen Reiz darstellt, sind auch die Reaktionen von Wahrnehmenden individuell verschieden. Was wir über die Ganz-, Detail- und Bewegungsantworten im Rorschach-Test wissen, legt nahe, daß die Reaktionen auf die Struktur des *Tai-ki tu* durch persönliche Neigungen zu Ganzheiten oder Teilen, Lockerheit oder Spannung, Vorherrschaft oder Unterwürfigkeit, Aktivität oder Passivität usw. beeinflußt wer-

Der Ausdruck des *Tai-ki tu* als Ganzfigur und auch der Ausdruck jedes *Magatama* für sich ist einerseits von der richtungslosen und selbst den festen Mittelpunkt bildenden Form einer kreisförmigen Scheibe und andererseits von der gerichteten Rotationsbewegung herzuleiten. Im Falle des *Magatama* bildet der Halbkreis um das »Auge« den Kopf, einen festen, um einen Mittelpunkt angeordneten Kern, der der Figur eine gewisse Eigenständigkeit gibt, die jedoch mit der gerichteten Keilform des Schwanzes in Wechselwirkung steht. So wird jeder der beiden Antagonisten, die zusammen das Universum bilden, als in sich selbst vollständig dargestellt, gleichsam reguliert durch ihre vergängliche und komplementäre Rolle im Zusammenhang des Gesamtsystems.

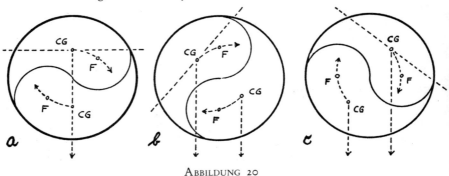

ABBILDUNG 20

Wie sehr das *Magatama* von seiner eigenen, inneren Initiative angetrieben scheint, hängt von der Raumlage zweier Punkte ab, nämlich dem Schwerpunkt und dem Brennpunkt, wie ich ihn einmal nennen möchte. Wenn wir davon ausgehen – zugegebenermaßen ohne experimentellen Beweis –, daß der wahrnehmungsmäßige und der physikalische Schwerpunkt zusammenfallen, dann kennzeichnet SP den Schwerpunkt des *Magatama* (Abbildung 20). Der Mittelpunkt des kreisförmigen »Kopfes«, durch das »Auge« hervorgehoben, ist der Brennpunkt (F), der Punkt, um den herum die Gesamtstruktur des *Magatama* angeordnet ist. Das bedeutet: jedes *Magatama* ist ein hierarchisches Muster und unterscheidet sich dadurch vom *Tai-ki tu* als einer Ganzheit, die diese Teil-Hierarchie abden. Das *Tai-ki tu* hat jedoch prägnantere eigene Strukturmerkmale als die Tintenkleckse Rorschachs und lenkt deshalb die Wahrnehmung in eindeutigere Richtungen.

leugnet, indem sie demonstriert, daß sie in der größeren Ganzfigur ihren Vorrang einbüßen.

In der Raumlage, die ich als Norm gewählt habe (Abbildung 20a), kommen die beiden Schwerpunkte auf die Senkrechte zu liegen, so daß die nach unten ziehende Schwere über beide Hälften gleichmäßig verteilt ist. Unter diesen Bedingungen schafft die Hervorhebung des Brennpunktes einen Vektor und zieht das Gewicht (SP) in Richtung F (siehe Pfeile). Es sieht aus, als rotieren die *Magatamas* aktiv, »aus eigener Kraft«.[14]

Wird nun im Vergleich dazu das *Tai-ki tu* so ausgerichtet, daß die zwei Brennpunkte auf die Senkrechte zu liegen kommen (Abbildung 20b), sieht es so aus, als werde die untere Hälfte jedes *Magatama* durch die Schwerkraft nach unten gezogen; dadurch wird die Initiative des aufsteigenden (linken) *Magatama* gebremst, und das absteigende (rechte) fällt – ein passives Opfer der Schwerkraft. Ähnlich ist es, wenn die Brennpunkte in der Waagerechten angeordnet werden (Abbildung 20c): das absteigende (obere) Objekt wird durch sein eigenes Gewicht hilflos nach unten gezogen, während das aufsteigende (untere) am Aufstieg gehindert wird. Wenn wir uns nun noch einmal Abbildung 20a ansehen, verstehen wir eher, daß es bei der Raumlage so aussieht, als bewege sich jedes *Magatama* aus eigener Initiative, da das nach unten ziehende Gewicht ausgewogen und die von außen einwirkende Kraft neutralisiert ist und da der innere Impuls des Brennpunktes allein für den Antrieb verantwortlich ist. In dieser Weise kommt es zu einer optimalen, innerlich erzeugten Rotation für die wahrnehmungsmäßigen Verkörperungen des Yin und Yang.

Schluß. Die Analyse des *Tai-ki tu* ist so ausführlich dargestellt worden, um die anschaulichen Eigenschaften zu illustrieren, auf denen eine spontane Wahrnehmung symbolischer Bedeutung aufbaut. Nun könnte vielleicht jemand meine Demonstration aus wahrnehmungsmäßigen Gründen widerlegen, indem er beweist, daß das Muster nicht so gesehen wird, wie ich das behaupte; ist man sich jedoch über die Wahrnehmungstatsachen einig, dann sollte die strukturelle Ähnlichkeit zwischen der im *Tai-ki tu* wahrgenommenen Dynamik und den in der taoistischen Philosophie beschriebenen kosmologischen Kräften offensichtlich sein. (Der Leser ist

---

14. Werden die zwei Schwerpunkte auf die zentrale Senkrechte gelegt, dienen sie auch dazu, das Gerüst aus Senkrechte und Waagerechte zu betonen. Da Bewegung als eine Abweichung von der »Nullposition« des Grundgerüstes gesehen wird, ist die Rotation der *Magatamas* deutlicher wahrzunehmen, wenn die Figur die Senkrechte wenigstens implizite mit einschließt.

aufgefordert, sich zu fragen, ob das *Tai-ki tu* ebenso gut ein Emblem der Christenheit oder des Marxismus sein könnte.) Daß eine derartige Strukturgleichheit von Erscheinung und Bedeutung jederzeit und an jedem Ort dem gewöhnlichen Menschen – sei er Primitiver, Künstler oder Patient beim Psychiater – auffallen kann, ist eine Annahme, die kaum über das hinausgeht, was wir über die alltägliche Wahrnehmung wissen. Irgendeinen Gegenstand oder Vorgang wahrzunehmen, heißt, ihn als Kräftekonfiguration zu sehen, und es ist ein wesentlicher Teil jeder Wahrnehmungserfahrung, daß man sich der Allgemeingültigkeit solcher Konfigurationen bewußt ist. Metaphern wären kein so elementarer und weitverbreiteter Bestandteil der Sprachen, wenn zum Beispiel ein Blick in eine Schlucht nicht unweigerlich die universellen Eigenschaften von Tiefe, Dunkelheit und Durchdringung mit sich bringen würde – Eigenschaften, die es uns erlauben, Abstraktionen in Worten zu erörtern.

Geometrisch einfache Formen tauchen überall in einem frühen Stadium geistiger Entwicklung auf, weil sie den begrenzten Organisationskräften eines einfachen Geistes zugänglich sind. In fortgeschrittenen Zivilisationen werden sie für schematische, symbolische oder sogenannte ornamentale Darstellungen beibehalten, da sie die prägnantesten Bilder der elementaren Kräftekonfigurationen liefern, die auch dann noch menschlichem Leben und Denken zugrundeliegen, wenn es hochentwickelt und kompliziert ist. Unser Symbol der Wechselwirkung ist ein einschlägiges Beispiel. Die Wechselwirkung beschäftigt die alten Philosophen, und sie beschäftigt uns heute noch. Bei diesem Interesse und einer einigermaßen entwickelten Beobachtungsgabe kann man erwarten, daß Darstellungen von Wechselwirkung von jedermann spontan verstanden werden. Sie können von Menschen in jedem Zeitalter oder Land unter den Vorräten an einfachen Formen gesucht und entdeckt werden. Und da es nur wenige Möglichkeiten gibt, werden die Entdeckungen einander ähnlich sein.

BIBLIOGRAPHIE

1. Arnheim, Rudolf, *Art and Visual Perception.* Berkeley und Los Angeles (Univ. of California Press) 1954. Deutsch: *Kunst und Sehen.* Berlin (de Gruyter) 1965.
2. Bohr, Niels, *Atomic Physics and Human Knowledge.* New York (Wiley) 1958. Deutsch: *Atomphysik und menschliche Erkenntnis.* Braunschweig (Vieweg) 1958. (Reihe »Die Wissenschaft«, Bd. 112.)
3. Dewey, John, und Bentley, Arthur F., *Knowing and the Known.* Boston (Beacon) 1960.
4. Fung Yu-lan, *A History of Chinese Philosophy.* Princeton, N.J. (Princeton Univ. Press) 1952.
5. *I Ging.* Text und Materialien. O.O. (Eugen Diederichs Verlag) 1973. (Copyright 1924.)
6. Jacoby, Jolande, *The Psychology of C. G. Jung.* New Haven (Yale Univ. Press) 1951.
7. Jung, Carl Gustav, *Die Welt der Psyche.* Zürich (Rascher) 1954.
8. –, *Zur Psychologie westlicher und östlicher Religion.* Stuttgart und Zürich (Rascher Verlag) 1963.
9. Köhler, Wolfgang, »Psychology and evolution«, in: *Acta Psychologica,* 7 (1950), SS. 288–297.
10. Rubin, Edgar, *Visuell wahrgenommene Figuren.* Kopenhagen (Gyldendal) 1921.
11. Waley, Arthur, *The Way and Its Power.* New York (Grove Press) 1958.
12. Wright, Arthur F. (Hg.), *Studies in Chinese Thought.* Chicago (Univ. of Chicago Press) 1963.

Emotion und Gefühl in der Psychologie und in der Kunst*

In vielen der neueren Arbeiten über die Kunst sind Worte wie »Emotion« und »Gefühl« allzu sehr strapaziert worden. In beträchtlichem Ausmaß wurde ihnen die Last aufgebürdet, Inhalt und Funktion künstlerischer Tätigkeit zu beschreiben. Clive Bell behauptet, »der Ausgangspunkt aller Systeme der Ästhetik« müsse die »persönliche Erfahrung einer bestimmten Emotion« sein, die er die »ästhetische Emotion« nennt (4, SS. 6, 7). Anderswo lesen wir, daß die Kunst Emotion ausdrücke und erfordere und daß die Schönheit ein emotionales Element sei. Es gibt sowohl emotionale Aspekte der Formgebung als auch kosmische Emotionen; und von der dichterischen Sprache heißt es, daß sie Gefühl oder Emotion ausdrücke, »dargeboten als qualitativer Charakter eines imaginären Inhalts« (20, S. 145). Wenn man die Bedeutung solcher Begriffe als erwiesen annimmt, kann selbst die einfühlsame Art der Beschreibung, die uns Ästhetiker gegeben haben, nicht dazu beitragen, die Eigenart künstlerischer Tätigkeit im Vergleich mit anderen Tätigkeiten des menschlichen Geistes zu erhellen. Die angedeuteten Definitionen sind entweder so allgemein, daß die Aussagen ihren konkreten Sinn verlieren, oder sie sind so eng, daß sie die Kunst wie ein Ventil für übernervöse Damen aussehen lassen.

Wenn sich der unzufriedene Leser der Psychologie der Emotion zuwendet, entdeckt er, daß Autoren von Descartes bis Claparède (21, S. 124) ihren Darstellungen des Themas die Feststellung vorausschicken, daß es das unzulänglichste und verworrenste Kapitel auf dem ganzen Gebiet ausmacht. Noch vor wenigen Jahrzehnten wußten Verfasser von Lehrbüchern nicht, was sie über Emotion sagen sollten (21, S. 18). Diese Verwirrung herrscht nach wie vor in der akademischen Psychologie, die sich auf eine gereizte Auseinandersetzung darüber beschränkt hat, ob Emotion alles oder nichts zu bedeuten habe, und sich im übrigen auf die interessanten

---

* Erstabdruck in: *Confinia Psychiatrica*, 1 (1958), SS. 69–88.

Emotion und Gefühl in der Psychologie und in der Kunst

physiologischen Aspekte des Phänomens konzentriert hat. Gleichzeitig hat die klinische Psychologie, durch Skrupel wegen der Theorie nicht so gehemmt, eine richtige Inflation ausgelöst, vergleichbar mit der auf dem Gebiet der Ästhetik. Fachleute und Laien sprechen von »emotionaler Anpassung« und »emotionaler Entziehung«, »emotionalem Konflikt« und »emotionaler Unreife«, »unheimlichen Emotionen« und »emotionalen Störungen«. Der Begriff umfaßt fast alles, was nicht im strengen Sinne zur Wahrnehmung oder zum Intellekt gehört – Wünsche, Einstellungen, Urteile, Reaktionen, Intuitionen, Meinungen, Störungen. Ich bin der Auffassung, eine angemessene Einengung des Begriffs könnte die Gedankengänge der Kliniker straffen, das schlechte Gewissen der Theoretiker erleichtern und vernachlässigte zentrale Bereich der Psychologie der wissenschaftlichen Erforschung wieder zugänglich machen. Ich werde auch einige der psychologischen Probleme, die sich hinter einem überladenen Jargon in der Ästhetik verbergen, untersuchen, um einige Fragen herauszustellen, die in der Allgemeinpsychologie immer noch offen sind.

I

Emotion als eine Kategorie für sich. Die meisten Psychologen scheinen mit dem Laien einer Meinung zu sein, daß es »Emotionen« gibt, das heißt, daß es unter den verschiedenen Gattungen seelischer Zustände einen mit der Bezeichnung »Emotion« gibt, der sich wieder aus verschiedenen Arten zusammensetzt. Hinsichtlich Anzahl und Bezeichnungen dieser Arten herrscht keine Übereinstimmung. Einige Autoren bringen Listen »primärer Emotionen«, aus denen eine unbestimmte Zahl sekundärer Emotionen abzuleiten ist. Andere haben Sammlungen von Emotionen zusammengestellt. R. S. Woodworth (26, S. 410) gruppiert »Gefühle und Emotionen« nach folgenden Grundtönen: Lust, Unlust, Fröhlichkeit, Erregung, Ruhe, Erwartung, Zweifel, Überraschung, Verlangen, Widerwille, Ärger. Robert Leeper (17, S. 16) entscheidet sich für »Furcht, Ärger, Schuldgefühle, Schmerzgefühle, Zuneigung, Stolz auf gute Arbeit, Freude an schöner Musik und Freude an Gesellschaft«. Auch hier ist wieder festzustellen, daß der einzige gemeinsame Nenner ein negativer ist: »reine« Motivationsprozesse, Instinkte etwa, und »rein« wahrnehmungsmäßige und intellektuelle Prozesse sind ausgeschlossen. Alles andere kommt in jenen großen Behälter mit der Aufschrift »Emotion«, in dem Gebrauchtes und Unbrauchbares aufbewahrt wird. Und dort bleibt es auch.

Der Begriff der Emotion läßt jedoch auf eine positive Bedeutung schließen: etymologisch bezieht er sich auf eine heftige Bewegung, erst physisch und später auch seelisch. Ja, auf einer elementaren Stufe psychologischer Theorie bleibt der Begriff Zuständen höchster Erregung wie etwa Wut und Panik vorbehalten. Daher rührt auch die Meinung, Emotion sei laut Definition zerstörerisch. Blicken Theoretiker erst einmal über die offenkundigeren Aspekte des Phänomens hinaus, entdecken sie, daß die spektakulären extremen Zustände nichts anderes sind als hohe Grade der Reizung, die für jede Seelentätigkeit typisch ist. Verschiedene Autoren haben diesen Punkt so deutlich hervorgehoben, daß man sich fragen muß, warum er noch nicht zum Allgemeingut der Psychologen geworden ist. W. McDougall (18, S. 148; deutsche Ausgabe S. 95) benützte das Verscheuchen einer Fliege als Beispiel, um zu zeigen, daß eine anfänglich fast neutrale Tätigkeit sich zu einem eindeutig »emotionalen« Zustand steigern kann, wobei sich einzig und allein der Grad der Erregung ändert. Ganz ähnlich haben M. F. Meyer (19) und E. Duffy (6, 7, 8, 9) gezeigt, daß Emotion nicht etwa ein bestimmter Erfahrungsmodus, sondern Bestandteil jeglicher Erfahrung ist. Duffy regt an, den alten Begriff ganz fallenzulassen und statt dessen vom Grad der Reizung, das heißt vom Ausmaß der Aktivierung oder Erregung, zu sprechen. Für sie ist diese Dimension der Intensität einer von zwei »Querschnittsbegriffen«, die auf jedes Verhalten zutreffen; der andere ist ein Motivations- und Erkennungsbegriff, »Zielrichtung (einschließlich Reaktionen auf Beziehungen)«. Vgl. auch Massermans nachdrückliche Aussage (22, SS. 40 ff).

Diese angemessenere Auffassung ist offenbar schwer zu akzeptieren, selbst für Psychologen, die sie im Prinzip teilen. Kurt Koffka stimmt zum Beispiel McDougall zu (15, S. 401), besteht darauf, daß Emotion nicht als eine Sache behandelt werden dürfe, beschreibt sie als dynamisches Merkmal, das für »gewisse psychophysische Prozesse« gelte, und verwendet nur wenige Zeilen später doch wieder den Begriff »Emotionen«. H. Schlosberg (24) redet bei der Erläuterung seiner »Aktivierungstheorie der Emotionen« gelegentlich so, als sehe er in der Intensität diejenige Dimension menschlichen Verhaltens, die dem entspricht, was man im allgemeinen Emotion nennt (»Aktivierung scheint eine sehr gute Bezeichnung für das, was die Emotion uns zufügt.«), weist aber im Anschluß daran auf »einen offenkundigen Mangel« dieser Theorie hin: »Sie befaßt sich nur mit der Intensität als Dimension und läßt die Differenzierung unter den verschiedenen Emotionen unberücksichtigt.«

Emotionen als Motive oder Erkenntnisse. Wer annimmt, daß Emotionen eine bestimmte Kategorie seelischer Zustände darstellen, stößt auf lehrreiche Schwierigkeiten. Leeper (17) bietet, nachdem er Zerrissenheit und Unordnung als kennzeichnende Merkmale der Emotion zurückgewiesen hat, ein eigenes Kriterium an. Er beschreibt Emotionen als eine Unterklasse des Motivs; sie unterscheiden sich durch ihre Kompliziertheit von den elementareren »körperlichen Trieben oder physiologischen Motiven wie Hunger, Durst, Zahnschmerzen und heftigem Verlangen nach Salz«. Wenn Tiere »in ihrer rezeptorischen und motorischen Ausrüstung und in ihrer Lernfähigkeit komplizierter werden«, entwickeln sie Angst, die auf vergangenen Erfahrungen beruht, ein Interesse an ihren Jungen, das nicht von physiologischen Impulsen abhängt, einen Drang, ihre Umgebung zu erforschen usw. Diese Art des Motivs nennt Leeper »die Emotionen«. Er schafft es mit seiner Terminologie, dem Hunger und den Zahnschmerzen die emotionale Qualität abzusprechen und Emotionen mit Hilfe von Eigenschaften zu identifizieren, die auch bei großzügigster Auslegung des Begriffes nicht als spezifisch emotional bezeichnet werden können, nämlich mit Hilfe der Wahrnehmungs- und Motivationsfähigkeit des Lernens, des Verstehens, der Vorsorge, des Interesses, der Neugier.

Versuche, Emotionen als eine Unterklasse des Erkennens zu beschreiben, scheinen auch nicht viel weiter zu kommen. Nach C. D. Broad (5) ist eine Emotion ein Erkennen, das eine emotionale Qualität hat. »Sich vor einer Schlange fürchten . . . heißt, daß etwas – richtig oder nicht richtig – als Schlange erkannt wird und daß dann dieses Erkennen durch Furchtsamkeit gefärbt wird.« Es ist festzustellen, daß in diesem Beispiel der kognitive Aspekt der Reaktion auf die Identifizierung der Schlange beschränkt wird, anstatt daß, was unbedingt notwendig wäre, die Erkenntnis mit eingeschlossen wird, daß es sich um einen furchterregenden Anblick handelt. Ist diese Berichtigung erfolgt, scheint von der »emotionalen Qualität« nichts übrigzubleiben außer der reinen, nicht spezifischen Erregung, die die (kognitive) Vergegenwärtigung der Gefahr und das (konative) Verlangen zu fliehen begleitet. Allgemeiner ausgedrückt: Broads Leser stellt fest, daß die vom Autor den Emotionen zugeschriebenen Eigenschaften (motiviert und unmotiviert, unangebracht, passend und unpassend usw.) nicht für die emotionalen, sondern für die kognitiven Aspekte der fraglichen Reaktionen gelten. Es scheint deshalb kaum berechtigt, diese Reaktionen Emotionen zu nennen. Bezeichnet man sie andererseits als kognitiv, als Erkenntnisse, dann bleibt die Beschreibung ganz offensichtlich unvollständig.

Ein Etikett, das die Forschung blockiert. Die akademische Psychologie ist gezwungen, gewisse seelische Zustände Emotionen zu nennen, weil sie gewohnt ist, alle psychologischen Erscheinungen in die drei Schubfächer des Erkennens, der Motivation und der Emotion einzuordnen, anstatt sich klarzumachen, daß jeder seelische Zustand kognitive, motivationsbedingte und emotionale Dimensionen hat und nicht durch eine dieser drei Dimensionen allein richtig definiert werden kann. Hinsichtlich des Erkennens und der Motivation hatte dieses Schubfachverfahren schwerwiegende Folgen für die Forschung. Nur Prozesse, die sich – ohne eine offensichtliche Verzerrung ihrer Eigenart – als reine Wahrnehmungsgegenstände, reine Denk- oder Lernvorgänge, reine Motive usw. beschreiben lassen, wird von naturwissenschaftlich arbeitenden Psychologen mehr als nur flüchtige Aufmerksamkeit zuteil. Man kann Hunger seiner kognitiven und emotionalen Aspekte entledigen und ihn als ein Motiv einstufen, und ein flüchtiger Blick auf ein blaues Dreieck wird vielleicht dadurch, daß man ihn einen Akt der Wahrnehmung nennt, nicht ernsthaft verfälscht. Doch die relevanteren psychologischen Erscheinungen widerstehen einer solchen Behandlung. Hoffnung oder Stolz passen zum Beispiel in keines der beiden Schubfächer. Sie verbinden gewisse Ansichten von Personen und Situationen untrennbar mit gewissen Bedürfnissen. Sie sind weder Motive noch Wahrnehmungsgegenstände, und deshalb setzen sich naturwissenschaftlich arbeitende Psychologen auch nicht mit ihnen auseinander. Sie können über Sex reden, können aber über Liebe wenig sagen, weil Liebe kein Instinkt ist. Haß, Ehrgeiz, Ehrlichkeit, Kummer, Vertrauen, Zufriedenheit, Mut, Scham, Bewunderung, Bescheidenheit – solche Regungen galten immer als für die menschliche Seele charakteristisch; doch ihrer Untersuchung hat die naturwissenschaftliche Psychologie nie Platz eingeräumt. Das bleibt Philosophen überlassen, die eine Analyse der menschlichen Seele immer noch für ihre Aufgabe halten; das bleibt Klinikern überlassen, die aus praktischer Notwendigkeit gezwungen sind, sich mit den wesentlichen Umständen des Seelenlebens zu befassen; und es bleibt vernünftigen Aussagen innerhalb und außerhalb von Lehrbüchern und Vorträgen überlassen. Ein großer Teil derartiger Erörterungen hält wissenschaftlichen Maßstäben nicht stand; es ist aber andererseits so, daß sich wissenschaftliche Maßstäbe den wesentlichen Aufgaben der Psychologie anpassen müssen, wenn wir eine Disziplin entwickeln wollen, die es nach den Maßstäben der großen Dichter und Denker und nach denen des einfachen Mannes verdient, eine Wissenschaft von der menschlichen Seele genannt zu werden.

Akademische Psychologen haben die Existenz hervorstechender Merkmale der Seele nicht einfach übersehen. Da sie sie in den zwei Hauptkategorien Motivation und Erkennen nicht unterbringen konnten, steckten sie sie in die dritte und nannten sie Emotionen. Das Problem mit dieser dritten Kategorie ist immer gewesen, daß es zwar genügend Seelenzustände gibt, die sich so zurechtmachen lassen, daß sie wie reine Motive oder reine Wahrnehmungsgegenstände aussehen, daß aber die Erregung der Emotion nur in seltenen Extremfällen überwiegt und daß sie selbst dann ein unspezifisches Nebenprodukt dessen ist, was die Person wahrnimmt, weiß, versteht und wünscht. Daher rührt auch in den Kapiteln über Emotionen das verlegene Suchen nach Dingen, über die sich etwas aussagen läßt; daher die Versuche, Emotionen mit kognitiven und konativen Merkmalen zu versehen, um ihnen Substanz, Mannigfaltigkeit und Funktion zu geben. Nachdem solche – im wesentlichen wahrnehmungsmäßigen – Erfahrungen wie Lust und Schmerz und so komplizierte Zustände wie Trauer und Freude der Emotion zugeteilt waren, gab es kein Zurück mehr, so daß wir nun die oben erwähnten Listen von Emotionen haben, die sich wie Inventarlisten von Vorratskellern anhören.

Es geht hier nicht nur um die Terminologie oder allein um begriffliche Sauberkeit. Indem die akademischen Psychologen die wesentlichen Objekte echten psychologischen Interesses gleichsam in Schubfächer einordneten, haben sie sie dem Griff der Forschung entzogen. Solange sie das Etikett »Emotionen« tragen, ist eine unordentliche Aufzählung die beste Behandlung, die ihnen zuteil werden kann, denn die emotionale Komponente hilft zu keinem Verständnis der Prozesse, die die Erregung verursachen. Die Geschichte der Medizin liefert nützliche Analogien. Früher einmal wurden Menschen von »dem Fieber« befallen. Was wir heute als Symptom erkennen, galt damals als das Wesen der Krankheit. Erst als die ursächlichen Prozesse der Infektion usw. in den Mittelpunkt des Interesses rückten, war es möglich, die Krankheiten zu verstehen und hinlänglich voneinander zu unterscheiden. Heutzutage haben Menschen »emotionale Schwierigkeiten«. Wenn nun aber zum Beispiel ein Student seine Intelligenz und sein Interesse nicht einsetzen kann, geschieht das dann, weil er »emotional durcheinander« ist, oder ist er durcheinander, weil solche konativen Faktoren wie vereitelte Wünsche und solche kognitiven Faktoren wie seine besondere Wahrnehmung von sich selbst und seiner Umwelt seine Arbeit beeinträchtigen? Und wenn einer »emotional reagiert«, ersetzt er dann Vernunft durch Emotion, oder ersetzt er eher eine Gruppe von Motiven und Wahrnehmungsgegenständen durch eine andere, weniger geeignete, indem er zum Beispiel eine Meinungsverschiedenheit als persönlichen Angriff auffaßt? Solange der Psychologe als Kliniker denkt und handelt, mag es nicht viel ausmachen, wenn er mit dem groben Etikett des Symptoms hantiert. Gleich welche Worte er benützt, er wird unweigerlich in die Substanz des betreffenden Problems verwickelt. Der Psychologe als akademischer Wissenschaftler schiebt jedoch mit diesem Etikett die Erscheinung auf ein Nebengleis und hält sie so von der Arbeit über Motivation und Erkennen fern, von der sie allein profitieren kann und der sie ihrerseits die Daseinsberechtigung verleiht. Es ist etwas faul, wenn der Theoretiker und der Experimentator darauf warten, daß der Kliniker unter dem Druck seiner praktischen Verpflichtungen herausfindet, was etwa »Angst« ist. Wenn unsere einigermaßen relevanten Begriffe nach Krankenstube riechen, dann dürfen wir nicht dem Kliniker die Schuld dafür geben; er hat mehr als seinen Anteil getan.

Vielleicht wird sich der akademische Psychologe damit verteidigen, daß er sagt, als rechtschaffener Wissenschaftler sei er verpflichtet, sich so lange auf einfache Probleme zu beschränken, bis er bereit sei, kompliziertere anzupacken. Es besteht jedoch ein Unterschied, ob man behutsam vorgeht, oder ob man das Ziel gar nicht im Auge hat. Wenn wir die zentralen Prozesse unter dem Deckmantel der Emotion verbergen, tragen wir selbst dazu bei, daß wir gegenüber dem echten Ziel unserer Wissenschaft blind werden.[1]

Modelle der Vergangenheit. Der Historiker wird uns sagen müssen, wer zu dieser Entwicklung welchen Beitrag geleistet hat. Es wäre sicher ungerecht, den großen Denkern des siebzehnten Jahrhunderts die Schuld dafür in die Schuhe zu schieben. So ist es zum Beispiel irreführend, wenn

---

1. Neue Versuche, die beim Mahlen verlorengegangenen Vitamine dem Brot wieder zuzuführen, werden bis jetzt als Untersuchungen des wechselseitigen Einflusses von »Motiven« und »Wahrnehmungsgegenständen« verstanden. Es bleibt abzuwarten, ob diese vielversprechende Entwicklung zur Erforschung von Seelenzuständen führen wird, die sich weder auf Motive noch auf Wahrnehmungsgegenstände reduzieren lassen, sondern die vielmehr von Anfang an Mischungen aus motivationsbedingten, kognitiven und emotionalen Aspekten sind.

auch im technischen Sinne korrekt, wenn gesagt wird: »Descartes unterschied sechs ursprüngliche Emotionen.« (27, S. 27.) In *Les Passions de l'Ame* teilte Descartes die Funktionen der Seele in aktive und passive (»Aktionen« und »Passionen«) ein. Passionen sind Erregungszustände der Seele, entweder von der Seele selbst oder vom Körper verursacht. Die vom Körper verursachten werden subjektiv entweder äußeren Objekten (wenn man etwa den Lichtschein von einer Fackel sieht) oder dem Körper (wenn man Hunger oder Schmerzen spürt) zugeschrieben, oder aber sie scheinen von der Seele selbst erzeugt zu werden. Diese letzteren Empfindungen – Erstaunen, Liebe, Haß, Begehren, Freude und Trauer – und ihre Ableitungen werden im engeren Sinne Passionen oder Leidenschaften genannt. Von ihnen sagt Descartes, man könne sie Wahrnehmungen nennen, da sie passiv seien, oder »Empfindungen«, da die Seele sie in derselben Weise aufnehme wie die Objekte der für die Außenwelt zuständigen Sinne, oder »man kann sie, noch besser, Emotionen der Seele nennen, nicht nur, weil man damit alle Veränderungen, die sich in der Seele abspielen, bezeichnen kann ... sondern ganz besonders deshalb, weil es unter all den Aktivitäten, die auf die Seele wirken können, keine gibt, die sie so stark erregen und erschüttern wie diese Leidenschaften.« (Artikel 28.) »Emotionen« bedeuten also »Erregungen«, und der Begriff dient der Beschreibung eines Attributes der seelischen Reaktionen, die Descartes durch seine ganze Abhandlung hindurch Leidenschaften nennt. Ja, von der ersten und vornehmsten von ihnen, dem Erstaunen nämlich, heißt es, es fehle ihm jede Emotion, da es sich nicht auf Gut und Böse beziehe, sondern nur die überraschte Aufmerksamkeit sei, die seltenen Erscheinungen geschenkt wird (Artikel 70, 71).

Auch Spinoza weist dem emotionalen Aspekt menschlicher Reaktionen seine eigene untergeordnete Stelle zu. Wo Descartes von Leidenschaften spricht, benützt die *Ethik* den Begriff »affectus« und meint damit einerseits die Erregungen des Körpers, durch welche das Tätigkeitsvermögen eben dieses Körpers vermehrt oder vermindert, gefördert oder gehemmt wird, und andererseits die Ideen (»ideae«) dieser Erregungen (Buch III, Begriffsbestimmung 3). Der elementare Affekt ist die Begierde (»cupiditas«), die als Freude (»laetitia«) erfahren wird, wenn sie in ihrem Streben nach größerer Vollkommenheit gefördert wird, und als Traurigkeit (»tristitia«), wenn sie darin gehemmt wird (Buch III, Siebenundfünfzigster Lehrsatz). Von diesen ursprünglichen, einfachen Affekten lassen sich die anderen ableiten, die alle in kognitiven und motivationsbedingten Begriffen definiert sind; Liebe ist beispielsweise Freude – das heißt, ungehemmte Erregung –, begleitet von der Idee einer äußeren Ursache (Buch III, Dreizehnter Lehrsatz). Mag eine solche Definition auch primitiv sein, sie fordert jedenfalls zu weiteren Nachforschungen heraus und unterscheidet sich damit von unserer heutigen Vorstellung von der Liebe als einer Art schwer zu beschreibendem Zittern.

Gefühl. Auf dem Gebiet der Ästhetik zog es die Generation eines Clive Bell (4) und Roger Fry (11) vor, von Emotionen zu sprechen, während sich Autoren wie D. W. Prall und Susanne K. Langer sehr stark auf das Wort »Gefühl« (»feeling«) verlassen. Prall (20, S. 247) definiert die ästhetische Erfahrung als »die voll vom Gefühl ausgehende Reaktion auf das unmittelbar Gegebene«, und bei Langer (16, S. 40) heißt es: »Kunst ist das Schaffen von Formen, die menschliche Gefühle symbolisieren.« Psychologen sprechen sowohl von Gefühlen als auch von Emotionen, doch der Unterschied zwischen den beiden Begriffen ist zugegebenermaßen unklar. »Emotion« dient meistens der Beschreibung von Erregung oder der Bezeichnung eines seelischen Zustandes durch die Erregung, die er mit sich bringt. »Gefühl« wird für kognitive Reaktionen verwendet, die sich einer weiteren Aufspaltung zu widersetzen scheinen. Aveling (21, S. 49) beschränkt den Begriff »Gefühl« zum Beispiel auf Lust und Unlust, denn sie »scheinen sich auf keine andere Erfahrung reduzieren zu lassen, wohingegen alle anderen ›Gefühle‹ entweder auf kognitive oder auf konative Prozesse reduziert werden können.« Auch McDougall scheint nicht bereit, »lustvolle und unlustvolle Gefühle« als Mischungen aus Wahrnehmungserlebnissen und Betrachtungen zu behandeln. Er gibt ihnen den Status einer der »drei wohlunterscheidbaren, jedoch voneinander untrennbaren Seiten der einen Tätigkeit« – Erkennen, Streben und Fühlen – (18, S. 146; deutsche Ausgabe S. 95), während Emotion nur als der Grad der Erregung bei einer derartigen Tätigkeit gilt. Bei Claparède heißt es: »Gefühle sind in unserem Verhalten nützlich, während Emotionen keinem Zweck dienen.« (21, S. 126.) Zu den Gefühlen zählt er nicht nur solche Wahrnehmungserlebnisse wie Schmerz, sondern auch »intellektuelle Gefühle« wie Überraschung, Neugier, Zweifel, das heißt, die emotional gefärbten Reaktionen auf intellektuelle oder wahrnehmungsmäßige Einsichten, wie auch William James' »Beziehungsgefühle« (14, I, S. 245), jene scheinbar nicht-intellektuellen und nicht-wahrnehmungsmäßigen Erkenntnisse, zu denen später eine Beziehung hergestellt werden wird. Auch hier kann man kaum davon reden, die Psychologie gebe dem Kunsttheoretiker Erklärungen an die Hand.

Ein begriffliches System. Die vorangehende Erörterung dürfte klargemacht haben, daß der falsche Gebrauch der Begriffe Emotion und Gefühl nur die auf ein bestimmtes Gebiet begrenzte Folge eines allgemeineren Mangels im psychologischen Denken ist, der Gewohnheit nämlich, eine geistige Tätigkeit durch eine ihrer Dimensionen zu definieren. Um diese Lage zu ändern, habe ich den Vorschlag gemacht, ein psychologischer Prozeß müsse für alle Zwecke, von den ganz elementaren einmal abgesehen, durch *drei fundamentale Aspekte* beschrieben werden: *den kognitiven, den motivationsbedingten und den emotionalen.* Das heißt, wir müssen sagen können, welche Gegenstände oder Tätigkeiten beobachtet werden, welche Bestrebungen in diesen Gegenständen oder Tätigkeiten sichtbar werden und wie stark die von diesen Bestrebungen erzeugten Spannungen sind. Ich will in den folgenden Abschnitten versuchen, ganz grob und vorläufig zu definieren, welche Rollen diese drei Faktoren im allgemeinen Rahmen geistiger Tätigkeit spielen.

1. Alle geistigen Vorgänge werden *wahrgenommen*, entweder bewußt oder unbewußt. Diese wahrgenommenen Vorgänge gehören in zwei allgemeine Kategorien, die ich extrazerebral und intrazerebral nennen werde. Extrazerebrale Wahrnehmungserlebnisse werden unmittelbar von Vorgängen außerhalb des Gehirns angeregt. Solche Vorgänge können sich außerhalb meines Körpers abspielen (wenn ich etwa eine Ratte vorbeilaufen sehe) oder innerhalb (wenn ich Hunger habe). Intrazerebrale Wahrnehmungserlebnisse werden von Vorgängen angeregt, die sich auf das Gehirn beschränken, etwa von Gedanken, Wünschen, Vorstellungen. Diese letzteren geistigen Prozesse werden im allgemeinen nicht der Rubrik »Wahrnehmung« zugerechnet; es ist jedoch von wesentlicher Bedeutung, daß ihre Wahrnehmungsaspekte nicht übersehen werden. Gedanken und Wünsche werden genauso unmittelbar wahrgenommen wie vorbeilaufende Ratten und Hunger.

2. Jeder geistige Vorgang bietet sich in zweierlei Hinsicht als *gerichtetes Streben* dar: in bezug auf den Beobachter und auf das Beobachtete. Wenn ich die Ratte, meinen Hunger, meinen Gedanken wahrnehme, ist das ein zweckmäßiges und zielgerichtetes Wahrnehmen. Es ist mein Bestreben, mir der Vorgänge bewußt zu werden. Gleichzeitig wird das Ziel dieses Bewußtseins ebenfalls durch gerichtetes Streben belebt. Die Ratte läuft auf ein Ziel zu; der Hunger will gestillt werden; die Denkbegriffe haben dynamischen Charakter und beeinflussen sich gegenseitig im Streben nach einer Entdeckung oder Lösung. Psychologen sprechen von Motiva-

tion, wenn sie die Bestrebungen des wahrnehmenden Selbst, der lebhaften Ratte, des hungrigen Magens oder des forschenden Gedankens beschreiben wollen. Sie sprechen von Ausdruck, wenn sie die Spannung im Körper der Ratte oder das Emporstreben einer Pappel oder eines gotischen Spitzbogens beschreiben wollen. Im allgemeinen übersehen sie, daß auch die intrazerebralen Denkinhalte Ausdruck haben: in Begriffen wie Macht, Friede oder Freiheit werden Ausdrucksqualitäten der Kraft, der Ruhe und der Ausdehnung wahrgenommen. Im Hinblick auf die Gesamtsituation übersehen Psychologen auch die Tatsache, daß Motivation und Ausdruck als zu einer Rubrik gehörend behandelt werden müssen, nämlich als die Dynamik geistiger Inhalte und Vorgänge.

3. Der kognitive Aspekt des geistigen Lebens bildet die Grundlage jeglicher Erfahrung: die Gesamtheit all dessen, worum es bei geistigen Vorgängen geht; und was wahrgenommen wird. Innerhalb dieser Gesamtheit bezieht sich der dynamische Aspekt auf die Kräfte des geistigen Lebens, auf das, was vor sich geht. Emotion ist schließlich die *Spannungs- oder Erregungsstufe,* erzeugt durch die Wechselwirkung geistiger Kräfte. In der Mechanik des Geistes ist die Emotion die Spannung, die von den Druck- und Zugkräften verursacht wird, aus denen sich die geistige Tätigkeit zusammensetzt. Die Emotion trägt also keine eigenen Impulse bei; sie ist lediglich eine Auswirkung des Kräftespiels, das sich innerhalb des Geistes abspielt.

II

Unter den Gründen, weshalb die Worte Emotion und Gefühl so oft dazu benützt werden, die Entstehung und Aufnahme von Kunstwerken zu beschreiben, sind die folgenden drei:

1. Kunstwerke, so heißt es, werden geschaffen und begehrt, weil sie Freude bereiten; und Freude wird als eine Emotion beschrieben.

2. Von den besonderen Aspekten der Wirklichkeit, die vom Kunstwerk eingefangen und wiedergegeben werden, heißt es, sie seien weder der sinnlichen Wahrnehmung noch dem Intellekt zugänglich, sondern vielmehr einer dritten kognitiven Fähigkeit, die »Gefühl« genannt wird.

3. Die dem Kunstwerk eigenen Aspekte der Wirklichkeit werden nicht nur als Tatsacheninformation aufgenommen, sondern sie lösen seelische Zustände aus, die Emotionen oder Gefühle genannt werden.

Lust – ein unspezifisches Kriterium. Worte wie »Lust«, »Vergnügen«, »Freude« sind im Schrifttum über die Kunst in großer Zahl zu finden; George Santayana definiert zum Beispiel Schönheit als »Lust, die als Qualität einer Sache angesehen wird« (23, S. 49). Dennoch braucht über die hedonistische Theorie nicht viel gesagt zu werden.

Da nicht viel zu gewinnen ist, wenn man ein geistiges Phänomen als Emotion, d. h. nur durch seine Spannungsstufe, beschreibt, frage ich statt dessen: Was für ein Wahrnehmungserlebnis ist die Lust? Ich sehe darin ein extrazerebrales Wahrnehmungserlebnis, einen Zustand des Wohlbefindens, der im Körper erfahren wird. Bezeichnenderweise ist die Empfindung mit irgendeiner gerichteten Spannung verbunden, etwa mit einem Streben des Selbst nach dem Gegenstand, der Lust bereitet, oder mit einer erfrischenden Ausdehnung des Selbst oder mit einem tatsächlich spürbaren Nachlassen des Drucks. In einer solchen Beschreibung ist nichts zu finden, das zu einer Unterscheidung zwischen der Lust, die einem die Kunst verschafft, und der Lust, die aus irgendwelchen anderen Quellen, zum Beispiel dem Essen, herrührt, führen würde. Der irrige Eindruck, daß es eine ganz bestimmte »ästhetische Lust« gibt, geht auf die Tatsache zurück, daß eine bestimmte Komponente des seelischen Zustands vom Gesamtzustand Einschränkungen erfährt, die leicht der Eigenart der Komponente selbst zugeschrieben werden. Wenn die Lust, die einem eine Skulptur verschafft, anders »empfunden« wird als etwa die Lust am Essen, ist dieser Unterschied eine Folge des Kontextes, da alles, was zu seiner Charakterisierung angeführt werden kann, Teil des Unterschiedes zwischen dem Betrachten einer Skulptur und dem Essen ist. Die Lust an sich ist so wenig spezifisch wie das Schnurren einer Katze.

Lust zeigt immer an, daß die gegebene Situation sich einem Bedürfnis des Organismus anpaßt – einem Bedürfnis nach Anregung oder Ausdehnung. Doch auch dieses Attribut der Lust ist kein Unterscheidungsmerkmal. Die hedonistische Definition, der zufolge das Kunst ist, was Lust erzeugt, vermittelt deshalb nur die belanglose Tatsache, daß Kunst irgendein Bedürfnis befriedigt; sie liefert eine Scheinantwort, die dazu neigt, die Neugier zu stillen. Zahllose Untersuchungen auf dem Gebiet der sogenannten experimentellen Ästhetik gehen an ihren relevanteren Einzelheiten vorbei, da sie von der Frage »Wie gefällt es Ihnen?« ausgehen, anstatt zu fragen: »Was sehen Sie?«

Wenn wir tiefer eindringen wollen, müssen wir über die Lust selbst hinausgehen und fragen, an welche Zustände die Lust in diesem spezifischen

Beispiel der Kunst gebunden ist. Antworten lassen sich im ganzen Bereich von Wahrnehmungserlebnissen – sowohl extrazerebralen als auch intrazerebralen – finden. Die Harmonie einer Farbenzusammenstellung oder eines Akkordes in der Musik kann Lust bereiten, ebenso die wohlausgewogenen, aufeinander abgestimmten und zielstrebigen Bewegungen, die ein Tänzer durch die Muskelspannung in seinem Körper erfährt. Lust können Denise Levertovs Zeilen »*Come back, cat. Thrash the silence with your autonomous feather tail*«[2] bereiten: durch die deutliche Dynamik aufgepeitschter Ruhe, den Geist der Unabhängigkeit, der in der Bewegung des Tieres lebendig wird, das eindringliche Flehen rhythmischer »a«-Klänge, das am Schluß durch den strahlenden Vokal in »tail« aufgehellt wird. Zur Sinneswahrnehmung kann sich die Erinnerung gesellen, wenn zwischen der Kräftekonfiguration, die in einem Formen- und Farbenmuster oder in Worten beobachtet wird, und der, die untrennbar mit einer wichtigen Lebenssituation verbunden ist, eine lustvolle Entsprechung entdeckt wird.

Dies sind nicht Attribute, sondern Ursachen der Lust. Mit einer Untersuchung der Bedingungen, die Lust bereiten, läßt sich Kunst von anderen Quellen der Befriedigung unterscheiden. Es wird außerdem möglich, Schlüsse hinsichtlich der Eigenart der von der Kunst befriedigten spezifischen Bedürfnisse zu ziehen. Ein solches Vorgehen fordert eine weitere Erforschung geradezu heraus, anstatt sie in eine Sackgasse zu lenken.

Gefühl als Wahrnehmung und unbewußtes Urteil. Im allgemeinen herrscht Einigkeit darüber, daß die Kunst Reizmuster, Bilder und Gedanken nicht um ihrer selbst willen, sondern als Formen darbietet, die imstande sind, etwas anderes zu übermitteln. Immer wieder heißt es, der letzte Gehalt eines Kunstwerkes bestehe aus Emotionen oder Gefühl. So nennt zum Beispiel Roger Fry das Kunstwerk »einen Ausdruck von Emotionen, die als Selbstzweck angesehen werden« (11, S. 29). In den älteren Schriften beziehen sich Behauptungen dieser Art hauptsächlich auf innere Zustände wie Furcht, Freude oder Traurigkeit, doch in neuerer Zeit haben Autoren das Angebot erweitert. Nach Prall (20, S. 160) können die vom Künstler vermittelten Gefühle »vom harten Aussehen eiserner Maschinen oder polierter Messinggeländer bis hin zu zarten Lichtstrahlen zwischen Grashalmen reichen, oder von Gefühlen unbeschwerter Fröhlichkeit bis hin zu Gefühlen der Schicksalhaftigkeit und des Untergangs«.

---

2. »Komm zurück, Katze. Peitsche die Stille mit deinem unabhängigen Federschwanz.«

Die Kunst befaßt sich also mit einer Art des seelischen Zustandes, die zu untersuchen die Psychologie bis jetzt versäumt hat. Sie befaßt sich auch mit dem äußeren Ausdruck derartiger Zustände. Die Psychologen haben mit Furcht, Freude und Traurigkeit kurzen Prozeß gemacht, indem sie sie einfach als Emotionen einstuften. Und wo es darum ging, mit dem äußeren Ausdruck dieser seelischen Zustände – das heißt, mit ihren sichtbaren oder hörbaren Äußerungen (einem menschlichen Gesicht, einem Musikstück) – zu experimentieren, untersuchten sie auch diese Äußerungen nicht. Sie konzentrierten sich ganz darauf, festzustellen, welche »Gefühle« – Traurigkeit oder innere Ruhe oder Leidenschaft – die Betrachter dem Gegenstand zuzuschreiben bereit waren und bis zu welchem Grund dies in »korrekter« Weise geschah. Doch sie fragten fast nie, welche hörbaren oder sichtbaren Merkmale des Gegenstandes die Reaktionen der Betrachter bestimmten. Die Frage, wie die Betrachter zu ihren Urteilen kamen, wurde nicht zu einem Gegenstand der Untersuchung gemacht, sondern mit einer ungeprüften Annahme beantwortet. Die herkömmliche Überzeugung etwa, daß sich Betrachter in solchen Experimenten auf in der Vergangenheit wurzelnde Assoziationen verlassen, macht eine Untersuchung sowohl der besonderen Eigenart des wahrgenommenen Gegenstandes als auch des Prozesses, der sich im Wahrnehmenden abspielt, überflüssig – Korrelationen zwischen Unbekannten reichen aus. Nicht viel besser war die Methode der Ästhetiker, nur daß ihre Antwort auf die Frage »Wie machen das die Leute eigentlich?« eher lautet »Mit dem Gefühl!« als »Durch Assoziation«. Sie ziehen es vor, die Leistungen des Künstlers und seines Publikums einer kognitiven Fähigkeit ganz besonderer Art zuzuschreiben, die weder mit der Wahrnehmung noch mit dem Intellekt zu tun hat.

Angenommen, wir wollten herausfinden, warum Leute in der napoleonischen Pose eines Schauspielers oder einer Marmorstatue Stolz sehen; und angenommen, wir wären nicht bereit, das Problem einfach dadurch auszuräumen, daß wir uns auf die Annahme stützen, die Betrachter wüßten aus vergangener Erfahrung, welche Haltung stolze Menschen einnehmen. Die Untersuchung der Reizfigur würde ergeben, daß der Kopf über die Ebene menschlicher Beziehungen erhoben ist, daß die Augen entweder geschlossen sind oder nach oben blicken, daß der Körper zu einer vollen Größe gestreckt ist, daß die Brust großtuerisch vorgeschoben wird, daß die Hände dadurch, daß sie sich zwischen den Knöpfen der Weste oder in den Hosentaschen verbergen, jedes Entgegenkommen und jede

Mitwirkung verweigern. Diese Merkmale lassen auf keinerlei Verwandtschaft mit Stolz schließen, solange Stolz einfach eine nicht untersuchte »Emotion« ist. Würden wir jedoch versuchen, unsere psychologische Pflicht zu tun, und den seelischen Zustand eines stolzen Menschen untersuchen, würde selbst die primitivste Überprüfung zeigen, daß ein solcher Mensch davon überzeugt ist, daß irgendwelche Wesen der Außenwelt seiner eigenen Vortrefflichkeit weit unterlegen sind und nur beherrscht werden und nicht als gleichwertige Partner behandelt werden können. Wir würden feststellen, daß er bestrebt ist, sie zu überragen und seine Überlegenheit auf sie wirken zu lassen. Wir würden vielleicht auch auf Emotion stoßen, das heißt, auf den Grad der vorhandenen Spannung oder Erregung, doch das würde uns nichts Spezifisches mitteilen. Aufschlußreich wäre jedoch die Entdeckung, daß die im Bild der napoleonischen Figur wahrnehmbaren Kräfte mit jenen Kräften strukturell verwandt (isomorph) sind, die in den intrazerebralen Einstellungen des stolzen Sich-Erhebens, Sich-zurück-Ziehens, Sich-zur-Schau-Stellens usw. wirksam sind. Die hemmende Spaltung zwischen äußerer und innerer Dynamik, die auf die Trennung von Wahrnehmungsausdruck und Motivation zurückzuführen ist, wäre überwunden.

Wenn wir einmal konkret untersuchen, was die Leute tun, wenn sie Ausdruck begreifen, wird offenkundig, daß das von ihnen benützte Instrument die Wahrnehmung ist und nicht irgendeine andere geheimnisvolle kognitive Fähigkeit, für die wir den besonderen Begriff des »Gefühls« brauchen. Wahrgenommen werden dabei nicht die statischen Aspekte von Form, Größe, Farbtönung oder Tonhöhe, die mit irgendeinem Maßstab gemessen werden können, sondern vielmehr die gerichteten Spannungen, die von eben diesen Reizen vermittelt werden. (Welche besonderen Eigenschaften sichtbarer und hörbarer Muster die dynamischen Merkmale enthalten, ist an anderem Ort aufgezeigt worden [2, 3].) Und entscheidend für unsere Erörterung hier ist, daß diese gerichteten Spannungen so unmittelbar wahrzunehmen sind wie räumliche Dimensionen, Größen oder Standorte. Mit einer traditionellen Vorliebe für statische Vorstellungen neigen Theoretiker im Westen dazu, die dynamischen Aspekte aus der Wahrnehmung auszuschließen und sie entweder einer Art innerlich erzeugter Projektion oder der speziellen, negativ definierten Fähigkeit des Fühlens zuzuschreiben (2).

Die umfassendere Art der Wahrnehmung, die gerichtete Spannungen hervorhebt, ist eine Vorbedingung für die ästhetische Einstellung, aber

Emotion und Gefühl in der Psychologie und in der Kunst

nicht deren Monopol. Wird erst einmal verstanden, daß die Fähigkeit, künstlerischen Ausdruck zu begreifen, dem vollen, uneingeschränkten, alltäglichen Beobachten entspringt, wird eine künstliche Unterscheidung der beiden zusammenbrechen, und die Forschung in der allgemeinen Wahrnehmungspsychologie und die Forschung auf dem Gebiet der Kunst werden sich gegenseitig befruchten.

Meine Behauptung, daß es unwirtschaftlich und irreführend sei, die Existenz einer besonderen Fähigkeit des Gefühls anzunehmen, wurde bisher aus einer Erörterung der relativ einfachsten Prozesse abgeleitet, nämlich dem passiven Begreifen von Wahrnehmungsmustern. Doch zur Kunst gehört mehr als nur die Wahrnehmung der dynamischen Qualität, etwa der des raschen Zupackens im Herabstoßen einer Möwe oder im Plädoyer eines Strafverteidigers. Sie erfordert zum Beispiel die Fähigkeit, in den bildenden Künsten oder in der Musik die Richtigkeit einer Kompositionsstruktur im Hinblick auf Ausgewogenheit, Einheitlichkeit und Rhythmus zu beurteilen. Bei derartigen Aufgaben spielt der Intellekt, der begriffliche Normen, etwa die der Proportion, anwenden kann, nur eine untergeordnete Rolle. In Wirklichkeit stützt sich das Urteil »richtig« oder »falsch« nur auf das Zuschauen und Zuhören, wobei dem Betrachter die Kriterien, die zu diesem Urteil führen, oft gar nicht bewußt werden. Nur dem guten Lehrer oder Kritiker – und auch ihm nur nach einiger Ausdauer und Anstrengung – gelingt es, einige dieser Kriterien deutlich zu machen. Doch auch hier sollten wir nur unter großem Vorbehalt diese »intuitiven« Urteile einer kognitiven Fähigkeit eigener Art zuschreiben. Was den Künstler oder den Kunstkenner lenkt, das sind schließlich dieselben Spannungen, die wir als eigentliche Grundlage der Wahrnehmung erkannt haben. In einer gelungenen Komposition sind die Kräfte, die das Muster bilden, ausgewogen; ist aber die Arbeit unvollständig oder mißlungen, zeigt ein Schieben und Ziehen innerhalb des Musters nicht nur an, daß etwas nicht stimmt, sondern auch, wo etwas zu verbessern ist und in welcher Richtung man dabei vorgehen muß. Auch hier ist das künstlerische »Gefühl« – in dem Ausmaß, in dem es eine intuitive Reaktion auf die gegebene Struktur ist – nichts anderes als gewöhnliche Wahrnehmung. Es ist eine Fähigkeit, die sich im Prinzip von derjenigen nicht unterscheidet, die ein Seiltänzer zur Schau stellt oder auch ein Hund, der einen Stock im Maul balanciert.

Gehen wir einen Schritt weiter und erinnern uns daran, daß Kunst über die unmittelbare Wahrnehmung hinausgeht. Künstlerischer Ausdruck hat immer eine semantische Funktion; die gemalten und geschnitzten Bilder stehen für Bezugsobjekte, und dasselbe gilt für die Musikformen und die vom Dichter beschriebenen Vorgänge und Gedanken. Deshalb erfordert Kunst die Beurteilung von Bedeutung, Relevanz und Wahrheit, und auch diese Aufgabe wird weitgehend durch die geheimnisvolle Fähigkeit des Gefühls erfüllt. Ist die Darstellung des Künstlers für die Sache relevant, für die sie steht? Wird sie ihr gerecht? Sieht die bestimmte Sonnenblume, die dem Künstler als Modell dient oder die auf seiner Leinwand vom Betrachter gesehen wird, so aus, wie nun mal Sonnenblumen aussehen – in den Augen des Künstlers, in den Augen des Betrachters? Steht sie im Einklang mit deren Vorstellungen von der Natur der Blumen im allgemeinen? Fängt ihr dynamisches Muster – beispielsweise ein Muster eleganter Schwere – eine Verhaltensweise ein, die es verdient, eingefangen zu werden? Diese Urteile sind nicht einfach Wahrnehmungsurteile, auch wenn sie sich letzten Endes auf Wahrnehmungserlebnisse beziehen. Sie bauen auf der ganzen Lebenserfahrung des Betrachters auf und umfassen seine Überzeugungen, Wertmaßstäbe, Vorurteile, Erinnerungen und Neigungen. Sie setzen voraus, daß intellektuelle Schlüsse in Wahrnehmungsbilder übersetzt werden, und umgekehrt; und sie erfordern zwangsläufig in dem Augenblick, in dem sie sich abspielen, einen blitzschnellen Vergleich des gegebenen Einzelobjekts mit diesem komplizierten Niederschlag aus Denk- und Sehprozessen.

Auch hier wird das Fühlen wieder allein durch das definiert, was es nicht ist. Es beschreibt eine kognitive Fähigkeit, die weder reines Wahrnehmen ist noch auf bewußten logischen Operationen des Intellekts aufbaut. Und auch dieser Prozeß kann sich abspielen, ohne daß einem die ausschlaggebenden Kriterien bewußt werden. Wie erreicht der menschliche Geist solche Leistungen?

Beim Suchen nach einer Antwort entdeckt man eine der erstaunlichsten Lücken im Programm der modernen Psychologie. Wenn man daran denkt, in welch großem Ausmaß jede menschliche Tätigkeit – vom Autofahren und dem Summieren von Zahlen bis zum Umgang mit Mitmenschen und der Lösung schöpferischer Probleme in Kunst und Wissenschaft – »intuitiv« oder »mechanisch« geschieht, das heißt, ohne daß dem Handelnden die Prozesse, die sein Handeln bestimmen, bewußt sind, dann ist nur schwer verständlich, weshalb Psychologen ihr Interesse an diesem grundlegenden Aspekt unseres unbewußten Wirkens auf den Sonderfall der »Freudschen« Verdrängung beschränken. Allein schon die Tatsache, daß so viele unserer Urteile über das, was richtig und falsch ist, gefällt werden, bevor wir wissen, warum wir sie fällen, sollte die Psychologen auf den Plan rufen. William James schätzte: »Ein gutes Drittel unseres psychischen Lebens besteht aus diesen jähen, frühzeitigen Ausblicken auf noch nicht klar erkenntliche Denkprozesse.« (14, 1, S. 253.)

Nach den Leistungen dieser unbewußten Prozesse zu urteilen, müssen geistige Fähigkeiten von höchstem Rang am Werke sein: vernünftiges Abwägen, Auswählen, Vergleichen, Problemlösen durch Umstrukturierung usw. Sind aber diese Prozesse dieselben wie ihre Gegenstücke, die wir aus der bewußten Erfahrung kennen? Und wenn ja, funktionieren sie gleich? Wie soll man die durch viele Anekdoten belegten Zeugnisse verstehen, nach denen wissenschaftliches und künstlerisches Denken unter dem Schutzmantel des Unbewußten Probleme lösen kann, um deren Lösungen sich der bewußte Verstand abmühte (12, 13)? Unterliegt das unbewußte Schaffen vielleicht in geringerem Maße Systemen und anderen Zwängen, die der bewußten Erfindung im Wege stehen? Die Psychoanalyse hat anschauliche Beispiele dafür geliefert, wie sich das bewußte vom unbewußten Argumentieren unterscheidet, aber sie hat auch einige verblüffende Ähnlichkeiten aufgedeckt. So ähneln zum Beispiel die Traummechanismen der Verdichtung, der Umformung des Gedankens in eine bildliche Sprache, der Verschiebung und der symbolischen Darstellung (10, Kapitel 6) sehr stark einigen typischen und oft bewußten Tätigkeiten des Künstlers.

Wenn nicht konkrete Forschungsergebnisse nachweisen, daß sich die Prozesse, die hier in Frage kommen, grundsätzlich von denen unterscheiden, die in der bewußten Erfahrung am Werke sind, gibt es keinen Grund, Molières Doktorkandidaten nachzuahmen, der die einschläfernde Wirkung von Opium mit einer *virtus dormitiva* erklärte.

Die ästhetische Erfahrung. Bisher ist Kunst so dargestellt worden, als übermittle sie nur Informationen über sichtbare Gegenstände oder hörbare Vorgänge, Inhalte und die wichtigen Kräftemuster, die mit derartigem Material untrennbar verbunden sind. Doch Kunst bestätigt nicht nur das Vorhandensein von – um ein Beispiel zu wählen – Erregung in einem Musikstück oder verwirrtem Schwanken in Hamlets Gedanken; sie läßt den Künstler und sein Publikum diese dynamischen Zustände als persönliche »Erfahrungen« »fühlen«. Tolstoi definierte die Kunst als »eine menschliche Tätigkeit, die darin besteht, daß ein Mensch bewußt mit gewissen wahrnehmbaren Zeichen an andere Menschen Gefühle weitergibt, die er durchlebt hat, und daß andere von diesen Gefühlen gepackt werden und sie ebenfalls erfahren« (25). Was ist das Wesentliche an solchen Erfahrungen?

Bei der ästhetischen Erörterung dieser Frage hat die Verwendung des Wortes »Gefühl« ein merkwürdiges Scheinproblem geschaffen. Eingeführt wurde der Begriff durch die Theorie der Einfühlung, nach der die Architektur oder die Musik ihre Ausdruckskraft vergangener Erfahrungen des Betrachters oder Hörers verdanken, Erfahrungen, die von ihm auf passende Objekte projiziert werden. Nachdem die Theorie von denen über Bord geworfen wurde, die erkannten, daß Eigenschaften der wahrgenommenen Objekte selbst für den größten Teil des Ausdrucks verantwortlich sind, bestand die Terminologie weiter und mit ihr das Problem, wie ein lebloses Objekt Gefühle äußern kann, wenn sie ihm nicht vorher durch eine Art »Vermenschlichung der Natur« angehängt worden sind. Nach Susanne Langer, die einem Buch über Ästhetik den Titel *Gefühl und Form* gab, »liegt die Lösung der Schwierigkeit ... in der Erkenntnis, daß die Kunst *nicht* tatsächliche Gefühle, sondern Ideen von Gefühlen ausdrückt« (16, S. 59). Diese Formulierung versteckt das Problem hinter dem Wort »ausdrückt«; denn entweder werden Langers »Ideen«, so wie das bei Ideen üblich ist, als intellektuelle Information aufgenommen: in dem Fall wird der Unterschied zwischen einer künstlerischen und einer rein informativen Aussage von der Formulierung übergangen; oder aber die Ideen werden »gefühlt«, das heißt, sie sind »Gefühle«: in dem Fall bleibt aber das Dilemma unverändert erhalten.

Ist erst einmal die terminologische Verschleierung aufgedeckt, zeigt sich, daß bei dem zur Debatte stehenden Phänomen drei verschiedene Zustände – oder vielleicht drei Grade eines einzigen Zustandes – unterschieden werden müssen.

a) Auf einer ersten Stufe ist der Unterschied zwischen dem reinen Erfassen von Information und der vollkommeneren künstlerischen »Erfahrung« identisch mit dem Unterschied zwischen den statischen und den dynamischen Eigenschaften von Wahrnehmungsbildern. Ein Musikstück kann so gespielt oder gehört werden, daß nur eine Ansammlung von Tonhöhen und -längen vermittelt wird. Die Leute, die sich dann ergeben, sind »tot«, denn mit der Dynamik fehlt ihnen die hauptsächliche Struktureigenschaft des Lebens; und sie lassen den Zuhörer gleichgültig, denn die Musik kann nur dann, wenn sie Kräftemuster aufweist, die sie mit dem menschlichen Geist teilt, eine Verbindung zwischen zwei Medien herstellen, die sonst nichts miteinander zu tun haben – der extrazerebralen Welt reiner Laute und der intrazerebralen Welt menschlichen Strebens. Gleiches gilt beispielsweise für Hamlets Monologe: solange sie nur verstanden, aber nicht als ein Zickzackweg von Motivationsvektoren dynamisch wahrgenommen werden, bleiben sie eine Domäne für den Psychologen oder den Historiker. Bis hierher gibt es also in der ästhetischen Erfahrung nichts, das nicht als eine Eigenschaft gewöhnlicher Wahrnehmung im vorangegangenen Abschnitt erörtert worden ist.

b) Dynamische Merkmale beleben nicht nur die Wahrnehmungsbilder der physikalischen Außenwelt, sondern auch Empfindungen, die von innen heraus empfangen werden, vor allem kinästhetische Meldungen von Muskelbelastungen und -anspannungen. Insbesondere bei Schauspielern und Tänzern hängen die Bewegungen von kinästhetischen Botschaften ab. Auf diesem Sinnesgebiet wird sogar noch deutlicher als beim Sehen oder Hören, daß das Wahrnehmungsbild nicht nur aus Informationen über Muskelverlagerungen, über Umfang und Richtung der Anstrengung usw. besteht, sondern daß es selbst in hohem Maße dynamisch, das heißt ausdrucksstark, ist. Der Betrachter mag sich jedoch noch so intensiv des Verhaltens der kinästhetischen Kräfte bewußt sein, er wird es nicht notwendigerweise und nicht einmal üblicherweise als eine Eigenschaft des eigenen Selbst erfahren. Der Schauspieler spürt, wie sein Körper die Haltung eines rücksichtslosen Tyrannen annimmt, ohne sich selbst tyrannisch zu »fühlen«. Als Träger der ausdrucksstarken kinästhetischen Muster sind die körperlichen Empfindungen des Darstellers von seinem Selbst, das sie beobachtet und kontrolliert, losgelöst, so wie ein Maler die sichtbaren Kräfte beobachtet und kontrolliert, die durch Formen und Farben auf der Leinwand erzeugt werden. Diese Empfindungen funktionieren wie ein Wahrnehmungsgegenstand. Mit ihrem dynamischen Charakter beleben sie die Leistung des Schauspielers oder Tänzers, so daß sie ausdrucksstark aussieht, im Gegensatz zu einer kalten Zurschaustellung von Gesten.

Kinästhetische Reaktionen können sich auch beim Betrachter einstellen. Ja, solche Reaktionen können durch die Wahrnehmung jedes Ausdrucksmusters in jedem Medium geweckt werden, etwa durch die dynamischen Formen der Musik, der Architektur, der Malerei. Diese kinästhetischen Reaktionen im Betrachter haben zu der Theorie der Einfühlung geführt, das heißt, zu der Vorstellung, daß Ausdruck nichts anderes ist als die eigene (vergangene oder gegenwärtige) Erfahrung des Betrachters, auf den Wahrnehmungsgegenstand projiziert. Wenn auch diese Theorie irrig ist, hat sie doch die Aufmerksamkeit auf die Resonanzwirkung des Körpers gelenkt, die bei manchen Menschen und bei manchen Gelegenheiten die künstlerische Erfahrung beträchtlich steigert.

c) Eine dritte Stufe wird erreicht, wenn die Dynamik des Kunsterzeugnisses das Selbst des Darstellers, Schöpfers oder Betrachters überwältigt, das heißt, wenn der Schauspieler Othello *wird,* wenn der Körper des Romanschreibers von den Schmerzen geschüttelt wird, die seine vergiftete Heldin peinigen, oder wenn eine schwermütige Musik den Zuhörer zu Tränen rührt. Theoretiker und Praktiker haben eine solche »Verinnerlichung« des wahrgenommenen Ausdrucks für künstlerisch unangemessen erklärt. »Ästhetische Distanz« ist als eine Voraussetzung der »ästhetischen Einstellung« bezeichnet worden. Wenn jedoch Tolstoi von den »Gefühlen« spricht, von denen der Leser oder Zuhörer »gepackt« wird, bezieht er sich ganz klar auf die Überflutung des Selbst durch die Dynamik des Kunstwerkes. Das gilt vermutlich auch für Herbert S. Langfeld, wenn er feststellt, daß wir sowohl phylogenetisch als auch ontogenetisch »in der Entwicklung der ästhetischen Kritik ein allmähliches Nachlassen der emotionalen Reaktion erkennen können«.

Es gibt noch keine Psychologie des Selbst, die scharfsinnig genug wäre, den präzisen Unterschied zwischen Situationen, in denen das Selbst als autonomer Beobachter eines dynamischen Zustandes wirkt, und denjenigen, in denen das Selbst der eigentliche Mittelpunkt eines solchen Zustandes ist, zu beschreiben. Daß es nicht dasselbe ist, Furcht in seinem Innern zu spüren oder sich zu fürchten, zeigt die bekannte Wirkung einer Adrenalinspritze. Wie auch immer die genaue psychologische Eigenart der Erfahrung aussehen mag, wenn sie auf ihren ästhetisch fragwürdigen Höhepunkt getrieben wird: es scheint keinen Grund zur Annahme zu geben, daß sie über die Grenzen gewöhnlicher Wahrnehmung hinausgeht. Eine zusätzliche geistige Fähigkeit des »Fühlens« wirkt jedenfalls nicht mit.

Die eigenartige, veränderliche Beziehung zwischen wahrgenommenen dynamischen Mustern und dem Selbst des Wahrnehmenden spielt bei einer Reihe von unzureichend erforschten seelischen Zuständen eine Rolle, zum Beispiel bei Mitleid, Mitgefühl, Identifizierung, Selbstbeherrschung, Selbstentfremdung, Persona, Spontaneität, Heuchelei. Hier sind Aufgaben, die man beachten und mit denen man sich beschäftigen wird, wenn einmal »Emotionen« und »Gefühle« nicht mehr die Sicht versperren.

BIBLIOGRAPHIE

1. Arnheim, Rudolf, *Art and Visual Perception*. Berkeley und Los Angeles (Univ. of Calif. Press) 1954. Deutsch: *Kunst und Sehen*. Berlin (de Gruyter) 1965.
2. –, »Die Gestalttheorie des Ausdrucks«, in diesem Band, SS. 54–81.
3. –, »Wahrnehmungsmäßige und ästhetische Eigenschaften der Bewegungsantwort«, in diesem Band, SS. 82–101.
4. Bell, Clive, *Art*. London (Chatto and Windus) 1931.
5. Broad, C. D., »Emotion and Sentiment«, in: *Journal of Aesthetics and Art Criticism*, 13 (1954), SS. 203–214.
6. Duffy, Elizabeth, »The conceptual categories of psychology: a suggestion for revision«, in: *Psychological Review*, 48 (1941), SS. 177–203.
7. –, »Emotion: an example of the need for reorientation in psychology«, in: *Psychological Review*, 41 (1934), SS. 184–198.
8. –, »An explanation of ›emotional‹ phenomena without the use of the concept ›emotion‹«, in: *Journal of General Psychology*, 25 (1941), SS. 283–293.
9. –, »Leeper's ›motivational theory of emotion‹«, in: *Psychological Review*, 55 (1948), SS. 324–335.
10. Freud, Sigmund, *Die Traumdeutung*. Frankfurt a. M. (S. Fischer) 1961. (Copyright 1942.)
11. Fry, Roger, *Vision and Design*. Harmondsworth (Pelican) 1937.
12. Ghiselin, Brewster (Hg.), *The Creative Process*. Berkeley und Los Angeles (Univ. of Calif. Press) 1952.
13. Hadamard, Jacques S., *The Psychology of Invention in the Mathematical Field*. Princeton, N.J. (Princeton Univ. Press) 1945.
14. James, William, *The Principles of Psychology*. New York (Dover) 1950.
15. Koffka, Kurt, *Principles of Gestalt Psychology*. New York (Harcourt, Brace) 1935.
16. Langer, Susanne K., *Feeling and Form*. New York (Scribner) 1953.
17. Leeper, Robert W., »A motivational theory of emotion to replace ›emotion as disorganized response‹«, in: *Psychological Review*, 55 (1948), SS. 5–21.
18. McDougall, William, *The Energies of Men*. New York 1933. Deutsch von Friedebert Becker und Hans Bender: *Aufbaukräfte der Seele*. Stuttgart (Georg Thieme Verlag) 1947.
19. Meyer, M. F., »That whale among the fishes – the theory of emotions«, in: *Psychological Review*, 40 (1933), SS. 292–300.
20. Prall, D. W., *Aesthetic Analysis*. New York 1936.
21. Reymert, M. L. (Hg.), *Feelings and emotions: the Wittenberg Symposium*. Worcester, Mass. 1928.
22. –, (Hg.), *Feelings and emotions: the Mooseheart Symposium*. New York 1950.

23. Santayana, George, *The Sense of Beauty*. New York 1896.
24. Schlosberg, Harold, »Three dimensions of emotion«, in: *Psychological Review*, 61 (1954), SS. 81–88.
25. Tolstoi, Leo, *Was ist Kunst?*
26. Woodworth, Robert S., *Psychology*. New York (Holt) 1940.
27. Young, Paul T., *Emotion in Man and Animal*. New York 1943.

Das Rotkehlchen und der Heilige*

Der Nachbar meiner Mutter hat eine Futterstelle für Vögel in seinem Garten. Der offene Kasten für das Vogelfutter ist durch ein hölzernes Giebeldach geschützt. Unter dem Dach steht auf einer Konsole eine kleine weiße Statue des Franz von Assisi, der so die Aufsicht über den Fütterungsbetrieb führt; und am Rande des Kastens befindet sich die lebensgroße und realistisch bemalte Figur eines Rotkehlchens, das gerade nach einem Samenkorn zu picken scheint. Die Futterstelle ist zwar kein Kunstwerk, aber sie kann uns einige Aspekte der Frage verdeutlichen: Welche Stelle nimmt die Kunst in der gegenständlichen Welt ein?

Eine Reihe von Blumenbeeten paßt zu der bescheidenen Bastelarbeit des Nachbarn, entlarvt sie aber auch als einen Fremdkörper. Die Blumen sind zwar auch durch den Willen des Menschen in den Hinterhof gekommen, doch sie sind nicht das Werk seiner Hände. Sie sind Natur, teilweise preisgegeben. Sie können nicht zum Wachsen gezwungen werden. Sie tragen ihr Teil bei, und während die rechteckigen Beete und die wohlüberlegten Farbanordnungen eine aufgedrängte autokratische Ordnung verraten, gibt es einen ebenso bewußt zugestandenen freien Spielraum, eine Abschwächung der Regelmäßigkeit, die notwendig ist, wenn die Blumen die ihnen vom Menschen abverlangte Funktion erfüllen sollen. Es wird ihnen also erlaubt, eine gemäßigte Unordnung zu schaffen, die sie als etwas enthüllt, das echt gewachsen ist, und diese Eigenschaft des Wachsens macht die Blumen für den Menschen kostbarer als alles in ihrer Art, das er mit seinen eigenen Händen schaffen kann.

Der Mensch schätzt die Vollkommenheit der Symmetrie, der stetigen Kurven und unvermischten Farben, weil sie es ihm ermöglicht, das, was er sieht, zu identifizieren, in einen Zusammenhang zu stellen und zu verstehen. Er selbst kann Gegenstände mit diesen Eigenschaften ohne weiteres

* Erstabdruck in: *Journal of Aesthetics and Art Criticism*, 18 (1959), SS. 68–79.

herstellen, und sie sind auch durchaus nützlich; trotzdem spiegeln sie nur die Fähigkeiten seines eigenen Geistes wider und können deshalb nicht so erfreuen wie die Blumen. Die Blumen bringen anschaulich zum Ausdruck, daß Ordnung, zum Überleben unbedingt notwendig, ein Prinzip natürlichen Wachstums selbst ist, und daß der Mensch, der Ordnung braucht und schafft, nicht einfach eine widerstrebende Wildnis einer unangemessenen Forderung unterwirft. Er offenbart vielmehr seine eigene Verwandtschaft mit der Natur, wenn er eine inhärente Eigenschaft der Natur hervorhebt.

Um als Vermittler zwischen Mensch und Natur zu dienen, müssen also Blumen nicht nur vollkommene Form erkennen lassen, sondern auch für jene Beimischung von Unregelmäßigkeit sorgen, durch die Wachstum sichtbar gemacht wird. Unregelmäßigkeit ist natürlich nur ein oberflächliches Symptom des Wachstums. Wichtiger ist, daß die äußere Erscheinung wachsender Dinge von den Kräften bestimmt wird, die den Gegenstand im Inneren organisieren. Die Symmetrie der Blume ist der äußere Ausdruck von symmetrisch verteilten inneren Kräften. Die Formen in der Natur sind nicht geformter Stoff; Martin Heidegger stellte fest, daß die Unterscheidung von Stoff und Form auf menschliche Erzeugnisse zurückzuführen ist und auf die Natur nicht zutrifft (3, SS. 16–18).

Das Zeugungsvermögen der inneren Kräfte läßt sich jedoch nicht direkt an der Oberfläche ablesen. Eine echte Blume ist von einer gut gemachten künstlichen Blume kaum zu unterscheiden. Zu sehen ist nur eine mittelbare Auswirkung einer derartigen Entstehung. Der natürliche Gegenstand, der von einer Gruppe innerer Kräfte geformt wurde, steht unter dem Einfluß anderer ebenso örtlich beschränkter Kräftegruppen, die vielleicht benachbarte Gegenstände bilden. Die im Innern geschaffene Form einer Pflanze zeigt das tätige Eingreifen anderer Pflanzen, des Windes oder des vorherrschenden Standortes der Sonne; und selbst an einer einzelnen Pflanze wird die Vollkommenheit jedes Blattes oder Zweiges durch das Wachstum anderer Blätter oder Zweige abgeschwächt. Solche Annäherungen und Ablenkungen der Form unterscheiden natürliche Dinge von künstlich hergestellten, denn der Künstler oder Handwerker kann die vollständige und ungeteilte Kontrolle über die von ihm hergestellten Gegenstände ausüben. Bei einem menschlichen Erzeugnis erscheint Unregelmäßigkeit – das heißt, eine Abweichung von der beabsichtigten Form – als ein Makel, zurückzuführen auf die technische Unvollkommenheit des Werkzeuges oder des menschlichen Geistes. Unregelmäßigkeit kann bei

Das Rotkehlchen und der Heilige

einem menschlichen Erzeugnis aber auch als Tugend verstanden werden, nämlich dann, wenn sie an die Mannigfaltigkeit der gegeneinander wirkenden Kräfte im Künstler oder Handwerker erinnert, dessen schöpferische Tätigkeit damit dem Wirken der Natur gleicht.

In dem Garten ist auch eine kleine Brücke, die den Nachbarn über den Bach gehen läßt. Sie ist aus Rotholz und harmonisiert mit den Pflanzen ringsum. Doch die rechteckige Form der Bretter ist nicht die natürliche Form des Holzes; sie ist ihm durch menschlichen Willen aufgezwungen worden – dem Stoff aufgezwungene Form. Alle geraden Kanten sind vollkommen gerade, und die Krümmung des Geländers ist vollkommen symmetrisch. Alle Winkel- und Größenverhältnisse stehen im Einklang mit einer total verwirklichten Formgebung. Kein Eingreifen von Kräften der Umgebung ist erkennbar.

Dennoch ist die Brücke das Erzeugnis von Kräften außerhalb ihrer selbst, und sie ist ganz offensichtlich dazu bestimmt, solchen Kräften zu dienen. Der Sinn ihrer Existenz geht ganz und gar vom Menschen aus. Sie stellt sich dem Auge als eine Spur und ein Hilfsmittel dar. Sie ist die erhaltene Spur einer Überquerung des Baches durch den Menschen – jedoch kein passiver Abdruck, sondern ein geplantes Hilfsmittel. Ihre sichtbare Form verkörpert die Gegenwart des Menschen in der Vergangenheit und in der Zukunft: sie berichtet, daß er in der Vergangenheit über den Bach gegangen ist, und sagt voraus, daß er wiederkommen wird. Die Brücke ist ein Werkzeug des Menschen, und deshalb kann ihre Form nur von dem verstanden werden, der über den Menschen Bescheid weiß. Ja, zum eigentlichen Wahrnehmungsbild der Brücke gehört, soll es vollständig und richtig sein, die Anwesenheit des abwesenden Bachüberquerers. Sonst ist sie nichts anderes als ein unverständliches Ornament.

Auch die Blume ist ein Werkzeug, aber ein Werkzeug der Pflanze selbst. Sie wird nur dann richtig wahrgenommen, wenn sie als Spender und Empfänger von Blütenstaub gesehen wird. Andernfalls ist auch sie nur ein unverständliches Ornament, genau das, was der Mensch am liebsten in ihr sieht. Ohne zu erröten, blickt er auf das schamlos entblößte und unverschämt bunte Geschlechtsorgan der Pflanze, und er geht in seiner Fehldeutung sogar so weit, daß er sich beim Anblick der Blume an der Reinheit des Zwecklosen erfreut. Als ein Ding der Natur hat die Blume keine Ahnung vom Menschen. Sie toleriert höchstens seine Gesellschaft. Die Brücke, die ja ein Werkzeug ist, macht den Menschen sichtbar, auch wenn er gar nicht da ist. Der Anblick der Brücke ist eine Einladung, der der Blume eher eine Art des Ausschließens.[1]

Zurück zur Futterstelle. Sie ist, wie die Brücke, aus rechteckigen Rotholzbrettern gemacht und stellt sich als ein menschliches Erzeugnis dar. Man zögert jedoch, sie ein Werkzeug zu nennen, da ihr Wahrnehmungsbild keine Tätigkeiten einschließt, die der Mensch mit ihr verrichtet. Ein Teil von ihr, der Futterkasten, kann als Werkzeug angesehen werden, wenn man sich den Menschen als denjenigen vorstellt, der die Vögel füttert. Doch selbst der Kasten ist, richtig gesehen, eine vom Menschen eingerichtete Gelegenheit für die Vögel, sich selbst zu füttern – nicht etwa ein Werkzeug der Vögel, denn sie stellten den Kasten nicht in dem Sinne her, in dem die Pflanzen ihre Blumen erzeugen; doch der Futterkasten ist sicher an einer Transaktion mit den Vögeln beteiligt, aus der sich der Mensch zurückgezogen hat. Während die Brücke, die dem Menschen so nahesteht, von der Natur relativ weit entfernt ist, rückt die Futterstelle in ihrer Unabhängigkeit vom Menschen in die Nähe der Natur. Und trotzdem übergeht sie ihren Schöpfer nicht ganz: sie »stellt sich« dem Menschen mit ihrer Frontalität.

Die »einladende« Geste dieser Frontalität wird uns später noch beschäftigen. Zunächst einmal bemerken wir in ihrer Symmetrie die fast schroffe Unnachgiebigkeit des vom Menschen geschaffenen, in sich geschlossenen Gegenstandes. Um eine Einzelheit herauszugreifen: der dreieckige Giebel dient als schützender Rahmen für die kleine Figur des Heiligen, die sonst, da sie weniger geometrisch ist und der Natur nähersteht, Gefahr laufen würde, für einen Teil der Natur gehalten zu werden. Obwohl der kleine Mann den Formen natürlicher Dinge ähnelt, stellt er sich eindeutig auf die Seite seiner Umrahmung. Die Figur, die genau die Mittelachse der Futterstelle bildet, definiert sich selbst als wesentlichen Bestandteil der hölzernen Struktur, das heißt, sie zeigt sich als von Menschenhand gemacht.[2]

1. Brücke und Blume können, müssen aber nicht, »Valenz« haben. Valenz bedeutet Reiz. Ein Gegenstand kann reizvoll sein, weil oder obwohl er uns einlädt, und er kann unter denselben Bedingungen reizlos sein. Er kann auch reizvoll oder reizlos sein, weil oder obwohl er uns ausschließt.
2. Edward Bullough (7, SS. 646–656) bemerkt, daß das »Einswerden der Darstellung«, womit er die Kompositionsqualitäten Symmetrie, Kontrast, Ausgewogenheit, Proportion usw. meint, die »ästhetische Distanz« steigert, denn sie unterscheidet den Gegenstand von den »verworrenen, zerstückelten, zerstreuten Formen tatsächlicher Erfahrung«. Man möchte annehmen, daß eine solche Distanz nicht ästhetische oder auch nur vom Menschen geschaffene Gegenstände kennzeichnet, sondern daß sie typisch »natürliche« Dinge von Formen hoher Rationalität trennt, die oft mit vom Menschen geschaffenen Gegenständen in Verbindung gebracht werden, die aber auch in der »unnatürlichen« Regelmäßigkeit von Kristallen oder Strahlentierchen zu finden sind.

Das Rotkehlchen und der Heilige

Dazu kommt, daß sie mit ihrer völlig nach vorne ausgerichteten Haltung die Frontalität der Umrahmung wiederholt und jede Wechselwirkung mit der Umgebung vermeidet, abgesehen von der merkwürdigen Geste des »Ausgesetztseins«, die wir bereits in der Formgebung der ganzen Futterstelle bemerkt haben.

Das hölzerne Rotkehlchen, das auf dem Rand des Futterkastens sitzt, hat sogar noch mehr Ähnlichkeit mit den Formen der Natur als die Figur des Heiligen. Doch es wird kein Versuch gemacht, es vor einer derartigen Gedankenverbindung zu schützen. Es wird weder vom Giebel eingerahmt noch steht es mit der Symmetrie der Konstruktion im Einklang. Der Vogel ist nicht genau in der Mitte angebracht, und damit wird sein derzeitiges Verhältnis zur Futterstelle als zufällig und vorübergehend charakterisiert (1). Und anstatt sich dem Betrachter frontal zu stellen, sitzt er schräg auf dem Kastenrand, eben im Begriff, nach einem Samenkorn zu picken.

Die Beziehung des Rotkehlchens zur Futterstelle ist die eines flüchtigen Besuchers, eines Boten der Natur. Zumindest ist es ein Vermittler zwischen dem feierlich symmetrischen Produkt aus Menschenhand und den Wesen, die kommen und gehen und ringsumher wachsen – ähnlich den gemalten Figuren jener gelegentlichen Zuschauer in Gruppenkompositionen auf Renaissance- oder Barockbildern, die den Betrachter auf die im Mittelpunkt stehende Szene hinweisen. Während jedoch diese Figuren ihren Platz auf der Bühne innerhalb des Bilderrahmens haben und selbst Teil der Darbietung sind, die sie darbieten, teilt das Rotkehlchen nicht die Behausung mit dem Heiligen. Der Vogel ist ein Außenseiter.

Der grundlegende Unterschied zwischen dem Rotkehlchen und dem Heiligen kommt deutlich in ihrem Größenverhältnis zum Ausdruck. Wir bezeichnen die Größe des Rotkehlchens als »gerade richtig«, weil es im Vergleich mit der Durchschnittsgröße des lebenden Vogels weder zu klein noch zu groß ist. Der Heilige ist, verglichen mit der menschlichen Spezies der Heiligen, viel zu klein, doch dieser Standard läßt sich hier nicht anwenden. Statt dessen kann man auch den Heiligen als »gerade richtig« bezeichnen, denn angesichts der Größe des Gartens und der verschiedenen Pflanzen beansprucht die kleine Figur gerade soviel Platz, wie ihre Funktion verlangt. Dieselbe Figur läßt jedoch keinen Vergleich mit anderen physischen Gegenständen im Garten zu, wenn sie als Verkörperung des abwesenden Heiligen gesehen wird. Als ein Bild ist sie nicht im physischen Raum zu Hause; daher ist sie auch kein physischer Gegenstand und weder groß noch klein. Sie hat zu dem Mann, den sie darstellt, keine räumliche, sondern eine rein verweisende Beziehung.

Die eigenartig isolierte Stellung der Figur wird deutlich, wenn wir fragen: Ist der Heilige größer oder kleiner als das Rotkehlchen? Offensichtlich ist er weder das eine noch das andere. Auf dem Wandgemälde in der Oberen Kirche von Assisi ist der Heilige bezeichnenderweise deutlich größer als seine »Schwestern, die Vögelchen« *(sorores meae aviculae)*, an die er seine berühmte Predigt richtet. Wenn wir den Heiligen und das Rotkehlchen aus dem Garten des Nachbarn in eine solche einheitliche Szene zwingen, entdecken wir – beinahe überrascht –, daß das Rotkehlchen groß genug ist, dem Heiligen als Riesenadler zu dienen, oder daß der Heilige ein Zwerg ist. Doch diese Wahrnehmungsbilder sind in so beunruhigendem Maße falsch, daß es uns schwerfällt, sie überhaupt zu erzeugen.

Daß wir nicht fähig sind, Wahrnehmungsbilder richtig zu erfassen, geht auf kulturelle Gewöhnung zurück. Was wir, selbst wenn wir uns zwingen, kaum sehen können, würde ein Kind oder ein Primitiver spontan sehen: »Der Vogel blickt zu dem kleinen Mann hinüber!« Für uns sind die beiden Figuren nicht in Beziehung zueinander zu bringen. Wenn wir das Ganze als eine Szene aus der Natur ansehen, wird der Heilige zu einer weißen Puppe. Wenn wir in dem Heiligen eine Verkörperung sehen, wird das Rotkehlchen zu einer nicht existierenden Unreinheit – wie eine Fliege, die über ein Bild krabbelt. Der eine Anblick schließt den anderen aus. Wir können sie nicht gleichzeitig festhalten.

Die Isolation der Heiligenfigur vom physischen Raum entspricht ihrer Isolation von der Zeit. Das Rotkehlchen existiert als Rotkehlchen in der Zeit, genauso wie der Garten. Es ist gerade am Futterkasten angekommen und wird schon bald wieder anderswo sein. Die Blumen sind ein Übergangszustand zwischen den Knospen und den verstreuten Blütenblättern, die auf dem Boden welken. Im Bach fließt das Wasser Heraklits; und sogar die Brücke wurde einmal gebaut und ist vergänglich. Der Heilige hat auch eine solche Vergangenheit und Gegenwart – aber nur als sein hölzernes Selbst. Als ein Bild *des* Heiligen befindet er sich außerhalb der Zeit. Wird die Figur als mit dem Rotkehlchen artverwandt gesehen, sieht sie erstarrt und leblos aus. Wird das Rotkehlchen als mit dem Heiligen artverwandt gesehen, verschwindet es aus der Zeit und wird zu einer dem Leben entfremdeten Figur.

Zu lange haben wir jedoch das hölzerne Rotkehlchen wie einen wirklichen Vogel behandelt. Es ist das tatsächlich, wenn es uns täuscht: »Sieh mal, ein Rotkehlchen benützt die Futterstelle!« Doch wenn auch Größe, Form, Farbe und Haltung so gestaltet sind, daß es einem wirklichen Vogel möglichst ähnlich sieht, würde es seinen Zweck verfehlen, wenn es uns länger als nur einen Augenblick täuschte. Erst wenn die Täuschung aufgedeckt wird, offenbart es einen Triumph menschlicher Virtuosität. Der trügerische Vogel beweist, daß es der menschliche Kunsthandwerker mit der Natur oder dem göttlichen Schöpfer aufnehmen kann. Gleichzeitig weist die ernüchternde Entdeckung, daß der Vogel eben doch nur aus Holz ist, spielerisch auf die Unterlegenheit des Menschen hin. Kurz und gut, das Rotkehlchen ist »*cute*« – ein nützliches Wort aus der amerikanischen Umgangssprache, mit dem etwas bezeichnet wird, das über den eigenen Standard hinaus auf amüsante Art schlau ist.

Das hölzerne Rotkehlchen kann als ein Inbegriff des Kunsthandwerkes gelten, wie es seit der Renaissance allgemein verstanden wird. Dieser Begriff deutet das Kunstwerk fälschlicherweise als einen Taschenspielertrick, mit dem der Mensch zum Zwecke der Unterhaltung geschickt die Natur kopiert. Die Kunstfertigkeit ist bewunderswert, aber nicht ganz ernst zu nehmen, da ihr Produkt entbehrlich ist. Nach dieser Auffassung ersetzt eine Skulptur oder ein Gemälde die physische Gegenwart eines natürlichen Gegenstandes, indem es entweder aussieht wie er oder seine Stelle einnimmt. Obwohl es als eine Kopie des »wirklichen Dings« identifiziert ist, dient es nicht dazu, uns über jenes wirkliche Ding zu informieren, sondern es ist ein echter Konkurrenzgegenstand. Obwohl es ein Bild ist, macht es hauptsächlich seine eigenen Eigenschaften sichtbar. Ich werde es deshalb ein *Selbst-Bild* nennen.[3] Der Vogel aus Holz sagt nicht: So sieht ein Rotkehlchen aus! Er *ist* ein Rotkehlchen, wenn auch ein etwas unvollständiges. Er bereichert das Inventar der Natur um ein Rotkehlchen, so wie die – aus Wachs geformten – uniformierten Wärter im Kabinett der Madame Tussaud nicht aufgestellt worden sind, um das Wesen ihrer Wärterkollegen zu interpretieren, sondern um auf komische Weise den Stab des Hauses zu vergrößern.[4]

3. Der Begriff des Selbst-Bildes sollte nicht als ein Bild mißverstanden werden, in dem der Schöpfer oder Betrachter sein eigenes Selbst darstellt oder erkennt.
4. Dasselbe Beispiel verwendet E. H. Gombrich (8, SS. 209–228), der darauf verweist, daß Bilder »ursprünglich« als Ersatz dienen. Bei der Erörterung von Porträts erwähnt er die »ungerechtfertigte Annahme: daß sich jedes Bild dieser Art notwendigerweise auf etwas außerhalb seiner selbst beziehe – sei es ein Einzelding oder eine ganze Gattung. Doch kein derarti-

Wir nennen einen Gegenstand ein Selbst-Bild, wenn wir erkennen, daß er sichtbar seine eigenen Eigenschaften ausdrückt. Seine Funktionen haben ihren Ursprung in den Eigenschaften, die er offenbart. Als ein Zuwachs der Natur ist ein Kunstwerk dieser Art am ehesten dort zu Hause, wo seine Prototypen hingehören. Das hölzerne Rotkehlchen sitzt auf dem Futterkasten, der wächserne Wärter rekelt sich in einer Ecke des Museums, das Stilleben mit Früchten und gebratenem Geflügel hängt im Eßzimmer. Schöne Frauen in Marmor oder Öl bevölkern die Paläste und Villen. Sie vervollständigen den Reichtum ihrer Besitzer, indem sie das Versprechen und teilweise die Erfüllung eines tatsächlichen Genusses liefern.

Um das Jahr 1570 bemalte Paolo Veronese die Wände der Villa Barbaro mit lebensgroßen Kindern und Pagen, die verstohlen durch halb geöffnete Türen blicken. Es ist das Werk eines Virtuosen, »cute«, mutmaßlich ein heiterer, ironischer Kommentar zum eifrigen Bestreben jener Zeit, mit der Natur wettzueifern und sie zu vervollständigen. Gegen Ende des achtzehnten Jahrhunderts erzählt Goethe in seinem Essay *Der Sammler und die Seinigen* von einem Mann, der sich »einige Maler im Solde (hält), die ihm Vögel, Blumen, Schmetterlinge und Muscheln mit der größten Genauigkeit malen mußten«. In einem Zimmer im Obergeschoß befindet sich hinter einer Tür ein lebensgroßes Porträt eben dieses Mannes und seiner Frau, die gleichsam das Zimmer zu betreten scheinen; dieses Bild »erschreckte durch die Wirklichkeit, welche teils durch die Umstände, teils durch die Kunst hervorgebracht war«. Kurz vor seinem Tode läßt sich der alte Kunstfreund einen Gipsabdruck von seinem Gesicht und seinen Händen machen. »Eine wirkliche Perücke, ein damastner Schlafrock wurden dem Phantom gewidmet, und so sitzt der gute Alte noch jetzt hinter einem Vorhange . . .« Das ironische Lächeln, das wir Veronese zugeschrieben haben, findet sich auch in dieser Geschichte, aber nur in den Worten Goethes. Bei dem unheimlichen Mann, den Goethe beschreibt, ist davon bezeichnenderweise nichts zu sehen.

---

ger Bezug braucht mitenthalten zu sein, wenn wir auf ein Bild zeigen und sagen: ›Dies ist ein Mensch.‹« Damit vertritt er eindeutig die Ansicht, die ich mir hier zu eigen mache. Er scheint jedoch zu glauben, daß sich der »Ersatz« – also das, was ich Selbst-Bild nenne – auf eine frühe Auffassung beschränkt und später von dem Bild als einer Darstellung von »etwas außerhalb seiner selbst« abgelöst wird. Dieser »Funktionswechsel« schaltet meiner Meinung nach die frühere Auffassung vom Selbst-Bild nicht aus und sollte sie auch nicht ausschalten; sie wirkt vielmehr weiter Seite an Seite mit dem, was ich später ein »Abbild« nenne.

Das Rotkehlchen und der Heilige

Weniger als hundert Jahre später hatte Auguste Rodin die Idee – die dann glücklicherweise von den vernünftigen Bürgern von Calais verworfen wurde –, seine Bronzefiguren des Eustache de St. Pierre und der sechs anderen Bürger hintereinander aufgereiht direkt auf dem Pflaster vor dem Rathaus aufzustellen, so als seien sie tatsächlich unterwegs zu ihrem Treffen mit dem englischen Eroberer. »Durch eine so unmittelbare Berührung«, sagt Rodin, »hätten die heutigen Bewohner von Calais die Tradition der Solidarität, die sie mit diesen Helden verbindet, viel tiefer empfunden.« (6, S. 103.)

Eine derartige Vermischung von Kunst und Alltagsbetrieb ist ein allgemein verbreiteter Irrweg, der beweist, daß die intuitive Kenntnis der Natur und Funktion von Bildern – ein Allgemeinbesitz des menschlichen Geistes – durch ungünstige kulturelle Bedingungen entscheidend geschwächt werden kann. In den Werken Rodins, wie auch denen anderer Künstler aus derselben geschichtlichen Epoche, äußert sich dieser Mangel auch darin, daß Formen fehlen, die echt deutende Funktion haben. Wenn Kunst zum rein stofflichen Kopieren von Einzelgegenständen degeneriert, droht das künstliche Produkt in die Natur einzudringen und damit Alpträume eines Pygmalion-Komplexes, wie man ihn nennen könnte, auszulösen; davon zeugt auch die Literatur aus jener Epoche (Wildes *Bildnis des Dorian Gray*, Meyrinks *Golem*, Zolas *Arbeit*, D'Annuncios *La Gioconda*, Pirandellos *Wie du mich wünschst* und *Sechs Personen suchen einen Autor*). In diesen Romanen und Theaterstücken erlangen die Werke der Malerei, Bildhauerei und Dichtung die physische Wirklichkeit psychotischer Halluzinationen, während gleichzeitig menschliche Wesen vergebens versuchen, die Vollkommenheit und Unsterblichkeit von Bildern zu gewinnen.

In einer materialistischen Kultur, deren Naturwissenschaftler sich mit den exakten physikalischen Eigenschaften von Dingen befassen und fähig sind, sie naturgetreu nachzubilden, neigen Selbst-Bilder zur Präzision und Vollständigkeit. Sie dienen dem Zweck eines materiellen Verbrauchs und einer Wechselwirkung. In einer Zeitungsanzeige wurde neulich eine Wärmflasche angeboten, die nach einer bekannten Filmschauspielerin im zweiteiligen Badeanzug geformt war. Dieses Abbild aus rosarotem Plastikmaterial, das die Dame in einer Pose keuscher Hingabe darstellt, fügt der visuellen Ähnlichkeit die Tast- und Temperaturqualitäten des menschlichen Fleisches hinzu und erreicht damit neue Höhen der Kopierkunst. Dabei ist die Figur nur sechzig Zentimeter groß – teilweise wohl aus praktischen Gründen, aber auch, weil die reduzierte Größe die im übrigen unverschleierte Obszönität des Geschenks für den Nachttisch ein wenig tarnt, das, wie es in der Anzeige heißt, »garantiert etwas Heiterkeit und Wärme für den Vater, den Verlobten, für Freund oder Feind bringt«.

Wir stellen fest, daß die Abweichungen in der Genauigkeit der Kopie die Funktionen des Selbst-Bildes nicht unbedingt beeinträchtigen müssen, ja, daß sie seine Eignung sogar noch steigern können. Diese Beobachtung trifft auf die meisten Bilder zu. Nur unter ganz bestimmten kulturellen Bedingungen bedarf es täuschend ähnlicher Nachbildungen. Daß ein Selbst-Bild seine Funktionen erfüllen kann, ohne eine genaue Kopie zu sein, zeigt die Fähigkeit von Kindern, einen Stecken als Pferd und einen ausgestopften Sack als Baby zu behandeln. Diese Spielzeuge sind für die Theoretiker schon immer ein Rätsel gewesen, die behauptet haben, das Kind sei fähig, in sich selbst die »Illusion« zu erzeugen, es habe mit einem echten Pferd oder Baby zu tun – eine offensichtlich absurde Feststellung, da uns solche Selbsttäuschungen zwingen würden, das Kind als verrückt zu diagnostizieren. Die Theorie, verwandt mit der naturalistischen Kunstrichtung, setzt voraus, daß Identifizierung eine mechanisch vollkommene Nachbildung verlange.[5] Doch keine Auffassung von Identität könnte den Psychologen mehr in die Irre führen als die Annahme, zwei Dinge müßten entweder vollkommen identisch oder aber überhaupt nicht identisch sein. Verglichen mit der Tatsache, daß alle Dinge als bis zu einem gewissen Grad mit allen anderen Dingen identisch erfahren werden, ist die existentielle Einmaligkeit des Einzelgegenstandes nebensächlich. Mit anderen Worten: Identität ist eine Frage des Grades.[6] Der Stecken ist ein Pferd, weil er für die Zwecke der Spielsituation genügend Eigenschaften des Pferdes besitzt. Die Aussagen »der Stecken ist ein Pferd« und »der Stecken ist kein Pferd« widersprechen einander nicht.

Die Indianer Nordamerikas, die dem Ethnologen und Maler George Catlin sagten, seine Porträtskizzen von ihren Häuptlingen »lebten ein

---

5. Vgl. auch dazu Gombrichs lehrreiche Bemerkungen (8).
6. Ein Gegenstand oder ein lebendes Wesen ist keineswegs nur eine exklusive »Id-entität«, sondern wird von uns als ein Syndrom aus allgemeinen Eigenschaften und Kategorien, Teilbildern von anderen Dingen oder Wesen usw. erfahren und behandelt. Im Extremfall kann die Identität einer Person für uns aus nur einer einzigen Eigenschaft bestehen, etwa ihrer Eigenschaft, ein Kellner oder ein Eindringling zu sein.

wenig« (4, S. 32), erklärten ganz richtig, daß Bilder nicht nur darstellen, sondern das *sind,* was sie darstellen. Alle Bilder haben die Tendenz, als Selbst-Bilder behandelt zu werden, und als solche teilen sie einige der Kräfte, die ihre Prototypen besitzen. Eine Fotografie meines Vaters *ist,* etwas abgeschwächt, mein Vater. Sie zu zerreißen, wäre eine abgeschwächte Form des Mordes. Das hölzerne Rotkehlchen ist für die Futterstelle eine Gabe echter Vogelhaftigkeit, und die Figur des Franz von Assisi bringt tatsächlich Frieden, Mitgefühl und die Solidarität aller Kreaturen in den Garten. Eine gerahmte Karikatur Daumiers an der Wand vergiftet das Zimmer auf subtile Art durch die Gegenwart einer scharfsinnig überzeugenden Entstellung. Wenn diese Wirkungen nicht mehr empfunden werden, das heißt, wenn das Bild nicht mehr als Selbst-Bild wahrgenommen wird, dann ist Kunst nicht mehr vollkommen.

Das Selbst-Bild wird als mit seinem Prototyp identisch behandelt, wenn es Merkmale besitzt, die zu der gegebenen Situation einen Bezug haben. Seine anderen, abweichenden Merkmale können seine Angemessenheit und Wirkungskraft steigern. Das goldene Kalb ist ein Kalb, obwohl es golden ist, und das glänzende, seltene Metall gibt dem Fetisch zusätzliche Macht und Größe. Der Heilige in Nachbars Garten ist mit weißem Lack bemalt, wodurch seine Ähnlichkeit mit einem lebenden Franziskanermönch zwar verringert, die Reinheit und Geistigkeit jedoch erhöht wird; und seine Kleinheit steht im Einklang mit der Zartheit seines frommen Wesens und der begrenzten Funktion der Figur im Garten, der ja keine Kirche ist. Wir stellen hier fest, daß die Ausdrucksqualitäten der wahrzunehmenden Erscheinung – Form, Größe, Farbe usw. – dem Selbst-Bild dazu dienen, die Wirkungskräfte, die es ausstrahlt, zu schaffen, zu definieren und zu steigern.

Untersuchen wir aber die Figur des Heiligen etwas eingehender. Oben habe ich den Unterschied zwischen den Blumen als natürlichen Dingen und der Brücke als einem vom Menschen hergestellten Werkzeug beschrieben. Wir stellten fest, daß die Blume als etwas erfahren wird, das gewachsen ist, das für sich selbst und zu seinem eigenen Zweck existiert. Die Brücke erschien uns als ein künstliches Erzeugnis und als Spur und Hilfsmittel des Menschen. Wie ist das bei dem Heiligen? Zunächst die Frage: Wird die Figur als etwas wahrgenommen, das gewachsen ist, wie die Blume? Sie täuscht uns nicht, wie es etwa das Rotkehlchen könnte, doch andererseits sieht sie nicht so aus, als sei sie für und durch die Benutzung des Menschen geformt worden. Selbst ihre Frontalität, mit der sie sich den Augen des Betrachters darbietet, kann als ihre eigene Initiative wahrgenommen werden und nicht als eine vom Menschen zu seiner eigenen Bequemlichkeit getroffene Anordnung. Die kleine Figur hat die Unabhängigkeit einer Blume: ihre Eigenschaften existieren zum Zweck ihres eigenen Daseins. Bei Heidegger heißt es: »Trotzdem gleicht das Kunstwerk in seinem selbstgenügsamen Anwesen eher wieder dem eigenwüchsigen und zu nichts gedrängten bloßen Ding.« (3, S. 18). Die Figur ist sogar noch unabhängiger als die Blumen, da sie vollkommen sie selbst und daher allein ist.

Ein natürliches oder künstliches Ding gerät jedoch in eine neue Abhängigkeit vom Menschen, wenn es als ein Bild höherer Ordnung – als das, was ich *Abbild* nenne – behandelt wird. Es wird zur Aussage über Objekte und Eigenschaften, die jenseits seiner selbst liegen. Auch als Selbst-Bild ist das Objekt eine Aussage, jedoch eine Aussage über seine eigenen Wirkungskräfte. Wir sagen dann, es drücke sich selbst aus. Als Abbild behandelt, wird das Objekt zu einem Bild von Dingen gemacht (oder als solches empfunden), die sich anderswo befinden. Seine Existenz als Bild wird dann Mittel zum Zweck, und dazu kann es nur der Mensch machen. Ein Selbst-Bild besitzt die Eigenschaften von anderen Dingen als Teile seiner eigenen Identität. Das goldene Kalb ist ein Kalb. Es verweist nicht auf andere Kälber, obwohl wir auch das erreichen können, wenn wir es als Abbild behandeln, etwa dadurch, daß wir es in ein Museum stellen.

Doch selbst als Abbild ist das Objekt nicht notwendigerweise ein Werkzeug, auch wenn es als solches benutzt wird – ein Objekt wird nur dann als Werkzeug eingestuft, wenn seine Verwendbarkeit als Ursache dafür gesehen wird, daß es ist, was es ist. Ein Abbild ist deshalb nur in dem Grade ein Werkzeug, in dem es den Anschein erweckt, zum Zwecke einer Verwendung als Abbildung geschaffen worden zu sein. Die Frontalität des Heiligen etwa, die im Selbst-Bild als eine aus eigener Initiative der Figur entstandene entgegenkommende Geste erschien, kann, wenn die Figur die Funktion eines Abbildes ausübt, als eine vom Menschen zu seiner eigenen Bequemlichkeit geschaffene Erleichterung wahrgenommen werden. Alles in allem zeigt jedoch die Figur, selbst als Abbild, die Tendenz, möglichst viel von jener Unabhängigkeit zu bewahren, die eine Blume von einem Hammer unterscheidet.

Ein Abbild ist also ein Objekt, das behandelt wird als eine Aussage über andere Objekte, Arten von Objekten oder allgemeine Eigenschaften, die in dem Objekt wiedererkannt werden. Die Figur des Heiligen ist nicht nur

Das Rotkehlchen und der Heilige

ihr eigenes, bescheiden kraftvolles Selbst, sondern darüber hinaus auch ein Porträt des Sohnes des Kaufmanns Bernardone, der im dreizehnten Jahrhundert in Assisi lebte. Bei genauerem Hinsehen stellen wir fest, daß kein Versuch unternommen worden ist, charakteristische Züge des geschichtlichen Franz von Assisi wiederzugeben, sondern daß er seinerseits dazu benutzt worden ist, die Frömmigkeit von Heiligen zu porträtieren. Letzten Endes stellt die Figur jene körperlosen Eigenschaften des Friedens, der Harmonie und der Liebe dar, die nach unserer Beobachtung von ihr als einem Selbst-Bild ausströmen.

Wird nun die Figur als ein Abbild gesehen und die Blumen ringsum nicht, dann muß die Unterscheidung durch solche Mittel wie den symmetrischen Holzrahmen ausgedrückt werden, und der Heilige erscheint als ein Fremder, ohne irgendwelchen Bezug in Raum und Zeit. Sofern er ein Selbst-Bild ist, gibt es keine derartige Entfremdung. Der Heilige aus Holz, verkleinert vielleicht, aber als sanfte Gewalt voll gegenwärtig, verteilt seinen Segen, während die Blumen ihren Duft ausströmen, und er nimmt den wichtigsten Punkt in der Miniatur-Schöpfung im Hinterhof ein, mitten unter und über seinen kleinen Brüdern und Schwestern. Da er aber durch den hölzernen Rahmen von ihnen abgerückt ist, neigt er dazu, sich auf merkwürdige Weise zu verwandeln und lediglich zu einem Übergangszustand zu werden, der jenseits seiner selbst liegt.

Mit dieser Verwandlung ändert sich auch die Funktion der Wahrnehmungseigenschaften des Objektes. Im reinen Selbst-Bild, so sagten wir, dienen sie dazu, die vom Objekt ausgestrahlten Wirkungskräfte zu schaffen, zu definieren und zu steigern. Die Dunkelheit der Gewitterwolke geht ganz im »drohenden« Charakter der Wolke auf. Die weiße Farbe des Heiligen ist ein Aspekt seiner sichtbaren Frömmigkeit und eine Quelle seiner wohltätigen Kraft. Heidegger sagt über das Werkzeug (oder Zeug, wie er es nennt): »Der Stein wird in der Anfertigung des Zeuges, z. B. der Axt, gebraucht und verbraucht. Er verschwindet in der Dienlichkeit.« (3, S. 34-35). Diese Beziehung verwandelt sich in ihr Gegenteil, wenn das Objekt als ein Abbild behandelt wird. Es wird dann dazu verwendet, Allgemeinqualitäten zu veranschaulichen und erscheint als Vermittler seiner Eigenschaften. Die Gewitterwolke stellt Dunkelheit dar, der Heilige wird zum Träger der weißen Farbe.

Dieses Hervortreten der Ausdrucksqualitäten darf nicht mit der Trennung der Wahrnehmungsbilder von ihrer Bedeutung verwechselt werden, die oft fälschlicherweise als die ästhetische Einstellung beschrieben wird.

Die dunkle Masse am Himmel kann aufhören, eine Gewitterwolke zu sein, und zu einem interessant geformten blauen Farbfleck werden, der mit den orangefarbenen Streifen, die die Sonne um ihn herum gemalt hat, in einem harmonischen Verhältnis steht. Der Heilige kann zu einer kleinen, weiß bemalten Säule werden und so einen belebenden Kontrast zu dem ringsum wuchernden Grün bilden. Die Entbindung des Sehens von seiner biologischen Aufgabe, Bedeutung zu entdecken, ist alles andere als ästhetisch: eine ernste Krankheit, die die Leistungsfähigkeit und Selbstachtung ganzer Generationen von Künstlern untergraben kann. Die Ansicht wird von ahnungslosen Kunsterziehern verbreitet, und zwar mit soviel Erfolg, daß das Wesen der Kunstrichtung, die als abstrakte Kunst bekannt ist, in letzter Zeit nahezu auf den Kopf gestellt worden ist.[7]

Es läßt sich jedoch nicht leugnen, daß wir selbst dann, wenn wir Objekte als reine Abbilder behandeln, mit der Gefahr der Entfremdung spielen. Während das Steinhafte der Axt dadurch verschwindet, daß die Steinaxt scharf und hart gemacht wird, tritt in einer Statue Henry Moores das Steinhafte hervor, wenn der bearbeitete Stein als ein Abbild der Schärfe und Härte gesehen wird; und da der Stein überdies ein Abbild eines menschlichen Wesens ist, verbinden sich die Qualitäten, die durch sein Menschlich-sein vermittelt werden, mit denen seiner Steinhaftigkeit zu einem faszinierenden Kontrapunkt der Kräfte. Während sich der Betrachter auf dieses ziemlich abstrakte kontrapunktische Muster konzentriert und seine Augen gleichsam auf die Unendlichkeit einstellt, löst sich die mit Händen greifbare Steinfigur nahezu auf.

Die Fähigkeit, Objekte als Abbilder zu sehen, ist zweifellos eine Sublimierung des Sehens, eine privilegierte Fertigkeit der Spezies Mensch. Sie erlaubt es uns, über die Einzelgegebenheiten hinaus zu den treibenden Kräften jeglicher Existenz vorzustoßen. Gleichzeitig wird, während wir vom Einzelnen zum Allgemeinen vordringen, das Bild immer leerer. Da er selbst ein kompliziertes, individuelles Wesen ist, erkennt sich der Mensch nur im Komplizierten und Individuellen, so daß er bei seiner Suche nach den Allgemeinbegriffen das Risiko eingeht, entweder diese oder

---

7. Echte abstrakte Kunst ist kein Spiel mit Formen und Farben. Sie macht Aussagen wie jede andere Art von Kunst. Sie stellt nicht natürliche Objekte dar, sondern vermittelt Ausdruckseigenschaften, die, im Selbst-Bild, die abstrakte Skulptur oder das abstrakte Gemälde mit Harmonie, Aggressivität, Frivolität, Feierlichkeit oder anderen, ihrem Wesen entsprechenden Kräften ausstatten. Wird sie als Abbild behandelt, macht die abstrakte Kunst Aussagen über eben diese Kräfte als Allgemeinkräfte.

aber sich selbst zu verlieren. Da er außerdem das Allgemeine nur betrachten, aber nicht sein Handeln danach richten kann, neigt er dazu, der Untätigkeit zu verfallen, die dann ihrerseits wieder die Betrachtung verzerrt. Im Extremfall nimmt ein Mensch alle Dinge nur als das wahr, was sie vertreten, und nicht als das, was sie sind; damit wird die Welt des wirklich Seienden in eine Welt der Erscheinungen verwandelt, und seine eigene Stellung in der Welt wird zerstört.

Wir kommen zwangsläufig zu der Folgerung, daß ein vollständiges Sehen von uns verlangt, das Objekt gleichzeitig als ein Selbst-Bild und ein Abbild zu behandeln. Sich mit dem Objekt lediglich als mit einem Bild seines eigenen Selbst auseinanderzusetzen, ist eine elementare Form des Sehens, die sogar Tieren zugänglich ist. Sie stammt aus jenem frühen Stadium der geistigen Entwicklung, in dem Erlebnisse nur in ihrem Bezug zur Gegenwart und ihren Erweiterungen in Vergangenheit und Zukunft verstanden werden können. In dem Stadium erscheinen die wahrnehmbaren Ausdruckseigenschaften des Objektes als dessen eigene Wirkungskräfte, und auf diese Kräfte reagieren wir, wenn wir in einer Wechselwirkung mit dem Objekt stehen. Hier dient die Kunst dazu, die Wahrnehmungseigenschaften des Objektes rein, klar und intensiv zu machen. Sie sorgt sichtbar dafür, daß das Objekt es selbst ist.

Sich mit dem Objekt nur als mit einem Abbild auseinanderzusetzen, ist eine neuere Entwicklung. Sie stellt sich ein, wenn sich der menschliche Geist aus der Wechselwirkung mit dem Hier und Jetzt zurückzieht und sich auf die Betrachtung der Allgemeinbegriffe beschränkt. In dem Stadium rückt die Kunst die materielle Existenz des Objektes in den Hintergrund und behandelt es als eine reine Aussage über Grundbegriffe. Die Ausdrucksqualitäten erhalten den Vorrang vor dem Objekt, das sie überhaupt erst vermittelt.

Wenn es ganz sichtbar ist, ist das Objekt in der Welt des Augenzeugen vollständig und persönlich gegenwärtig. Es besitzt die Wirkungskräfte seiner Erscheinung, die nicht nur sichtbar sind, sondern den Augenzeugen beeinflussen und seine Reaktion verlangen.[8] Gleichzeitig erscheinen

---

8. Obwohl das Selbst-Bild als Objekt unter Objekten in der Welt des Handelns seinen Platz hat, sorgen alle höherstehenden Zivilisationen für die Unterscheidung zwischen natürlichen Dingen und Nachbildungen, das heißt, zwischen dem, was physisch lebendig ist, und dem, was nur in der Wahrnehmung lebt. Der Mensch vermischt sich nicht mit den Bildern, die er schafft, sondern hebt sie durch besonderes äußeres Aussehen, durch den Standort oder durch ein Zeremoniell hervor.

die Wirkungskräfte des Objektes als Offenbarungen von Allgemeinkräften, so daß sich der Augenzeuge bei seiner Auseinandersetzung mit dem Objekt mit der Existenz im allgemeinen befaßt. Der Primitive, der das Objekt nur als Objekt selbst behandelt, ist vom vollkommenen Sehen so weit entfernt wie der Kritiker, der es nur beurteilt.

Was hier gesagt worden ist, trifft auf natürliche Objekte ebenso zu wie auf künstliche. Was ist denn nun Kunst? Die Kunst macht die Ausdruckseigenschaften des Objektes wahrnehmbar. Die Natur bedient sich der Kunst ebenso wie der Mensch, der ja eins der Produkte der Natur ist. Ursprünglich trachtet die Natur nicht nach Sichtbarkeit. Sie erlangt sie als ein Nebenprodukt durch die äußere Manifestation der im Inneren des Objektes wirkenden Zeugungskräfte. Sichtbarkeit sorgt jedoch dafür, daß Augen geschaffen werden, und mit der Existenz von Augen beginnt die Natur, ihrer Sichtbarkeit Rechnung zu tragen. Die Geschichte der Evolution lehrt uns, daß sich die blütentragenden Pflanzen oder Bedecktsamer – die Erfinder der Reklamefarbe – in Verbindung mit der Insektenwelt entwickeln. Farbe, Form und Verhalten der Tiere werden durch die von ihnen selbst gelieferten oder verborgen gehaltenen Anschauungsinformationen beeinflußt. Dasselbe trifft auf fast alles zu, was der Mensch tut oder schafft. Ein neueres Beispiel dafür ist die Verwendung von Farbe in Fabriken, die dem Zweck dienen soll, einzelne Objekte besser vom Hintergrund abzuheben, Maschinenteile nach ihren Funktionen zu kennzeichnen, vor gefährlichen Stellen zu warnen, die nicht berührt werden dürfen, und den Arbeitsplatz sauber und heiter zu gestalten.

Wenn lebende Organismen ihrer Sichtbarkeit Rechnung tragen, dann ist das für sie ein Teil ihrer Bestrebungen, mit dem Leben in der physischen Welt fertig zu werden. Der Mensch hat Objekte erfunden, die ausschließlich dadurch wirken, daß sie angesehen werden. Viele dieser Objekte zeigen ihre Funktion durch ihre »Frontalität« – Skulpturen wirken oft nur aus einem ganz bestimmten Blickwinkel, und Gemälde bieten ihren Inhalt innerhalb der vorderen Bildfläche dar. Das Selbst-Bild übermittelt durch seine Anschauungseigenschaften seine eigenen Wirkungskräfte, die im praktischen Leben des Menschen ihre Rolle spielen. Es ist hier festzustellen, daß Werke der bildenden Kunst ihre Wirkungskräfte zwar ausschließlich durch den Gesichtssinn erlangen, daß sie aber nicht immer zu den Objekten gehörten, die nur dazu gemacht sind, gesehen zu werden. Die Bilder von Göttern und Herrschern wurden in Tempeln, Mausoleen und Palästen aufgestellt, um gewisse Kräfte auszustrahlen, ganz unabhängig davon, ob sie zu sehen waren oder nicht; ja, sie wurden oft im Verborgenen gehalten. Dies ist ein grundlegender Unterschied zwischen einem großen Teil der Kunst aus der Vergangenheit und unseren modernen Gemälden und Skulpturen, die nur dadurch wirken sollen, daß sie gesehen werden.

Als ein reines Abbild erfüllt das Bild seinen Zweck, indem es sich auf Dinge außerhalb der gegenwärtigen Situation bezieht. Aus diesem Grund ist der Zweck des reinen Abbildes dem Ahnungslosen ein Rätsel. Albert Michotte, der meint, wir lernen, was die Dinge sind, durch das, was sie tun, berichtet, daß eines seiner Kinder im Alter von drei oder vier Jahren fragte, wozu die Bilder dienten, die im Wohnzimmer an der Wand hingen, und daß es, nachdem es ihm erklärt worden war, ausrief: »Mais alors, les tableaux, ce n'est rien!« (5, S. 3.)[9] Die Statue der Pallas Athene in einem griechischen Tempel wird kaum einen solchen Kommentar ausgelöst haben, denn sie war ganz und gar ein Selbst-Bild und als solches aktiv und löste beim Betrachter Reaktionen aus. Das reine Abbild, das in Raum und Zeit keine Beziehung zu seiner Umgebung hat, erfordert einen Betrachter, der seine eigenen Bindungen an Raum und Zeit lösen kann. Ein des vollkommenen Sehens nicht fähiger Betrachter entspricht einem nicht vollkommen sichtbaren Objekt. Eine derartige Entfremdung unterscheidet sich sehr stark von der Haltung eines Menschen, der, wenn ihn sein Lebensweg in die Gegenwart eines Objektes führt, dessen Kräfte seinen Erwartungen entsprechen oder seine Hoffnungen zerstören, erst einmal innehält, um das Leben selbst im Bild seiner prägnanten Manifestation zu betrachten.

Ein echtes Kunstwerk ist also mehr als eine ziellose und unbestimmte Aussage. Es nimmt in der Welt des Handelns einen Platz ein, der der Ausübung seiner Kräfte angemessen ist. Es kann nicht allein sein. In seiner einfachsten Form wirkt es nur als ein Ding unter anderen Dingen. In seiner menschlichsten Form herrscht es als verkörperte Aussage über eine Welt, in der auch jedes Werkzeug, jede Blume und jeder Stein für sich selbst und durch sich selbst sprechen kann. Wir finden es vielleicht in der

---

9. Der Zweck des reinen Abbildes scheint für manchen Ästhetiker bis zum heutigen Tage ein Rätsel geblieben zu sein. »Man kann nichts *mit* einem Gemälde tun«, erklärt Gilson (2, S. 112), »wohl aber kann man ... es betrachtend schauen.« Was Werkzeuge und Instrumente von einem Kunstwerk unterscheidet: »... sie tragen ihren Zweck nicht in sich selbst ... Werkzeug, Instrument nennen wir etwas, das als Mittel einem Zweck dient. Das Gemälde aber dient keinem Zweck.« *Alors, ce n'est rien!*

Teestube, im japanischen Garten. Ich fürchte, der Hinterhof des Nachbarn meiner Mutter liegt etwas weiter zurück.

BIBLIOGRAPHIE

1. Arnheim, Rudolf, »Der Zufall und die Notwendigkeit der Kunst«, in diesem Band, SS. 124–145.
2. Gilson, Etienne, *Malerei und Wirklichkeit*. Deutsch von Otto Lause. Salzburg (Otto Müller Verlag) 1965.
3. Heidegger, Martin, *Holzwege*. Frankfurt am Main (Vittorio Klostermann) 1950.
4. Lévy-Bruhl, Lucien, *Das Denken der Naturvölker*. Deutsch von Dr. Paul Friedländer. Wien und Leipzig (Wilhelm Braumüller) 1926^2.
5. Michotte, A., *La perception de la causalité*. Paris (Vrin) 1946.
6. Rodin, A., *On Art and Artists*. New York 1957.
7. Weitz, Morris (Hg.), *Problems in Aesthetics*. New York (Macmillan) 1959.
8. Whyte, Lancelot (Hg.), *Aspects of Form*. Bloomington (Indiana Univ. Press) 1951.

Ist moderne Kunst notwendig?*

In den Kunstzeitschriften taucht immer wieder eine große Anzeige auf, über der als Schlagzeile die Frage steht: »Machen auch Sie diese weitverbreiteten Fehler beim Malen?« Die »Fehler« werden durch Bilder illustriert, mit Unterschriften wie: »Schlechte Perspektive ... jeder Gegenstand scheint aus einer anderen Richtung gesehen«, oder: »Dieses Porträt sieht flach aus – es fehlt an Form und Tiefe – kein Licht und kein Schatten«, oder: »Straße, die nicht nach hinten führt – hängt im Bild wie eine Krawatte«, oder: »Verhältnis der Bildelemente untereinander – Auto und Tiere zu große für die Farmgebäude.« Die Anzeige wurde von einer Schule für bildende Kunst aufgegeben und trägt die Unterschriften verschiedener Künstler. Norman Rockwell ist darunter, aber auch Stuart Davis und Ben Shahn.

Wer die Museen moderner Kunst besucht, um die Arbeiten von Davis und Shahn zu sehen, wird feststellen, daß dort auch Gemälde der Kubisten, von Matisse, von Cezanne, von Chagall hängen, und er wird weiterhin feststellen, daß das, was die zwei Kollegen dieser großen Maler »Fehler« nennen, einige der Merkmale sind, auf denen die wichtigsten Beiträge zur Kunst unseres Jahrhunderts aufbauen. Wir haben hier ein Symptom für den Schwebezustand, in dem sich die Kunst heute befindet. Sie läßt ihre bunten Blumen hoch hinauswachsen und schickt Luftwurzeln nach unten, die kaum den Erdboden – die Ernährungsgrundlage für alles Wachstum – erreichen. Es besteht eine Kluft zwischen der Kunst und ihren natürlichen Förderern. Auf der einen Seite stehen diejenigen, die die Kunst unserer Zeit schaffen, nicht weil sie modern sein wollen, sondern weil moderne Kunst nun mal das ist, was sie erzeugen, wenn sie die Wirkung der Kräfte, die unsere Gesellschaft, unsere Philosophie und unser

---

* Unveröffentlichte, erweiterte Fassung eines Vortrags, gehalten im April 1958 anläßlich der Jahrestagung der *Western Arts Association* in Louisville, Kentucky.

Denken anzutreiben scheinen, ehrlich und präzise in Bild- oder Skulpturform übertragen. Zu diesen Künstlern gesellt sich eine Gruppe von Sympathisanten, Leute, die wahrhaftig in dem Jahrhundert leben, in dem sie geboren worden sind, und die ihre innere und äußere Wirklichkeit in unseren besten Gemälden oder Skulpturen genau reflektiert und gedeutet sehen. Sie können die wenigen Originale von den vielen Fälschungen und Nachahmungen unterscheiden, nicht weil man ihnen beigebracht hat, was modern ist, sondern weil sie eine Sensibilität für das Echte, Frische und Tiefgründige haben. Auf der anderen Seite der Kluft steht die große Mehrheit der Mitbürger des Künstlers, Leute, die Kunst mit dem Stil der Spätrenaissance und deren Ausläufern gleichsetzen. Sie erfahren und wissen über die moderne Kunst etwa soviel wie über die Vorgänge in Irrenanstalten. Sie lachen, sie beklagen und ärgern sich, sie bezichtigen die Künstler betrügerischer und umstürzlerischer Absichten. Oder sie haben Gründe, ihre Unkenntnis zu verbergen, und bewundern und imitieren deshalb alles, was sie rätselhaft oder abscheulich finden. Zu dieser Gruppe gehört eine beträchtliche Anzahl von Leuten, die selber Bilder malen, Statuen aus Marmor fertigen, Stahlstücke zusammenschweißen, Schrott montieren, Kunstgegenstände sammeln oder Kritiken und Bücher schreiben.

So viel Verwirrung, Heuchelei und Mißtrauen ist nur möglich, wenn die Unterscheidungen zwischen echt und unecht, gut und schlecht verwischt worden sind. Wir wissen, daß sich diese Blindheit durch die Atomisierung unserer Kultur entwickelt hat, in der jedes Betätigungsfeld ein Reservat für Fachleute zu werden droht. Es ist Sache des Historikers, die Hintergründe dieser Zertrümmerung zu beschreiben. Unser Zweck hier erfordert nur, daß wir sie diagnostizieren. Es ist uns klar, daß wir weder dem Künstler die Schuld dafür geben können, daß er unverständlich ist, noch dem Publikum dafür, daß es nichts versteht. Wir stellen jedoch fest, daß die unnatürliche Kluft in beiden Lagern zu ernsthaften Mängeln führt. Sie sorgt dafür, daß der Motor der Kunst im Leerlauf läuft, schnell zwar, aber eben im Leerlauf. Sie neigt dazu, die Gedanken des Künstlers von den elementaren Belangen des menschlichen Lebens abzulenken und ihn auf die technischen Feinheiten und kleinen Freuden einer einsamen Werkstatt einzuengen. Auf der anderen Seite der Kluft wird das Bedürfnis des Publikums nach visueller Aufklärung, Anregung und Schaustellung nicht von Künstlern befriedigt, die Klarheit, Gewicht und Tiefe vermitteln könnten, sondern von der Brutalität kommerzieller Unterhalter.

Keine Zivilisation kann eine solche Spaltung lange überleben. Wir Lehrer wissen das. Wenn überhaupt von einer einzelnen Gruppe von Bürgern erwartet werden kann, daß sie durch ihren Einfluß die Situation verändert, dann sind es, auch das wissen wir, die Lehrer, die nach Mitteln und Wegen suchen müssen. Wir sind uns jedoch unserer Qualifikationen keineswegs sicher. Und es ergeben sich viele Probleme.

Zunächst einmal können wir nur durch das lehren, was wir selbst sind. Kinder und Heranwachsende lassen sich leicht verderben, aber nur schwer täuschen. Ein unsicherer, verwirrter, von sich selbst nicht überzeugter Lehrer wird der Kunst keine großen Dienste erweisen können. Ein Lehrer, der selber seine Abende damit verbringt, die blauen Fernsehgespenster anzustarren, kann nicht morgens seinen Teenagern das Gegengewicht der Kultur vermitteln. Ein Arzt, der eine Krankheit mit sich herumschleppt, steckt seine Patienten an, anstatt sie zu heilen.

Gehen wir aber nun vom Lehrer in seiner besten Form aus und lassen ihn fragen: Soll ich meine Schüler in moderner Kunst unterrichten? Sie wachsen als Kinder dieses Jahrhunderts auf. Sollten nicht die Idiome der zeitgenössischen Kunst am besten für sie geeignet sein, wenn sie sich anschaulich ausdrücken? Und wird ihnen nicht die Verwendung einer so modernen Sprache helfen, mit dem Geist unserer Zeit in Übereinstimmung zu kommen, in dem diese Formen geschaffen werden? All das mag zutreffen. Andererseits dürfen wir aber nicht vergessen, daß die moderne Kunst ein spätes Produkt einer langen geschichtlichen Entwicklung ist und daß das Wissen von dieser vielgestaltigen Vergangenheit an der Bedeutung der modernen Kunst teilhat. Ein Kind hat keine solche Vergangenheit, kein solches Wissen. Sicher, in seiner eigenen Entwicklung muß es nicht all die Umwege der Geschichte nachvollziehen, um die Gegenwart einzuholen. Aber es muß den Weg vom Einfachen zum Komplizierten gehen.

Die Lösung unseres Problems scheint von der Frage abzuhängen: Ist die moderne Kunst einfach? Und da wird uns klar, daß der moderne Stil in einigen seiner wesentlichen Aspekte den Anfängen aller Kunst näherkommt als jemals irgendein Stil in unserer gesamten Kultur. Wenn die Verfasser jener unglücklichen Anzeige, die ich eingangs erwähnte, ihre »weitverbreiteten Fehler« aufzählen, zeigen sie damit nicht nur, daß sie die moderne Kunst außer acht lassen und mißverstehen, vielmehr wissen sie auch nicht – und das ist ein noch schwerwiegenderes Hindernis für jeden, der Kunst unterrichten will –, daß die Regeln der realistischen Malerei nicht etwa den Standard für die Kunst im allgemeinen festsetzen, sondern daß sie von den üblichen Kunstprinzipien so weit entfernt sind, wie das überhaupt jemals irgendein Kunststil war. So ist man zum Beispiel in sehr wenigen Epochen der großen Kunst davon ausgegangen, daß alle Aspekte eines Gegenstandes oder einer im Bild darzustellenden Szene nur aus einem einzigen, stets gleichbleibenden Blickwinkel zu betrachten sind. Sehr viel häufiger ist das Bild eine Synthese der Erinnerungen des Künstlers, der die Dinge dieser Welt von allen Seiten betrachtet hat. Es ist gleichermaßen ungewöhnlich, daß Maler die relative Größe von Objekten durch ihre tatsächliche physische Größe oder durch die exakte optische Größe bestimmen, die sie, je nach Entfernung, in der Projektion annehmen. Und es war auch unter Malern schon immer Allgemeinbrauch, die Naturbeobachtungen in die Sprache des zweidimensionalen Mediums zu übertragen, dem die Illusionen der Tiefe, des räumlichen Ausmaßes und der Lichtverteilung ebenso fremd sind wie die Effekte der Verkürzungen und der Perspektive; diese Kunstgriffe sind raffinierte Entwicklungen aus neuerer Zeit, die in der Kunst keine Allgemeingültigkeit besitzen.

Die moderne Kunst ist also unter anderem, kurz gesagt, eine Rückkehr zu einer Art der Darstellung, die sich auf gewöhnliche und natürliche Weise von der Psychologie spontaner Beobachtung und von den naturgegebenen Bedingungen der Medien herleitet. Ja, sie geht sogar noch weiter zurück. Das Vergnügen des modernen Künstlers am primitiven Klecksen, seine Hervorhebung der Aktion, seine spielerischen Versuche mit verschiedenen Materialien, seine Vorliebe für elementare Formen und unvermischte Farben sind typisch für die frühesten Phasen künstlerischen Schaffens. Das neue Interesse an primitiver Kunst und an Kinderkunst läßt seinerseits darauf schließen, daß der moderne Stil ein günstiges Klima für die Kunsterziehung geschaffen hat. Die ersten Anfängerversuche gelten nicht mehr als etwas Wertloses und Unreifes, das möglichst bald durch ein vollkommen anders geartetes, höchst raffiniertes Können zu ersetzen ist. Statt dessen schätzt man diese Versuche als einwandfreie und oft wunderschöne Aussagen. Malerei und Skulptur werden nicht mehr als Techniken der mechanischen Reproduktion gelehrt. Man sieht in ihnen wesentliche Werkzeuge, die dem Menschen helfen sollen, die Orientierung in dieser Welt zu finden. Aus dem Gesagten scheint sich auch zu ergeben, daß der junge Schüler nicht mehr den historischen Umweg über die realistische Darstellung gehen muß, um zu den zeitgenössischen Kunstformen zu kommen. Man braucht kein kleiner Caravaggio oder Monet zu sein, um ein kleiner Matisse oder Mondrian zu werden. Von den frühen Klecksereien des Kindes zu den sehr beherrschten und bedeutsamen Formen des erwachsenen Künstlers läßt sich eine direktere und kontinuierlichere Entwicklung herstellen.

All das sieht wie eine noch nie dagewesene Wohltat für den Kunsterzieher aus, und in mancher Hinsicht wirkt es sich auch so aus. Andere Aspekte der Situation lassen es jedoch geraten sein, mit großer Vorsicht zu Werke zu gehen. Die große Ähnlichkeit zwischen früher und moderner Kunst kann den Lehrer zu verfälschenden Abkürzungen verführen. Um sie zu vermeiden, muß er immer daran denken, daß ein großer Teil der modernen Kunst alles andere als naiv ist. Wenn sowohl das Kind aus dem Kindergarten als auch der abstrakte Maler in ihren Bildern von der Erscheinungsform der Natur weit entfernt sind, dann sind sie das aus entgegengesetzten Gründen. Der naturgetreue Realismus der niederländischen Stilleben- und Genremaler, obwohl technisch weit differenzierter als alles, was ein Kind versuchen könnte, ist nichtsdestoweniger an die materielle Wirklichkeit und ihre die Sinne ansprechende Wahrheit in einer Weise gebunden, die der Einstellung eines Kindes sehr viel näher ist als die Distanz des modernen Künstlers. Es ist sicher richtig, daß Kinder das erzeugen, was wir abstrakte Muster nennen; sie tun das, weil der Umgang mit Materialien um ihrer selbst und um ihrer eigenen Wirkung willen dem im Wachsen befindlichen Geist leichter zugänglich ist als die Entdeckung, daß Formen auf dem Papier oder in Ton so gestaltet werden können, daß sie für Menschen, Tiere oder Häuser stehen. Aber der Schritt von der reinen Form zum Darstellungsbild ist kurz und erfolgt schnell und fast unmittelbar, denn das Interesse eines gesunden Kindes an seiner Umwelt ist stark und lebendig. Sanfter Zwang von seiten des fortschrittlichen Lehrers ist notwendig, damit sich das Kind längere Zeit mit dem reinen Muster und der Collage und dem Stabile zufriedengibt. Selbst der erwachsene Student läßt sich nicht so leicht durch Draht, Gips und Kunstharze von der uralten und berechtigten Befriedigung des Schöpfers abhalten, der einst den Menschen aus irdischem Staub formte.

In einem sehr wichtigen Sinne ist also die Ähnlichkeit der frühen mit der späten Kunst irreführend. Der Anfänger verwendet einfache Formen, weil er noch nicht den vollständigen Kontakt mit der Wirklichkeit hergestellt hat. Der moderne Künstler verwendet sie, weil er sich nach und nach von der Wirklichkeit distanziert hat. Seine Arbeit ist abstrakt, weil er sich selbst abstrahiert hat. Sein Geist ist kein unbeschriebenes Blatt; er ist voller aufgegebener Erinnerungen, vertraut mit all den Tricks des zivilisierten

Intellekts. Einfache Formen sind eine Zuflucht vor schwer zu handhabenden Komplikationen und eine barbarische Erfrischung für den ermüdeten alexandrinischen Gaumen. Außerdem ist der Künstler als sensibler Beobachter und Bürger der Unordnung, Gewalttätigkeit und Gespensterhaftigkeit des modernen Lebens ausgesetzt, und seine Traumata spiegeln sich in seiner Arbeit wider.

Diese Einstellung ist denkbar weit von der kindlichen Seele und schließlich auch von der Einstellung entfernt, die ein Lehrer bei seinen Schülern zu stärken bemüht sein sollte. Die Aufgabe des Lehrers ist nicht, eine neue Generation so schnell und vollkommen wie möglich in die unzufriedenen, unerfüllten, verwirrten und erschreckten Kreaturen zu verwandeln, die unseren Kulturkreis bevölkern. Vielmehr wird ihm jedes Jahr eine Gruppe von relativ unversehrten menschlichen Wesen anvertraut, deren Integrität er erhalten und stärken sollte, während er sie darauf vorbereitet, jene Art von Leben in sich aufzunehmen, mit dem sie sich bald werden auseinandersetzen müssen. Dieses Ziel des Lehrers bringt immer einen Hang zur Vollkommenheit mit sich: in den Leitfäden zur Erziehung bestätigen wir, daß wir die Möglichkeiten des Schülers bis zum letzten entwickeln wollen. Und damit sagen wir, daß wir sowohl im Erziehungsprogramm insgesamt als auch auf jedem einzelnen Wissensgebiet bis an die Grenze gehen wollen.

Der Kunsterzieher will in seinem Schüler viele Arten der Reaktion auf die verschiedenen Aspekte des Lebens wecken: sowohl auf die Vielförmigkeit seiner Erscheinung als auch auf die Gesetzmäßigkeit seiner Prinzipien; sowohl auf die Klarheit seiner Ordnung als auch auf die Geheimnisse seiner Träume. Und hier stößt der Lehrer auf einen anderen verwirrenden Aspekt unseres Problems, nämlich auf die eigenartige Beschränktheit oder Unvollständigkeit gewisser einflußreicher Formen der modernen Kunst. Wir haben es hier mit mehr zu tun als nur mit dem notwendigen Vorrecht des reifen Erwachsenen, der sich auf bestimmte Positionen, Ansichten und Zwecke beschränkt. Es ist auch mehr als nur das notwendige Vorrecht jedes Künstlers, der sich in seiner eigenen Art ausdrücken muß. Es geht vielmehr um die Tatsache, daß so viel von dem, was wir heute in den Galerien sehen, nach unvollständigen Erkundungen aussieht, begrenzt sowohl im Ausblick als auch in der Tiefgründigkeit. Wir begrüßen solche Experimente als nützliche Stadien in der langfristigen Entwicklung der Kunst; doch es ergeben sich Fragen, sobald wir versuchen, ein einzelnes Werk oder das Gesamtwerk eines Künstlers als zutreffende Erfassung der Wirklichkeit, so wie wir sie kennen, zu bewerten. Wir denken auch an den Menschen hinter dem Kunstwerk, und wir fragen: Wie reich und zuverlässig ist die menschliche Erfahrung, aus der diese Formen hervorgehen?

Ich spreche nicht von den wenigen großen Künstlern. Ich spreche von der Art der künstlerischen Betätigung, die man als Lehrer für seine Schüler zu wählen hat. Es scheint einleuchtend, daß die Kunst dem Schüler, der vom Lehrer gezwungen wird, moderne Techniken zu verwenden, nicht helfen kann, durch seine Arbeit zu sich selbst zu finden. Ein solches Verfahren wird ihn eher seiner Arbeit – und damit seinem eigenen Selbst – entfremden. Außerdem wird ihm eine so strenge Schulung dadurch, daß sie ihn zu gewissen Haltungen zwingt und ihn hindert, andere einzunehmen, eine künstliche Einseitigkeit aufzwingen. Anstatt ihm dabei zu helfen, daß er aus eigener Neigung und Wahl ein Bürger seines Jahrhunderts wird, tragen wir dazu bei, einen weiteren Konformisten hervorzubringen, den die Frage quält: Wer bin ich?

Was kann denn nun der Kunsterzieher tun? Mir scheint, er kann – ohne sich der modernen Kunst bedingungslos auszuliefern – die einmaligen Gelegenheiten ergreifen, die sie ihm bietet. Er kann davon profitieren, daß Spontaneität neuerdings hoch geschätzt wird, daß Einfachheit in Entwurf und Technik akzeptiert wird, daß es keine Verpflichtung mehr gibt, sich die Fertigkeit realistischer Nachahmung anzueignen. Eine derartige Ermunterung und Befreiung sollte es jedoch dem Schüler überlassen, seine eigene Methode zu entwickeln, seine eigenen Entdeckungen zu machen und sich in der von ihm selbst gewählten Richtung zu bewegen. Der Lehrer hat keine Garantie, daß er mit diesem Verfahren einen neuen Parteigänger der modernen Bewegung heranzieht; aber er wird zur Entfaltung eines Individuums beitragen, das voller Überzeugung zu einer Sache steht, wenn es sich ihr erst einmal verschrieben hat.

Bisher habe ich davon geredet, was die moderne Kunst für die Arbeit im Zeichensaal und im Atelier bedeutet. Wir haben uns aber noch unmittelbarer und unausweichlicher mit ihrer Gegenwart auseinanderzusetzen, wenn wir Schülern ein kritisches Kunstverständnis beizubringen versuchen. Wir müssen auch heute noch damit rechnen, daß der Durchschnittsschüler mit der Überzeugung zu uns kommt, daß ein Bild um so besser ist, je realistischer es erregende oder hübsche Dinge darstellt. Um dieser Einstellung zu begegnen, muß der Lehrer mehr aufbringen als nur Verachtung. Er muß sich klarmachen, daß naturgetreue Abbildungen ein berechtigtes Bedürfnis erfüllen, auch wenn sie mit Kunst nur noch wenig zu tun haben. Es ist ein starkes, elementares und nüchternes Bedürfnis, denn es ist Teil des praktischen Umgangs des Menschen mit den Dingen dieser Welt. Norman Rockwells Titelbilder sind eine nützliche und angenehme Erweiterung unserer Existenz. Durch Wiederholung halten sie uns den Spiegel vor. So kann man sie leicht akzeptieren. Will man Schüler mit der Kunst unseres Jahrhunderts vertraut machen, muß man andererseits aber auch von ihnen verlangen, daß sie manchen unangenehmen Anblick akzeptieren. Das führt mich zu einem weiteren Aspekt unseres Themas.

Wenn man untersucht, was der Durchschnittsmensch gegen viele unserer Maler, Bildhauer, Komponisten, Dichter oder Architekten hat, wird man feststellen, daß ihre Werke in Form und Inhalt unverständlich und gewalttätig erscheinen, voller Spannungen und Konflikte, erschreckend, ernüchternd und häßlich. Vor solchen Eigenschaften schrecken die Leute immer zurück, nicht nur in der Kunst. Und wir haben Grund zu der Annahme, daß es noch nie in der Geschichte ein ähnlich kollektives Bemühen gegeben hat, Verzerrung, Verstümmelung, Dissonanz, Rätsel und Ungeheuer zu schaffen. Formen, die früher der Darstellung von Teufeln, Dämonen und Drachen vorbehalten waren, werden nun als das Bild des Menschen präsentiert, und Szenen des Zusammenbruchs, der Zerstörung und Explosion veranschaulichen unsere Landschaften, Städte und Häuser.

Die Verwirrung und Abneigung des Mannes auf der Straße ist ehrlicher, angemessener und einsichtiger als, um Igor Strawinsky zu zitieren, »die Eitelkeit der Snobs, die sich einer peinlichen Vertrautheit mit dem Unverständlichen brüsten und die entzückt gestehen, daß sie sich in guter Gesellschaft befinden. Es geht ihnen nicht um Musik, sondern um die Schockwirkung, um die Sensation, die einem Verstehen im Wege steht«. Der Mann auf der Straße erkennt richtig, daß das, was er sieht und hört, weder einfach noch hübsch ist. Nur wenn er verlangt, es müsse einfach und hübsch sein, nur dann irrt er.

Hier liegt eines der größten Hindernisse für ein Verständnis oder auch nur eine Billigung der modernen Kunst. Sowohl der Snob, der die Angstvisionen seiner Mitmenschen als Dekorationen verwendet, als auch der Mann auf der Straße, der sie zurückweist, sind Produkte einer jahrhundertealten Tradition, nach der die Aufgabe des Künstlers darin besteht, seine Nachbarn zu unterhalten und anzuregen und ihr Leben angenehmer zu machen. Wenn wir in einem Museum die Kunstrichtung untersuchen,

Ist moderne Kunst notwendig?

die sich in der Renaissance entwickelte, oder die Opern und Madrigale, die Suiten und Konzerte anhören, dann sollten wir uns inmitten all der Schönheit klarmachen: »Aber diese Leute waren nichts anderes als Innenarchitekten!« Genau das waren sie nämlich. Sie lieferten Harmonie und Vollkommenheit, leichte Anregung und Ablenkung, Unterhaltung und Virtuosität. Gewiß, jeder große Künstler der Epoche stellt allein schon durch seine Existenz einen Einwand gegen meine Behauptung dar, doch gleichzeitig bestätigt er sie auch. Michelangelo versuchte einerseits, seine Kunden zufriedenzustellen, konnte aber andererseits nicht umhin, Allegorien in tragische Helden zu verwandeln; Rembrandt fand die Schatten des Elends in den offiziellen Gesichtern des niederländischen Adels. Nicht anders erging es Molière und Shakespeare, Monteverdi und Mozart. Ob ihren Auftraggebern das klar wurde oder nicht, diese Unterhalter und Dekorateure betrogen.

Sicher, die Ansprüche dieser Kunden waren ungewöhnlich einseitig. Zugegeben auch, daß die Kunst überall dazu gedient hatte, Behälter und Säulen, Stoffe und die nackte Haut, Decken und Kanus zu verzieren; und wenn die Figuren der Pharaonen, Fetische und Heiligen fürs Auge nicht angenehm wären, würden sie sich kaum als Wohnzimmerschmuck für unsere Zeitgenossen eignen, die ihren Sinn ignorieren. Aber Verzierung war praktisch nie ihre hauptsächliche Funktion. Die Kunst diente vielmehr dazu, Götter sichtbar und Herrscher unsterblich zu machen, magische Kräfte auszustrahlen, zu preisen, von der Vergangenheit zu berichten oder eine Menschenmenge durch gemeinsamen Rhythmus zu vereinigen.

Gleichzeitig erfüllte die Kunst unter allen Bedingungen ihre erste, wenn auch weithin nicht anerkannte, Funktion, das Wesen und den Sinn der menschlichen Existenz sichtbar und hörbar zu machen. Je größer die Kunst, desto nachdrücklicher ging sie über ihre begrenzten gesellschaftlichen Aufgaben hinaus. Sie zeigte die Vollkommenheit des Mannes im griechischen Athleten, in den Kathedralen des Mittelalters machte sie Macht und menschliches Streben sichtbar, sie verkündete die Leidenschaften der Liebe und des Hasses für die Damen und Herren in den Theatern und Opernhäusern. Ich wage jedoch zu behaupten, daß vor dem allmählichen Einsetzen der modernen Kunst im neunzehnten Jahrhundert die Kunst niemals diese wesentlichste Funktion so kollektiv und ausdrücklich bekundet und ausgeübt hat, wie sie das heute tut. In Männern wie Beethoven oder Cézanne, Flaubert oder Ibsen bemerkt man etwas wesentlich Neues. Diese Männer gaben nicht vor, für irgend jemanden zu arbeiten, es sei denn – möglicherweise – für alle.

Ein moderner Künstler kann vielleicht immer noch für einen Markt produzieren, aber er ist nicht mehr irgend jemandes Ideen und Idealen zu Diensten, außer seinen eigenen. Diese Unabhängigkeit beeinflußt den Charakter seiner Arbeit. Ich habe von den vielen Dissonanzen und Verzerrungen, den Bildern der Gewalttätigkeit, des Widerspruchs und der Unbeständigkeit gesprochen, die die moderne Kunst charakterisieren. In überzeugender Weise reflektiert sie die Konflikte, das Durcheinander und die Unsicherheiten unseres Zeitalters. Gehen wir einmal davon aus, daß das Leben in unserem Jahrhundert eine derartige Schilderung verdient; finden wir aber, wenn wir zurückblicken, nicht Konflikt, Durcheinander und Unsicherheit im gleichen Ausmaß in der Vergangenheit? Und wenn ja, finden wir dann diese ganzen Spannungen in der Kunst jener Epochen reflektiert? Kommt der Druck der Gewaltherrschaft in den ruhig-heiteren Steinfiguren der Pharaonen zum Ausdruck? Spüren wir in den Tempeln der Akropolis etwas von der Sklaverei oder vom Bürgerkrieg? Spiegelt sich in den Madonnen Raffaels oder Leonardos das politische Klima in Rom oder Florenz? Spiegelt sich der Dreißigjährige Krieg in den Stilleben und Landschaften der Niederländer? Warum muß dann unsere eigene Kunst so peinlich genau die Symptome aufzeigen?

Die Antwort lautet natürlich, daß die Kunst, solange sie einer bestimmten Institution, einer Dynastie, einer Religion, einer Gemeinschaft oder einem Gönner dient, ganz bestimmte Ideen verkörpern muß. Sie kann sich nicht uneingeschränkt mit der menschlichen Lage als solcher befassen. Weder William Blakes Beschreibung der Stadt London noch Dylan Thomas' »The hand that signed the paper felled the city« hätten von einem in den Diensten der Regierung stehenden Dichter geschrieben werden können. Und nicht zufällig sind die modernen Formen der Malerei und Bildhauerei, der Dichtung und Musik in der Sowjetunion verboten. Da sie niemandes Privatinteressen zu vertreten hat, härtet sich vielleicht die Kunst unserer Zeit mit den Übungen eines Einsiedlers ab – Isolierung, Hungerleiden, Angstträume –, um dann einmal einer neuen Generation zu dienen, nicht als Unterhalter und nicht einmal als Öffentlichkeitsarbeiter für die Demokratie, sondern als der unentbehrliche Darsteller der Wahrheit.

Und hier will ich zu meinem Ausgangspunkt zurückkommen und darauf hinweisen, daß es nicht genügt, wenn allein der Wissenschaftler der

Ist moderne Kunst notwendig?

Natur den Spiegel vorhält und als freier und ungebundener Mensch die Wahrheit sagt. Der Künstler muß sich zu ihm gesellen, und sei es nur, weil die Wahrheit des Wissenschaftlers einseitig geworden ist. Nicht nur in den Naturwissenschaften finden wir die Kluft zwischen der Abstraktheit der Grundprinzipien und der Unmittelbarkeit des Erlebens. Selbst die Sozialwissenschaften und die Psychologie, ziemlich jung und daher den Konkretheiten des gesunden Menschenverstandes immer noch ziemlich nahe, greifen jetzt bei ihrem Bemühen, sich durch die Oberfläche zu den Wurzeln vorzuarbeiten, nach entlegenen Formeln. In ihren Aussagen begegnet uns selten die dichterische Anmut, die die Schriften der frühen Astronomen oder Physiologen oder philosophischen Ergründer der menschlichen Seele auszeichnete. Unsere Welt droht unlesbar und unhörbar, verworren und undurchsichtig zu werden.

Unser Verlangen, aus dieser Lage befreit zu werden, ist nach meiner Überzeugung der positive Grund für die Ankunft dessen, was gelegentlich »Kunst um der Kunst willen« genannt worden ist. Das Gemälde, das nicht für irgendeine Wand bestellt worden ist, die Statue ohne Tempel, die Musik, die nicht lobsingt, und das Gedicht, das nicht preist – sie sind heimatlos und wahr wie wissenschaftliche Lehrsätze, hier, um uns zu lenken, wenn wir versuchen, das, was wir wissen, mit dem, was wir sehen und hören können, in Einklang zu bringen.

Die Tatsache, daß uns die geheimnisvollen Gemälde, Gedichte und Musikstücke moderner Künstler so verwirren und ängstigen, wird oft mit einem Mangel an ästhetischer Schulung erklärt. Gewiß, wir bedürfen einer besseren Kunsterziehung; doch dieser Mangel kann behoben werden. Es gibt aber ein sehr viel größeres Hindernis: Nichts ist in unserem Leben so ungewöhnlich, nichts so unwillkommen wie die Aufforderung, der Wahrheit ins Gesicht zu sehen! Wir sind es gewohnt, als Verbraucher und Wähler zu leben, umworben, verwöhnt, irregeführt. Wir vertrauen der gemeinsamen Reaktion auf unser tägliches Gebet: Und führe uns auf den Pfad des geringsten Widerstandes! Die Unterhaltungsindustrie – Fernsehen, Rundfunk, Spielfilme, die gedruckte Presse – mißbraucht die künstlerischen Ausdrucksmittel fortwährend zu diesem Zweck. Doch der Künstler kann sich an dieser gewinnbringenden Täuschung nicht beteiligen. Er kann nur der Wahrheit ins Gesicht sehen, und genau das müssen wir auch, wenn wir seine Absichten verstehen wollen.

Die Form, nach der wir suchen*

Jeder, der sich den Handwerker als einen weißhaarigen, zurückgezogen lebenden Herrn (oder Dame) mit Schürze vorstellt, der geduldig und schweigend kleine Stückchen eines kostbaren Materials formt, schneidet oder zusammenfügt, braucht sich nur die Protokolle Ihrer vorausgegangenen Tagungen anzusehen[1], um zu erkennen, daß es unter Handwerkern eine ebenso große Vielfalt gibt wie bei anderen Berufen. Das macht es für einen Außenstehenden um so schwieriger, etwas Brauchbares über Ihre Arbeit zu sagen. Er kann allein auf die Weisheit hoffen, die in der Einfalt liegt. Da er von Einzelheiten und Komplikationen weniger abgelenkt wird, kann er vielleicht einige der allgemeineren Aspekte Ihrer Lage erfassen und ihr einen Platz im größeren Zusammenhang der kulturellen Landschaft zuweisen, so wie sie sich dem distanzierten Beobachter darbietet.

Das erste, was mir aus dieser Distanz heraus auffällt, ist, daß man mit der Bezeichnung »Handwerker« einen Ehrentitel erhält. Es ist vielleicht das größte Kompliment, das man heutzutage einem Arbeiter, gleich auf welchem Gebiet, machen kann. Das ist bemerkenswert, wenn Sie daran denken, daß Handwerker und Künstler traditionell einen niedrigen Rang in der Gesellschaft einnahmen und daß zum Beispiel Leonardo da Vincis eifrige Bemühungen, in seinen Schriften zu beweisen, daß das Malen so gut wie oder besser als die anderen Künste sei, in einer Zeit durchaus verständlich war, in der die Malerei und die Bildhauerei der minderwertigen Gesellschaft der mechanischen Künste entkommen wollten und nach dem Status der freien Künste strebten, der allein freier Menschen würdig schien. Der körperlichen Arbeit das Stigma zu nehmen und in die Reihen der Philosophen, der Dichter, der Musiker aufgenommen zu werden, danach strebte damals der Handwerker.

* Erstabdruck in: *Craft Horizons*, 21 (1961), SS. 32–35.
1. Dieser Aufsatz wurde anläßlich der Jahrestagung des »American Craftsmen's Council« in Seattle (Washington) als programmatische Rede gehalten.

Die Lage hat sich geändert, da der Handwerker zum idealisierten Vorstellungsbild eines Menschen geworden ist, der vor den tiefgreifenden Gefahren unserer Gesellschaft sicher ist. In einer kommerzialisierten Welt, in der Millionen von Menschen nie etwas Greifbareres in die Hände bekommen als gedruckte Hinweise auf tatsächliche Produkte, genießt der Handwerker das Vorrecht, Gegenstände von höchstem Wert mit den Händen berühren zu dürfen. In einem Zeitalter mechanisierter Massenanfertigung macht der Handwerker immer noch kostbare Einzeldinge. Und während in einer Fabrik oder in einem großen Büro jede Tätigkeit in kleine Teilbereiche aufgeteilt wird, gilt der Handwerker als Herr in seinem Haus, der die Freiheit hat, die gesamte Arbeit nach seinen eigenen Richtlinien zu erledigen. Schließlich hat die moderne Wissenschaft einen großen Teil unserer Auseinandersetzung mit der Wirklichkeit in einen so stark verdünnten Bereich der Abstraktion erhoben, daß wir im Umgang des Handwerkers mit konkreten Körpern neidvoll ein höchst erstrebenswertes Heilmittel für unsere Entfremdung sehen.

Erst wenn man den Unterhaltungen von Handwerkern zugehört hat, wird einem klar, daß sie – keineswegs im ungestörten Besitz der Werte, deren wir uns beraubt fühlen – eben auch in unserer Gesellschaft gefangen sind und daß sie das Bemühen stark in Anspruch nimmt, gerade mit den Schwierigkeiten fertig zu werden, vor denen sie manchem eine Zuflucht schienen. Ja, die verwirrende Lage des Handwerkers ist ein wahres Spiegelbild des Allgemeinzustandes.

Wie sehen nun einige der grundlegenden Probleme aus? Lassen Sie mich mit der nüchternen und bekannten Unterscheidung zwischen der Anschauungsgestalt und der Anschauungsform anfangen. Die Gestalt ist durch die räumlichen Begrenzungen von Objekten beschrieben; sie ist eine reine Anschauungseigenschaft. Die Form ist nicht rein anschaulich; sie ist vielmehr die Beziehung zwischen einer Gestalt und dem Gestalteten. Die Form ist die Gestalt, die einen Inhalt sichtbar macht, wobei dieser Inhalt selbst nicht unbedingt sichtbar sein muß.

Es ist jedoch gewagt, in dieser Weise zwischen Form und Inhalt zu unterscheiden. Die Unterscheidung weist auf die Kluft hin, die sich in unserer Kultur zwischen den sichtbaren und den unsichtbaren Welten aufgetan hat. Es läßt sich schwer sagen, in welchem Ausmaß diese Kluft Fortschritt und in welchem Ausmaß sie Verfall signalisiert. Für frühere, einfachere Kulturen war die Welt, wie sie sie sich dachten, vollständig sichtbar. Die Welt bestand aus Stoffen und wurde von Kräften in Gang gehalten, die, wenn sie sich nicht unmittelbar dem Auge darboten, in der Anschauung vorstellbar waren. Das unendlich Große und das unendlich Kleine wurden durch Analogie von den handlichen Größen der Umwelt dargestellt, das Seelische erschien in der Maske des Physischen, und die Götter und Dämonen unterschieden sich vom gewöhnlichen Menschen nur durch das Maß ihrer Kräfte. Vom Samen bis zur reifen Gestalt, vom Rohmaterial bis zum Endprodukt, vom Individuum bis zu seiner Gemeinschaft war im Prinzip alles vollkommen sichtbar. Lassen Sie mich hinzufügen, daß in einer so vollständig sichtbaren Welt jegliche Gestalt Form war. Der Gedanke existierte nicht, daß etwas ganz bedeutungslose, beziehungslose Gestalt, nichts als Gestalt, sein könnte.

Ich sollte hier einräumen, daß ich bei dem Begriff der Kunst an das denke, was das Wesen der Dinge sichtbar macht. Es ist mir ziemlich gleich, ob es von der Natur oder vom Menschen, durch Handarbeit oder maschinell, absichtlich oder unabsichtlich gemacht worden ist. Es kommt einzig darauf an, ob die Gestalt dafür sorgt, daß meine Augen das Gesehene auch verstehen können. Ist das der Fall, dann nenne ich es Kunst, sei es nun ein Wasserfall oder eine Blume, ein menschliches Gesicht, ein Löffel, ein Paar Schuhe, ein statistisches Schaubild, ein Henkelkrug oder ein Bild. Daß ich zu dieser Ansicht gelangte, dazu trug nicht zuletzt eine Bemerkung des Philosophen Martin Heidegger bei, die im Zusammenhang mit der bekannten Tatsache steht, daß die alten Griechen für Kunst und Handwerk ein und dasselbe Wort, τέχνη, gebrauchen. Diese Tatsache ist fälschlicherweise so gedeutet worden, als sei für die Griechen der Künstler lediglich ein Handwerker gewesen – ein Mißverständnis übrigens, das einige unserer Künstler unterstützen, die sich gerne als Arbeiter geben, grob, derb, ungebildet, mißtrauisch gegen alles Intellektuelle. Hier erinnert uns Heidegger daran, daß durch die Gleichsetzung des Künstlers mit dem Handwerker nicht der Künstler ab-, sondern der Handwerker aufgewertet wurde. Ein τεχνίτης war ein Mann, der die Welt sichtbar machte, und das war sowohl Sache des Schuhmachers als auch des Architekten oder Bildhauers. Der Schuhmacher sorgt dafür, daß die Funktion der Fußbekleidung Gestalt gewinnt, er bringt ihr Wesen an den Tag, genau so wie der Architekt die schützende Wirkung des Obdachs oder das Verhältnis von Träger zu Gewicht usw. sichtbar macht. Das unterscheidet sich im Prinzip nicht von der Aufgabe des Bildhauers, Körper und Seele sichtbar zu machen.

Damit haben wir also eine Formel. »Der Zweck der Kunst und des

Die Form, nach der wir suchen

Handwerks besteht darin, die Welt sichtbar zu machen.« Dieses Programm ist so einfach und überzeugend, daß es uns vielleicht dazu verleiten könnte, unsere Aufgabe zu verkennen. Das Ziel, so könnten wir sagen, ist klar. Unser Problem ist, wie wir dieses Ziel erreichen können Die Form, nach der wir suchen, ist einfach die Gestalt, die das Wesen der Dinge für das Auge verständlich macht. Laßt uns also entdecken, wie man schöne, originelle, praktische, wirtschaftliche Gestalten schafft – denn das ist unser Problem! Ich beeile mich, festzustellen, daß ich die Situation nicht so sehe. Ich glaube, wir können die Mittel nur finden, wenn wir nach dem jeweiligen Zweck suchen. Wenn wir uns auf dem Gebiet des Handwerks umsehen, begegnen wir vielen Begabungen und Fähigkeiten. Wir finden verblüffend originelle Gestalten, immer wieder neue Arten, wie neue Techniken und Materialien verwendet werden, und gelegentlich einen feinen Sinn für Ordnung und Proportion. Wenn die allgemeine Sachlage dennoch nicht zufriedenstellt, dann liegt das an einer Unsicherheit im Hinblick auf die Ziele.

Bei den Diskussionen auf Ihren früheren Tagungen stellte ich fest, daß sehr viel darüber nachgedacht wurde, ob man wenige oder viele Dinge machen sollte, praktische oder unnütze, funktionstüchtige oder rein ausdrucksstarke. Soll der Handwerker mit der Hand oder mit der Maschine oder für die Maschine arbeiten? Soll er den Geschmack der Verbraucher berücksichtigen, und wenn ja, welcher Verbraucher? Ich meine, daß sich diese Fragen, soweit es ästhetische Fragen sind, nur durch eine Klärung der Ziele beantworten lassen. Worauf zielen wir ab?

Während meiner Studentenzeit in Deutschland herrschte die Auffassung, die Gestalt sollte durch die praktische Funktion bestimmt werden; und die Gebäude und Stühle und Lampen der Bauhaus-Gruppe kamen uns auch tatsächlich absolut zweckmäßig vor. Wenn Sie diese Erzeugnisse heute ansehen, mögen Sie sie praktisch oder unpraktisch finden; aber Sie werden mit Sicherheit entdecken, daß ihre Gestalt nicht ausschließlich von der Funktion des Gegenstandes bestimmt wurde. Die Bauhaus-Gruppe dachte und sagte, sie verliehen jedem Gegenstand das Aussehen, das unmittelbar aus seinem praktischen Zweck abgeleitet werden konnte. In Wirklichkeit versuchten sie, zwei Bedingungen zu erfüllen: der Gegenstand sollte nützlich sein, und er sollte die geometrischen Formen der Scheibe oder der Kugel, des Rechtecks oder der Parabel haben – eine Vorliebe, die nicht überrascht, wenn man daran denkt, daß unter den Bauhausmeistern Kandinsky und Klee, Moholy-Nagy, Feininger und

Schlemmer waren; doch sicher war diese Vorliebe für geometrische Formen nicht einfach durch die Funktion bedingt.

Inzwischen ist deutlich geworden, daß man, um einen Gegenstand praktisch und funktionstüchtig zu machen, seine Funktion nicht sichtbar zu machen braucht. Vor Jahren, vielleicht erinnern Sie sich, entwarf jemand eine Kaffeekanne für Selbstbedienungsrestaurants, die so kubisch war wie ein Ziegelstein, so daß sie zu Hunderten übereinandergestapelt werden konnte. Der Kaffee floß aus einem kleinen Loch in einer Ecke, und an der gegenüberliegenden Ecke befand sich eine Öffnung, die den Griff bildete. Diese Kanne war vollkommen zweckmäßig. Es ließ sich gut aus ihr einschenken, sie hatte einen bequemen Griff, sie ließ sich stapeln und war obendrein geometrisch. Trotzdem bot sie einen scheußlichen Anblick, denn ihre Form widersprach ihrer Funktion. Die Symmetrie des Würfels schuf Entsprechungen zwischen Teilen des Gegenstandes, deren verschiedene Funktionen jedoch einen Kontrast bildeten, und die funktionalen Unterschiede und Beziehungen waren in der äußeren Erscheinung nicht ausgedrückt. Und da Kaffeekannen ein wichtiger Teil unserer Welt sind, müssen wir hervorheben, daß dieser nützliche Gegenstand die Welt nicht etwa sichtbar machte, sondern die Augen irreführte, da er ihnen weismachen wollte, es seien keine Kaffeekannen da, während eben in Wirklichkeit doch welche da waren.

Heutzutage werden immer mehr Gegenstände hergestellt, deren Gestalt zwar nicht in einer für das Auge unangenehmen Weise ihrer Funktion widerspricht, die aber ihre Funktion fast vollständig verbirgt. Sie können ein reizvoll gestaltetes Objekt in der Hand halten, können aber nicht sagen, ob es ein Transistorradio, ein elektrischer Rasierapparat oder das Modell eines Bürohochhauses ist, das über der Grand Central Station in New York gebaut werden soll – sicher drei Objekte mit sehr unterschiedlicher Funktion. Ist ein solches Verbergen der Funktion wünschenswert oder nicht? Das hängt davon ab, für wie wesentlich die physische Eigenart der Dinge gehalten wird. Eine Verbrauchergesellschaft, die eher zum Streben nach problemloser Befriedigung ermuntert als zur Neugier, neigt zu der Ansicht, daß es ausreicht, wenn ein Objekt ohne Umstände seinen Zweck erfüllt, egal wie. Daher die stromlinienförmige Sparsamkeit der Gestalt.

Auf dem Gebiet der Kunst und des Handwerks konnten wir selber beobachten, wie sich die Meinungen in dieser Angelegenheit innerhalb von wenigen Jahrzehnten änderten. Ich kann mich an eine Ausstellung mo-

Die Form, nach der wir suchen

derner Architektur Ende der zwanziger Jahre in Stuttgart erinnern. Bei einem der Häuser – ich glaube, es war von Le Corbusier – war das erste, was einem beim Betreten auffiel, die Heizanlage, deren Leitungen und Rohre in alle Richtungen auseinanderliefen. Da der Ofen das eigentliche Herz des Hauses war, mußte er als erstes und als Mittelpunkt gezeigt werden. Und natürlich war auch keine Wasserleitung im ganzen Haus eingemauert. Das wäre unehrlich gewesen. Doch selbst damals hatte niemand etwas gegen Skulpturen des weiblichen Körpers einzuwenden, bei denen Lungen und Herz und Magen, Eierstöcke und Eingeweide unter der Hülle der äußeren Gestalt verborgen blieben – ein sehr unfunktionaler Anblick. Ja, in jenen Tagen des Funktionalismus waren die Statuen noch weniger anatomisch als sonst.

Ich möchte deutlich machen, daß es eine Frage der philosophischen Überzeugung ist, welche Aspekte der Welt sichtbar zu machen sind. Nehmen wir ein anderes, dem besonderen Anliegen des Handwerkers näherstehendes Beispiel. Ich habe immer wieder gehört, die hölzernen Stühle vergangener Jahre, deren gerade Lehnen und Sitzflächen einen rechten Winkel bilden, seien nicht funktional, da sie sich dem menschlichen Körper nicht bequem anpassen. Wir dürfen aber nicht vergessen, daß diese Stühle gar nicht für unsere Art des bequemen Sitzens gemacht worden sind. Wenn in jener Zeit jemand auf einem Stuhl saß, dann hatte das etwas von der Feierlichkeit an sich, die wir heute Richtern und Präsidenten vorbehalten, denn die täglichen Versammlungen um den Eßtisch oder im Wohnzimmer waren würdige gesellschaftliche Anlässe mit religiösem Beiklang. Die Stühle mit den aufrechten Rückenlehnen waren also in hohem Maße funktional. Der menschliche Rücken hatte sich *ihnen* anzupassen. Wenn wir uns dagegen mit Genuß in einen an seinen vier Ecken aufgehängten Stoff- oder Ledersack fallen lassen, dann tragen wir dazu bei, eine Welt sichtbar zu machen, in der es schicklich ist, sich bei einer Begegnung mit Freuden in einen Zustand amorpher Trägheit zurückzuversetzen – den Zustand des menschlichen Körpers, bevor ihm der erste Handwerker eine lebende Seele einhauchte. Diese Art des modernen Stuhls ist also in einer Umwelt äußerst funktional, die sich von materiellen Werten und Zwecken, von entspannter Passivität und von der Überzeugung leiten läßt, daß das Leben um so besser ist, je weniger man sich anstrengen muß.

Ein weiteres typisches Problem mag meine Behauptung veranschaulichen, daß das, was im allgemeinen für eine Frage der Mittel gehalten wird, in Wirklichkeit eine Frage des Zweckes ist. Sollte in einem Maschinenzeitalter überhaupt noch etwas in Handarbeit hergestellt werden? Ich verstehe nicht, wie man darüber so diskutieren kann, als handle es sich nur um eine rein technische Angelegenheit, die mit dem Geld in den Taschen der Verbraucher und Erzeuger, dem Trend auf dem Markt und der persönlichen Befriedigung des Handwerkers zu tun hat. Für sich betrachtet ist eine Technik so gut wie die andere; man kann zwischen ihnen keine ästhetische Wahl treffen. Die Sachlage ändert sich, sobald wir daran denken, daß das Problem nicht aus der neueren Zeit stammt. Es tauchte zum erstenmal auf, als jemand ein Lineal zu Hilfe nahm, um eine gerade Linie zu ziehen, oder einen Zirkel, um einen Kreis zu zeichnen. Die Maschine wirft das uralte und ewige Problem auf, welche Rolle die Vollkommenheit in einer unvollkommenen Welt spielen sollte. Zur Zeit eines Pythagoras oder Plato ging man davon aus, daß das Vollkommene das wahrhaft Wirkliche und wahrhaft Gute sei und daß man mit Zahlen und regelmäßigen Formen die Welt in angemessener Weise sichtbar machen könne. Doch schon wenige hundert Jahre später begeisterte sich die hellenistische Kunst an den Unvollkommenheiten des einzelnen menschlichen Körpers, und seither pendelt unsere Kultur zwischen der klassischen Norm der Vollkommenheit und dem romantischen Verlangen nach Mannigfaltigkeit, Unregelmäßigkeit und der Unvollkommenheit der Einzelimpulse.

Wenn ein Handwerker mit der Töpferscheibe, der Säge oder der Drehbank arbeitet, wird er an die merkwürdige Tatsache erinnert, daß das Erreichen von Vollkommenheit – in dem ganz bestimmten Sinn, in dem ich das Wort verwende – nicht menschlich ist und daß das mechanische Werkzeug in seiner einfachen Art etwas erreicht, dem sich der Mensch nur durch eine fast übermenschliche Anstrengung, sein Menschsein zu überwinden oder hinter sich zu lassen, nähern kann. Der gerade Schnitt, die stetige Kurve, die makellose Symmetrie lassen sich nur durch Anwendung einfacher Kräfte erzielen. Das mechanische Werkzeug ist einfältig, und deshalb ist sein Produkt vollkommen. Der Mensch dagegen ist das komplizierteste Kräftegefüge, das es überhaupt gibt.

Nun verhindert die komplizierte Vielfalt bei uns Sterblichen zwar die Vollkommenheit, sie wirkt sich aber günstig auf die Intelligenz aus, und vom griechischen Philosophen Anaxagoras stammt die Bemerkung, daß der Mensch das intelligenteste aller Wesen ist, weil er Hände hat. Dazu meinte Aristoteles, es sei wahrscheinlicher, daß der Mensch mit Händen versehen sei, weil er das intelligenteste Wesen sei. Dieselbe Beobachtung machte mehr als zweitausend Jahre später, vielleicht unabhängig davon, Immanuel Kant in seiner *Anthropologie*, und da ich hier zu den Aristokraten der Hand spreche, will ich Ihnen den wenig bekannten Abschnitt zitieren: »Die Charakterisierung des Menschen als eines vernünftigen Tieres liegt schon in der Gestalt und Organisation seiner Hand, seiner Finger und Fingerspitzen, deren teils Bau, teils zartem Gefühl, dadurch die Natur ihn nicht für Eine Art der Handhabung der Sachen, sondern unbestimmt für alle, mithin für den Gebrauch der Vernunft geschickt gemacht und dadurch die technische oder Geschicklichkeitsanlagen seiner Gattung als eines vernünftigen Tieres bezeichnet hat.«

Mit dem von der menschlichen Hand Geschaffenen gelangt die natürliche Art, Dinge herzustellen, in unsere Kultur. Zwar ist das Produkt der Hand das Produkt der Vernunft, wie die Philosophen sagten, doch diese Vernunft ist gleichzeitig die erhabenste Leistung der Natur. Wie die Blätter eines Baumes streben in Handarbeit hergestellte Dinge nach einer gewissen Norm der Vollkommenheit, umspielen aber diese Norm in zahllosen und nicht voraussagbaren Abweichungen, weil jede der im Entstehungsprozeß mitwirkenden Naturkräfte ständig von den wechselnden Konstellationen des Augenblicks beeinflußt wird. Deshalb ist es der von uns so geschätzte in Handarbeit hergestellte Gegenstand, der an eine unerschöpfliche und nicht voraussagbare Vielfalt erinnert und sie uns verspricht; und Dinge in Handarbeit herzustellen ist für einen Menschen fast unerläßlich, will er das Bild seiner eigenen Individualität betrachten, ohne die er seinen Platz in der Welt der Menschen verliert.

Das ist aber nur die eine Seite der Medaille; erst zusammen mit der anderen erscheint sie sinnvoll. Wir müssen hinzufügen, daß das Streben nach dem, was ich Vollkommenheit genannt habe, ebenso sehr ein Teil von uns ist wie unsere Unvollkommenheit. Obwohl die Hand nichts Vollkommenes erzielen kann, bemüht sie sich oft darum, und sie sucht Hilfe bei Werkzeugen. Denn das Vollkommene ist nicht nur das einfache Produkt des einfältigen Werkzeugs, es ist auch das Reine, Eindeutige, die Befreiung vom Zufälligen. Die vollkommene Gestalt ergibt eine einfache Kräftekonfiguration, und deshalb fügt sie, in praktischen Angelegenheiten, Dinge zusammen und hält sie im Gleichgewicht und sorgt dafür, daß sie beständig bleiben und sich mit einem Mindestmaß an Reibung bewegen. Deshalb wird sie auch von Baumeistern und Ingenieuren benötigt. In geistigen Angelegenheiten macht die vollkommene Gestalt unsere Begriffe sichtbar. In den stetigen Kurven einer auf der Töpferscheibe hergestellten

Vase sehen wir die Kräfte der Schwere und des Emporstrebens, des Enthaltens und des Empfangens in ihrer Substanz veranschaulicht, ohne die Ablenkungen einer zufälligen Individualität. Um in dieser Weise das Vollkommene verwirklichen zu können, hat der Mensch schon immer die Unterstützung des einfältigen Werkzeugs gesucht, und was wir heute Maschine nennen, ist nichts Schlechteres und nichts Besseres als das neueste Mitglied in der uralten Familie der Instrumente, der Töpferscheiben und der Sägen und der Drehbänke. So wie die mit der Hand hergestellten Dinge die Boten der Natur im Lande der Vernunft sind, so sind die mit Werkzeugen hergestellten Dinge die Boten der Vernunft im Lande der Natur.

Das Problem, dem wir uns bei der Suche nach Form hier gegenübersehen, ist in seinem Kern weder technischer noch wirtschaftlicher Natur. Es ist die Frage, wo die von uns sichtbar zu machende Welt ihren Platz haben sollte, an welcher Stelle der Skala zwischen den beiden Extremen: der schlichten Schwerfälligkeit auf der einen Seite und dem mit dem Lineal gezogenen Mondrianschen Alptraum eines Lebens auf der anderen Seite. Wenn wir uns einmal diesem Problem gegenübersehen, werden wir zwischen dem handgefertigten Schmuckstück und der maschinell gefertigten Sicherheitsnadel keinen Widerspruch mehr sehen; und wir werden auch nicht der Versuchung erliegen, das eine mit einer dem anderen angemessenen Methode herzustellen. Denn während es auf der einen Seite sinnlos ist, durch mühsames Disziplinieren der Augen und Hände nach jener Vollkommenheit zu streben, die uns die Maschine viel schneller und besser liefern kann, ist es auf der anderen Seite vulgär, die Spuren des menschlichen Impulses mit der Maschine nachzuahmen. Sind dem Handwerker diese Prinzipien erst klar, wird er zum Bild unserer Welt beitragen, deren von Hand gemachte Formen unentbehrliche Äußerungen des Menschen als eines Kindes der Natur sind; und mit ähnlich gutem Gewissen wird er Entwürfe für die Maschine anfertigen, wie ein Komponist für die Violine oder die Posaune Entwürfe anfertigt. Wenn wir uns die Welt, der wir Gestalt geben müssen, erst einmal vorstellen können, werden wir wissen, welche Objekte in großer Zahl hergestellt werden können und sollten und welche einmalig sein müssen. Wir werden eine Sprache entwickeln, in der sich der Handwerker oder Formgeber – und ich sehe keinen wesentlichen Unterschied zwischen den beiden – dem Hersteller verständlich machen kann, und der Hersteller dem Formgeber. Erst wenn unsere Ziele klar herausgestellt sind, können unsere Lehrer an den Schulen, Universitäten

Die Form, nach der wir suchen

und Kunstakademien überzeugt und vernünftig reden und anfangen, die Bevölkerung zu erziehen, von deren Geschmack der Markt nur ein sekundäres Spiegelbild bietet.

Der Kern meiner Ausführungen ist, daß die Suche nach Form nur erfolgreich sein kann, wenn sie als eine Suche nach Inhalt durchgeführt wird. Wie die Welt sichtbar zu machen ist, ist heute ein so großes Problem, weil diese Welt, die ja eine Welt des Menschen ist, zwangsläufig eine Welt der Ideen sein muß. Doch in einer Kultur, die im wesentlichen dem leiblichen Vergnügen und der geistigen Zerstreuung ergeben ist, sind Ideen höchst unstabil und anfällig. Wenn Sie sich einmal unter den Produkten der darstellenden und schönen Künste umsehen, werden Sie feststellen, daß ein großer Teil davon – sei es im Fernsehen oder im abstrakten Expressionismus – auf verschiedenen gesellschaftlichen Ebenen tatsächlich dem leiblichen Vergnügen und der geistigen Zerstreuung dient. Diese glatte Übereinstimmung von Angebot und Nachfrage hat jedoch einen Haken. Ein Mensch kann nicht ständig unter der Schwelle seiner Fähigkeiten leben, ohne daß es zu Störungen kommt. Man könnte das als eine Sache des Gewissens bezeichnen; denn das Gewissen ist der auf den Geist bezogene Instinkt der Selbsterhaltung. Und so beobachten wir die Auflehnung der Einzelgänger und die Gleichgültigkeit der Masse, die Unzufriedenheit und den Verdruß und die Reizbarkeit unserer Maler und Bildhauer. Verglichen mit ihnen sind die Handwerker ein gesunder Schlag, und das aus gutem Grund. Die praktische Anwendbarkeit der von ihnen gemachten Gegenstände galt einer verkehrten Ästhetik, deren Erben wir sind, als Hindernis für ihren künstlerischen Wert. In Wirklichkeit ist diese Ausrichtung auf das Praktische heute der verheißungsvollste Weg zu einer Wiederbelebung der Kunst. Wenn ein Mann, der Ledersandalen entwirft und herstellt, aller Wahrscheinlichkeit nach in einer besseren Gemütsverfassung ist als sein Freund, der abstrakte Bilder malt, dann kommt das daher, daß der Sandalenmacher ein vernünftiges Ziel hat, nach dem er sich bei der Wahl seiner Formen richten kann, während der Maler in der Mehrzahl der Fälle nicht entdecken kann, wozu seine Formen dienen, und sie deshalb nur danach beurteilen kann, ob sie die Sinnesorgane des Körpers reizen, oder aber er muß sich damit zufriedengeben, daß sich seine Gesten auf der Leinwand niederschlagen. Ja, wenn sich überhaupt eine Vorhersage über die Zukunft der Malerei und Bildhauerei machen läßt, dann muß sie, glaube ich, von der Beobachtung ausgehen, daß es ein isoliertes Muster aus abstrakten Formen, mag es auch noch so schön und kunstvoll sein, an Bedeutung fehlen läßt und daß demzufolge die abstrakte Malerei und Bildhauerei, aus einem gesunden Instinkt heraus, sich in einer Richtung bewegen, die sie zu einem Teil der Architektur, der Innendekoration und des Kunsthandwerks machen wird. Mit anderen Worten, ich hoffe und sehe voraus, daß die schädliche Unterscheidung zwischen den schönen und den angewandten Künsten durch eine allgemeine Bewegung der schönen Künste zur Anwendbarkeit hin überwunden wird.

Sie als Handwerker, die seit den Anfängen unserer Zivilisation Abstraktionen entstehen lassen, wissen, daß jede Gestalt dadurch bestimmt werden muß, daß sie die Form von irgend etwas ist, sei es die Verwirklichung eines praktischen Gegenstandes, die Darstellung eines Dinges aus der Natur oder eine Botschaft, die von der anschaulichen Sprache aus Gestalten und Farben vermittelt wird. Doch die Gestalt muß durch Form bestimmt sein, sonst entartet sie zum Chaos oder zum reinen Sinnenkitzel. Die Herstellung praktischer Dinge scheint der verheißungsvollste Weg zur allmählichen Wiederherstellung der Bedeutung, die den Künsten verlorengegangen ist. Denn die Ansprüche und Schöpfungen des Geistes haben sich immer aus den Bedürfnissen des praktischen Lebens entwickelt, und dementsprechend hat sich die Kunst entwickelt: aus Objekten zur materiellen Verwendung wurden Objekte zur geistigen Verwendung. Ehrliches handwerkliches Können hat deshalb die Chance, uns einer Wiedergeburt bedeutungsvoller Form näherzubringen.

Dieses Ziel läßt sich jedoch nicht allein dadurch erreichen, daß der Handwerker dem Objekt praktische Anwendbarkeit gibt und im übrigen darauf wartet, daß die Philosophen herausfinden, was für eine Welt der Handwerker sichtbar machen sollte. Die Suche nach Ideen muß sich immer an allen Fronten der menschlichen Fähigkeiten abspielen, ja, wir haben sogar Grund zur Annahme, daß der Mensch zuerst und am wirkungsvollsten mittels dessen denkt, was die Sinne erkunden und überwachen, das heißt, mit der Tat und mit der Art von greifbarem Objekt, das Sie, die Handwerker, herstellen. Ich möchte Sie nur, um ein modernes Beispiel zu erwähnen, an das fruchtbare Wechselspiel zwischen der Architektur und der Sozialphilosophie in unseren Tagen erinnern. Doch dieses Beispiel zeigt auch, daß sich ein solches anschauliches Denken nur einstellt, wenn der Geist auf Ideen abgestimmt ist; deshalb bin ich auch der Meinung, im Leben eines Handwerkers sollte die Betrachtung der Welt in ihrer Gesamtheit und eine aufmerksame Lektüre der Philosophen, Dichter und Zeitungen Vorrang haben vor der Beschäftigung mit den neuesten Techniken und Marktanalysen.

Denn Ideen verwandeln sich in potentielle Gestalten, und Sie werden dann aufgerufen, ihnen eine materielle Existenz zu geben. Und dieser Aufruf der ungeborenen Gestalten führt Sie schließlich zu der Form, nach der wir suchen.

Register

Abbild 254–260
Abkehr von der Wirklichkeit 49
abstrakte Kunst 17, 40, 50 f, 118, 156, 181 f, 256, 264 f, 281 f
Abstraktion 25–53, 96, 264 f, 281 f
Adam, L. 48
ägyptische Kunst 107
Alberti, Leone Battista 166
Allgemeinbegriffe 25–53, 125, 187, 191
Ananke (ἀνάγκη) 131
Anaxagoras 278
Angelico, Fra 127
Anschauungsdynamik 47 f, 56, 67, 82, 83, 104, 208, 215, 230
Antonioni, Michelangelo 155
Apollo des Belvedere 173
Archetypen 142, 193
Architektur 102–123, 138, 160–184, 282
Aristoteles 278
Asch, Solomon E. 69
Assoziationismus 60, 83
ästhetische Distanz 240, 246
ästhetische Einstellung 23, 240, 255 f
Attneave, Fred 134 f
Augenbewegungen 89
Ausdruck, visueller 38, 54–81, 91, 160–184, 195, 207, 229 f, 234
Ausdrucksmittel 36 Vgl. auch Medien
Ausgewogenheit 46, 84 f, 93, 103, 104, 117, 207
autokinetischer Effekt 82
automatisches Schreiben 124

Barock 87, 140, 173
Bauhaus 161, 165, 169 f, 275
Beardsley, Aubrey 50
Beckmann, Max 189
Begriff (»concept«) 25–53

Behrendt, Walter Curt 165
Bell, Clive 22, 24, 220, 228
Bentley, Arthur 198
Berkeley, George 60
Bewegung 149
Bewegungsantwort (Rorschach) 82–101
Binney, Jane 78
Blake, William 270
Blindheit 74
Blumen 243
Bodde, Derk 214
Bohr, Niels 214
Bowie, Henry P. 65
Breton, André 141
Britsch, Gustaf 36
Broad, C. D. 223
Bruegel, Peter 89
Buch der Wandlungen 203
Bühler, Charlotte 63
Bullough, Edward 246
Bunim, Miriam S. 39
Burchard, John E. 170
byzantinische Kunst 126

Cannon, Walter B. 46
Caplan, Ralph 177
Catlin, George 252
Cézanne, Paul 18, 138
Chaplin, Charles 151
Chardin, Jean Baptiste Siméon 139
chinesische Philosophie 196
Chou Tun-i 199
christliche Kunst 45, 171
Claparède, Edouard 220, 228
Constable, John 34
Coomaraswamy, Ananda K. 47

Dallapiccola, Luigi 136
D'Amico, Fedele 136

Register

Dante Alighieri 31
Darstellungsbegriffe 33
Darwin, Charles 60, 63, 68, 76
Darwinismus 163, 258
Degas, Edgar 129, 130
dekorative Kunst 50
Descartes, René 220, 227
De Sica, Vittorio 155
Design *vgl.* Formgebung
Dewey, John 198
Diagramm des Erhabensten Höchsten 199
Diderot, Denis 139
Differenzierung 138
Doppeldeutigkeit 209 f
dreidimensionale Wahrnehmung 89, 212
Dubuffet, Jean 157
Duffy, Elizabeth 222
Dürer, Albrecht 39

Efron, David 77
Einbildungskraft 96, 97 *Vgl. auch* Phantasie
Einfachheit 28, 103, 105, 117, 125, 154, 263
Einfühlung 56, 61 f, 72, 92, 93, 109, 238
El Greco 91
Eliot, T. S. 155
Emotion 220–242
empiristische Theorie 83
Entropie 136
Epidaurus 182
Erziehung des Anschauungsvermögens 37
Evolution 163, 258
extrazerebrale Wahrnehmung 229

Farbe 57, 120 f, 258
Fechner, Gustav Theodor 120
Ferenczi, Sandor 188
Fernsehpublikum 24
Fibonacci-Reihe 107
Figur-Grund-Situation 207, 211
Film 146–159
Form 13–24, 41, 272–283
Formalismus 14, 49 f
Formenreichtum 48, 50 f, 118 f, 125, 148
Formgebung 166, 177, 280
Fortbewegung 82, 84
Franz von Assisi 243–260
Frenkel-Brunswik, Else 103
Freud, Sigmund 140, 185–192 *Vgl. auch* Psychoanalyse

Fromm, Erich 190
Frontalität 246
fruchtbarer Moment 86
frühere Erfahrung 72, 91, 92
Fry, Roger 13, 14, 15, 20, 228, 232

Gärten 243–260
Gedächtnisbilder 27
Gefühl 220–242
Gehirnverletzte 40
Gellermann, Louis W. 29
Géricault, Théodore 86
Gesetzmäßigkeit 119, 124
Gestalt *Vgl.* Form
Gestaltungspsychologie 29, 30, 36, 46, 47, 54–81, 91, 97, 104, 194, 195, 202
Gestik 64, 77
Gide, André 21 f
Gilson, Etienne 259
Gleichgewicht *Vgl.* Ausgewogenheit
Goethe, Johann Wolfgang von 140, 204, 250
Goitein, Lionel 186
goldener Schnitt 103
Goldstein, Kurt 40
Goldwater, Robert 34
Gombrich, E. H. 249, 252
Goodenough, Florence 27
Gotshalk, Dilman W. 70
Gottlieb, Carla 23
Greenough, Horatio 163
griechische Architektur 117, 171
griechische Kunst 88, 274
Groddeck, Georg 186
Gropius, Walter 166
Größe 133 f, 247
Gsell, Paul 89

Hand 278 f
Handschrift 65
Hanslick, Eduard 15, 22
haptische Kunst 28
Harmonie 106
Harnett, William M. 132
Hedonismus 231
Hegel, Georg W. F. 170 f
Heidegger, Martin 244, 254, 274
Hierarchie 119, 138, 191, 202
Hin- und Herpendeln (»oscillation«) 210
Homöostase 47
horizontale Linien 121

Identität 253
ideoplastische Kunst 27, 39
I Ging 203
Illusionismus 250 f
Illustrationen 41
Impressionismus 51, 156
Induktion 134
Inhalt 20
integrative Stufen 116
Intellekt 105, 112, 204
intellektualistische Theorie 27, 28, 30, 39
intrazerebrale Wahrnehmung 229
Introversion 96
Intiution 104 f, 112, 161, 235
irrationale Form 147
Isomorphismus 36, 63–68, 194, 234

James, William 75, 186, 228, 237
japanische Malerei 65
Johnson, Samuel 30
Jung, Carl Gustav 142, 190, 193, 194, 195
Justi, Carl 86

Kabinett des Dr. Caligari, Das 149, 151
Kainz, Friedrich 46
Kant, Immanuel 32, 279
Keaton, Buster 151
Kinästhesie
 Reaktion auf das Sehen 74, 93
 Tanz 239
Kinder 29, 60, 63
 und Kunst 27 f, 34, 37, 47, 48, 118 f
Koffka, Kurt 29, 63, 222
Köhler, Wolfgang 63, 67, 70, 169, 195
Komplementarität 211, 213 f
komplexe Form *Vgl.* Formenreichtum
Komposition 84, 111, 117, 119, 191
konkav-konvex 212
konkret-abstrakt 25, 26
Konsument 13–24
Konzentration 142 f
koreanische Flagge 205
Kosmologie 196
Kracauer, Siegfried 146–159
Kräfte, gerichtete *Vgl.* Anschauungsdynamik
Kreis 26, 65, 207
kritische Einstellung 23
Kritzeleien 50, 143
Kubismus 51, 131, 165
Kühn, Herbert 45

Kunst 124 f, 156, 274
 um der Kunst willen 180, 271
Kunsterziehung 20 f, 37 f, 261–271
Kunstgewerbler, Kunsthandwerker 181, 272–283

Langer, Susanne K. 228, 238
Langfeld, Herbert S. 240
Laokoon 186
Le Corbusier 106–115, 277
Leeper, Robert 221, 223
Leere 213
Leonardo da Vinci 15, 139, 272
Lessing, Gotthold Ephraim 86
Levertov, Denise 232
Licht- und Schattenverhältnisse 120
Lipps, Theodor 62, 72
Loos, Adolf 160, 161, 170
Löwenfeld, Viktor 28
Lundholm, H. 77
Lust 231
Lynch, Kevin 138

McDougall, William 222, 228
Magatama 208–217
Maschinen 278
Maslow, Abraham H. 169
Massermann, J. H. 222
Materie 115 f
Mathematik 106
Medien 148 *Vgl. auch* Ausdrucksmittel
Melancholie 154
menschlicher Körper 106, 107, 118, 122, 173
Meßverfahren 105, 112
Metapher 218
Meyer, Hannes 161
Meyer, Max F. 222
Michelangelo 126
Michotte, Albert 259
moderne Kunst 261–271
Modigliani, Amadeo 91
Modulor 107–115
Molekularstruktur 116
Mondrian, Piet 152
Monet, Claude 156
Moore, Henry 186, 256
Motivation 229 f
Mozart, Wolfgang Amadeus 18, 73
Müller-Munk, Peter 177
Mumford, Lewis 165

Register

Munro, Thomas 12, 150
Musik 15, 16, 70, 106, 111, 124
Muskelempfindung Vgl. Kinästhesie
Muybridge, Eadweard 85, 89

Nachahmung der Natur 132, 250 f
Natur 110, 121, 162, 163, 196, 197, 244
Naturalismus 14, 27, 39, 43, 48, 125, 156
Naturwissenschaft 125
Nervi, Pier Luigi 176
Neutra, Richard 164
Notwendigkeit 84, 124–145
Novikoff, A. B. 116
Nützlichkeit 161–183, 272–283

Olivier, Sir Lawrence 150
optische Täuschung 82–84
Ordnung 115 f, 125
Ornament 43, 46

Palladio, Andrea 170, 173
Panofsky, Erwin 47, 114
Parabel 65
Pferd, galoppierendes 86
Phantasie 93 Vgl. auch Einbildungskraft
Photographie 41, 51, 59, 86, 133, 146 f
physiognomische Qualitäten 68 Vgl. auch Ausdruck
physioplastische Kunst 39
Picasso, Pablo 20, 48
Plato 131, 152
Pointillismus 144
Pollock, Jackson 135, 137
Porphyrische Baum, Der 187
Poussin, Nicolas 14, 15, 21, 23, 139
Prall, D. W. 228, 232
primitive Kunst 27, 37, 39, 42–44
Projektion 35, 54, 57 Vgl. auch Rorschach
Proportion 102–123
Psychoanalyse 141, 142, 185–192, 213, 237 Vgl. auch Freud, Sigmund
Psychologie 168
der Kunst 10
Psychosomatik 76
Pygmalion 251
Pythagoras 106

Raffael 191
Rapaport, David 93, 96

rationales Erfassen 106, 113, 116
Raum 102–123
Read, Herbert 140
Realismus Vgl. Naturalismus
Rechteck 103, 121
Reizkonfiguration 30, 31
Rembrandt 126, 186
Renaissance 88, 106, 173
Resnais, Alan 151
Resonanz 75, 95
richtig-falsch 102, 161, 235
Risom, Jens 166
rituelle Züge 180
Rockwell, Norman 268
Rodin, Auguste 89, 186, 251
Romantik 109, 128, 140, 148
römische Architektur 107
Rorschach 35, 57, 82–101, 215
Rubens, Peter Paul 139
Rubin, Edgar Vgl. Figur-Grund-Situation

St. Denis 180
Santayana, George 231
Säulen- und Gebälkkonstruktion 176
Schachtel, Ernest G. 57
Schaefer-Simmern, Henry 36
Schauspieler 239
Schiller, Friedrich von 124, 140
Schimpansen 29
schizophrene Kunst 51
Schlosberg, Harold 222
Schopenhauer, Arthur 161, 173
Schönheit 105, 160, 166, 167, 188
Schwerkraft 217
Scott, Geoffrey 120, 174
Sehinformation, Theorie der 134
Selbst-Bild 249–260
serienmäßige Herstellung 107
Seurat, Georges 144
Sex 188, 213
Sichtbarkeit 172, 258, 274, 275, 277
Skulptur 181, 182
Spannung Vgl. Anschauungsdynamik
Sparsamkeit, Prinzip der 49, 136
Spinoza, Baruch 227
Spontaneität 138
Standardisierung 107
Stereotypen 61, 79
Stil 18, 121
Strawinsky, Igor 268

Struktur 116, 179
Suger, Abt 180
Sullivan, Louis H. 162, 173
Surrealismus 124, 140
Symbol 19, 45, 170, 185, 192, 193–219
Symmetrie 99, 127, 128, 162, 243, 246
Szondi-Test 59

Tai-ki tu 195, 219
Tanz 76–79
Taoismus 195, 196
Textur 135, 156
Thomas, Dylan 270
Thomas von Aquin 47
Thompson, D'Arcy 116
Tiefenwahrnehmung *Vgl.* dreidimensionale Wahrnehmung
Tintoretto 128
Tizian 139
Tobey, Mark 135
Tolman, Edward C. 91
Tolstoi, Leo 237 f, 240
Töpfer 181
Transaktionismus 198
Träume 140, 190
trompe l'oeil 132
Tussaud, Madame 249

Unbestimmbarkeit 150
Unbewußte, das 140, 236, 237
ungegenständliche Kunst *Vgl.* abstrakte Kunst
Universalien *Vgl.* Allgemeinbegriffe
Unordnung 132, 147
Unterteilung 114, 209
Utzon, John 182

Valentine, C. W. 167
Valenz 246
Valéry, Paul 50
Van Gogh, Vincent 35, 71
Vasari, Giorgio 139
Vermenschlichung der Natur 56, 69, 238

Veronese, Paul 250
vertikale Linien 121
Verworn, Max 27, 39
Villey, Pierre 74
visuelle Wahrnehmung 229 *Vgl. auch* Tiefenwahrnehmung u. Wahrnehmungsorganisation
Vitruvius 106, 114, 167
Volavka, Vojtěch 139
vorübergehende Phase 85

Wachstum, geistiges 37
Waddington, C. H. 116
Wahrnehmungskategorien 31, 35
Wahrnehmungsorganisation 30, 41, 46, 98
Wallach, Hans 67
Watteau, Antoine 89
Weberei 181
Wechselwirkung (»interaction«) 104, 193–219, 244
Werner, Heinz 68
Wertheimer, Max 46, 67
Whistler, James A. McNeill 34
Wight, Frederick S. 186
Willmann, R. R. 77
Wirklichkeit 148
Wirklichkeitsebene 150
Wissenschaft 32 *Vgl. auch* Naturwissenschaft
Witkin, Herman A. 97
Wölfflin, Heinrich 88, 155
Woodworth, Robert S. 221
Wright, Frank Llloyd 162

Yin und Yang 196, 197

Zeit 248
Zen-Buddhismus 142
Zufall 84, 124–155
Zufallsmuster 133
Zweckmäßigkeit der Form 109, 160–184, 275, 276

23.2.78

Städte ungeplante 119